面向21世纪
普通高等教育规划教材

汽 车 概 论

第2版

主　编　王中亭
副主编　邱艳芬
参　编　王　宇

机 械 工 业 出 版 社

本书介绍汽车新技术及其应用，汽车的结构原理、使用性能、维护和维修，交通法规以及汽车驾驶技术等。

本书以介绍我国主要新型轿车结构为主，重点叙述其工作原理。书中尽量采用立体图和示意图，力求语言简洁、通俗易懂、趣味性强。

本书可作为非汽车专业选修课教材，也可作为汽车专业和非汽车专业人员学习汽车知识的参考书，更是汽车维修人员和驾驶员的好读本。

图书在版编目（CIP）数据

汽车概论/王中亭主编．—2版．—北京：机械工业出版社，2006.7（2017.11重印）

面向21世纪普通高等教育规划教材

ISBN 978-7-111-06098-7

Ⅰ．汽…　Ⅱ．王…　Ⅲ．汽车－高等学校－教材　Ⅳ．U46

中国版本图书馆CIP数据核字（2006）第061479号

机械工业出版社（北京市百万庄大街22号　邮政编码100037）
策划编辑：赵爱宁　责任编辑：冯　铁　版式设计：霍永明
责任校对：李秋荣　责任印制：李　飞
北京机工印刷厂印刷
2017年11月第2版第11次印刷
184mm×260mm · 18.5印张 · 456千字
标准书号：ISBN 978-7-111-06098-7
定价：26.00元

凡购本书，如有缺页、倒页、脱页，由本社发行部调换

电话服务
社服务中心：（010）88361066
销售一部：（010）68326294
销售二部：（010）88379649
读者购书热线：（010）88379203

网络服务
门户网：http：//www.cmpbook.com
教材网：http：//www.cmpedu.com

第2版前言

本书第1版发行后，深受读者欢迎，已连续印刷多次。编者认为，随着汽车技术的迅速发展，本书的内容也应该更新。

本书第2版对第1版的内容进行了重新编写，删除了一些现已淘汰的知识，增写和完善了最新的汽车技术内容。

在现代社会中，汽车已经成为人们日常工作和生活中不可缺少的交通工具。不但从事汽车设计、制造、维修的专业人员要学习研究汽车的理论知识，用以提高汽车产品的技术水平和质量，而且由于汽车已进入家庭，使用者也必须了解汽车知识。

本书编写以轿车为主，介绍国产新型汽车的结构原理、使用性能、维护与维修以及交通法规、驾驶技术等内容，使本书成为有关汽车知识方面的小百科书。

本书文字叙述简练、通俗易懂，以立体图为主，同时较多地选用示意图，故本书适合于不同知识层次、从事不同工作、想了解和使用汽车的有关人员学习。

本书由王中亭任主编，邙艳芬任副主编。编写分工是：王中亭（总论）；邙艳芬（第一章，第二章，第三章，第四章的第一节）；王宇（第四章的第二节、第三节，第五章）。

感谢侯延东先生在本书的编写过程中所给予的支持和帮助。

由于编写水平有限，书中难免出现某些不足或错误，诚请给予批评指教。

编　者

第1版前言

在现代社会中，汽车已经成为人们日常工作和生活中不可缺少的交通工具。不但从事汽车设计、制造、维修的专业人员要学习研究汽车的理论知识，用以提高汽车产品的技术水平和质量，而且由于汽车已进入家庭，使用者和非汽车专业人员也需要了解汽车。

本书介绍以轿车为主的国产新型汽车的结构原理、性能特点、使用维修等，其中一章简介现代汽车中使用的新技术。

本书重点叙述轿车的工作原理，文字叙述简练、通俗易懂；以轴侧图为主，同时较多地选用示意图，故适合于不同知识层次、从事不同工作、想了解和使用汽车的有关人员学习。

本书由王中亭任主编，孔繁增任主审，编写分工是：王中亭（总论，第三章，第四章）、邱艳芬（第一章的第一、二、三、四、五节，附录）、易宏彬（第一章的第六、七、八、九节，第五章）、何晓正（第二章）、周国栋（第六章）。

本书在编写过程中承蒙第一汽车集团公司、东风汽车集团公司所属有关单位及其他参编院校的大力支持和帮助，在此表示感谢。

此外，由于编写时间短促、水平有限，编写过程中难免出现某些不足或错误，诚请给予批评指教。

编　者

目　录

总　　论

一、世界汽车发展简史及中国汽车工业

1. 世界汽车发展简史

1886 年 1 月 29 日，德国人卡尔·本茨把一台 0.65kW 的汽油发动机装在一辆三轮车上，并进行了专利立案，人们将这一天作为世界上第一辆汽车的诞生日，汽车研制业也从此日趋兴旺地发达起来。第一辆汽车的外形如图 0-1 所示。

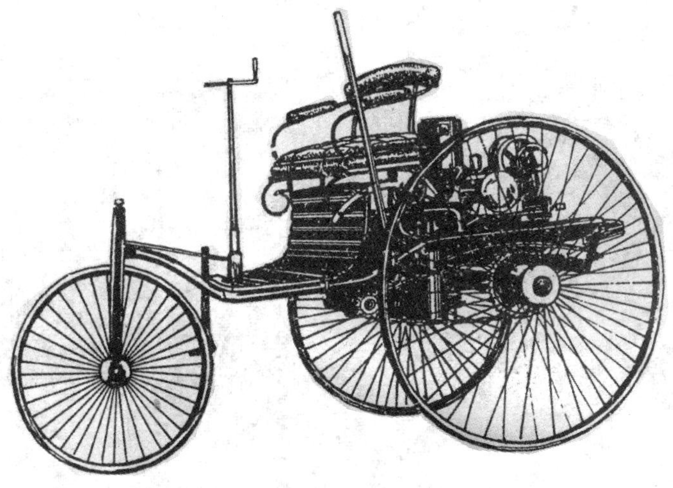

图 0-1　世界上第一辆汽车

美国人亨利·福特于 1908 年生产了一种装有便宜发动机的大众汽车——福特 T 型汽车，如图 0-2 所示。他不断改革，于 1912 年完成了所有新的汽车装配线，用不足 1h 即可生产一辆汽车，仅 1908～1927 年的 19 年间，福特公司就生产了 1500 万辆 T 型车，使世界汽车业出现了第一个黄金时代。

图 0-2 福特 T 型汽车

第二次世界大战结束后，出现了汽车生产史上的第二个黄金时代。德国的波尔舍博在1938年设计了一种后置发动机双门轿车——伏克斯尔根甲虫型汽车，如图 0-3 所示。这种汽车结构坚固、发动机耐用，拆修方便，配件齐全，成为世界上最畅销的汽车。

到 21 世纪初，按着汽车产销量排列，处在世界前列的国家有：美国、日本、德国、法国、中国、韩国等。

汽车，这种被称为“人类延长了的四肢”的交通工具，时至今日，发动机功率已增至147.2kW 以上。日本人首创的智能汽车，其处理复杂问题的能力，已远远地超过了熟练的驾驶员；而全轮驱动应用电子系统以及会说话的汽车等，更成为汽车中的佼佼者。

2. 中国的汽车工业

1901 年，袁世凯为了讨好慈禧太后，从香港买进了一台如图 0-4 所示的汽车，这就是在中国出现的第一辆汽车。此后，各国的汽车、各种牌子的汽车，陆陆续续地进入了中国。

图 0-3 甲虫型汽车

图 0-4 出现在中国的第一辆汽车

1931 年 5 月，张学良创办的沈阳迫击炮厂生产出了“民生牌 75 型”货车。该车采用 6 缸发动机（65PS[㊀] 汽油机）液压制动系统，载质量为 1816kg，时速为 64km。

㊀ PS 为德制马力，1 马力 = 735.499W。

解放后，我国决定发展自己的汽车工业。1953 年开始建设第一汽车制造厂，1956 年 7 月 15 日正式投产，生产出了第一辆解放牌汽车。

1960～1970 年，我国的汽车工业得到了长足的发展。南京、济南、北京、上海、十堰、四川和陕西，都成为生产不同品种汽车的生产基地。到 1980 年，我国汽车年产量已超过 22 万辆。

为了更快地发展我国的汽车工业，1982 年 5 月，在北京成立了中国汽车工业公司。在其统一领导和管理下，汽车行业以大型骨干厂为主，联合了一批相关的中、小企业，组建了解放、东风、南京、重型、上海、京津冀等六个汽车工业联营公司和一个汽车零部件工业联营公司。这些联营公司的组建成功，促进了企业之间的合作和专业化分工生产，也有利于技术引进和技术改造。

到 1995 年底，我国汽车工业已走过了风风雨雨的 40 年。至此，我国汽车保有量已超过 1000 万辆，年产量已超过 140 万辆。

我国汽车工业在“九·五”期间正面临着在调整中大发展的机会。按照汽车工业产业政策的规定和要求，到 1997 年，我国主要轿车厂有：一汽大众、上海大众、神龙汽车有限公司、天津夏利。主要轻型车厂有：一汽集团公司、北京汽车厂、东风汽车公司、南京跃进集团公司、江铃和庆铃汽车厂。

1998～2002 年，中国汽车工业进入高速增长期，产量从 162 万辆猛增到 325 万辆。2003 年汽车产销量达到 444 万辆，跃居世界第四。

2004 年 6 月 1 日，我国公布“汽车产业发展政策”，其中提出汽车品牌战略，鼓励积极开发具有自主知识产权的产品；促进国内汽车企业集团做大做强，引导现有企业兼并重组。

2004 年度，一汽集团公司成为我国首个生产超过 100 万辆的企业。

据专家介绍，到 2010 年，中国汽车工业有可能达到年产 800～1000 万辆产量，成为世界汽车主要生产国，2020 年成为汽车产业强国。

二、汽车的类型

汽车是本身具有动力装置，能自行运行的单车或列车。一般按用途不同可分为以下几种类型。

1. 轿车

轿车能乘坐 2～9 人（包括驾驶员在内），用于运送人员及随身物品。轿车车身封闭，流线型好，整车高度低，如图 0-5、图 0-6、图 0-7 所示。

图 0-5　上海桑塔纳轿车

轿车按发动机排量分级，如表 0-1 所示。

图 0-6 二汽神龙轿车

图 0-7 一汽红旗世纪星轿车

表 0-1 轿车的分级

类型	微型	普通型	中级	中高级	高级
发动机排量/L	<1.0	1.0~1.6	1.6~2.5	2.5~4.0	>4.0

2. 客车

客车乘坐9人以上（包括驾驶员在内），用于运送乘客及其随身行李。客车车身封闭，整车高度较高，可分为单车和铰接车、单层和双层客车等，如图 0-8、图 0-9 所示。

图 0-8 单层中型客车

图 0-9 双层客车

客车按车辆长度分级，如表 0-2 所示。

表 0-2　客车的分类

类型	微型	轻型	中型	大型	特大型
长度/m	<3.5	3.5~7	7~10	10~12	>12

3. 货车

货车用于运载各种货物，驾驶室可设单排或双排座，货箱为长方形，如图 0-10、图 0-11、图 0-12 所示。

货车按其总质量分级，如表 0-3 所示。

图 0-10　一汽 CA1046 型轻型货车

图 0-11　二汽 EQ1090 型中型货车

图 0-12　黄河 JN1181 型重型货车

表 0-3 货车的分级

类型	微型	轻型	中型	重型
总质量/t	< 1.8	1.8 ~ 6.0	6.0 ~ 14	> 14

4. 越野车

越野车主要用于非公路条件下，可在坏路或无路地面上行驶。越野车可以是轿车、客车、货车或其他用途的汽车，如图 0-13、图 0-14 所示。

图 0-13 北京切诺基吉普车

图 0-14 红岩重型越野汽车

常见的轮式越野车都装备越野轮胎，并采用全轮驱动。越野车可按总质量分级，如表 0-4 所示。

表 0-4 越野车分类

类型	轻型	中型	重型
总质量/t	< 5.0	5.0 ~ 13	> 13

5. 自卸车

自卸车车箱能倾斜举升，车箱栏板能自动打开卸掉货物，主要用于工矿企业。车箱可按使用要求设计成后翻式或侧翻式，如图 0-15 所示。

6. 牵引汽车

牵引汽车是用于牵引挂车的汽车，可分为半挂和全挂牵引汽车。半挂牵引汽车后部设有牵引座，如图 0-16 所示，用来牵引和支承半挂车前端。全挂牵引汽车本身独立，尾部装有拖钩，用来拖带后边两轴有一定距离的挂车。图 0-17 所示的汽车列车就属于这种类型。牵引汽车都装设有一部分挂车制动装置及挂车电气接线板等。

7. 专用汽车

图 0-15　济汽斯太尔自卸车

图 0-16　牵引车和半挂汽车

图 0-17　汽车列车

专用汽车用来完成特定的载运或作业任务，是装有专用设备或经特殊改装的汽车。常见的有专用货车，如冷藏车、罐式车、集装箱车等；专用轿车，如检阅车、指挥车等；专用客车，如公安用车、救护车等。图 0-18、图 0-19 所示分别为油罐车和大型冷藏车。

图 0-18　油罐车

图 0-19 大型冷藏车

三、国产汽车编号规则

为表示汽车不同的厂牌、用途和基本特征，国家制定了统一的编制规则。1988 年颁布了国家标准 GB/T 9417—1988《汽车产品型号编制规则》，规定汽车型号均应由汉语拼音字母和阿拉伯数字组成。

汽车产品型号构成如图 0-20 所示。

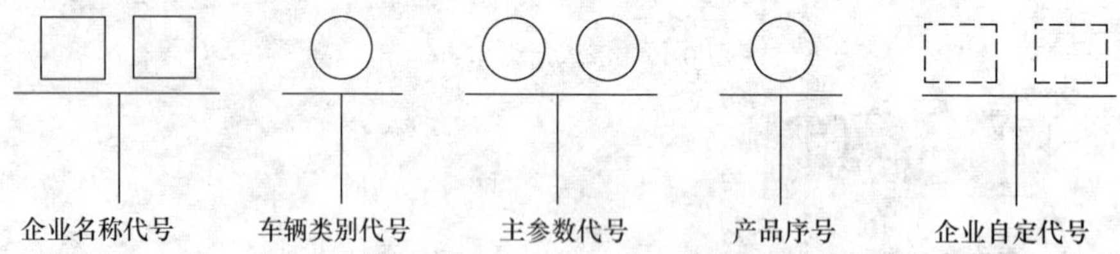

图 0-20 汽车产品型号的构成

图 0-20 中，□——用汉语拼音字母表示；○——用阿拉伯数字表示；⬚——用汉语拼音字母或阿拉伯数字表示。

专用汽车产品型号的构成如图 0-21 所示。

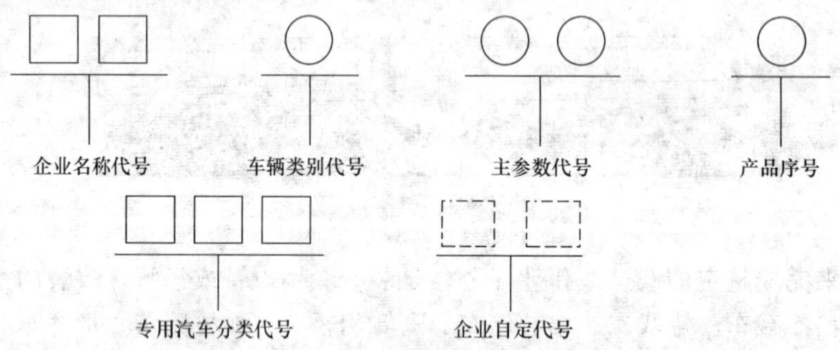

图 0-21 专用汽车产品型号的构成

图 0-20、图 0-21 中各类代号的含义和表示方式是：

企业名称代号；用代表企业名称的两个或三个拼音字母表示，需报中国汽车总公司批准。

车辆类别代号：用一位数字表示，如表 0-5 所示。

表 0-5 车辆类别代号

车辆类别代号	车辆种类	车辆类别代号	车辆种类	车辆类别代号	车辆种类
1	载货汽车	4	牵引汽车	7	轿车
2	越野汽车	5	专用汽车	8	
3	自卸汽车	6	客车	9	半挂车或专用半挂车

主参数代号：用两位数字表示，其含义如下：

1）载货汽车、越野汽车、牵引汽车、自卸汽车、专用汽车与半挂车的主参数代号表示车辆总质量（t）。如主参数为04，表示该车总质量在3.5～4.4t之间。牵引车主参数代号表示的总质量，包含牵引座上的最大质量。当总质量超过100t时，可用三位数表示。

2）客车和客车半挂车的主参数代号表示车辆的长度（m）。如代号15，表示该车长度在1.45～1.54m之间。当客车长度小于10m时，主参数代号就以精确到小数点后一位的长度值的10倍数值表示。

3）轿车主参数代号表示发动机的排量（L），用精确到小数点后一位的发动机排量值的10倍表示。如代号14，表示该车发动机排量为1.35～1.44L。

4）专用汽车和专用半挂车的主参数代号，与采用改装的定型汽车底盘或定型半挂车底盘主参数代号相同时，表示两者之差不大于10%。

5）主参数的数字修约遵照“数字修约规则”的规定。

6）主参数不足位时，在参数前以“0”占位。

产品序号：用一位数表示，为生产厂产品生产序号，由0，1，2…依次排列。

企业自定代号：当同一种汽车结构略有变化而需加区别时，可用汉语拼音字母和数字表示，位数由企业自定。

专用汽车分类代号：用三位汉语拼音字母表示。第一位是结构特征代号，如表0-6所示。

第二、三位是用途特征代号，可查国标GB/T 17350—1998《专用汽车和专用半挂车术语和代号》。

表0-6 专用汽车结构特征代号（GB/T 9417—1988）

厢式汽车	罐式汽车	专用自卸汽车	特种结构汽车	起重举升汽车	仓栅式汽车
X	G	Z	T	J	C

汽车编号举例：

a.CA1070PK2L1　第一汽车制造厂（以下简称“一汽”）生产的载货汽车，总质量为7t（7480kg）[⊖]。PK2L1为企业自定代号：P表示平头车，K2表示柴油发动机，L1表示长轴距。

b.EQ2080　第二汽车制造厂（以下简称“二汽”）生产的越野汽车，总质量为8t（7720kg）[⊖]。

c.CQ3090　重庆汽车厂生产的自卸汽车，总质量为9t（9240kg）[⊖]。

d.HY4300　汉阳汽车厂生产的牵引汽车，总质量为30t（30000kg）[⊖]。

e.JG5090X　济南汽车改装厂生产的厢式专用车，总质量为9t。

f.TJ6481　天津市汽车制造厂生产的轻型客车，车厢长度为4.8m（4750mm）[⊖]。

g.DC7140　东风神龙公司生产的富康轿车，排量为1.36L。

h.QD9151　青岛汽车厂生产的半挂运输车，总质量15t（15010kg）[⊖]。

四、汽车总体构造

汽车通常由发动机、底盘、车身、电气设备四个部分组成。图0-22所示为轿车的总体构造。

⊖ 括号中为实际数据。

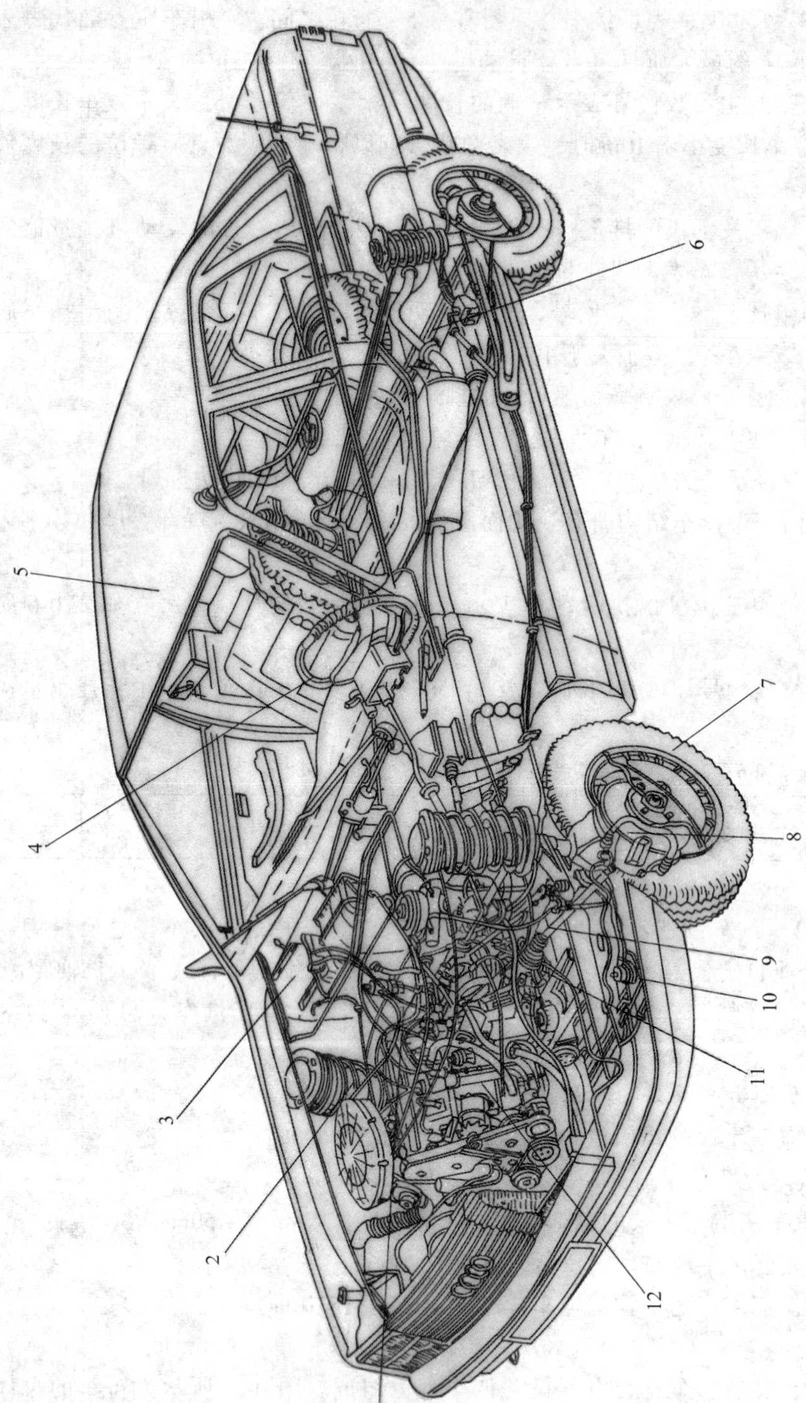

图 0-22 轿车总体构造

1—发动机 2—悬架 3—空调 4—转向盘 5—车身 6—后梁 7—驱动桥转向轮
8—制动器 9—传动轴 10—副车架 11—变速器 12—离合器

发动机是汽车的动力装置，将供入的燃料燃烧产生的热能转变成机械能。一般汽车都采用往复运动活塞式内燃机。它一般由机体、曲柄连杆机构、配气机构、燃料供给系、冷却系、润滑系、点火系（汽油发动机用）、起动系等部分组成。

底盘接受发动机的动力，使汽车产生运动，并保证汽车按照驾驶员的操纵正常行驶。底盘由下列部分组成：

传动系——将发动机的动力传给驱动车轮。它包括离合器、变速器、传动轴、驱动桥等部件。

行驶系——将汽车各总成及部件连成一个整体并对全车起支承作用，以保证汽车正常行驶。行驶系包括副车架、悬架、后梁、车轮等部件。

转向系——保证汽车能按照驾驶员选择的方向行驶。它由带转向盘的转向器及转向传动装置组成。

制动系——使汽车减速或停车，并保证驾驶员离开汽车后汽车能可靠地停驻。每辆汽车的制动装置都包括若干相互独立的制动系统。每个制动系统都由供能装置、控制装置、传动装置和制动器组成。

车身是驾驶员工作的场所，也是装载乘客和货物的场所。车身应为驾驶员提供方便的操作条件，为乘客提供舒适安全的环境以及保证货物完好无损。轿车的车身一般由整体式外壳和一些附件构成。

电气设备由电源组、发动机起动系和点火系、汽车照明和信号装置、警报和空调装置等组成。此外，在现代汽车上越来越多地装用各种电子设备，如微机处理、中央计算机系统及各种人工智能装置等，从而显著地提高了汽车的性能。

五、汽车基本技术参数

1. 动力性参数

(1) 最大转矩 T_{emax}（N·m）　发动机通过飞轮向外输出的最大转矩。

(2) 最大功率 P_{emax}（kW）　发动机通过飞轮向外输出的最大功率。

发动机的最大转矩和最大功率越大，发动机的动力性越好。

2. 经济性参数

(1) 燃油消耗率 g_e〔g/（kW·h)〕　其值表示发动机每发出 1kW 的有效功率，在 1h 内所消耗的燃油质量。燃油消耗率越低，经济性越好。

(2) 平均燃油消耗量 Q_s（L/100km）　汽车在最大总质量下，在公路行驶时的燃料消耗量，也称汽车百公里油耗。

3. 质量参数

(1) 整车装备质量（kg）　汽车完全装备好的质量。它除了整车质量外，还包括燃料、润滑油、冷却液、随车工具、备胎和其他备品的质量，但不包括人员和货物。

(2) 最大装载质量（kg）　最大货运质量与最大客运质量之和。

(3) 最大总质量（kg）　整车装备质量与最大装载质量之和。

4. 汽车外廓尺寸

汽车外廓尺寸如图 0-23 所示。

(1) 车长 L_a（mm）　垂直于车辆纵向对称平面并分别抵靠在汽车前、后最外端突出部位的两垂直面之间的距离。

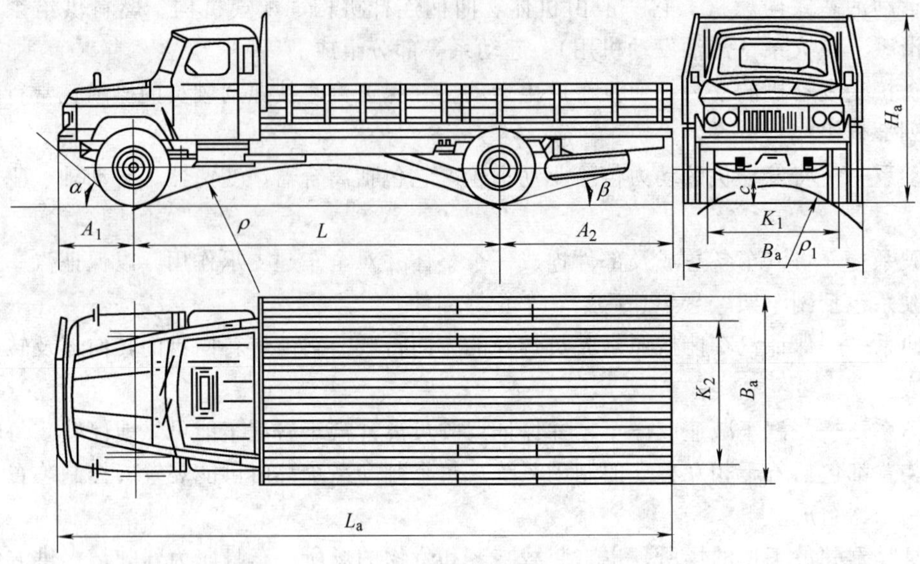

图 0-23 汽车外廓尺寸示意图

H_a—车高 A_1—前悬 A_2—后悬 L—轴距 L_a—车长 B_a—车宽

K_1—前轮距 K_2—后轮距 α—接近角 β—离去角 c—最小离地间隙

(2) 车高 H_a（mm） 车辆最高点与车辆支承平面之间的距离。

(3) 车宽 B_a（mm） 平行于车辆纵向对称平面并分别抵靠车辆两侧最外处刚性固定突出部位（不包括后视镜、方位灯、侧面标志灯、转向指示灯等）的两平面之间的距离。

(4) 前悬 A_1（mm） 汽车直线行驶位置时，其前端刚性固定件的最前点至通过两前轮轴线的垂面间的距离。

(5) 后悬 A_2（mm） 汽车后端刚性固定件的最后点至通过后车轮轴线的垂面间的距离。

(6) 轮距 K_1、K_2（mm） 在支承平面上，同一车轴左、右轮胎中心间的距离。如后轴为双胎，则为同一轴的一端两轮胎中心到另一端两轮胎中心间的距离。

(7) 轴距 L（mm） 汽车在直线行驶位置时，同侧相邻两轴的车轮落地中心点到车辆纵向对称平面的两条垂线间的距离。

5. 最大轴载质量

最大轴载质量（kg）是汽车单轴所能承载的最大总质量。

6. 转弯直径

转弯直径（mm）是指汽车转弯时，外转向车轮（转向盘转到极限位置）的中心平面在车辆支承平面上的轨迹圆直径。

7. 最小离地间隙

最小离地间隙 c（mm）是指汽车和地面非接触件与地表面之间的最小距离。

六、汽车行驶原理

欲使汽车以一定的速度行驶，必须满足下述条件

$$\sum F \leqslant F_t \leqslant F_\phi$$

式中，$\sum F$ 为汽车行驶的阻力和；F_t 为汽车的牵引力；F_ϕ 为汽车行驶的地面附着力。

$$\sum F = F_f + F_w + F_i$$

式中，F_f 为滚动阻力；F_w 为空气阻力；F_i 为上坡阻力（汽车在平路行驶时，$F_i = 0$）。

$$F_t = M_t / r$$

式中，M_t 为汽车驱动车轮上的转矩；r 为驱动车轮的半径（图 0-24）。

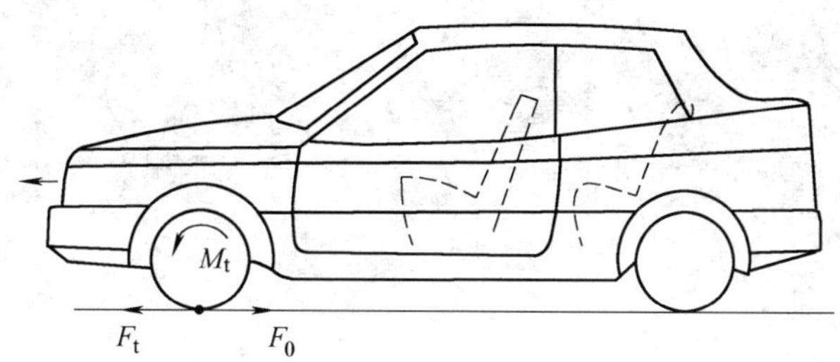

图 0-24　汽车牵引力的产生

驱动车轮在驱动转矩作用下，轮胎与地面的接触点给地面一个向后的推力 F_0，而地面给车轮一个向前的反作用力 F_t，F_t 即为汽车行驶的牵引力，其值为 $F_t = F_o$。

$$F_\phi = G\phi$$

式中，G 为驱动轮上的附着重力，也就是车轮对地面的垂直作用力；ϕ 为路面的附着系数，不同类型的路面 ϕ 的值也不同。

第一章 汽车发动机

发动机是汽车的动力之源，被称为汽车的心脏。

现代汽车发动机根据所用燃料的不同，可分为汽油发动机（简称汽油机）和柴油发动机（简称柴油机）。老式汽油机是先把汽油和空气在化油器内混合成可燃混合气，再输入气缸加以压缩，然后用电火花点火使之燃烧而发热做功。这种发动机被称为化油器式汽油机，现已很少采用。新式汽油机是将汽油直接喷入气缸或进气管内，同空气混合形成可燃混合气，再用电火花点燃。这种发动机被称为汽油喷射式发动机。汽车用柴油机使用的燃料一般是轻柴油，它是通过喷油泵和喷油器将柴油直接喷入气缸，与气缸内经过压缩的空气混合，使之在高温下自燃做功。

近年来，由于石油越来越紧张，有些国家已经开始研究用甲醇、乙醇、液化石油气、电力、太阳能等作为能源的发动机。

第一节　四冲程发动机总体构造与工作原理及编号规则

一、四冲程发动机总体构造

现代汽车发动机是一部由多种机构和装置组成的复杂机器。虽然发动机的结构形式很多，但也有其共同的特点。

下面以奥迪 100 轿车发动机为例，对四冲程发动机的总体构造作简单介绍。该机的剖面图如图 1-1 所示。

1. 曲柄连杆机构

曲柄连杆机构的功用是将可燃混合气燃烧时产生的热能转变为机械能，并输出给汽车底盘。它由机体组、活塞连杆组和曲轴飞轮组组成。

机体组由气缸体、气缸盖、气缸垫、油底壳、气缸盖罩盖等件组成。机体是发动机的主体和骨架，是发动机的装配基体，而其本身许多部分又是发动机有些机构和系统的组成部

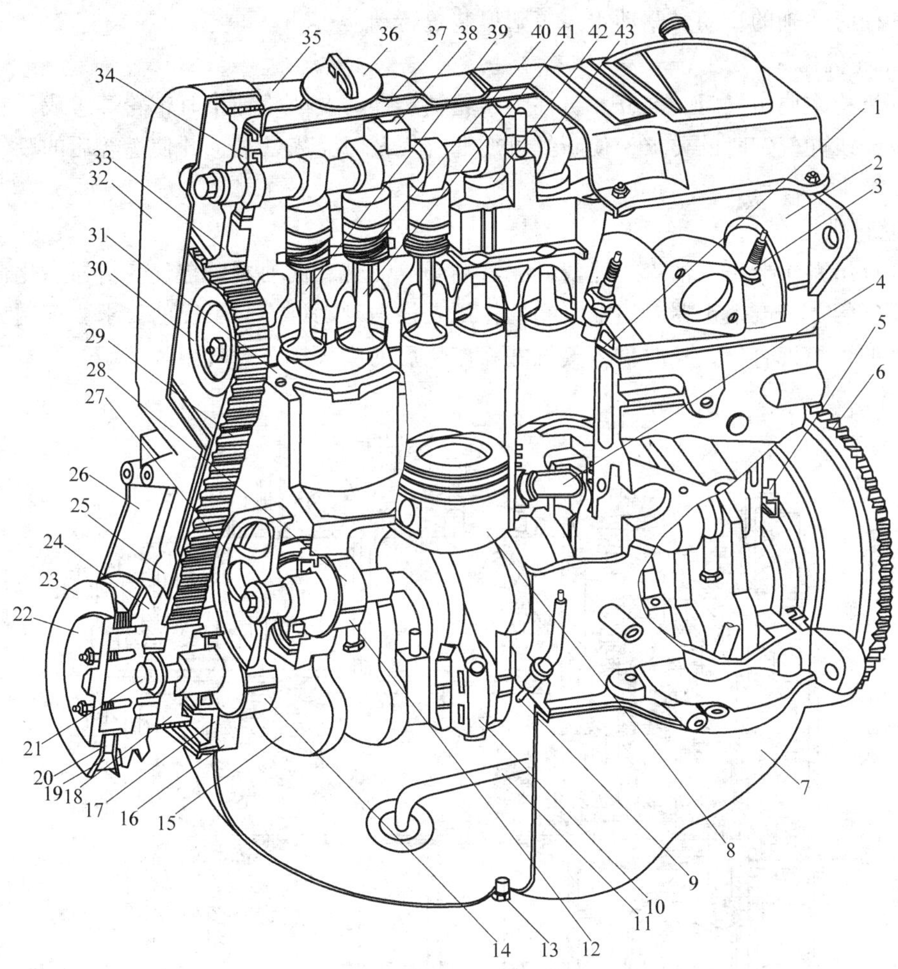

图 1-1　奥迪 100 轿车发动机

1—气缸垫　2—气缸盖　3—火花塞　4—活塞销　5—曲轴后端封油挡板　6—飞轮齿圈　7—油底壳　8—活塞　9—油标尺　10—连杆总成　11—机油集滤器　12—中间轴轴承　13—放油螺塞　14—曲轴主轴承　15—曲轴　16—曲轴轴承盖　17—曲轴前端封油挡板　18—曲轴正时齿轮　19—空气压缩机平带　20—调整垫片　21—正时齿轮紧固螺栓　22—压紧盖　23—空气压缩机带轮　24—水泵发电机曲轴带轮　25—正时齿轮下罩盖　26—空气压缩机支架　27—中间轴正时齿轮　28—中间轴　29—正时平带　30—偏心轮张紧机构　31—气缸体　32—正时齿轮上罩盖　33—凸轮轴正时齿轮　34—凸轮轴前端油封　35—凸轮轴罩盖　36—机油加油口盖　37—凸轮轴机油挡油板　38—凸轮轴轴承盖　39—排气门　40—气门弹簧　41—进气门　42—液力挺杆总成　43—凸轮轴

分。

活塞连杆组由活塞环、活塞、活塞销、连杆、连杆轴瓦、连杆盖等件组成。活塞连杆组是发动机内将热能转变为机械能，把活塞的直线往复运动变为曲轴的旋转运动的主要机构。

曲轴飞轮组主要由曲轴和飞轮组成。它的作用是承受连杆传来的力并通过飞轮驱动底盘传动系，同时曲轴的转动又驱动水泵等附属装置转动。

2. 配气机构

配气机构主要由气门、推杆、挺柱、凸轮轴、摇臂及凸轮轴正时带轮等组成。它的作用是按照发动机配气定时的要求，使新鲜可燃混合气及时充入气缸，并使燃烧后的废气得以及时排出。

3. 燃料供给系

燃料供给系主要由汽油箱、滤清器、汽油泵、油管、储油器、空气滤清器、化油器、进气管、排气管、排气消声器等组成。它的作用是根据发动机不同工况的要求，配制出一定数量和浓度的可燃混合气，及时供入气缸并将燃烧后的废气排至大气中。

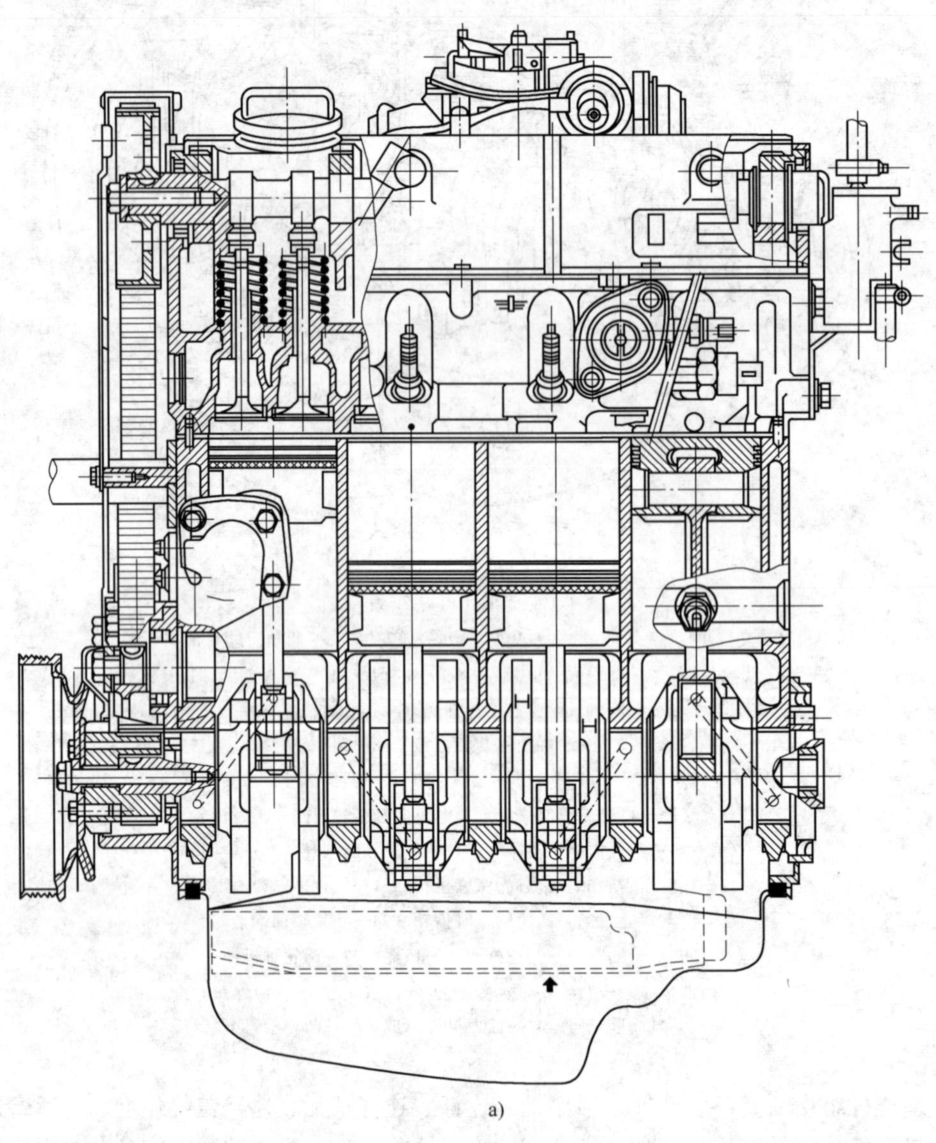

a)

图 1-2　CA488-3 发动机
a）纵断面图　b）横断面图

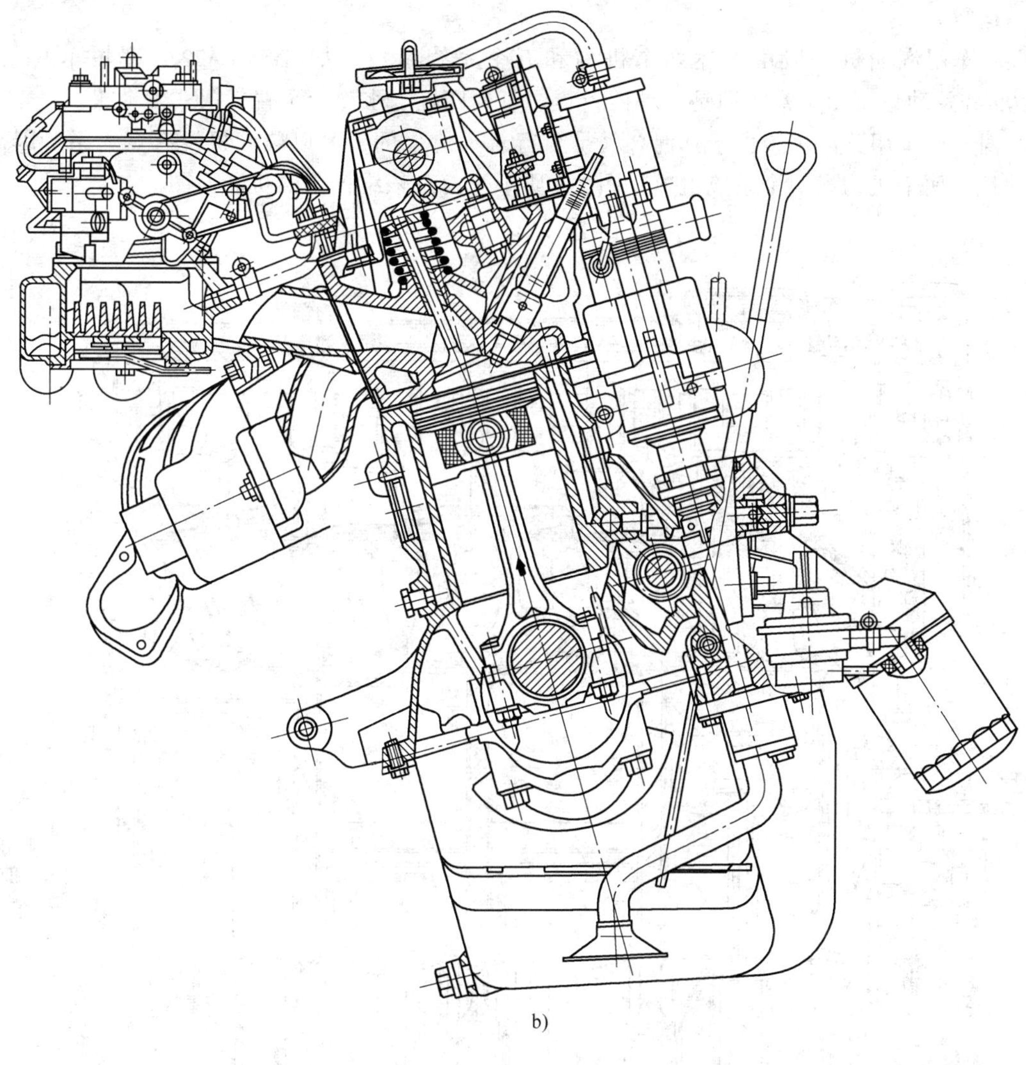

图 1-2 （续）

4. 润滑系

润滑系主要由机油泵、机油滤清器、限压阀、油底壳等组成。它的作用是将润滑油不断供给运动件的摩擦表面，以减小它们之间的摩擦和磨损，清洗摩擦面并部分冷却摩擦表面。

5. 冷却系

冷却系主要由散热器、风扇、水泵、节温器、缸体和缸盖内的水套等组成。它的作用是使发动机在最适宜的温度下工作。

6. 点火系

点火系主要由供给低压电流的蓄电池和发电机、将低压电流转变为高压电流的断电器和点火线圈以及分电器、高压导线、火花塞等组成。它的作用是根据发动机点火次序的要求，及时点燃气缸中被压缩的混合气。

7. 起动系

起动系主要由起动机及其附属装置组成。它的作用是起动静止的发动机，从而使汽车起步、运行。

汽车用汽油机一般由上述两个机构和五个系统组成。如红旗 CA7220 型轿车装用的 CA488-3 发动机（图 1-2），即是一种四行程、直列四缸、水冷、顶置气门式发动机。

对于汽车用柴油机，由于其混合气是自行着火燃烧的，所以柴油机没有点火系。因此，柴油机由两个机构和四个系统组成。图 1-3 所示为南京依维柯柴油机断面图。

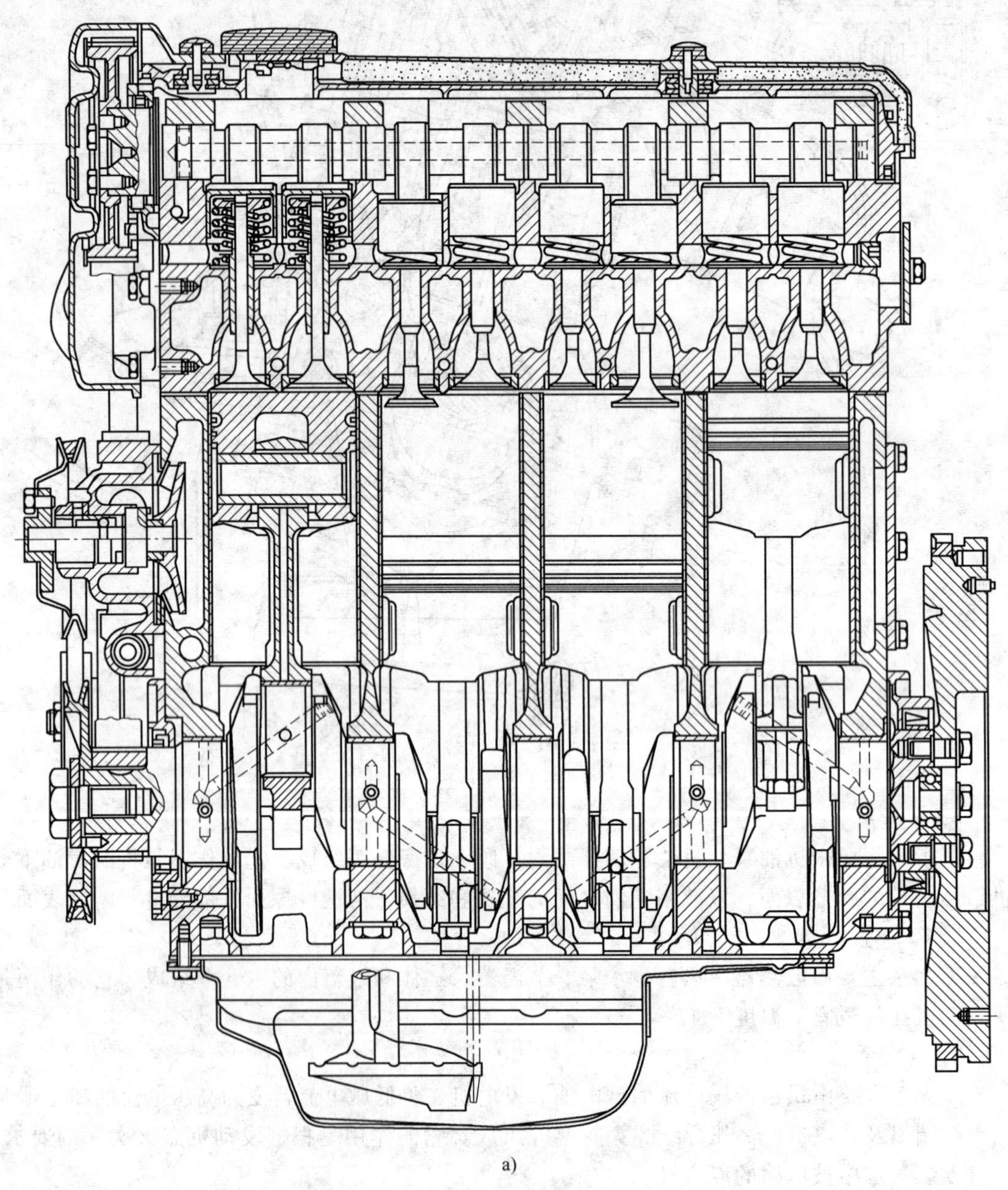

a)

图 1-3　南京依维柯柴油发动机

a) 横断面图　b) 纵断面图

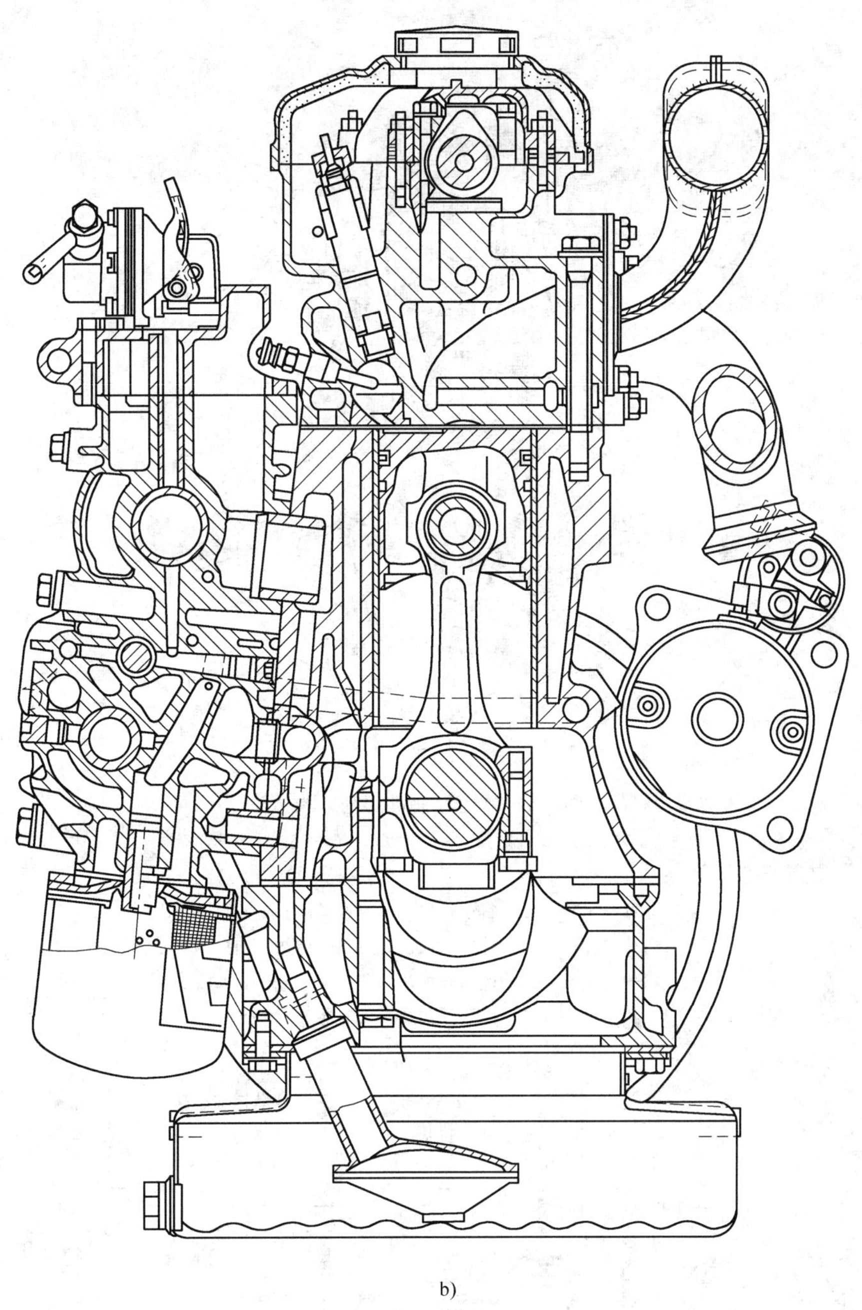

b)

图 1-3　（续）

二、四冲程发动机工作原理

单缸四冲程汽油机的基本构造如图 1-4 所示。

(一) 汽车发动机的基本名词术语

1. 活塞行程与止点

活塞顶面距曲轴旋转中心最远的位置称为上止点，距曲线旋转中心最近的位置称为下止点，如图1-5所示。上、下止点间的距离称为活塞行程，用S表示。曲轴每转动半圈(即

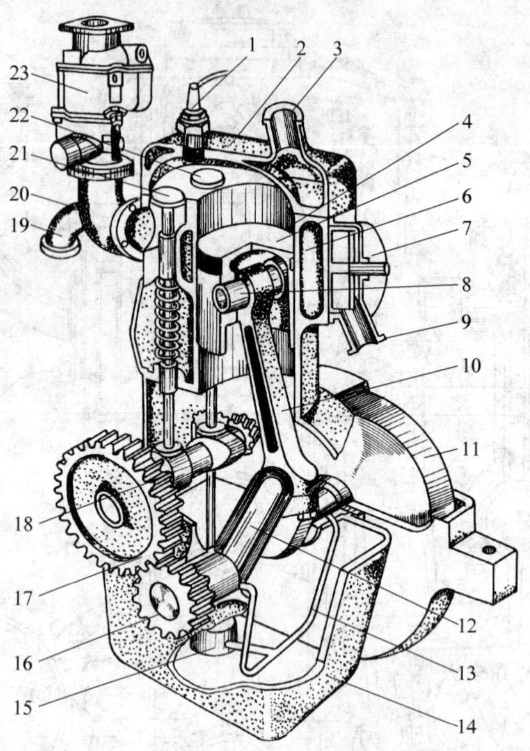

图1-4 单缸汽油机的基本构造

1—火花塞 2—气缸盖 3—出水口 4—气缸 5—活塞 6—水套 7—水泵 8—活塞销 9—进水口 10—连杆 11—飞轮 12—曲轴 13—机油管 14—曲轴箱 15—机油泵 16—曲轴正时齿轮 17—凸轮轴正时齿轮 18—凸轮轴 19—排气管 20—进气管 21—进气门 22—排气门 23—化油器

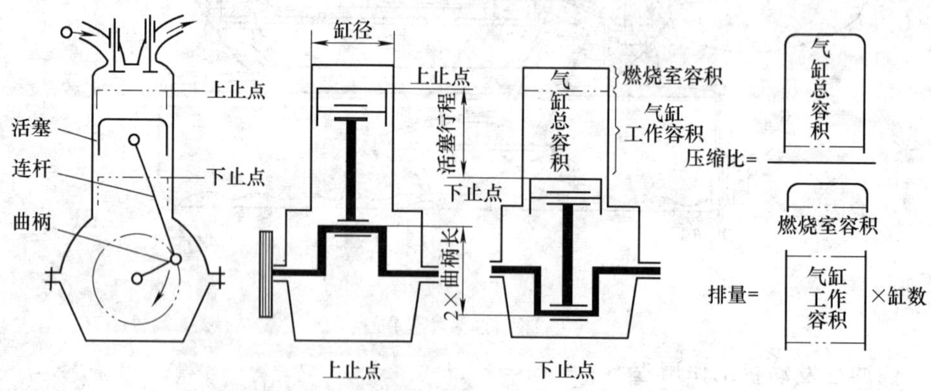

图1-5 发动机基本术语

180°)，相当于一个活塞行程，若用 r 表示曲柄半径（即由曲轴旋转中心到曲柄销中心的距离），则 $S=2r$，即曲轴每转一周活塞完成两个行程。

2．气缸容积

活塞在气缸内作往复直线运动，当活塞位于上止点时，活塞顶面上面的气缸空间为燃烧室容积，用 V_c 表示（图 1-5）。

活塞从上止点移到下止点所扫过的容积称为气缸工作容积或气缸排量，用 V_h（L）表示（图 1-5）

$$V_h = \pi D^2 S/4 \times 10^{-3}$$

式中，D 为气缸直径（cm）；S 为活塞行程（cm）。

活塞位于下止点时，活塞顶面上部的全部气缸容积称为气缸总容积，用 V_a 表示（图 1-5），即

$$V_a = V_c + V_h$$

多缸发动机所有气缸工作容积的总和称为发动机工作容积或发动机排量，用 V_L 表示。

3. 压缩比

气缸总容积与燃烧室容积之比称为压缩比，用 ε 表示，即

$$\varepsilon = V_a/V_c = (V_c + V_h)/V_c = 1 + V_h/V_c$$

ε 表示活塞从下止点移动到上止点时，气缸内气体被压缩的程度。现代汽车发动机压缩比，汽油机一般为 6～9（轿车有的可达 9～11），柴油机一般为 16～22。

（二）四冲程汽油机工作原理

为使发动机产生动力，必须先将燃料和空气供入气缸，经压缩后使之燃烧而产生热能，以气体为工作介质并通过活塞和连杆使曲轴旋转，从而使热能转变为机械能，最后再将燃烧后的废气排出气缸。至此，发动机完成了一个工作循环。此循环周而复始地进行，发动机便连续产生动力。活塞在气缸内往复四个行程（相当于曲轴旋转两周）完成一个工作循环的发动机，称为四冲程发动机。

四冲程发动机每个工作循环中的四个活塞行程分别是进气行程、压缩行程、做功行程和排气行程，其工作原理如图 1-6 所示。示功图表示活塞在不同位置时气缸内压力的变化情况，示功图上曲线所围成的面积，即为发动机一个工作循环中气体在单缸内所做的功。

1. 进气行程

进气行程中，进气门打开，排气门关闭，转动的曲轴带动活塞从上止点向下止点运动，活塞上方的气缸内容积增大，导致气缸内的压力降低形成真空吸力，这样，可燃混合气便经进气管道和进气门被吸入气缸。由于进气系统的阻力，进气终了时气缸内气体的压力约为 0.075～0.093MPa，略低于大气压。

另外，吸进气缸内的可燃混合气会与气缸壁、活塞顶等高温机件表面接触并与前一循环留下的高温残余废气混合，所以，进气终了时气缸内气体的温度可达 353～403K。

示功图上曲线 *ra* 表示进气行程，曲线 *ra* 位于大气压力线之下。它与大气压力线之差，即为活塞在各位置时缸内的真空度。

2. 压缩行程

为使吸入缸内的混合气迅速燃烧，放出更多的热量，从而使发动机发出更大的功率，必须在混合气燃烧前对其进行压缩，使其容积变小、温度升高。因此，在进气终了时便立即进入压缩行程。在此行程中，进、排气门均关闭，曲轴带动活塞由下止点向上止点移动一个单程。

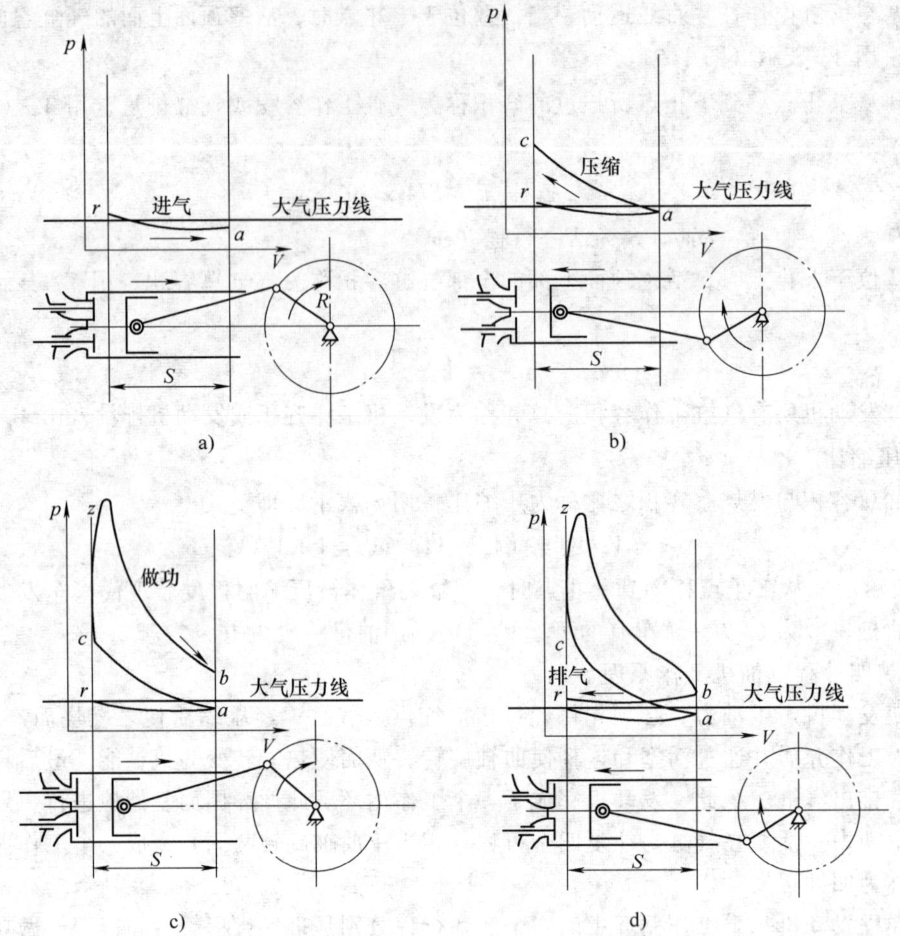

图 1-6 四冲程汽油机示功图

示功图上，曲线 *ac* 表示压缩行程。压缩终了时，活塞到达上止点，混合气被压入活塞上方很小的燃烧室中。此时，混合气压力高达 0.6～1.5MPa，温度可达 600～700K。

发动机的压缩比大，则混合气燃烧迅速、发动机发出的功率大、经济性就好。但压缩比过大，会导致爆燃和表面点火等不正常燃烧现象的出现，从而造成发动机过热、功率下降、油耗增加等一系列不良后果。因此，在提高汽油机压缩比时，必须防止爆燃和表面点火现象的发生。

3. 做功行程

在压缩行程接近终了时，火花塞产生电火花点燃混合气。此时进、排气门仍关闭。由于混合气的迅速燃烧，使缸内气体的温度和压力迅速升高，最高压力可达 3～5MPa，最高温度可达 2200～2800K。在高温高压气体的作用力推动下，活塞向下止点运动，活塞的下移通过连杆使曲轴作旋转运动，产生转矩而做功。发动机至此完成了一次将热能转变为机械能的过程。

示功图上曲线 *zb* 表示做功行程。在做功行程终了时的 *b* 点，压力降为 0.3～0.5MPa，温度降为 1300～1600K。

4. 排气行程

混合气燃烧后成为废气，应从气缸内排出，以便下一个工作循环得以进行。因此，当做功行程接近终了时，排气门打开，进气门仍关闭，因废气压力高于大气压而自动排出。此外，当活塞越过下止点上移时，还靠活塞的推挤作用强制排气。活塞到上止点附近时，排气行程结束。

示功图上曲线 *br* 表示排气行程。排气终了时，缸内压力约为 0.105 ~ 0.115MPa，温度约为 900 ~ 1200K。接着又开始了下一个新的工作循环。

（三）四冲程柴油机工作原理

四冲程柴油机与四冲程汽油机一样，每个工作循环也经过进气、压缩、做功、排气四个行程。所不同的是：

1）汽油机的混合气是在气缸外部的化油器中形成的，而柴油机的混合气是在气缸内部形成的。因此，柴油机在进气行程时，被吸入气缸内的是纯空气。

2）汽油机在压缩终了时，靠火花塞强制点火，而柴油机则靠自燃。

由此可见，四冲程发动机的每一个工作循环只有一个行程是做功的，其余三个行程是为做功行程作准备的。因此，进气行程、压缩行程和排气行程被称为“辅助行程”。

三、内燃机编号规则

国家标准 GB/T 725—1991《内燃机产品名称和型号编制规则》规定，内燃机型号由下列四部分组成：

1）首部：为产品特征代号，由制造厂自选字母表示，但需经行业标准化归口单位核准。

2）中部：由缸数符号、气缸布置形式符号、冲程符号和缸径符号组成。

3）后部：由结构特征符号和用途特征符号组成。

4）尾部：区分符号。同系列产品因改进等原因需要区分时，制造厂选择适当符号加以区别。

内燃机型号的排列顺序及符号所代表的意义规定如下：

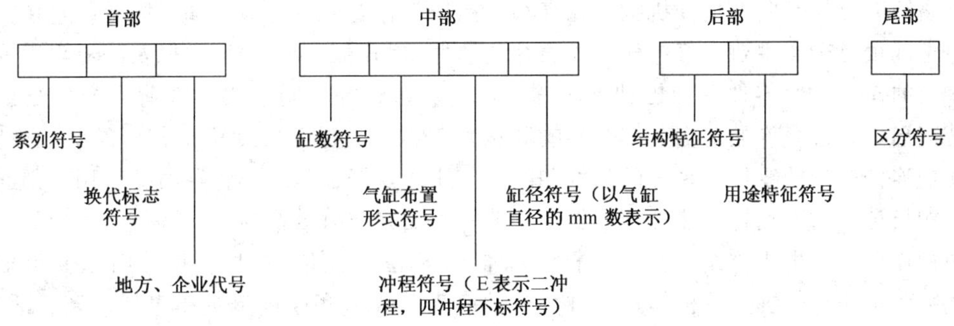

内燃机型号编制举例：

柴油机：

6110Q——表示六缸、四冲程、缸径 110mm、水冷、车用。

12V135ZG——表示 12 缸、V 形、四冲程、缸径 135mm、水冷、增压、工程机械用。

汽油机：

4100Q——表示四缸、四冲程、缸径 100mm、水冷、车用。

1E65F——表示单缸、二冲程、缸径 65mm、风冷、通用型。

气缸布置形式符号

符号	含义
无符号	多缸直列及单缸
V	V形
P	平卧形

结构特征符号

符号	结构特征
无符号	水冷
F	风冷
N	凝气冷却
S	十字头式
D_z	可倒转
Z	增压
Z_L	增压中冷

用途特征符号

符号	用途
无符号	通用型及固定动力
T	拖拉机
M	摩托车
G	工程机械
Q	汽车
J	铁路机车
D	发电机组
C	船用主机，右机基本型
C_z	船用主机，左机基本型
Y	农用运输车
L	林业机械

第二节 曲柄连杆机构

一、概述

曲柄连杆机构是往复活塞式内燃机将热能转变为机械能的主要机构，其功用是把燃气作用在活塞顶面上的压力转变为曲轴的转矩，向工作机械输出机械能。

发动机工作时，气缸内温度很高、压力很大，并且在气缸内作往复运动的活塞的线速度也很大。此外，与可燃混合气和燃烧废气接触的机件（如气缸、气缸盖、活塞组等）还将受到化学腐蚀。可见，曲柄连杆机构是在高温、高压下作高变速直线运动。因此，它在工作中的受力情况很复杂，主要有气体作用力、往复惯性力和离心力、摩擦力以及外界阻力等。由于这些力的作用，使零件受到拉伸、压缩、弯曲、扭转等不同形式的载荷而产生复杂的变形。若变形量超过允许的范围，则会影响其正常工作。为保证发动机工作可靠和减少磨损，要求曲柄连杆机构的零件有足够的强度和刚度，质量要轻，以减小各种力的作用。因此，必须从结构设计、材料选择及热处理、加工工艺等方面采取有效措施。

曲柄连杆机构由机体组、活塞连杆组和曲轴飞轮组三部分组成。机体组主要包括气缸盖、气缸盖罩盖、气缸垫、机体、气缸套及油底壳等。活塞连杆组主要包括活塞、活塞环、活塞销、连杆等。曲轴飞轮组主要由曲轴、飞轮等组成。曲柄连杆机构的主要零件如图1-7所示。

二、机体组

发动机机体组主要由气缸盖、气缸盖罩盖、气缸垫、机体及油底壳等组成。机体组是发动机的支架，是曲柄连杆机构、配气机构和发动机各系统主要零部件的装配基体。气缸盖用来封闭气缸顶部，并与活塞顶和气缸壁一起形成燃烧室。另外，气缸盖和机体内的水套、油道以及油底壳又分别是冷却系统和润滑系统的组成部分。

1. 机体

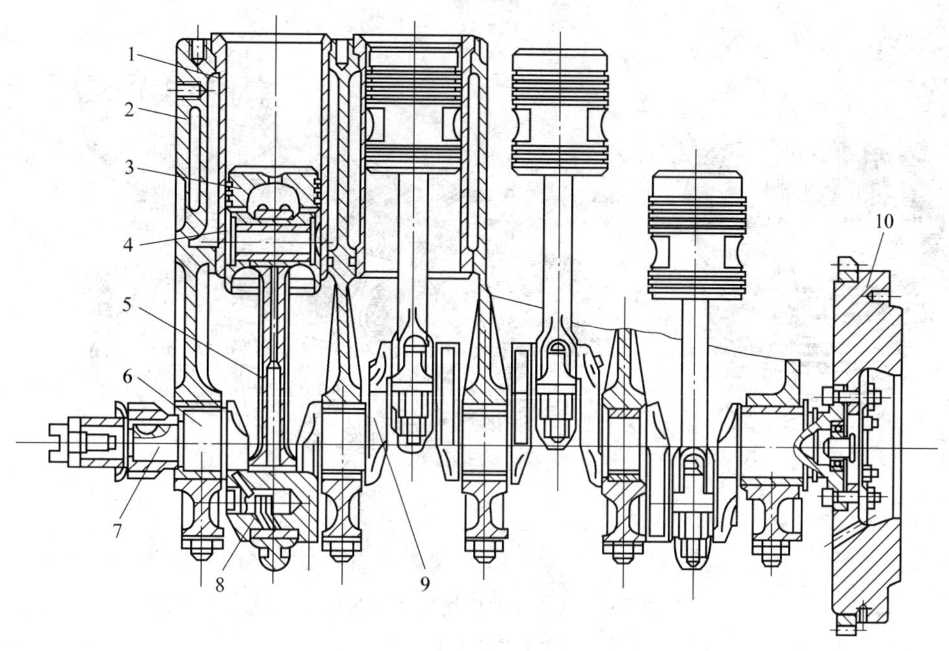

图 1-7　曲柄连杆机构的组成

1—气缸套　2—气缸体　3—活塞　4—活塞销　5—连杆　6—曲轴主轴径　7—曲轴　8—连杆轴径　9—曲柄　10—飞轮

机体是气缸体与曲轴箱的连铸体，它是发动机的装配基础和骨架。气缸体内引导活塞作往复运动的圆柱形空腔称为气缸，其工作表面除承受燃气的高温高压外，还有活塞在其中作高速往复运动。为保证其正常工作，必须及时加以冷却。冷却方式有两种，即水冷式与风冷式。绝大多数水冷发动机的气缸体与曲轴箱连铸在一起，而且多缸发动机的各个气缸也合铸成一个整体，如图 1-8 所示。风冷式发动机一般将气缸体与曲轴箱分开铸造，为保证散热，在气缸体与气缸盖的外表面铸有散热片，如图 1-9 所示。

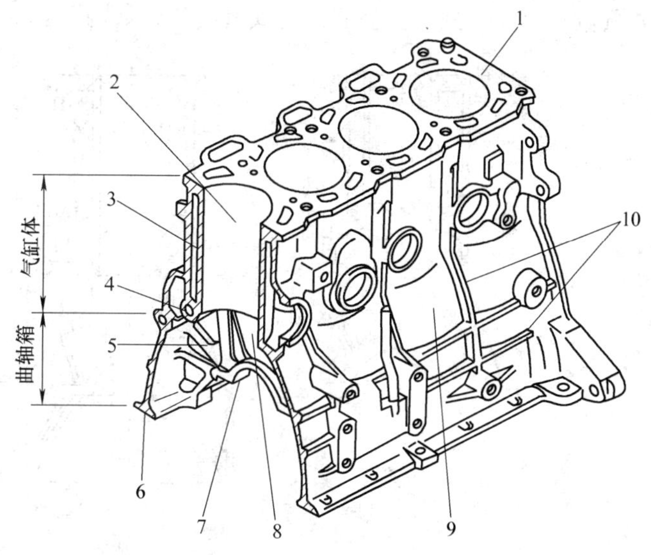

图 1-8　水冷发动机的机体

1—机体顶面　2—气缸　3—水套　4—主油道　5—横隔板上的加强肋　6—机体底部　7—主轴承座　8—缸间间隔隔板　9—机体侧壁　10—侧壁上的加强肋

在发动机工作时，机体承受拉、压、弯、扭等不同形式的机械负荷，同时还承受很大的热负荷。因此，机体应具有足够的强度和刚度，且耐磨损和耐腐蚀。为减轻整机的质量，应力求结构紧凑、质量轻，以减少整机的尺寸和质量。

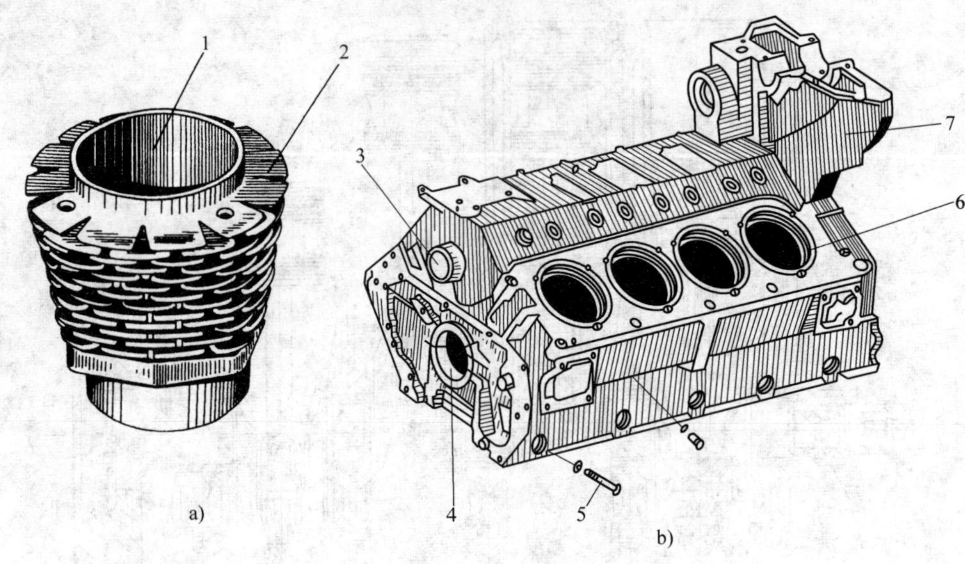

图1-9　风冷发动机气缸体与曲轴箱

a) 气缸体　b) 曲轴箱

1—气缸　2—散热片　3—凸轮轴孔　4—主轴承孔　5—主轴承盖横向紧固螺栓　6—气缸体安装孔　7—定时传动室

机体的构造与曲轴箱结构形式、气缸排列形式和气缸结构形式有关。可分为三种：一般式气缸体、龙门式气缸体和隧道式气缸体，如图1-10所示。

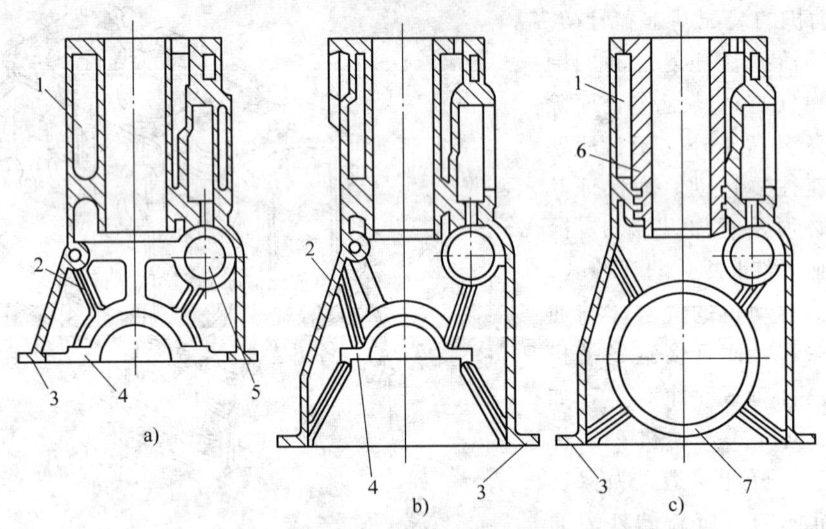

图1-10　气缸体结构示意图

a) 一般式气缸体　b) 龙门式气缸体　c) 隧道式气缸体

1—水套　2—加强肋　3—安装油底壳的加工面　4—安装主轴承座孔加工面　5—凸轮轴座孔　6—湿式气缸套　7—主轴承座孔

发动机的主轴承座孔中心线位于曲轴箱分开面上的为一般式气缸体（图1-10a)，其特点是机体高度小，质量轻，便于机械加工。但刚度较差，且前后端与油底壳接合处的密封性较差。多用于中小型发动机，如北京BJ492Q汽油机及夏利、富康等轿车发动机。

龙门式气缸体的主轴承座孔中心线高于气缸体下表面（图 1-10b），其特点是结构刚度较好，密封简单可靠，维修方便。但工艺性差。一汽奥迪 100 及捷达、高尔夫等轿车发动机即为此型。

隧道式气缸体的主轴承座孔不分开（图 1-10c），其特点是结构刚度大，主轴承的同轴度易保证。但拆装不便。多用于主轴承采用滚动轴承的负荷较大的柴油机，如黄河 JN1181C13 型汽车装用的 6135Q 型发动机。

气缸布置形式有 3 种：直列式、V 型和水平对置式，如图 1-11 所示。

各气缸排成一直列的称为直列式气缸体。其特点是机体的宽度小而高度和长度大，一般只用于六缸以下的发动机。

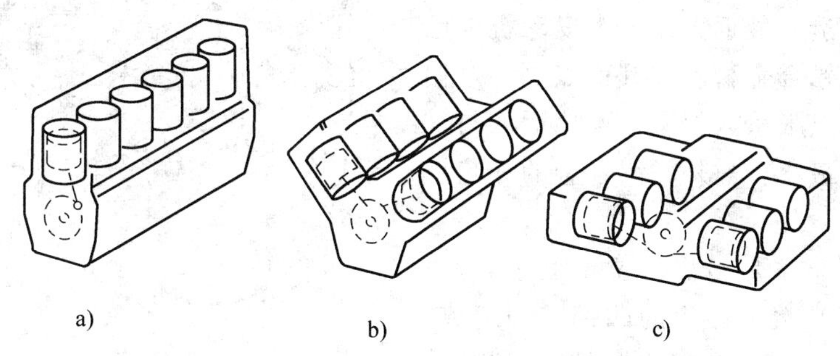

图 1-11　气缸的布置形式

a) 单排直列式　b) V 形布置式　c) 水平对置式

为了提高气缸的耐磨性，目前广泛使用的是气缸体内镶入气缸套的结构，气缸套常由片状石墨铸铁并添加微量铬、钼和镍，用离心铸造法制成。它具有使用寿命长、耐磨性好、检修方便及费用低等优点。根据是否与冷却水相接触，气缸套分为干式气缸套和湿式气缸套。

气缸套的外表面不直接与冷却水接触的称为干式气缸套（图 1-12a）。为保证散热效果和缸套的定位，缸套的外表面与气缸体的缸套座孔内表面必须精确加工，且一般采用过盈配合，壁厚仅为 1 ~ 3mm 的干式气缸套是被压装到气缸中去的。

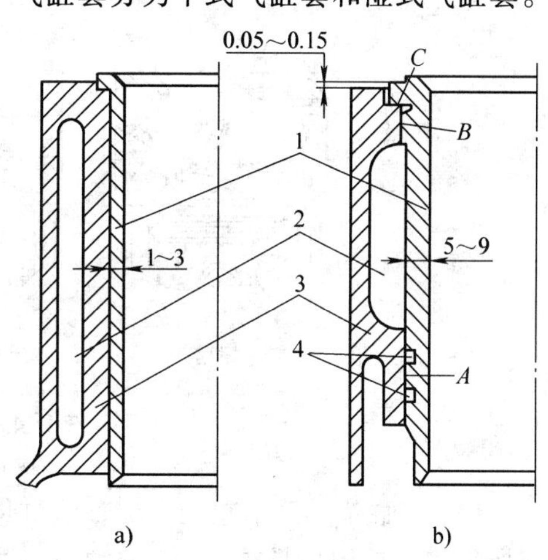

图 1-12　气缸套

a) 干式　b) 湿式

1—气缸套　2—水套　3—气缸体　4—密封圈

气缸套的外表面直接与冷却水接触的称为湿式气缸套（图 1-12b）。其壁厚达 5 ~ 9mm，以微小的装配间隙放入气缸中。通常以上部凸缘的下平面 *C* 为轴向定位、以外圆表面 *B* 和 *A* 为径向定位。为防止漏水，缸套下部 *A* 处设 1 ~ 2 个耐油耐热橡胶密封圈。大多数湿式气缸套装入后，其顶面一般高出气缸体 0.05 ~ 0.15mm，这样在紧固气缸盖螺栓时，可将气缸垫压得更紧，以保证气缸的密封性，防止漏水、漏气。相对而言，湿式气缸套具有散热性好、缸体铸造方便、易拆卸等优点。

2. 气缸盖和气缸垫

(1) 气缸盖　气缸盖用来封闭气缸的上部，并与活塞顶、气缸壁共同构成燃烧室。内部有与气缸体相通的冷却水套、进排气道等（图1-13)。为制造和维修方便、减小变形对密封的影响，功率较大的柴油机多采用分体式气缸盖，即一缸、二缸或三缸一盖。而汽油机因缸径较小、缸盖负荷较轻，多采用整体式气缸盖。

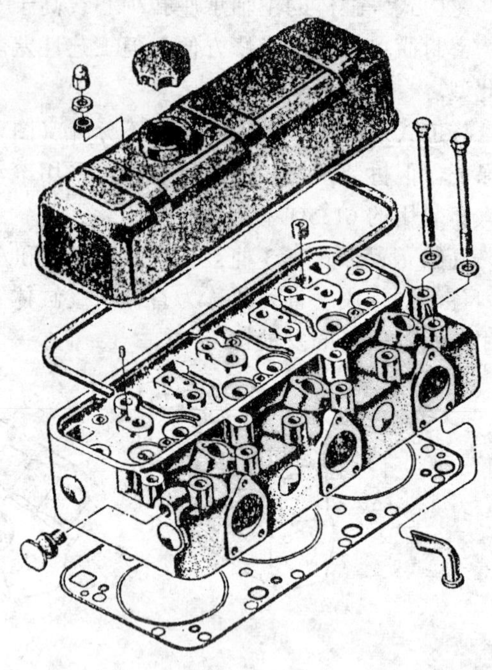

图1-13　气缸盖

气缸盖的材料与机体材料一般用高强度灰铸铁或铝合金铸造。最近，在轿车发动机上已越来越多地采用铝合金材料。其优点是：全铝机体与铝活塞的热胀系数相同，可使活塞与气缸的间隙控制到最小；另外，铝合金的导热性好、质量轻。

汽油机的燃烧室是当活塞位于上止点时，由活塞顶部及气缸盖上相应的凹部空间组成。由于发动机的工作与燃烧室的形状密切相关，所以对燃烧室有两点基本要求：一是结构要紧凑，冷却面积要小，以减小散热损失及缩短火焰行程；其次是能使混合气在压缩终了时具有一定的涡流运动，以提高混合气燃烧速度，保证混合气得到及时和充分的燃烧。

汽油机常用的燃烧室形状有楔形、盆形、半球形，如图1-14所示。

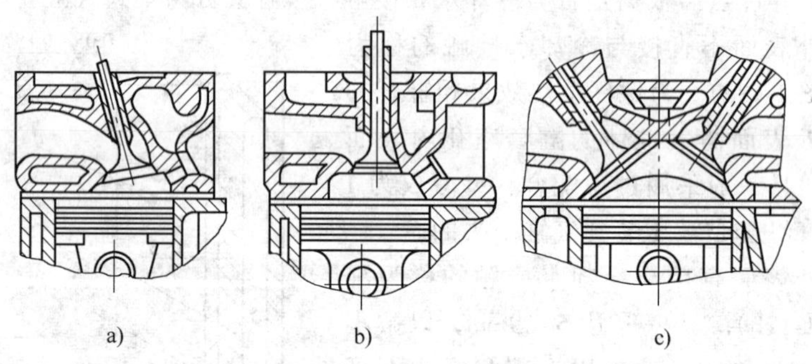

图1-14　汽油机燃烧室的类型

a）楔形　b）盆形　c）半球形

(2) 气缸垫　气缸垫用来保证气缸体与气缸盖接合面间的密封。气缸垫因接触高温、高压燃气，在使用中易被烧蚀，故要求它能耐热、耐腐蚀、有足够的强度和一定的弹性，且拆装方便，能重复使用，寿命长。按所用材料的不同，气缸垫可分为金属—石棉气缸垫和全金属气缸垫（图1-15a ~ e)。

金属—石棉气缸垫通常由夹有金属丝或金属屑的石棉外覆铜皮组成。为防烧蚀，在水孔及燃烧室孔周围用镶边增强。中间的石棉耐热性很高，且具有一定的弹性，可提高气缸的密封性。

纯金属气缸垫，由单层或多层金属片（低碳钢或铜）制成。为加强密封，在缸口、水孔

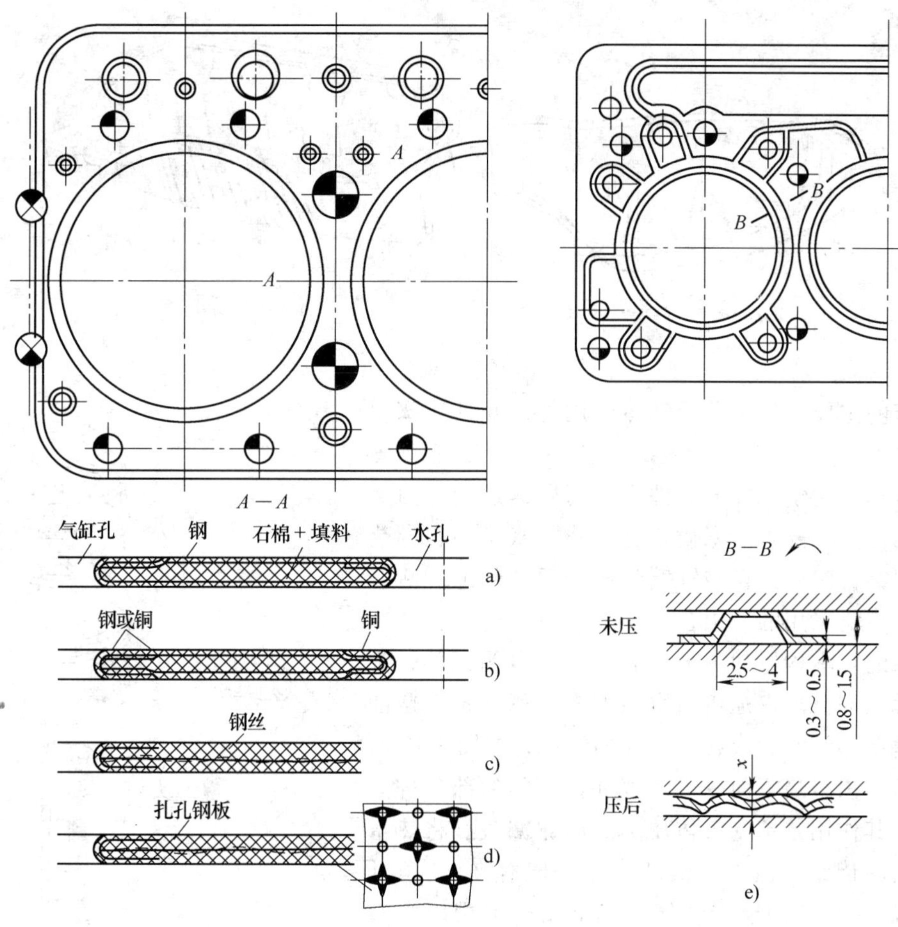

图 1-15　气缸垫的种类与结构

a）、b）、c）、d）金属—石棉板　e）冲压钢板

和油孔周围冲有弹性凸纹（图 1-15e）。金属气缸垫强度高，抗腐蚀能力强，多用于强化程度较高的发动机上。红旗 CA7560 型轿车发动机即采用这种气缸垫。近年来，国外一些发动机开始使用耐热密封胶以取代传统的气缸垫，这就要求气缸盖和气缸体的接合面有较高的加工精度。

（3）气缸盖罩　气缸盖罩位于气缸盖上部，起封闭及防尘作用。气缸盖罩一般由薄钢板冲压而成，上设注油孔等。

3．油底壳

油底壳又称机油盘，用来密封缸体下部并储存机油。为保证发动机纵向倾斜时机油泵能正常吸到机油，油底壳一般做得后部较深；同时为防止汽车振动时油面波动过大，油底壳内还设有挡油板，并在其最低处装有磁性的放油螺塞，以吸附润滑油中的铁屑，减少发动机的磨损。又因其受力很小，故一般用薄钢板冲压制成，如图 1-16 所示。

三、活塞连杆组

活塞连杆组主要由活塞 4、活塞环 1 和 2、活塞销 5 和连杆 8 等机件组成（图 1-17）。

1．活塞

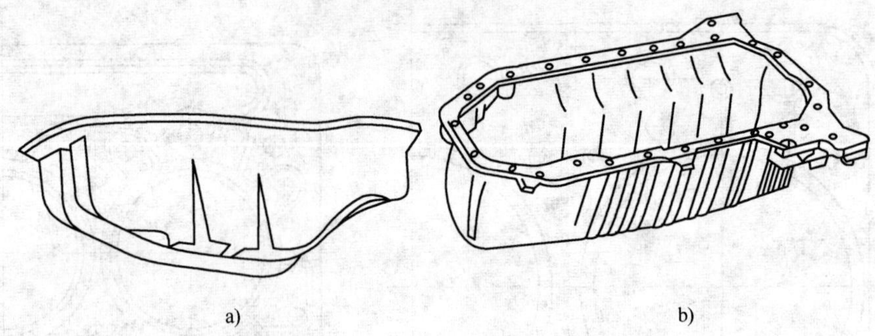

图 1-16　油底壳

活塞的主要作用是承受气体作用力，并且活塞顶部与气缸盖、气缸壁共同组成燃烧室。活塞是在高温、高压和受化学腐蚀的条件下作高变速运动。为保证其可靠工作，要求活塞质量轻、热膨胀量小、导热性好、耐磨、耐腐蚀且与缸壁间有合适的间隙。活塞材料目前广泛采用的是铝合金。

活塞的基本构造如图 1-18 所示，可分为顶部、头部和裙部三部分。汽油机活塞顶部多采用平顶，柴油机的活塞顶部常常做成各式各样的凹坑，如图 1-19 所示。由活塞顶至最下面一道活塞环槽之间的部分称为活塞头。其作用是承受气体压力、防止漏气、将热量通过活塞环传给气缸壁。活塞头部一般有 2 ~ 3 道环槽，上部 1 ~ 2 道用以安装气环，下面一道用以安装油环。在油环槽底部沿圆周方向钻有许多径向回油孔。活塞环槽以下的所有部分称为活塞裙。其作用是引导活塞在气缸中作往复运动，并承受侧压力。发动机工作时，因缸内气缸压力的作用，活塞会产生弯曲变形（图 1-20a）；活塞受热后，由于活塞销座处的金属多，其膨胀量大于其他各处（图 1-20b）；活塞在侧压力的作用下还会产生挤压变形（图 1-20c）。上述变形的综合结果，使得活塞裙部断面变成长轴在活塞销方向上的椭圆（图 1-20d）。此外，由于活塞沿轴线方向温度和质量的分布都不均匀，导致了各断面的热膨胀量呈上大下小分布。

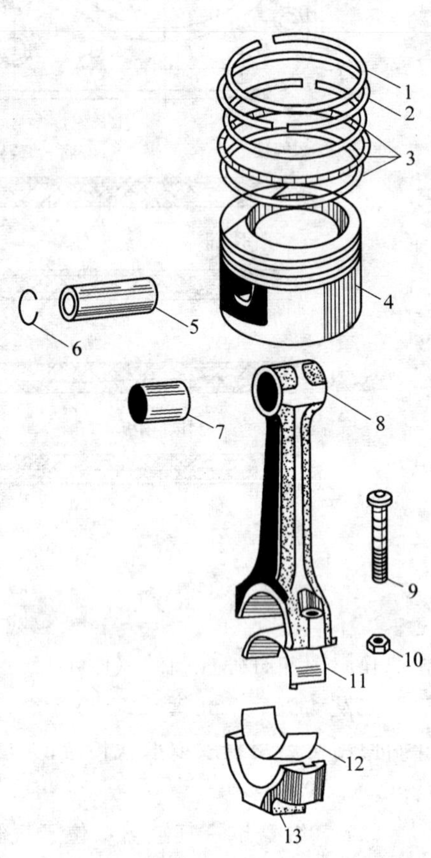

图 1-17　活塞连杆组

1—第一道气环　2—第二道气环　3—组合油环　4—活塞　5—活塞销　6—活塞销锁环　7—连杆衬套　8—连杆　9—连杆螺栓　10—连杆螺母　11、12—连杆轴瓦　13—连杆盖

为使活塞在各种工况下均能与气缸壁间保持均匀的间隙，活塞通常采取下列结构措施：

1) 沿裙部高度方向上制成圆锥形，如国产 135 系列柴油机活塞裙部的锥度为 0.12mm（图 1-21a）。

2) 将裙部制成椭圆形（图 1-21b），椭圆的长轴在垂直于销座孔轴线的方向。将销座外

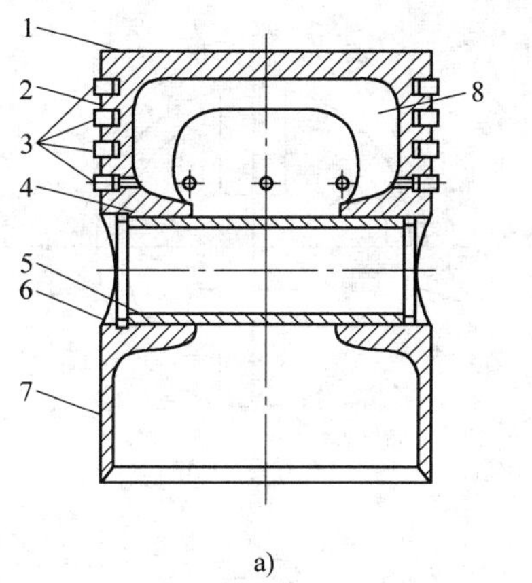

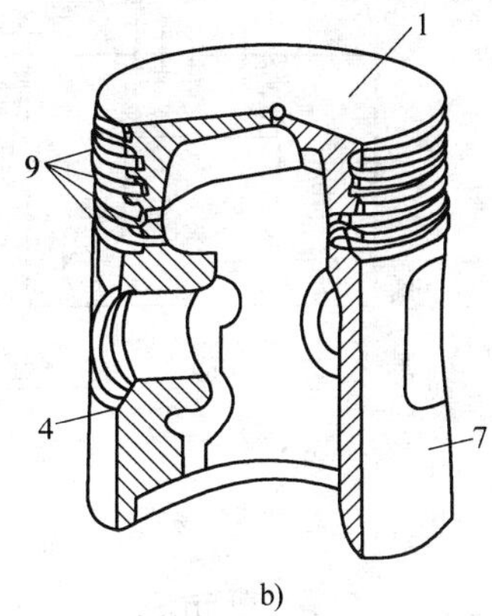

图 1-18　活塞的基本结构

a）全剖　b）部分剖

1—活塞顶　2—活塞头　3—活塞环　4—活塞销座　5—活塞销

6—活塞销锁环　7—活塞裙　8—加强肋　9—环槽

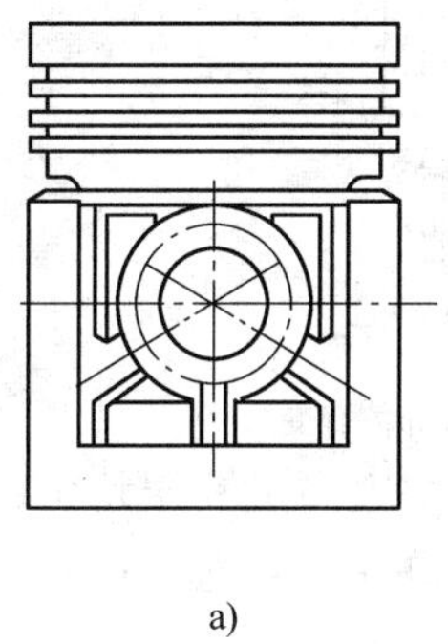

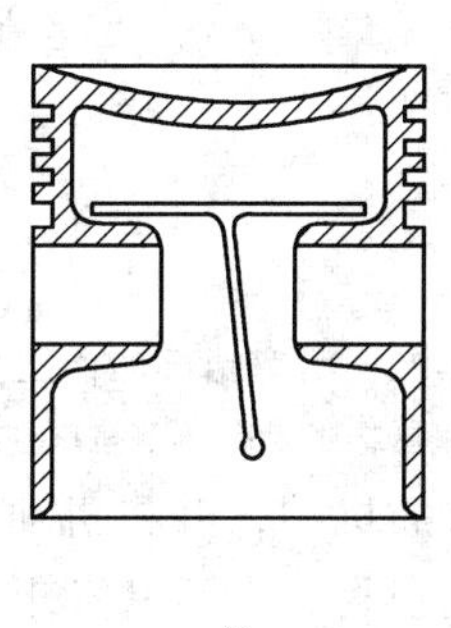

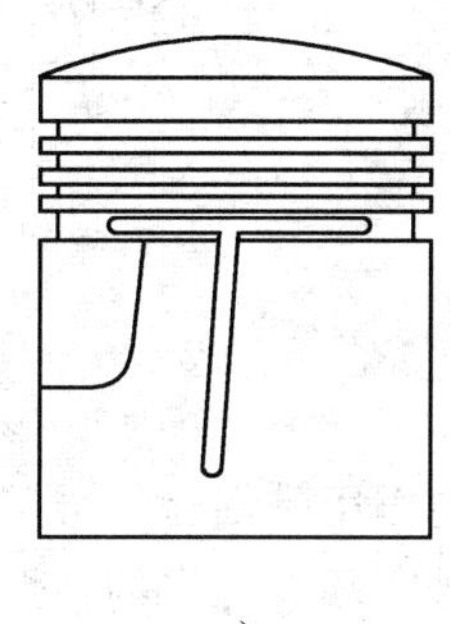

图 1-19　活塞顶的形状

a）平顶　b）凹顶　c）凸顶

端面在铸造时凹陷 0.5～1mm，或截去一小部分。

3）裙部开绝热槽和膨胀槽（图 1-21c）。前者可减少活塞头部热量向裙部扩散；后者可使裙部具有一定的弹性，并可使冷态下的装配间隙尽量减小，而热态时活塞又因膨胀槽的补偿作用而不致在气缸中“卡死”。绝热槽若开在油环槽中时，还可兼作油孔。

4）用双金属活塞，在活塞裙部或销座内嵌入钢片，减少活塞裙部的膨胀量。恒范钢片式活塞（图 1-21d）即为其中的一种。恒范钢是 $w_{Ni}=33\%\sim36\%$ 的低碳合金钢，其膨胀系数仅为铝合金的 10%左右，活塞销座通过恒范钢片与裙部相连，故销座的膨胀对裙部无直接影响。而另一类双金属活塞为自动调节式活塞（图 1-21e），将低碳钢片贴在销座铝层内侧，不仅起到抑制作用，且利用双金属效应可减少裙部侧压力方向上的膨胀量。因双金属效应对膨胀的控制作用与温度有关，故称之为热膨胀自动调节式活塞。

2．活塞环

按功用的不同可将活塞环分为气环和油环两种（图 1-22）。气环的作用是保证活塞与气缸壁间的密封，防止气缸中的高温、高压燃气大量漏入曲轴箱，同时还将活塞顶部的大部分热量传到气缸壁，再由冷却水或空气带走。

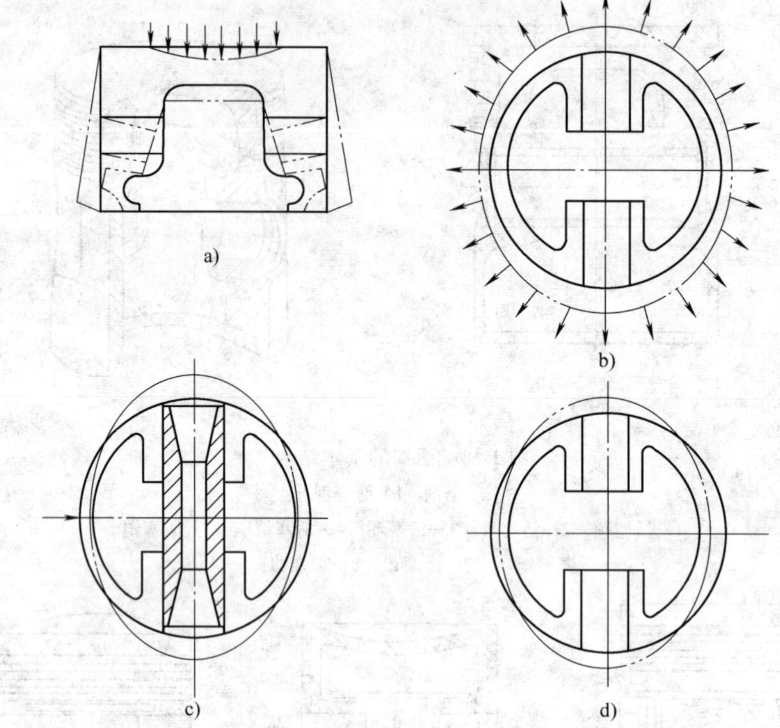

图 1-20 活塞裙部的椭圆变形

a) 弯曲变形 b) 销座热膨胀变形 c) 挤压变形 d) 裙部综合变形

油环的作用是刮除气缸壁上多余的机油，并将机油在气缸壁上布成一层均匀的油膜。

为使活塞环有一定的弹性，保证密封，在活塞环上开有切口，并且在自由状态时其外形尺寸比气缸内径大些。

活塞环的材料多采用合金铸铁或球墨铸铁。为改善活塞环的滑动性能和磨合性能，其表面应涂以保护层，如经磷酸盐处理或镀锌、镀钼。对于承受压力最大的第一道气环的工作表面常镀上多孔性铬。多孔性铬层硬度高，并能贮存少量的润滑油，从而延长活塞环的使用寿命。其他各道活塞环大都采用镀锡或磷化处理，以改善其磨合性。

活塞装入气缸后，活塞环开口处两端的距离称为活塞环的开口间隙。若该间隙过大，则漏气量大，使发动机的功率减小；该间隙若过小，则可能因环端部间的互相撞击而造成活塞环断裂。该间隙一般为 0.20～0.90mm。气环常见的断面形状有以下几种：

1）矩形环（图 1-23a）结构简单，制造方便，散热性好；但有泵油作用（泵油作用如图 1-24 所示）。

2）锥面环（图 1-23b）与缸壁为线接触，有利于密封和磨合。该环在活塞下行时有刮油作用，上行时有布油作用，并可形成楔形油膜以改善润滑。但其传热性差，不宜用于第一道气环。

3）扭曲环（图 1-23c、d）除具有锥面环的优点外，还能减小泵油作用、减轻磨损、提高散热能力，目前在发动机上得到广泛应用。

4）梯形环（图 1-23e）的主要优点是能使沉积在环槽中的结焦被挤出，避免了活塞环被

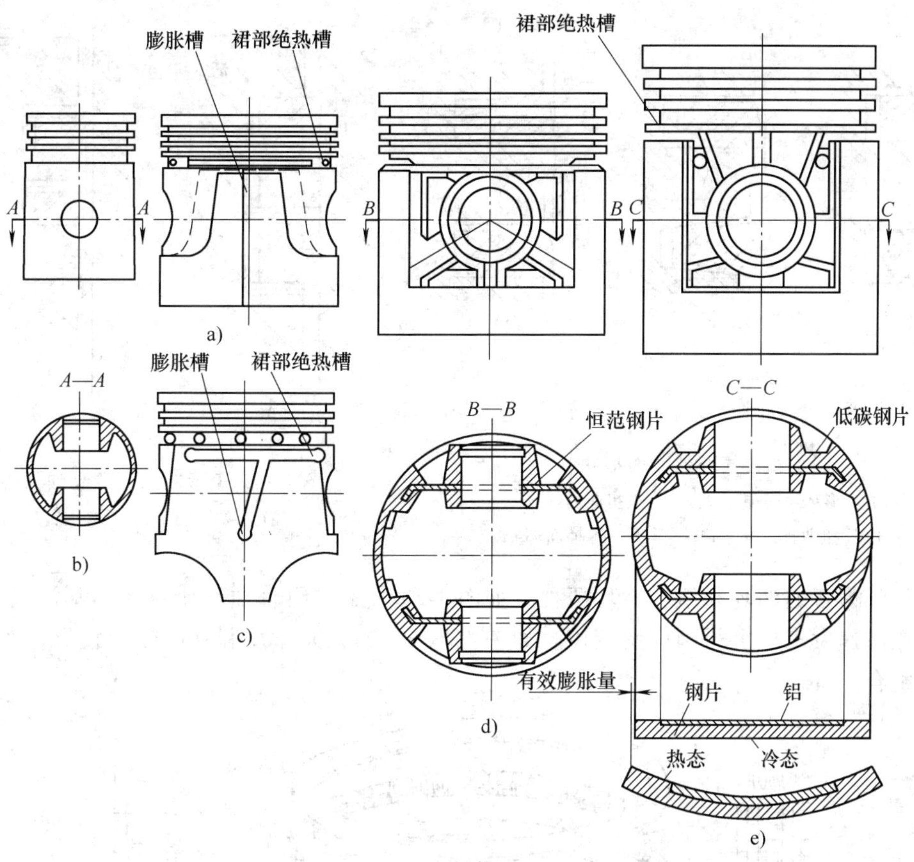

图 1-21　活塞裙部的不同形状和结构

a) 锥形裙部活塞　b) 椭圆形裙部活塞　c) 活塞的膨胀槽和绝热槽

d) 恒范钢片式活塞　e) 自动调节式活塞

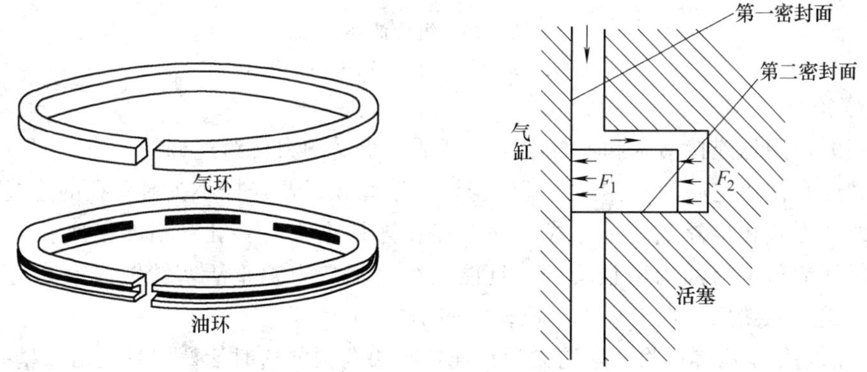

图 1-22　活塞环

粘结在环槽中而被折断。同时其密封作用强，使用寿命长。但上、下两面的精磨工艺较复杂。

5）桶面环（图 1-23f）上、下行都可形成楔形油膜而改善润滑，对活塞在气缸内摆动的适应性好，接触面积小，有利于密封。但凸圆弧表面的加工较困难。

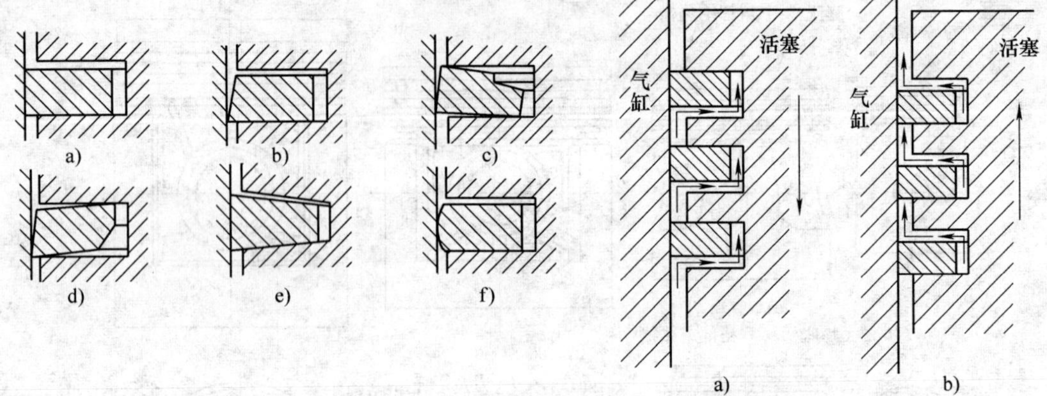

图 1-23 气环的断面形状

a) 矩形环 b) 锥面环 c) 正扭曲内切环

d) 反扭曲锥面环 e) 梯形环 f) 桶面环

图 1-24 矩形断面环的泵油作用

a) 活塞下行 b) 活塞上行

油环分为普通油环和组合油环两种。如图 1-25 所示，组合油环质量轻，刮油效果又好，因此，在高速发动机上得到广泛应用。如一汽奥迪 100、天津夏利、广州标致等轿车发动机上均用组合油环。

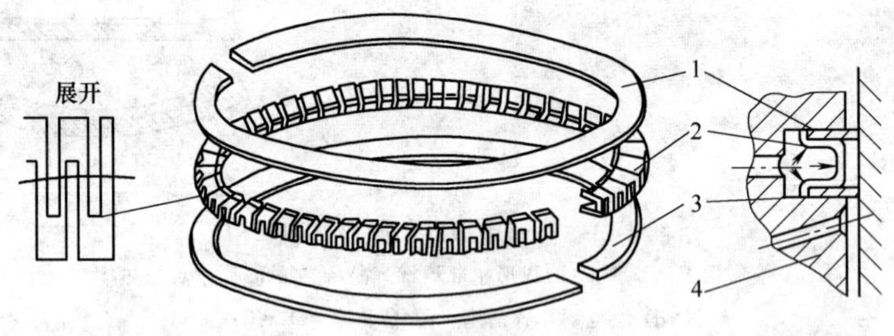

图 1-25 组合油环

1—上刮片 2—衬簧 3—下刮片 4—活塞

3. 活塞销

活塞销的作用是连接活塞和连杆小头，把活塞承受的力传给连杆。

活塞销通常做成空心圆柱体。活塞销与活塞销座孔以及连杆小头衬套孔的连接配合方式有两种，即全浮式和半浮式。全浮式活塞销能在连杆小头衬套孔和活塞销座孔内作自由转动，可以保证活塞销沿圆周磨损均匀，且能减少磨损。为防止活塞销轴向窜动而损坏气缸壁，在活塞销座两端用弹性卡环来限位，如图 1-26 所示。

半浮式活塞销是用螺栓将活塞销夹紧在连杆小头孔内，这时活塞销只在活塞销孔内转动，在小头孔内不转动。小头孔不装衬套，活塞销孔中也不装活塞销挡圈。如 CA488 发动机。

4. 连杆

连杆的功用是将活塞承受的力传给曲轴，推动曲轴转动，变活塞的往复运动为曲轴的旋转运动。连杆在工作中要承受活塞销传来的气体压力、活塞连杆组往复运动的惯性力和连杆大头绕曲轴旋转产生的旋转惯性力的作用，且连杆本身又是一个较长的杆件，因此要求连杆要有足够的强度和刚度，质量要尽量轻。

连杆（图 1-27）可分为连杆小头、杆身和连杆大头三部分。连杆小头用来安装活塞销以连接活塞。在全浮式连接的连杆小头孔内，压有减磨的青铜衬套或铁基粉末冶金衬套。为润滑衬套，在连杆小头和衬套上一般铣有积存飞溅润滑油的油槽或油孔。有时，在连杆杆身内钻有纵向的压力油通道，以对小头进行压力润滑。

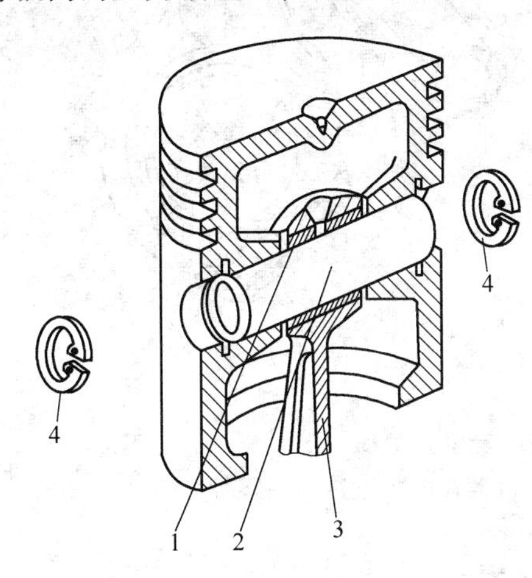

图 1-26　活塞销的连接方式

1—连杆小头衬套　2—活塞销　3—连杆　4—卡环

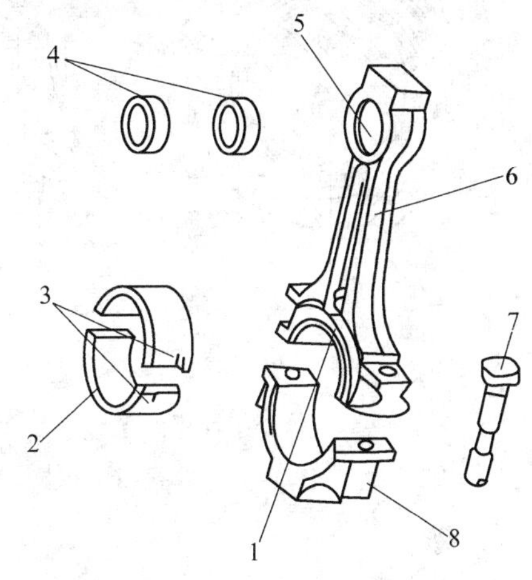

图 1-27　连杆组件

1—连杆大头　2—连杆轴承　3—止推凸肩　4—衬套
5—连杆小头　6—杆身　7—连杆螺栓　8—连杆盖

连杆一般采用 45、40Cr 等中碳钢（如上海桑塔纳发动机连杆）或中碳合金钢（如二汽富康发动机连杆）经模锻或辊锻制成，也有少数用球墨铸铁制成。为提高疲劳强度，连杆常进行表面喷丸处理。对于小型发动机的连杆，则常用高强度铝合金。

连杆杆身多采用“工”字形断面，从而在质量尽可能轻的情况下提高其抗弯刚度。

连杆大头与曲轴的连杆轴颈相连。为便于安装，通常将连杆大头做成剖分式的，上半部与杆身为一体，下半部即连杆盖，二者通过连杆螺栓装合。连杆大头的切口形式有两种。连杆大头沿着与杆身轴线垂直的方向切开，称为直切口连杆（图 1-27），多用于汽油机。有些发动机的连杆大头尺寸较大，为了维修拆装时仍将其从气缸中抽出，将连杆大头沿与连杆杆身轴线成 30°～60°（常用 45°）的方向切开，即为斜切口连杆（图 1-28）。此外，斜切口连杆若配以较理想的切口定位，还能减轻连杆螺栓的受力，多用于柴油机。

直切口连杆的切口面多数为平面，由杆身与连杆盖分别加工而成。由于现代技术与工艺的进步，连杆锻成整体毛坯，用冷胀的方法将杆身与连杆盖分开。这样的切口面将不再是平面，而是不规则的像山峦式的犬牙交错的表面，可提高杆身与连杆盖的定位精度。一汽捷达轿车五气门发动机便采用此种结构。

连杆轴承装在连杆大头孔内，用以保护连杆轴颈（曲柄销）及连杆大头孔。现代汽车发动机用的连杆轴承是由钢背和减磨层组成的分成两半的薄壁轴承。钢背由厚 1～3mm 的低碳钢带制成。既有足够的强度以承受近乎冲击性的载荷，又有一定的刚度以便与轴承孔良好地贴合。减磨层由厚 0.3～0.7mm 的薄层减磨合金制成。减磨合金具有保持油膜、减少摩擦阻力和易于磨合的作用。目前汽车发动机的轴承减磨合金主要有巴氏合金、铜铅合金和高锡铝合金。

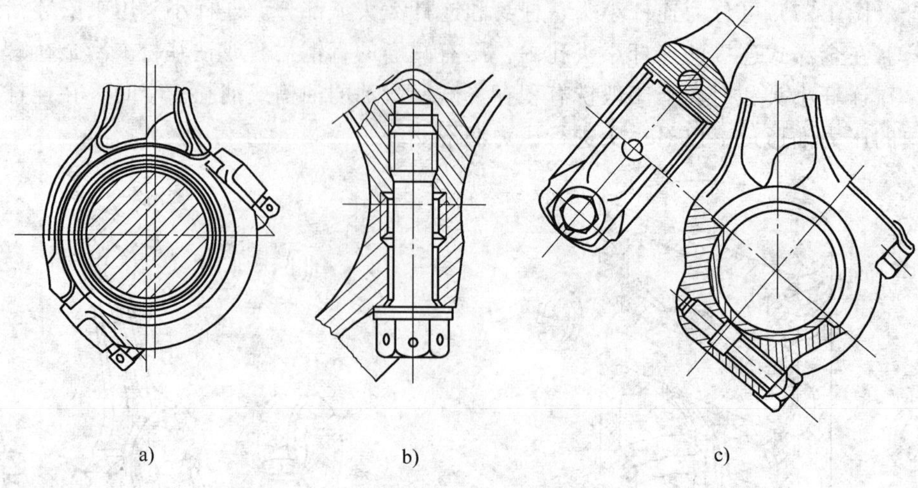

图 1-28 斜切口连杆大头的定位方式

a）止口定位 b）套筒定位 c）锯齿定位

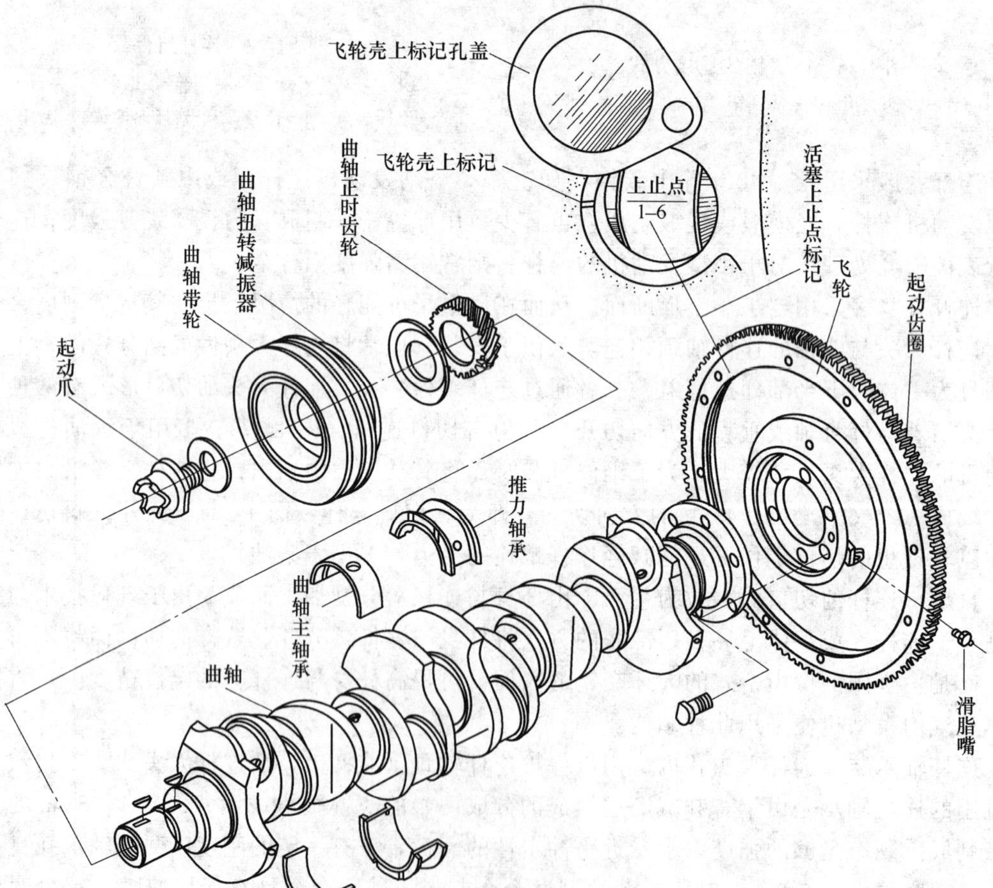

图 1-29 曲轴飞轮组

四、曲轴飞轮组

曲轴飞轮组的作用是将活塞通过连杆传来的力作为动力，使曲轴旋转产生转矩，从而使发动机做功，再由飞轮输出给传动系，同时驱动其他附件工作，其结构如图 1-29 所示，主要由曲轴、飞轮、正时齿轮、带轮及曲轴扭转减振器等组成。

1. 曲轴

曲轴的作用是接受连杆传来的力，并由此产生绕其自身轴线旋转的转矩，再通过飞轮输出。

曲轴在工作中要承受周期性变化的气体压力、往复惯性力、离心力及由此而产生的转矩和弯矩的共同作用，因此要求曲轴要有足够的刚度、强度、各工作表面润滑良好、耐磨，并需要很好地平衡。

目前，曲轴多采用优质中碳钢或铬镍钢（18CrNi5）、铬铝钢（34CrAl16）模锻而成，轴颈经表面淬火或渗氮处理，最后进行精加工，以提高耐磨性。另外，稀土球墨铸铁曲轴在国产车上应用较多。

曲轴主要由三部分组成，如图 1-30 所示：

1）曲轴的前端轴。

2）若干个曲拐（一个连杆轴颈和它两端的曲柄及相邻两个主轴颈构成一个曲拐）。

3）曲轴后端（或称功率输出端）。

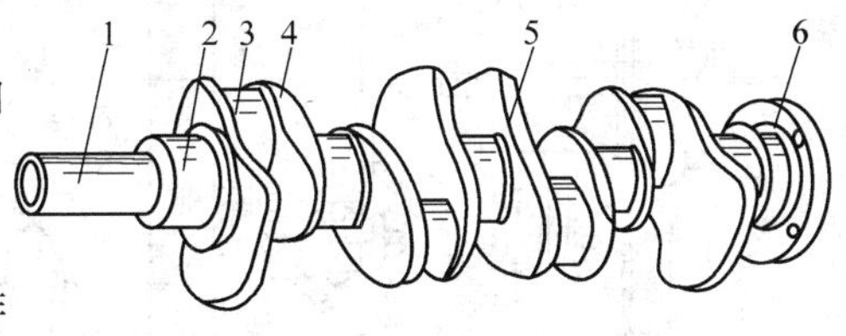

图 1-30　整体式曲轴

1—前端轴　2—主轴颈　3—连杆轴颈（曲柄销）　4—曲柄　5—平衡重　6—后端凸缘

曲拐的数目取决于发动机的气缸数目及其排列方式。直列发动机的曲拐数等于气缸数；而 V 形和对置式发动机的曲拐数为气缸数的一半。

按曲轴主轴颈数目的多少，分为全支承曲轴及非全支承曲轴。在相邻两曲拐间都设置一个主轴颈的曲轴，称为全支承曲轴；否则称为非全支承曲轴。全支承曲轴刚度较好且主轴颈的负荷相对较小，多用于柴油机和负荷较大的汽油机，如上海桑塔纳、一汽奥迪 100 型轿车发动机的曲轴。非全支承结构制造工艺简单，多用于中小负荷的汽油机。

为减轻质量和离心力，有时将曲柄销和主轴颈做成空心的。在主轴颈、曲柄销和轴承上都钻有径向油孔，通过斜向油道相连，以使润滑油进入主轴颈和曲柄销的工作表面。曲轴平衡重用来平衡旋转惯性力及力矩，以使发动机运转平稳，并可减少曲轴主轴承的负荷。对四缸、六缸等直列发动机，其旋转惯性力和旋转惯性力矩是外部平衡的，但是内部不平衡，曲

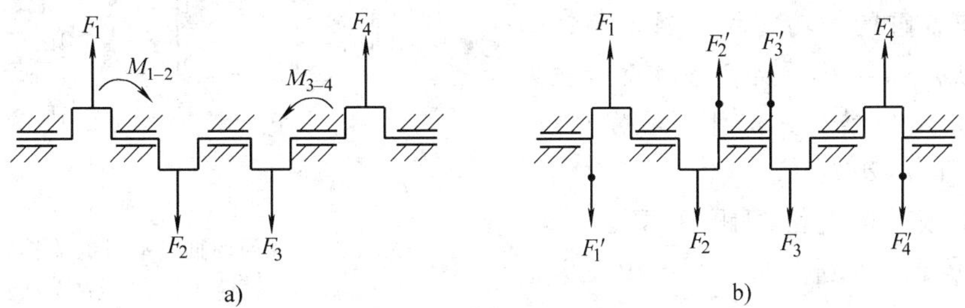

图 1-31　曲轴平衡重作用示意图

a）无平衡重　b）加平衡重

F_1、F_2、F_3、F_4—曲拐和活塞连杆的惯性力　F_1'、F_2'、F_3'、F_4'—平衡重的离心力

轴仍承受内弯矩的作用，如图1-31所示。图中惯性力 F_1、F_4 与 F_2、F_3 相平衡，力矩 $M_{1\text{-}2}$ 与 M_{3-4} 相平衡，但 $M_{1\text{-}2}$ 与 M_{3-4} 给曲轴造成了弯曲载荷。因此，通常在曲柄的相反方向设置平衡重，使其产生的力矩与上述惯性力矩相平衡。

曲轴的前端轴是第一道主轴颈之前的部分，装有驱动其他装置的机件（正时齿轮4、带轮7）及起动爪8、止推垫片3、扭转减振器等（图1-32）。曲轴后端是最后一道主轴颈之后的部分，在其后端为安装飞轮的凸缘盘6（图1-33）。

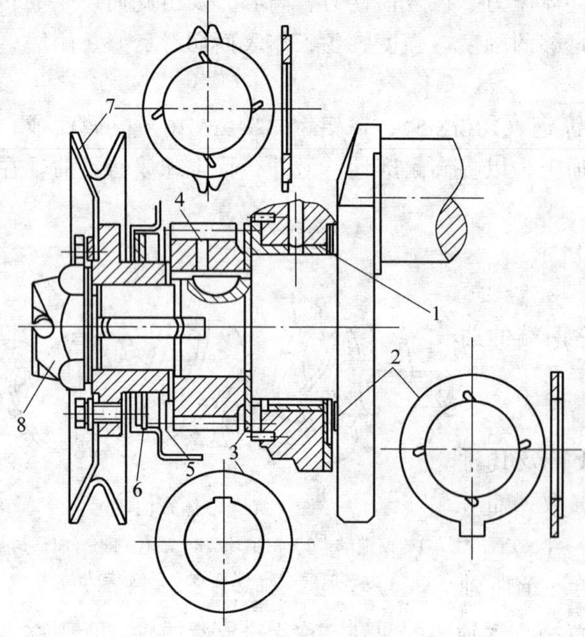

图1-32　曲轴前端

1—滑动推力轴承　2、3—止推垫片　4—正时齿轮　5—甩油盘　6—油封　7—带轮　8—起动爪

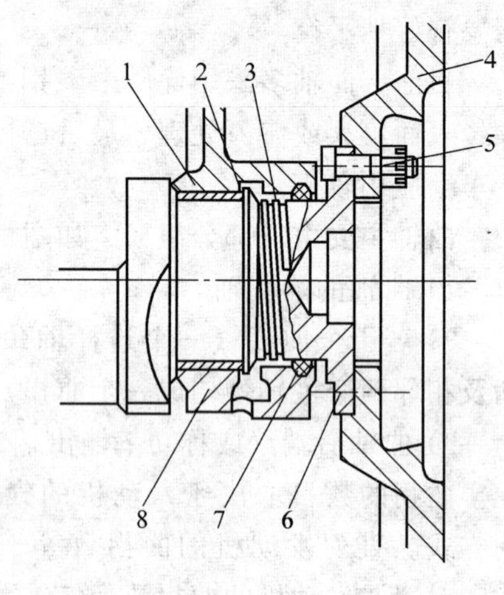

图1-33　曲轴后端

1—轴承座（曲轴箱体）　2—甩油盘　3—回油螺纹　4—飞轮　5—飞轮螺栓、螺母　6—曲轴凸缘盘　7—填料油封　8—轴承盖

曲轴的形状及各曲拐的相对位置取决于气缸数、气缸排列形式和发动机的工作顺序。在选择各缸的工作顺序时，应注意以下几点：

1）应使各缸的做功间隔尽量均衡，即发动机每完成一个工作循环，各缸都应发火做功一次，对于缸数为 i 的四行程发动机，其发火间隔角为 $720°/i$。

2）连续做功的两缸相距尽可能远些，以减轻主轴承载荷和避免进气行程中发生抢气现象。

3）V形发动机左右两列应交替发火。

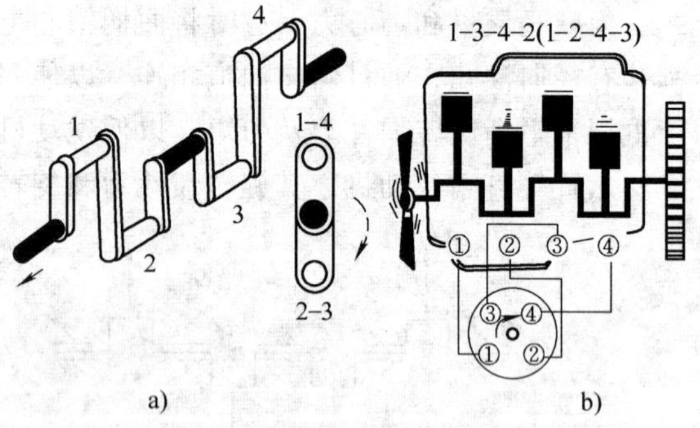

图1-34　直列四缸发动机的曲拐布置

a）直列四缸发动机曲轴的布置

b）直列发动机的点火顺序

常见多缸发动机的曲拐布置和发火顺序如下：

四冲程直列四缸发动机的发火间隔角为 720°/4 = 180°。四个曲拐在同一个平面内，如图 1-34 所示。发动机的工作顺序为 1—3—4—2 或 1—2—4—3。其工作循环如表 1-1 所示。

表 1-1 直列四缸发动机工作循环表（工作顺序 1—3—4—2）

曲轴转角/（°）	第一缸	第二缸	第三缸	第四缸
0 ~ 180	做功	排气	压缩	进气
180 ~ 360	排气	进气	做功	压缩
360 ~ 540	进气	压缩	排气	做功
540 ~ 720	压缩	做功	进气	排气

四冲程直列六缸发动机的发火间隔角为 720°/6 = 120°，六个曲拐互成 120°，如图 1-35 所示。发动机的工作顺序为 1—5—3—6—2—4 或 1—4—2—6—3—5。其工作循环如表 1-2 所示。

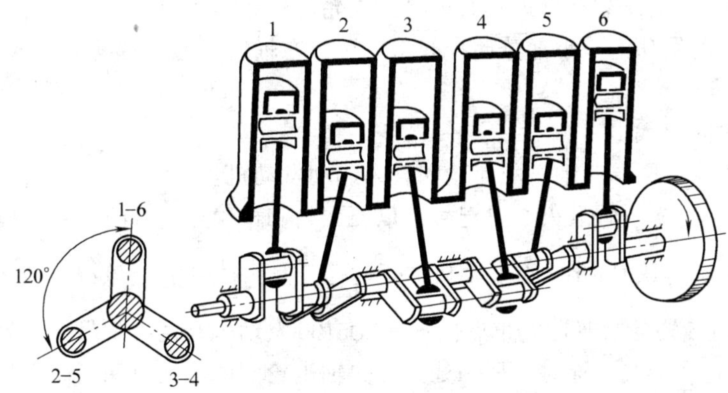

图 1-35 直列六缸发动机的曲拐布置

表 1-2 直列六缸发动机工作循环表（工作顺序 1—5—3—6—2—4）

<table>
<tr><th colspan="2">曲轴转角/（°）</th><th>第一缸</th><th>第二缸</th><th>第三缸</th><th>第四缸</th><th>第五缸</th><th>第六缸</th></tr>
<tr><td rowspan="3">0 ~ 180</td><td>0 ~ 60</td><td rowspan="3">做功</td><td rowspan="2">排气</td><td rowspan="4">压缩</td><td rowspan="4">排气</td><td rowspan="2">压缩</td><td rowspan="3">进气</td></tr>
<tr><td>60 ~ 120</td></tr>
<tr><td>120 ~ 180</td><td rowspan="3">进气</td><td rowspan="3">做功</td></tr>
<tr><td rowspan="3">180 ~ 360</td><td>180 ~ 240</td><td rowspan="3">排气</td><td rowspan="3">压缩</td></tr>
<tr><td>240 ~ 300</td><td rowspan="3">做功</td><td rowspan="3">进气</td></tr>
<tr><td>300 ~ 360</td><td rowspan="3">压缩</td><td rowspan="3">排气</td></tr>
<tr><td rowspan="3">360 ~ 540</td><td>360 ~ 420</td><td rowspan="3">进气</td><td rowspan="3">做功</td></tr>
<tr><td>420 ~ 480</td><td rowspan="3">排气</td><td rowspan="3">压缩</td></tr>
<tr><td>480 ~ 540</td><td rowspan="3">做功</td><td rowspan="3">进气</td></tr>
<tr><td rowspan="3">540 ~ 720</td><td>540 ~ 600</td><td rowspan="3">压缩</td><td rowspan="3">排气</td></tr>
<tr><td>600 ~ 660</td><td rowspan="2">进气</td><td rowspan="2">做功</td></tr>
<tr><td>660 ~ 720</td><td></td><td></td></tr>
</table>

2. 曲轴扭转减振器

在发动机工作过程中，连杆作用于曲轴上的力呈周期性变化，从而使质量较小的曲拐的转速相对于质量较大的飞轮的转速忽快忽慢，造成曲轴的扭转振动。当曲轴自振频率与连杆传来的呈周期性变化的激振力频率成整倍数关系时，曲轴会发生共振，从而引起功率损失、曲轴扭转变形甚至断裂、正时齿轮磨损严重、产生冲击噪声等后果。为此，在有些发动机（特别是那些曲轴刚度较小、旋转质量大、缸数多及转数高的发动机）的曲轴前端都装有曲轴扭转减振器。

汽车发动机常用的曲轴扭转减振器为摩擦式扭转减振器，可分为橡胶式扭转减振器、硅油式扭转减振器、硅油—橡胶扭转减振器等。

橡胶式扭转减振器结构简单，工作可靠，制造容易，在汽车上广泛应用。但其阻尼作用小，橡胶容易老化，故在大功率发动机上较少应用。

3．飞轮

飞轮是一个转动惯量很大的圆盘，外缘压有齿圈，为使其质量较小、惯量较大，须使其外圈厚、里面薄，其上还刻有点火正时记号。飞轮的作用是：

1）把发动机所做功的一小部分储存起来，用以在辅助行程时带动活塞越过上、下止点，并使曲轴运转均匀。

2）克服短时间超载。

3）靠飞轮外缘齿圈与起动机小齿轮啮合来起动发动机。

飞轮上通常刻有第一缸点火正时记号，以便调整和检验点火（喷油）正时，以及调整气门间隙（图1-36）。解放CA6102型发动机的正时记号是$\frac{\text{上止点}}{\text{1-6}}$，当该记号与飞轮壳上的刻线对准时，即表示1-6缸的活塞在上止点位置；EQ6100发动机有两处记号，一处是飞轮上的一个钢球与飞轮壳上的刻线对准时，另一处是当曲轴带轮上的小缺口和正时齿轮盖上的凸筋对准时，都表示1-6缸活塞在上止点位置；奥迪A6四缸发动机在曲轴带轮上刻有凹槽，当凹槽对准正时齿轮壳上的箭头时，则表示1-4缸的活塞在上止点位置。

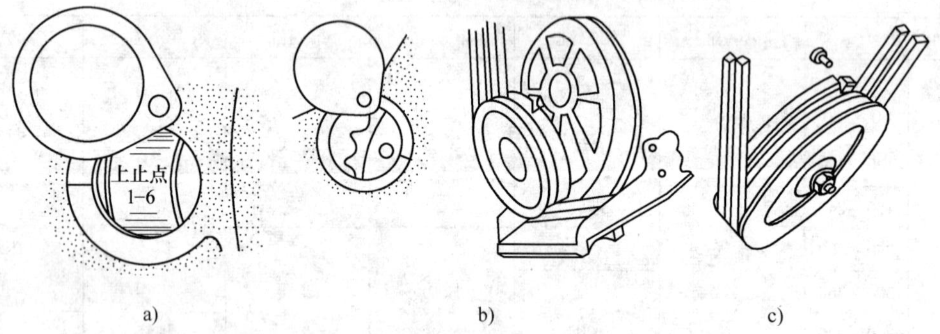

图1-36　发动机点火正时标记

a）CA6102发动机点火正时记号　b）EQ6100发动机点火正时记号　c）奥迪A6发动机正时记号

第三节　配气机构

配气机构的作用是按照发动机各缸内所进行的工作循环和点火次序的要求，定时开、闭进、排气门，使新鲜混合气（汽油机）或空气（柴油机）及时充入气缸，燃烧后的废气及时排出气缸。

新鲜混合气或空气充入气缸的程度，用充气效率来表示。充气效率是指在进气过程中，实际进入气缸的新鲜气体质量与在进气系统进口状态下充满气缸工作容积的新鲜气体质量之比，一般为0.80~0.90。

一、配气机构的布置形式

气门式配气机构由气门组和气门传动组两部分组成，每组的零件组成则与气门的位置、凸轮轴的位置和气门驱动形式等有关。现代汽车发动机均采用顶置气门，即进、排气门置于气缸盖内，倒挂在气缸顶上。按凸轮轴的位置可分为下置式、中置式和上置式三种；按凸轮轴的传动方式可分为齿轮传动式、链条传动式和同步齿形带传动式；按每个气缸气门数及其排列方式可分为二气门式、四气门式、五气门式等形式。

四冲程发动机每完成一个工作循环，每个气缸进、排气一次。这时曲轴转两周，而凸轮轴只旋转一周，所以曲轴与凸轮轴的转速比或传动比为2:1。

(一) 凸轮轴的布置形式

1. 凸轮轴下置式配气机构

凸轮轴置于曲轴箱内的配气机构为凸轮轴下置式配气机构，其主要优点是凸轮轴离曲轴近，可以简单地用一对齿轮传动。缺点是零件多，传动链长，整个机构的刚度差。在高转速时，可能破坏气门的运动规律和气门的定时启闭。因此多用于转速较低的发动机，如解放CA6102、东风EQ6100—1、BJ492Q、6135Q等发动机均为凸轮轴下置式配气机构。

2. 凸轮轴中置式配气机构

凸轮轴置于机体上部的配气机构被称为凸轮轴中置式配气机构。与凸轮轴下置式配气机构的组成相比，减少了推杆，从而减轻了配气机构的往复运动质量，增大了机构的刚度，更适用于较高转速的发动机。有些凸轮轴中置式配气机构的组成与凸轮轴下置式配气机构没有什么区别，只是推杆较短而已，如YC6105Q、6110A、依维柯8210、22S和福特2.5ID等发动机都是这种机构。

3. 凸轮轴上置式配气机构

凸轮轴置于气缸盖上的配气机构为凸轮轴上置式配气机构。这种配气机构的凸轮轴布置在气缸盖上，凸轮轴可直接通过摇臂来驱动气门或凸轮轴直接驱动气门，它省去了推杆，使往复运动质量大大减小，其主要优点是运动件少，整个机构的刚度大，适用于高速发动机。图1-37所示为捷达王轿车EA113型发动机用凸轮轴上置式配气机构。进气凸轮轴2和排气凸轮轴1分别驱动进气门7和排气门6。进气凸轮轴与排气凸轮轴分开安装后，有利于多气门布置。该发动机每个气缸即为5个气门。气门数目越多，发动机的充气效率越高（当发动机转速达4000r/min时，充气效率可大于1.0；而当发动机转速为6000r/min时，充气效率仍不低于0.9），发动机功率也就越大。在工作容积不变的条件下，仅仅是单缸气门由两个变成五个，轿车的功率提高了近40%。

(二) 凸轮轴的传动方式

凸轮轴由曲轴带动旋转，它们之间的传动方式有齿轮传动、链传动及同步齿形带传动等几种。

1. 齿轮传动

凸轮轴下置、中置式配气机构大多数采用圆柱正时齿轮传动。一般由曲轴到凸轮轴只需一对正时齿轮传动，必要时可加装中间齿轮。为了啮合平稳，减小噪声和减少磨损，正时齿

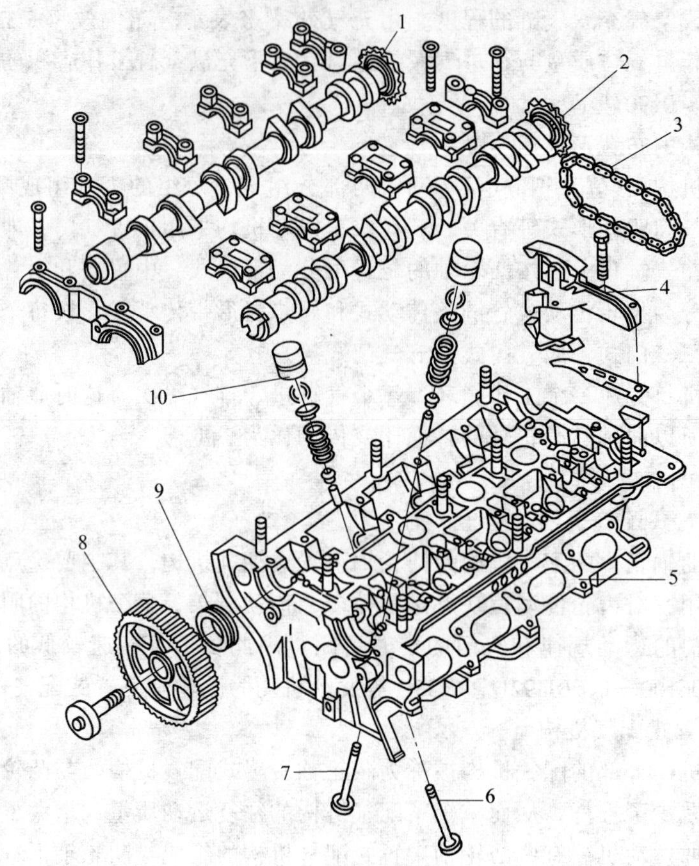

图 1-37　捷达王轿车 EA113 型发动机配气机构零件图

1—排气凸轮轴　2—进气凸轮轴　3—传动链　4—液压链张紧器

5—气缸盖　6—排气门　7—进气门　8—凸轮轴带轮

9—油封　10—液力挺柱

轮一般都用斜齿轮并用不同材料制成（曲轴正时齿轮常用钢来制造，而凸轮轴正时齿轮则用铸铁或夹布胶木制成）。为了保证装配时配气正时，齿轮上都有正时记号，装配时必须使记号对准。

2. 链传动和同步齿形带传动

链传动特别适合于凸轮轴上置式配气机构，但主要问题是其工作可靠性和耐久性不如齿轮传动。近年来在高速汽车（一汽奥迪 100）发动机上还广泛采用同步齿形带代替传动链，如图 1-38 所示。这种传动对于减小噪声，减轻结构质量与降低成本都有很大好处。同步齿形带用氯丁橡胶制成，中间夹有玻璃纤维以增加强度。

（三）气门数目及排列方式

1. 气门数目

一般发动机都采用每缸两气门，即一个进气门和一个排气门的结构。为了进一步改善气缸的换气性能，在结构允许的条件下，应尽量增大进气门头部的直径。当气缸直径较大，活塞平均线速度较高时，每缸一进一排的气门结构就不能保证良好的换气质量，因此，在很多中、高级新型轿车和运动型汽车发动机上普遍采用每缸多气门结构。如天津夏利 TJ7100 和日本丰田 TOYOTA2E 型汽车发动机采用每缸三气门结构；奔驰 190E2.3L 型发动机采用每缸四气门结构；捷达王 EA113 型发动机采用每缸五气门结构（三个进气门、两个排气门）。气门数目的增加，使发动机的进、排气通道的横截面积大大增加，提高了发动机的充气效率，改善了发动机的动力性能。

2. 气门排列方式

当每缸采用两气门时，为了使结构简单，常采用所有气门沿机体纵向轴线排成一列的方式，这样，相邻两缸同名气门就有可能合用一个气道，并得到较大的气道通过截面。另一种方式是将进、排气门交替布 置，每缸单独占用一个气道，这样有助于气缸盖冷却均匀。柴油机中为避免进气受到预热而影响充气效率，把进、排气道分别置于气缸盖的两侧。汽油机的进、排气道通常置于气缸盖的同一侧，以便进气受到排气的预热。

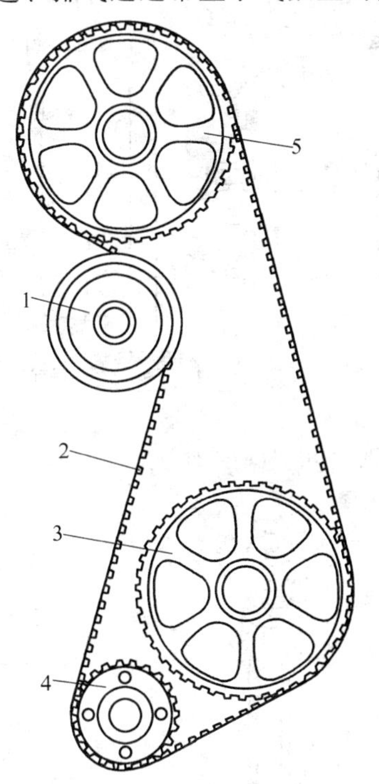

图 1-38 奥迪轿车同步齿形带传动装置
1—张紧轮 2—正时同步齿形带 3—中间轴正时带轮 4—曲轴正时齿轮 5—凸轮轴正时齿轮

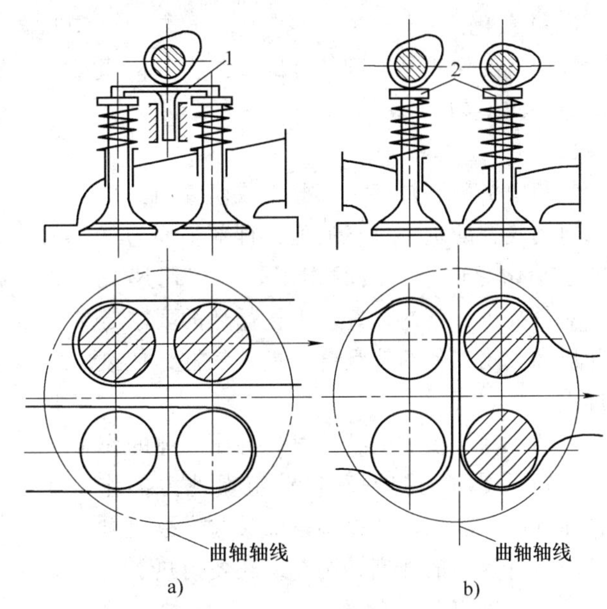

图 1-39 每缸四气门的布置
a) 同名气门排成两列 b) 同名气门排成一列
1—T 形杆 2—气门尾端的从动盘

当每缸采用四气门时，气门排列的方式有两种。一种是同名气门排成两列，如图 1 39a 所示，由一个凸轮轴通过 T 形杆同时驱动，并且所有气门都可以由一根凸轮轴驱动，加之由于两个气门串联，会影响进气门的充气效率，且使前后两排气门热负荷不均匀，故这种方案不常采用。另一种是同名气门排成一列，如图 1-39b 所示，这种结构在组织进气涡流、保证排气门及缸盖热负荷均匀等方面都具有相当的优越性，但一般需用两根凸轮轴。

（四）气门间隙

发动机在冷态下，当气门处于关闭状态时，气门与传动件之间的间隙称为气门间隙。

发动机工作时，气门及其传动件，如挺柱、推杆等都将因温度升高而膨胀伸长。如果气门及其传动件之间在冷态时无间隙或间隙过小，则在热态下，气门及其传动件的受热膨胀势必会引起气门关闭不严，造成发动机在压缩和做功行程中漏气，从而使功率下降，严重时甚至不易起动。为了消除这种现象，通常留有适当的气门间隙，以补偿气门受热后的膨胀量。气门间隙的大小由发动机制造厂根据试验确定，一般在冷态时，进气门的间隙为0.25～0.30mm，排气门的间隙为0.30～0.35mm。气门间隙过大，将影响气门的开启量，同时在气门开启时产生较大的冲击响声。为了能对气门间隙进行调整，在摇臂（或挺柱）上装有调整螺钉及其锁紧螺母。一些中、高级轿车由于装用了液力挺柱，故可不预留气门间隙。

二、配气机构的主要元件

配气机构由气门组和气门传动组组成。气门组包括气门、气门导管、气门座和气门弹簧等。气门传动组主要包括凸轮轴、凸轮轴正时齿轮、挺柱、推杆、摇臂和摇臂轴等。

(一) 气门组

气门组的作用是实现气缸的密封。气门组的组成如图1-40所示。

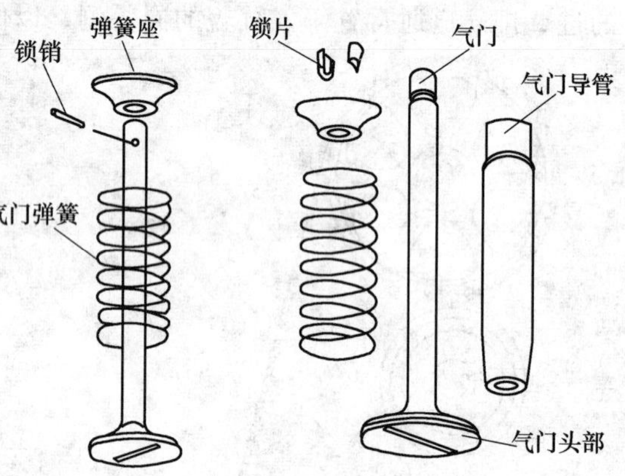

图1-40　气门组件分解

1. 气门

气门由头部和杆部两部分组成。气门头部用来封闭气缸的进、排气通道，杆部主要为气门的运动做导向。气门的作用是与气门座配合，对气缸进行密封，并按工作循环的要求定时开启和关闭，使新鲜混合气进入气缸，使废气排出气缸。

气门头部不仅要受到高温、高压气体的作用，还要承受气门弹簧和传动组惯性力的作用，而气门杆的润滑和冷却条件又差，故要求气门应具有足够的强度、刚度，还要耐热、耐磨。为此，进气门一般采用合金钢制作，排气门一般采用耐热合金钢制作。另外，为了改善气门的导热性能，可在气门内部充注金属钠（图1-41）。钠在970°时为液态。液态钠在发动机工作时来回移动，可将气门头部的热量传给气门杆，冷却效果显著改善。捷达王轿车发动机排气门即采用钠冷气门。

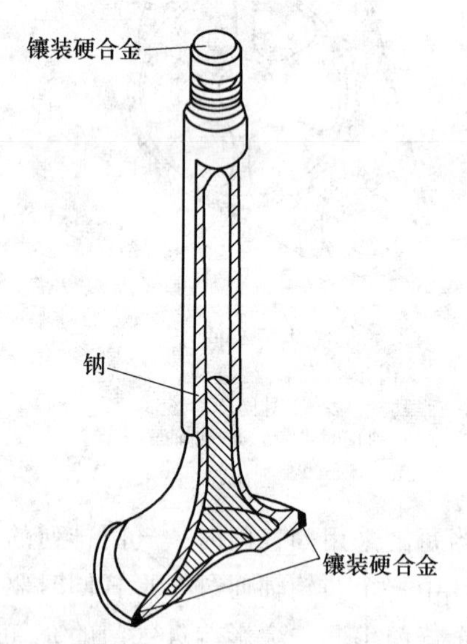

图1-41　充钠排气门

(1) 气门头部　气门头部的形状有平顶、喇叭形顶和球面顶，如图1-42所示。目前使用最多的是平顶气门头。平顶气门头结构简单，制造容易，吸热面积较小，质量轻，进、排气门均可采用。喇叭形顶头部与杆部的过渡部分具有一定的流线形，气流流通较便利，可减小进气阻力。但其顶部受热面积较大，故多用于进气门，而不宜用于排气门。球面顶气门头部的强度高，排气阻力小，废气清除效果好，适用于排气门。但球形气门顶部的受热面积大，质量和惯性力也大，加工较困难。

气门头部与气门座圈接触的工作面，是与杆部同心的锥面，通常将这一锥面与气门顶部平面的夹角称为气门锥角，如图 1-43 所示，一般做成 30°或 45°。采用锥形工作面的目的：①就像锥形塞子可以塞紧瓶口一样，能获得较大的气门座合压力，以提高密封性和导热性；②气门落座时有定位作用；③避免使气流拐弯过大而降低流速。

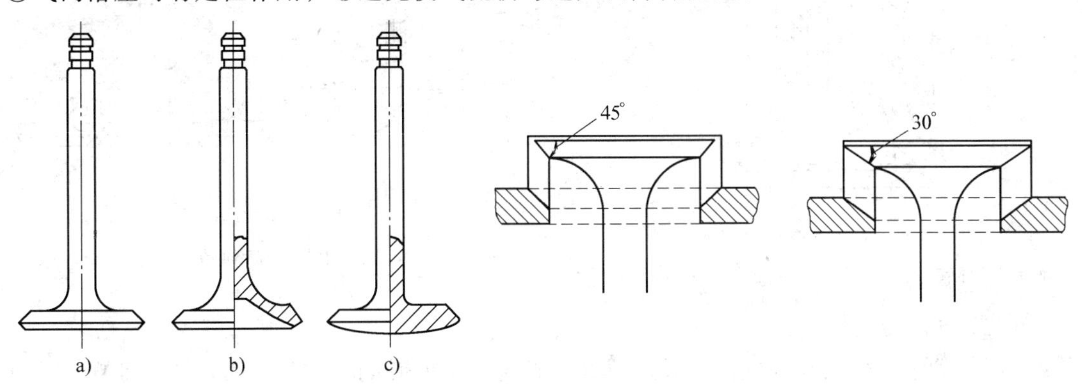

图 1-42　气门头部的结构型式
a）平顶　b）喇叭形顶　c）球面顶

图 1-43　气门锥角

为保证良好密合，装配前应将气门头与气门座二者的密封锥面互相研磨，研磨好的零件不能互换。

(2) 气门杆部　气门杆为圆柱形,在气门导管中不断进行上、下往复运动。气门杆部应具有较高的加工精度和较小的表面粗糙度值,与气门导管保持正确的配合间隙,以减小磨损和起到良好的导向、散热作用。气门杆尾部结构取决于气门弹簧座的固定方式(图 1-40)。常用的结构是用剖分或两半的锥形锁片来固定气门弹簧座,这时气门杆的尾部可切出环形槽来安装锁片。也可以用锁销来固定气门弹簧座,对应的气门杆尾部应有一个用来安装锁销的径向孔。

2. 气门座

气缸盖或气缸体的进、排气道与气门锥面相结合的部位称为气门座。气门座的作用是靠其内锥面与气门锥面的紧密贴合来保证对气缸的密封并接受气门头部传来的热量。因为气门座是在高温的条件下工作的，容易磨损，故有不少发动机的气门座使用耐热钢或合金铸铁单独加工出气门座圈，然后再镶入气缸盖的气门座圈孔中，如图 1-44 所示。

3. 气门导管

气门导管的功用是给气门的运动导向，并为气门杆散热，其结构如图 1-44 所示。为便于调换或修理，气门导管内、外圆柱面经加工后压入气缸盖或气缸体的气门导管孔中，然后再精铰内孔。为了防止气门导管在使用过程中松落，有的发动机对气门导管用卡环定位，使气门弹簧下座将卡环压住，导管就有了可靠的轴向定位。气门杆能在导管中自由运动。气门导管的工作温度较高，润滑比较困难，一般用含石墨较多的铸铁或铁基粉末冶金制成，以提高自润滑性能。

4. 气门弹簧

气门弹簧的作用是借其张力克服气门关闭过程中气门及传动件因惯性力而产生的间隙，

保证气门及时落座并紧密贴合，同时也可防止气门在发动机振动时因跳动而影响密封。

为防止共振，可采用变螺距的圆柱形弹簧或螺旋方向相反的两根弹簧，如图 1-45 所示。

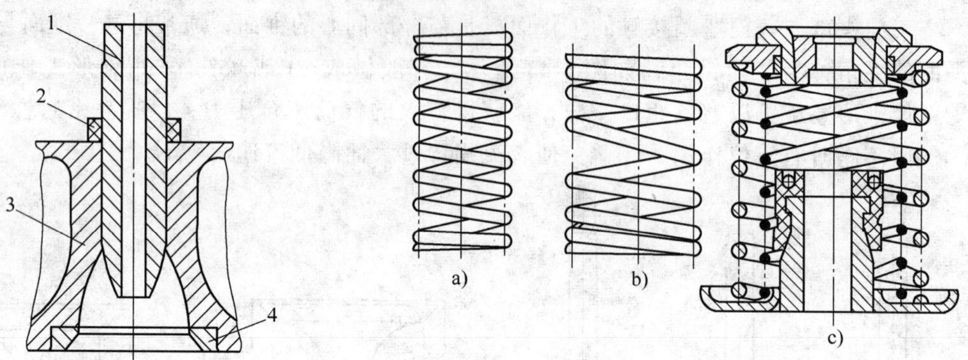

图 1-44　气门导管与气门座

1—气门导管　2—卡环　3—气缸盖　4—气门座

图 1-45　气门弹簧

（二）气门传动组

气门传动组的作用是使气门按发动机配气相位规定的时刻及时开、闭，并保证规定的开启时间和开启高度。

1. 凸轮轴

凸轮轴的作用就是控制气门按一定运动规律及时开启和关闭，同时还用来驱动发动机一些附属装置。

发动机工作时，凸轮承受气门间歇性开启的周期性冲击载荷，故要求凸轮表面应耐磨且有足够的韧性和刚度，轴向应定位（图 1-46）。凸轮轴一般采用优质钢模锻而成，也有采用合金铸铁或球墨铸铁铸造的，其结构如图 1-47 所示。

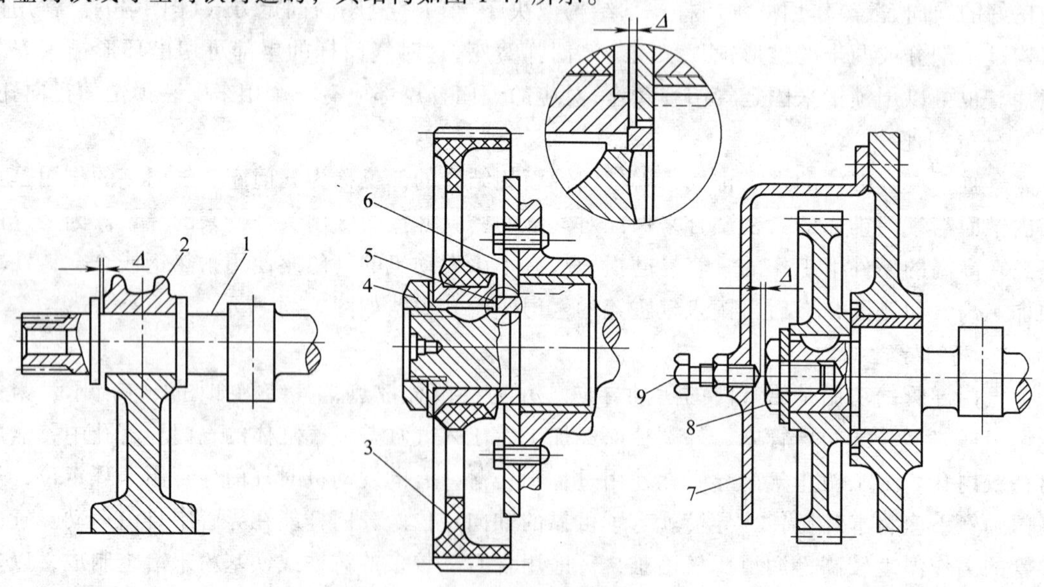

图 1-46　凸轮轴轴向定位方式

1—凸轮轴　2—凸轮轴承盖　3—凸轮轴定时齿轮　4—螺母　5—调整环

6—止推板　7—定时传动室盖　8—螺栓　9—止推螺钉

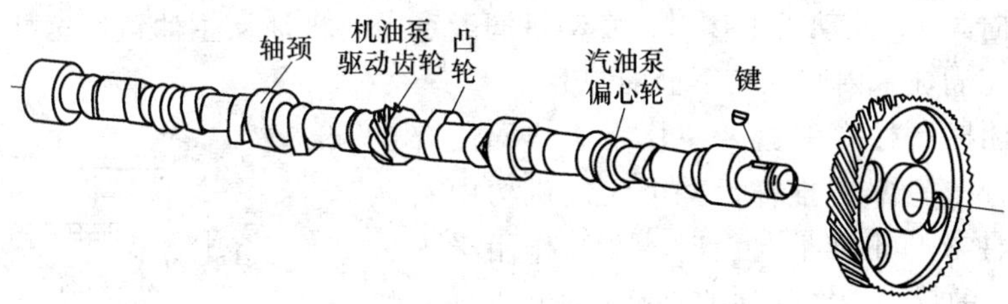

图 1-47 汽油机凸轮轴及正时齿轮

凸轮轮廓形状如图 1-48 所示。O 点为凸轮轴的轴心，EA 为凸轮的基圆。当凸轮按图示方向转过 EA 弧段时，挺柱处于最低位置不动，气门处于关闭状态。凸轮转过 A 点后，挺柱开始上移。至 B 点，气门间隙消除，气门开始开启。凸轮转到 C 点，气门开度达到最大，而后逐渐关小，至 D 点，气门闭合终了。此后，挺柱继续下落，出现气门间隙，至 E 点挺柱又处于最低位置，φ 对应着气门开启持续角，ρ_1 和 ρ_2 则分别对应着消除和恢复气门间隙所需的转角。凸轮轮廓 BCD 弧段为凸轮的工作段，其形状决定了气门的升程及其升降过程的运动规律。

2. 挺柱

挺柱的作用是将凸轮的推力传递给推杆或气门杆，并承受凸轮轴旋转时所施加的侧向力。挺柱可分为普通挺柱和液力挺柱两种。

(1) 普通挺柱 普通挺柱有筒式和滚轮式两种结构，如图 1-49 所示。筒式挺柱圆周钻有通孔，便于筒内收集的机油流出对挺柱底面及凸轮加以润滑；另外，为减轻质量，挺柱中间做成空心。滚轮式挺柱可以减少磨损，但结构较复杂，质量较大，多用于大缸径柴油机的配气机构上。

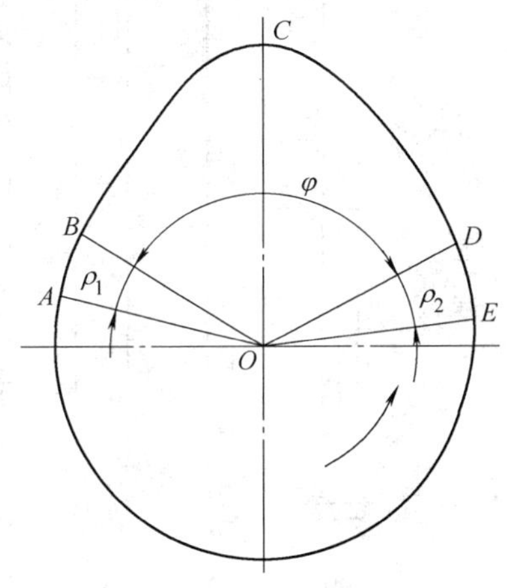

图 1-48 凸轮轮廓形状图

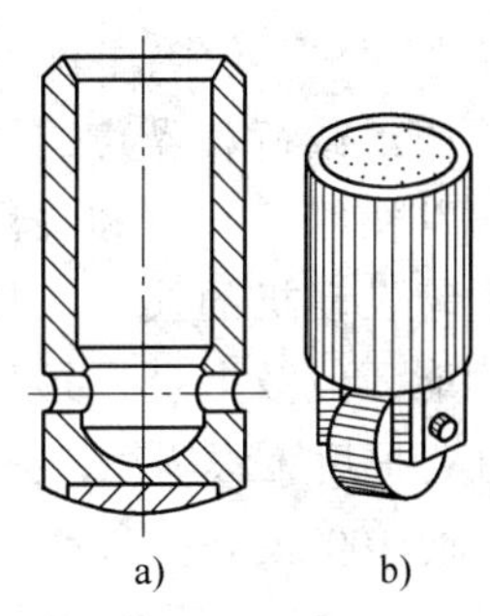

图 1-49 普通挺柱

a) 筒式 b) 滚轮式

(2) 液力挺柱 由于普通挺柱是刚性结构，在配气机构中必须留有气门间隙，这样，在发动机工作时，配气机构中将发生撞击而产生噪声。为解决这一问题，现在广泛采用了液力挺柱，尤以高级轿车发动机应用广泛。图 1-50 所示为红旗 CA7560 型轿车 8V100 型发动机所使用的液力挺柱结构图。在挺柱体 1 中装有柱塞 3，柱塞上端压入支承座 5。柱塞经常被柱塞弹簧 8 压向上方，其最上位置由卡环 4 来限制。柱塞下端的单向阀架 2 内装有单向阀碟形弹簧6和单向阀7。发动机工作时，发动机润滑系中的机油从主油道经挺柱体侧面的油孔流入，并经常充满柱塞内腔及其下面的空腔。

当气门关闭时，柱塞弹簧8使柱塞3连同压合在柱塞中的支承座5紧靠着推杆，整个配气机构中不存在间隙。当挺柱被凸轮推举向上时，推杆作用于支承座5和柱塞3上的反力力图使柱塞克服柱塞弹簧8的弹力而相对于挺柱体1向下移动，于是柱塞下部空腔内的油压迅速增高，使单向阀7关闭。由于液体的不可压缩性，整个挺柱如同一个刚体一样上升，这样便保证了必要的气门升程。当气门开始关闭或冷却收缩时，柱塞所受压力减小，由于柱塞弹簧8的作用，柱塞向上运动，始终与推杆保持接触，同时柱塞下部的空腔中产生真空度，于是单向阀7再次被吸开，油液便流入挺柱内腔，并充满整个挺柱内腔。

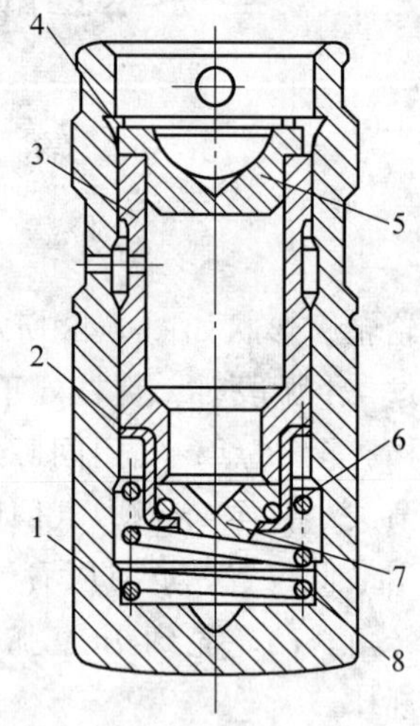

图1-50　红旗8V100型发动机液力挺柱结构图

1—挺柱体　2—单向阀架　3—柱塞　4—卡环　5—支承座　6—单向阀碟形弹簧　7—单向阀　8—柱塞弹簧

由上述工作过程可以看出，若气门受热膨胀，挺柱回落，便会减小补油量（工作过程中）或使挺柱体腔内的油液从柱塞与挺柱体间隙中泄漏一部分（停车时），从而使挺柱自动“缩短”，因此可不留气门间隙而仍能保证气门的关闭。相反，若气门冷缩，便会增加补油量（工作过程中）或在柱塞弹簧作用下将柱塞上推，吸开单向阀，向挺柱体腔内补油（停车时），从而使挺柱自动“伸长”，因此仍能保持配气机构无间隙。

采用液力挺柱，消除了配气机构中的间隙，减小了各零件的冲击载荷和噪声，同时凸轮轮廓可设计得较陡一些，以便气门开启和关闭得更快，减小进、排气阻力，改善发动机的换气，提高发动机的性能，特别是高速性能。但液力挺柱结构复杂，加工精度要求较高，而且磨损后无法调整，只能更换。

一汽奥迪100、捷达/高尔夫、红旗CA7220及上海桑塔纳型轿车发动机均采用液力挺柱。

3. 推杆

推杆的作用是将凸轮轴经过挺柱传来的推力传递给摇臂，它是配气机构中最易弯曲的细长零件。为了减轻质量并保证有足够的刚度，推杆通常采用冷拔无缝钢管制成，对于缸体和缸盖都是铝合金制造的发动机，其推杆最好用硬铝制造。推杆可以是实心的，也可以是空心的，如图1-51所示。

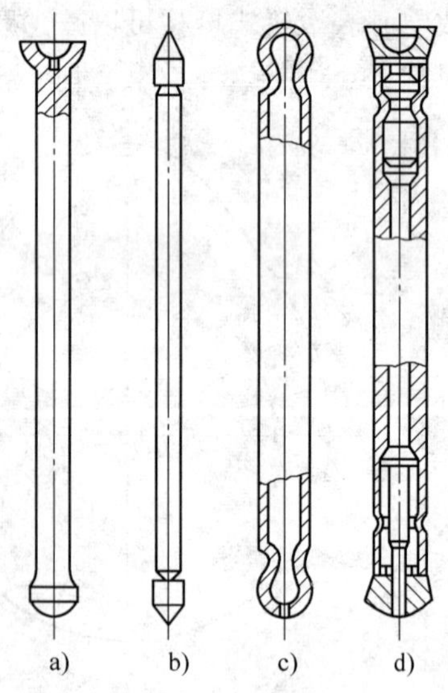

图1-51　推杆

a)、b) 实心推杆　c)、d) 空心推杆

4. 摇臂

摇臂是一个中间带有圆孔的不等长双臂杠杆，其作用是将推杆传来的力改变方向，作用

到气门杆尾部使其推开气门。

摇臂（图 1-52）的长臂端部以圆弧形的工作面与气门尾端接触用以推动气门。短臂的端部有螺孔，用来安装调整螺钉及锁紧螺母，以调整气门间隙。螺钉的球头与推杆顶端的凹球座相联接。由于靠气门一端的臂长，所以在一定的气门升程下，可减小推杆、挺柱等运动件的运动距离和加速度，从而降低了工作中的惯性力。

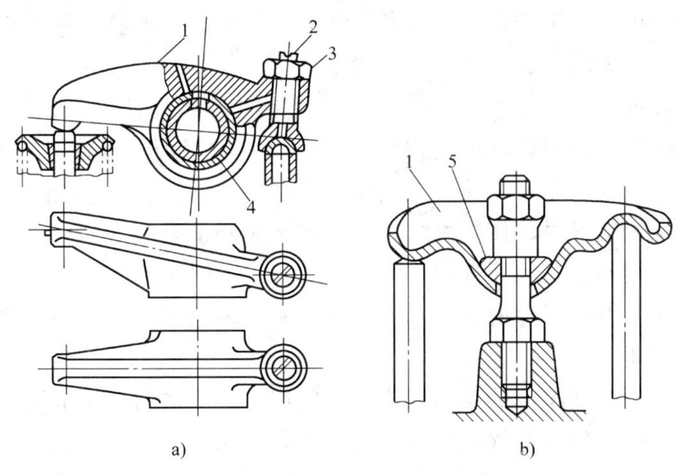

图 1-52　摇臂

1—摇臂　2—气门间隙调整螺钉　3—锁紧螺母　4—摇臂衬套　5—摇臂支点球座

三、配气相位

配气相位就是用曲轴上的曲拐相对于上、下止点的转角表示进、排气门开、闭时刻和开启持续时间。表示配气相位的环形图称配气相位图，如图 1-53 所示。

理论上，四冲程发动机进气门在曲轴的曲拐处于上止点时开、下止点时关；排气门在曲轴的曲拐处于下止点时开、上止点时关。然而，由于发动机转速很高，活塞每一行程历时极短，在这样短的时间内换气，势必导致进气不足，排气不净，造成发动机功率下降，故发动机气门实际开、闭时刻不是在上、下止点，而是提早开、滞后关。进气门提前开启角为 α，延时关闭角为 β，进气相位为 $180° + \alpha + \beta$ 曲轴转角。α 一般为 10° ~ 30°，β 一般为 40° ~ 80°。排气门提前开启角为 γ，延迟关闭角为 δ，排气相位为 $180° + \gamma + \delta$ 曲轴转角。γ 一般为 40° ~ 80°，δ 一般为 10° ~ 30°。

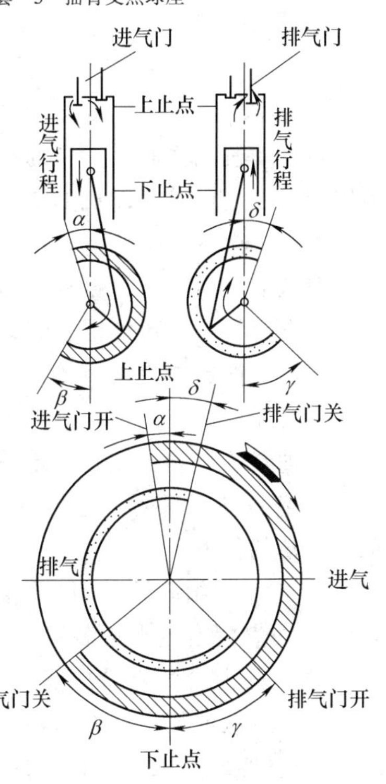

图 1-53　配气相位图

进气门提前开，可保证进气行程开始时气门已开大，新鲜气体顺利充入气缸。当活塞到下止点时，由于缸内压力仍低于大气压，且压缩开始时活塞上移速度又较慢，故仍可利用气流惯性和压差继续进气，故进气门在曲轴上的曲拐转过下止点才关闭，有利于更好地进气。

排气门提前开可借助缸内较高的压力使废气迅速排出，滞后关可借气流惯性将废气尽可能排净。

在上止点时，前一循环的排气门还未关闭，后一循环的进气门已打开，出现了进、排气门同时开的现象，此现象称为气门叠开，如图1-53所示。叠开部分对应的曲轴转角称为气门叠开角。叠开角必须适当，否则容易造成废气回流、新鲜气体排出气缸的后果。

对于不同的发动机，由于结构、转速各不相同，因而配气相位也各不相同。合理的配气相位应根据发动机性能要求，通过反复实验确定。

四、可变配气相位

在高速汽油发动机上，固定的配气相位很难满足发动机高、低速时的性能要求，因此，有些发动机采用了可变配气相位电控装置（简称VTEC）。

在低速时，活塞运动得慢，使得可燃混合气能够跟随活塞的运动；进气门必须较早地被关闭，使得可燃混合气不会被强行排回进气歧管。在高速时，进气歧管中的流量很大，以至于虽然活塞向上运动，但是可燃混合气仍能够连续不断地流入气缸。当可燃混合气不能再进入气缸时，进气门关闭。

因此，在具有可变配气相位的发动机中，进气门的关闭时间被调节在速度范围之内。发动机转速高时，增大进气门的升程，提前开启和延迟关闭进气门，以提高发动机的功率；发动机转速低时，减少了进气门的升程，延迟开启和提前关闭进气门，提高了发动机的转矩，以满足发动机对经济性、稳定性和减少排放污染物的要求。

第四节　汽油供给系

在发动机工作时，大量的空气和燃料顺畅地充入气缸中，在这一过程中，燃料供给装置的作用是控制供给发动机的空气量和汽油量。现在汽油机供给装置大体上可分为两大类，即化油器式和汽油喷射式。

在汽油机上，不论哪种供给装置，它的供油形式都是把汽油雾化后和空气充分混合形成均匀的混合物——可燃混合气。

一、化油器式汽油供给系

1. 组成

化油器式发动机燃料供给系如图1-54所示，主要由下列装置组成：

1）汽油供给装置，包括汽油箱、滤清器、输油管和汽油泵，用以完成汽油的储存、输送和清洁的任务。

2）空气供给装置，即空气滤清器。轿车上有时还装有进气消声器。

3）可燃混合气形成装置，即化油器。

4）可燃混合气供给与废气排出装置，包括进气歧管、排气歧管、排气消声器。

汽油从汽油箱流经滤清器，滤去所含水分和杂质后被吸入汽油泵，汽油泵将汽油泵入化油器。空气经空气滤清器滤去所含灰尘后进入化油器。汽油在化油器中雾化和蒸发，并与空气形成可燃混合气，经进气歧管分配到各气缸中。燃烧后的废气经排气歧管排入大气。

二、可燃混合气形成过程与化油器工作原理

化油器式汽油机形成混合气的装置是化油器。它由两部分组成，即燃油与空气进行混合

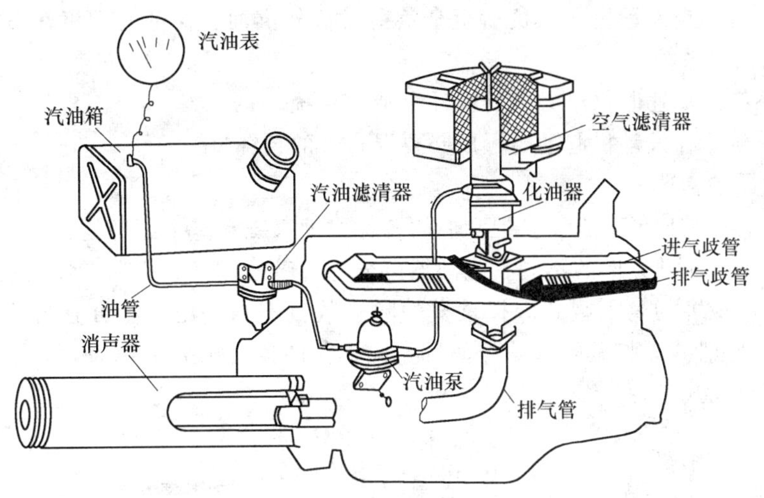

图 1-54　汽油机供给系

的部分和控制燃油量的部分，如图 1-55 所示。

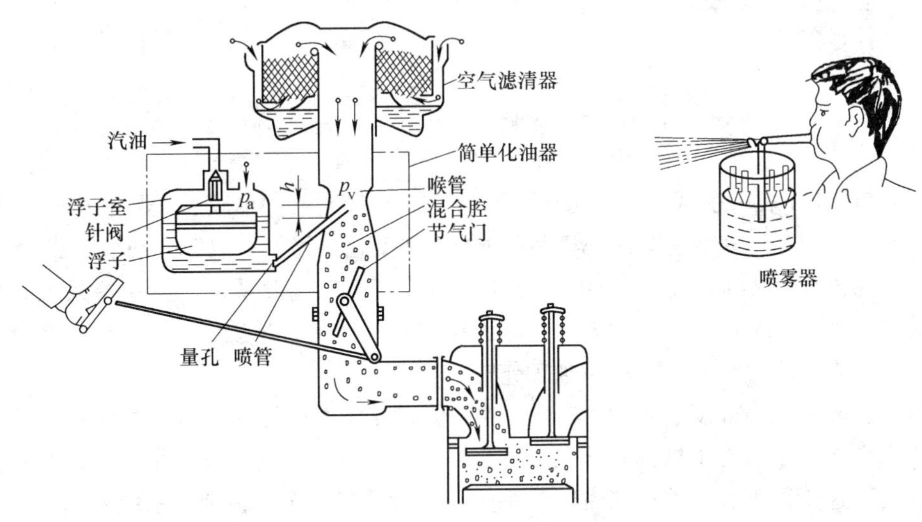

图 1-55　化油器工作原理示意图

汽油与空气混合的部分是由阻风门、喉管、主喷口、节气门等组成。当发动机工作时，从喉管上方吸入空气的流速在喉管处加快，故这里压力降低，产生一定的真空度，使汽油从主喷口被吸出，并在空气流的冲击下雾化成细小的颗粒，与空气混合后向下流动，形成可燃混合气。可燃混合气流量的大小是靠节气门调节的，而节气门是通过节气门踏板控制的。

浮子室储存着自汽油泵输送来的燃油，依靠浮子及针阀使油面维持在一定的高度上，如果油面达到了标准高度，浮子就会将针阀顶起紧压在进油口阀座上，使汽油不能继续进入浮子室；若油面低于标准高度，则浮子下落，针阀离开阀座，汽油流进浮子室。

实际上，由于发动机的工作状况时时都在变化，简单化油器很难按发动机各工况提供最佳混合比的可燃混合气。为此，现代实用化油器一般要具有如下燃油控制系统：

1）怠速系统。发动机对外无功率输出时的燃油供给系统。

2）主供油系统。发动机除怠速和极小负荷以外，其他范围运转状态的燃油供给系统。

3）加浓系统。当发动机在大负荷至全负荷时额外供油，保证发动机在全负荷时发出最大功率的燃油供给系统。

4）加速系统。加速时供给必要的额外燃油的系统。

5）起动系统。在发动机起动时形成必要混合气的系统。

三、化油器的构造

化油器的具体结构形式很多，但它们的各种供油系统和基本原理是大致相同的。

按喉管处空气流动方向的不同，化油器可分为上吸式、下吸式和平吸式三种，如图1-56所示。其中应用最多的是下吸式。按重叠的喉管数目不同，化油器可分为单喉管式、多重（双重和三重）喉管式。按其空气管腔数目不同，化油器又可分为单腔式、双腔并动式和双腔（或四腔）分动式三种。

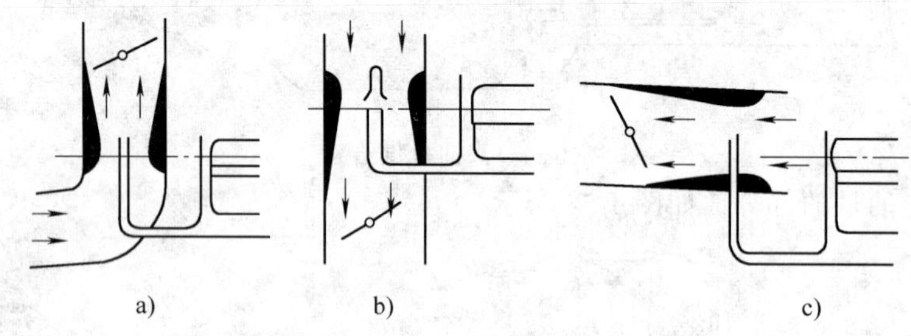

图1-56 化油器的类型（按喉管处空气流动方向分）

a）上吸式 b）下吸式 c）平吸式

例如：EQH101表示东风汽车公司化油器厂设计的化油器，单腔、产品顺序号为01。图1-57所示为一汽奥迪100型轿车发动机用的CAH212型化油器，是双腔分动下吸式化油器。

1）它由主腔与副腔组成。主腔中包括浮子室、怠速与过渡系统、主供油系统、部分负荷加浓装置、加速泵与起动阻风门系统；副腔中只有浮子室、过渡系统、主供油系统和全负荷加浓装置。在中小负荷时，主腔单独工作。

只有在主腔节气门开度达到约1/2时，才能使副腔节气门开启，这是由两个腔的节气门联动机构保证的。在副腔主供油系统参加工作之前，先由副腔的过渡系统供给混合气，只有在全负荷高转速工况下，副腔中的主供油系统、过渡系统与全负荷加浓系统才都参加工作。

2）主、副两个腔的主供油系统都采用降低主量孔处真空度的方案。发动机在中小负荷时，喉管处的真空度足够，燃料通过主腔的主量孔进入油井与经主空气量孔渗入的空气混合后通过喷管喷入喉管中，与流入化油器喉管中的空气形成混合气进入发动机的进气管内。副腔中主供油系统的供油，是通过副腔主量孔进入油井与渗入副腔主空气量孔的空气混合形成混合气，再经过喷管进入副腔的喉管中。

3）怠速与过渡系统设在主腔内。发动机怠速工作时，主腔节气门关闭，节气门下的真空度很大，怠速系统供油。怠速量孔设在主量孔之后，汽油流入油井后与怠速空气量孔进入的少量空气泡沫化后，通过怠速油道经怠速喷口进入化油器的混合室内，怠速喷口的截面可由怠速调整螺钉进行调整。在怠速喷口的上方还有怠速过渡喷油槽孔，在节气门稍开时，主腔主供油系统尚未参加工作时供给汽油，以保证怠速与小负荷之间圆滑过渡。

副腔的过渡系统是在副腔主供油系统参加工作之前供给汽油，可使供油实现圆滑过渡。副腔浮子室中的汽油经过独立的副腔过渡油孔进入油井，与通过副腔过渡空气孔的空气混合

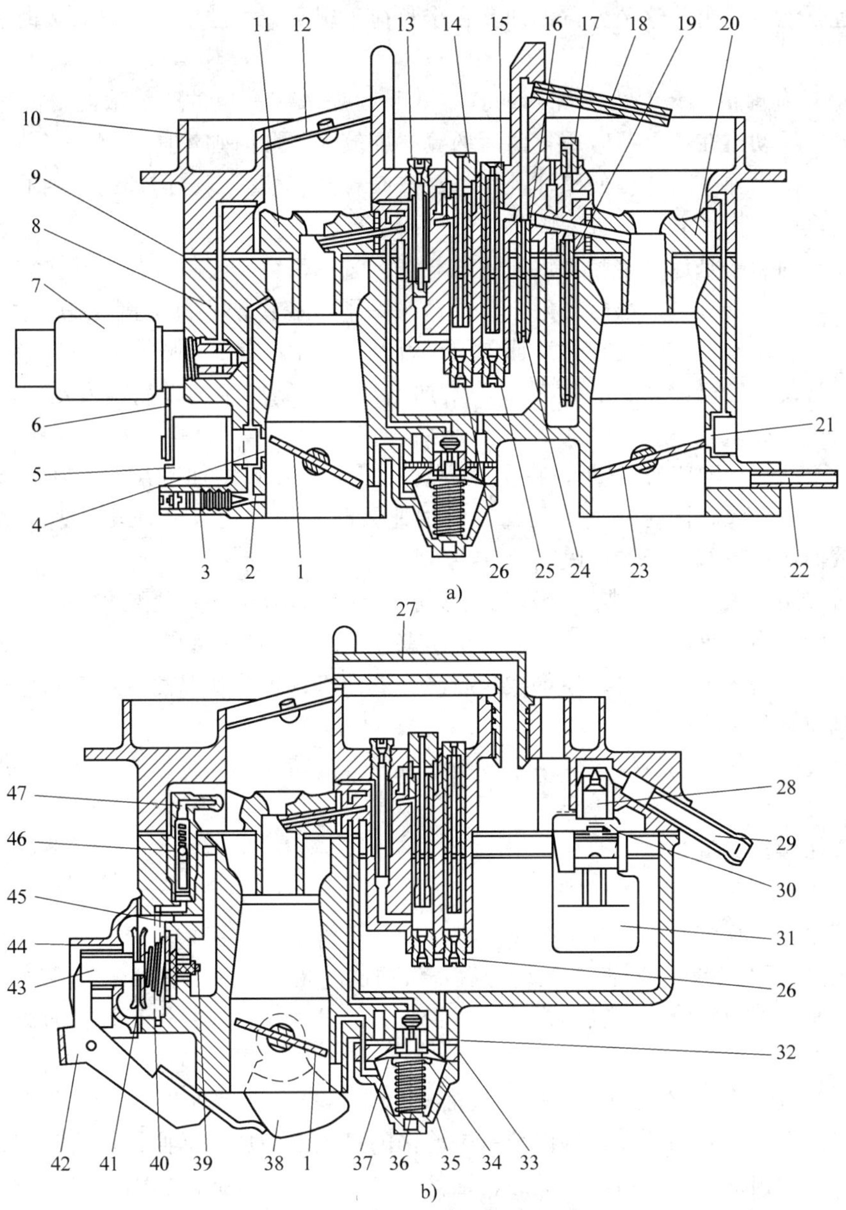

图 1-57 CAH212 型化油器

a）主体结构 b）加浓系统

1—主腔节气门 2—怠速喷口 3—怠速调节螺钉 4—主腔过渡喷油槽 5—PTC 热元件 6—PTC 联结器 7—怠速切断阀 8—化油器体 9—垫片 10—化油器上盖 11—主腔喉管 12—阻风门 13—怠速量孔总成 14—主腔主空气量孔 15—副腔主空气量孔 16—副腔中全负荷加浓校正油道 17—副腔过渡空气孔 18—副腔全负荷加浓喷管 19—副腔过渡油管 20—副腔喉管 21—副腔过渡槽孔 22—空气滤清器连接管 23—副腔节气门 24—副腔过渡油孔 25—副腔主量孔 26—主腔主量孔 27—平衡管 28—进油针阀 29—进油管 30—钢丝夹 31—浮子 32—垫片 33—凸缘 34—部分负荷加浓阀 35—加浓阀盖 36—压簧 37、41—膜片 38—加速泵轮 39—活门 40—弹簧 42—加速泵摇臂 43—加速泵凸轮 44—加速泵盖 45—回油量孔 46—球阀 47—加速泵喷嘴

后，经过过渡油道喷出。这部分汽油即使在全负荷工况下，副腔节气门已开大时也经过渡喷口喷出。

4）部分负荷时的加浓是由主腔内的真空式膜片加浓阀完成的。加浓阀受节气门下方的真空度操纵，发动机在小负荷时节气门后的真空度较大，此时加浓阀关闭。当节气门后的真空度减小时，由于弹簧的作用使膜片上移将加浓阀打开，使一部分附加的汽油通过此加浓量孔与经过主量孔的汽油并行地进入喷管流出。

全负荷时的加浓是通过副腔主供油系统与副腔过渡系统同时参加供油来实现的。在全负荷时，主腔、副腔的节气门都已达到全开，这时除了主腔供油之外，副腔中的主供油系统、过渡系统也参加工作。同时还在化油器盖上设有专门加浓喷管，在全负荷高转速工况下，由于化油器喉管真空度已足够大，使一部分附加汽油喷入副腔中，以满足发动机动力性的需要。

5）为了满足汽车加速的需要，在主腔中设有机械膜片式的加速泵，当踩下节气门踏板时，节气门突然开大，同时与节气门同轴的加速泵凸轮与加速泵杠杆使加速泵膜片向右移动，压出汽油通过球阀后经加速喷嘴喷入主腔中。

6）为了满足汽车发动机排放严格化的要求，在化油器中还按需要设有一些附加装置，如怠速切断阀，当点火开关关闭后，即可切断怠速系统的供油；如节气门缓冲装置，在汽车减速时延缓节气门的关闭动作，使得减速缓慢，发动机从负荷状况圆滑过渡到怠速状况，防止发动机转速急剧下降。

汽油直接喷射式发动机燃料供给系，是将汽油直接喷入进气歧管或气缸中，以汽油喷射泵代替化油器。

四、汽油供给装置

1. 汽油箱

汽油箱用以储存汽油，其容量视车辆大小和发动机排量而定。对一般汽车而言，装满一箱油，应至少行驶 320km。有些车辆还有后备汽油供应装置，并装有油量不足警告灯。

现代汽车的油箱通常远离发动机，以减少火灾的发生。为改善汽车行驶的稳定性，其安装的位置应较低。

图 1-58 所示为传统的汽油箱构造。汽油箱用薄钢板冲压后焊成，为防腐蚀，有时在内壁镀锌或锡。上部焊有加油管，管内装有带滤网的可拉出的加油延伸管。油箱上表面装有油面指示传感器和出油开关，出油开关经输油管与汽油滤清器相通。挡油板用于防止汽车行驶时汽油的激荡，防止汽油大量蒸发。

油箱通常是密闭的，这样可防止汽油因激荡而溅出及箱内汽油蒸气的逸出。为防止密闭的汽油箱内胀外压，油箱盖上装有空气—蒸汽阀。

现代轿车的燃油箱通常由耐油硬塑料制成。图 1-59 所示为一汽奥迪 100 型轿车的燃油箱，它由油箱体 6、加油管 2、油量传感器 5 等构成。

油箱盖上设置了双向阀，当重力阀（图 1-60 中的 2）失灵时，油箱盖上的双向阀能保持油箱与大气相通，防止内胀外压。

重力阀的作用是依靠阀的自身质量，在正常情况下允许空气进入油箱以消除负压。当车辆倾斜 45°或翻车时，此阀自动将通风口关闭，防止燃料漏出。

油箱加油喉管内球阀 8 的作用是，当油箱内油量少时，球阀打开，向油箱内注油的速度

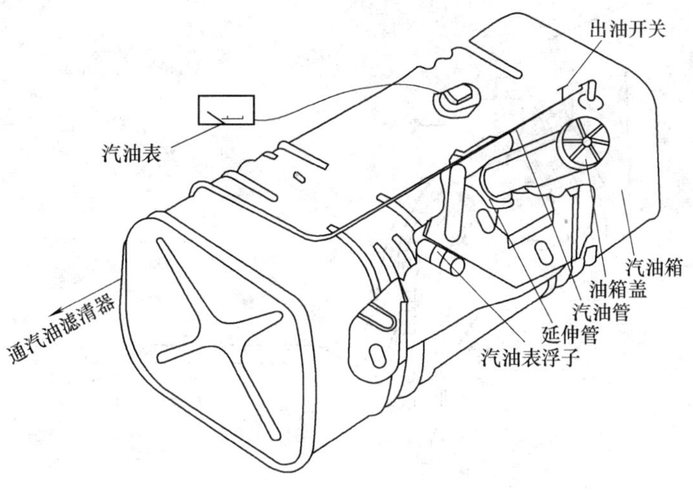

图 1-58　汽油箱

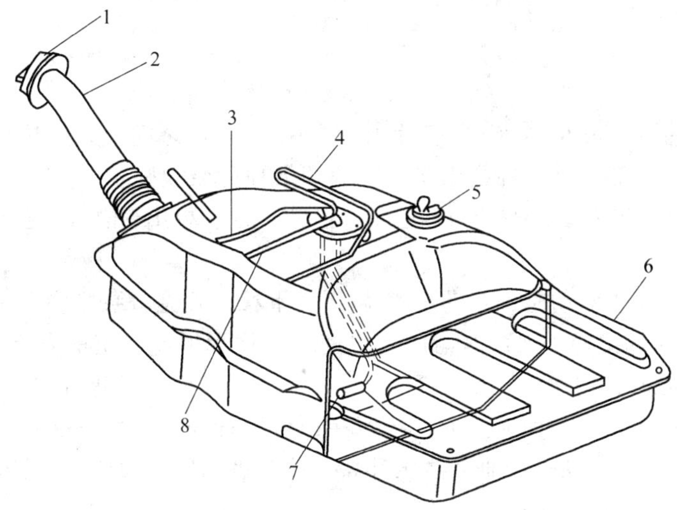

图 1-59　一汽奥迪 100 型轿车燃油箱

1—油箱盖　2—加油管　3—燃油管　4—输油管

5—油量传感器　6—油箱体　7—浮子　8—回油管

加快，当油箱接近加满，空气不能从油箱内排出时，油面上有了压力，使球阀关闭，于是燃油亦不能流出油箱。

2. 汽油泵

汽油泵的作用是将汽油从油箱中吸出，并送入化油器的浮子室中。目前汽车上多采用机械驱动的膜片式汽油泵，通常利用配气机构凸轮轴上的偏心轮驱动。为适应各种道路及气候条件，有效地减小“气阻”现象，要求汽油泵有足够的供油能力，一般汽油泵的最大供油量可达发动机最大油耗的 4 ~ 6 倍。

图 1-61 所示为机械驱动的膜片式汽油泵的构造及工作过程。该泵由上体、下体、泵盖组成。

泵盖上有进、出油管接头及进油阀 5 和出油阀 9，滤网 7 罩在进油阀 5 上，利用隔板将

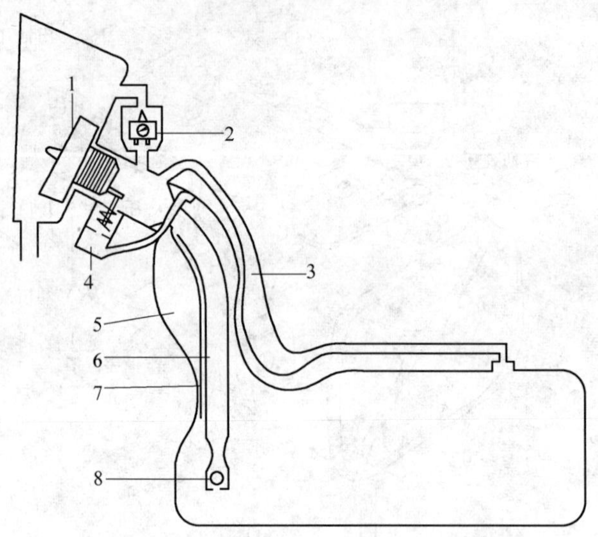

图 1-60 一汽奥迪 100 型轿车燃油箱内部

1—盖 2—重力阀 3—大通风管 4—通风阀 5—膨胀室
6—加油喉管 7—小通风管 8—球阀

泵盖内腔分隔成进油室 6 和出油室 8，膜片 10 夹在上、下体之间，泵膜拉杆 12 通过上、下护盘和紧固螺母固定在膜片上，在自由状态下膜片下面的泵膜弹簧 11 将膜片顶成向上拱曲位置。下体的下部装有摇臂 2，一端与偏心轮 1 接触，另一端开一槽口松套在泵膜拉杆 12 的下端。

当摇臂 2 被偏心轮 1 驱动时，牵动泵膜拉杆 12 下移，并克服泵膜弹簧 11 的弹力将膜片 10 拉至向下拱曲的最低位置，因泵盖与膜片之间容积增大形成一定的真空度，而将汽油从油箱中吸出，经进油道、进油室 6 和滤网 7，推开进油阀 5 而进入进油室（图 1-61a）。当凸轮轴继续旋转，偏心轮较高一面转过后，摇臂在回位弹簧 3 的作用下摆动，泵膜弹簧 11 的弹力使膜片 10 向上拱曲，造成泵油室油压升高，这时进油阀 5 关闭，出油阀 9 开启，汽油便经出油阀 9 被压出（图 1-61b）。

同时，出油室 8 内的空气因汽油的大量涌入而受到压缩，这样可使因膜片 10 向下拱曲而出油阀 9 关闭时，出油室 8 内的汽油因空气的膨胀而继续向化油器流动，减少了供油脉动。

发动机起动前，因凸轮轴不旋转而不能供油，这时，如果化油器内没有汽油，则可通过手拉杆 13 来泵油。

因汽车发动机的耗油量随工况变化，因此，要求汽油泵能随发动机工况的变化而自动调节供油量。在发动机运转时，当膜片上拱到一定位置后，浮子室中的油面已达到规定的高度，针阀将进油口关闭而使多余的汽油留在汽油泵内不能流出。此时，虽然摇臂 2 在回位弹簧 3 作用下继续逆时针转动，但膜片 10 不能继续上拱，于是在摇臂 2 的接触斜槽处出现间隙，使汽油泵的供油量未达到最大值。当摇臂 2 带动膜片 10 从进油室实际到达的位置下拱时，汽油泵只能吸入与拱出油量相等的汽油。

近年来，由于电动汽油泵的安装位置可避开发动机的热源不受限制而得到广泛使用。

电动汽油泵主要由供油部分和控制部分两大部分组成（图 1-62）。供油部分与机械式汽

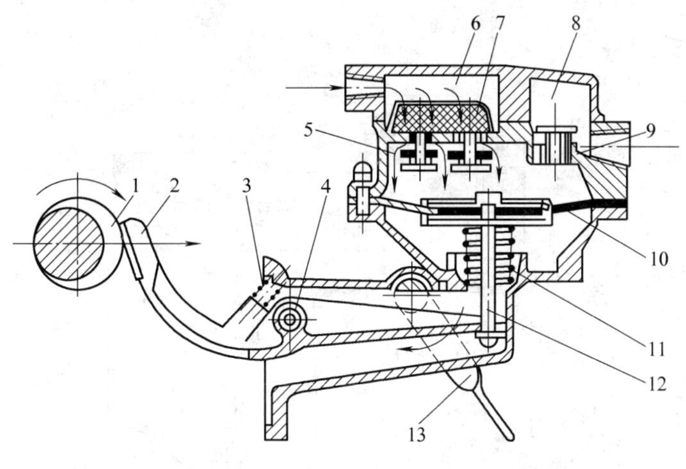

a)

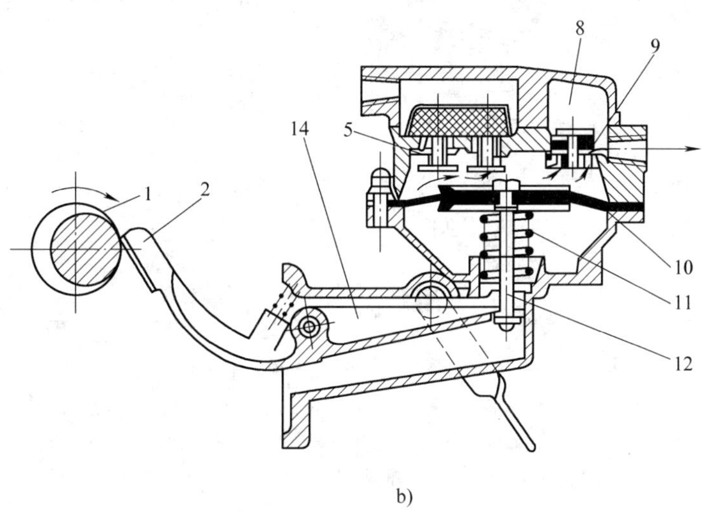

b)

图 1-61 机械膜片式汽油泵

a）进油 b）出油

1—偏心轮 2—摇臂 3—回位弹簧 4—摇臂轴 5—进油阀 6—进油室 7—滤网 8—出油室 9—出油阀 10—膜片 11—泵膜弹簧 12—泵膜拉杆 13—手拉杆 14—拉杆

油泵基本相同。

控制部分如图 1-63 所示，它是一个自励间歇振荡电路，主要由三极管 VT、电容器 C、电阻 R、一次绕组 N_1 和二次绕组 N_2 等组成。

一次绕组有电流通过时，产生电磁力。在电磁力的作用下，柱塞 3（图 1-62）克服回位弹簧 4 的反作用力而向下移动，使进油阀 6 关闭，出油阀 11 打开，两阀门之间泵筒的汽油经出油阀流向泵上室 1 的出油管。

一次绕组断电时，电磁力消失，柱塞在回位弹簧作用下向上运动。此时，出油阀关闭，进油阀开启，汽油从沉淀杯 7 被吸入进、出油阀之间的泵筒 5。

由此可知，通过控制部分电磁力的周期变化，使柱塞上下往复运动，将汽油不断地送入

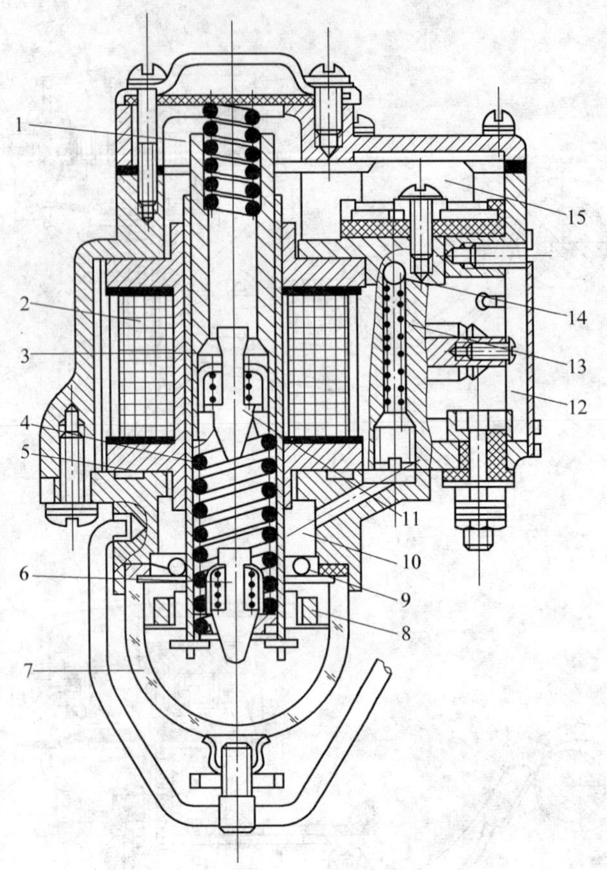

图 1-62 电动汽油泵结构图

1—泵上室 2—线圈 3—柱塞 4—回位弹簧 5—泵筒 6—进油阀 7—沉淀杯 8—磁铁 9—滤网 10—进油腔 11—出油阀 12—线路腔盖板 13—回油阀弹簧 14—回油阀 15—出油腔

化油器的浮子室。

电动汽油泵不会产生“气阻”，只要接通点火开关，油路中就会有汽油输送，且不会出现供油不足的情况。

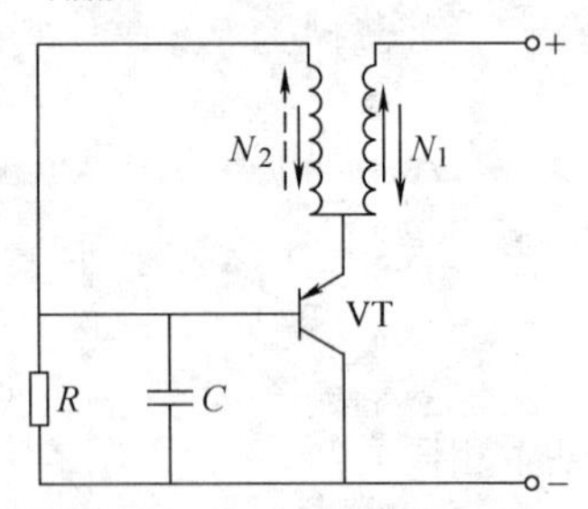

图 1-63 电动汽油泵控制电路

N_1——一次绕组 N_2—二次绕组 VT—三极管 C—电容器 R—电阻

3. 汽油滤清器

在汽油进入汽油泵之前，应经过汽油滤清器除去其中的水分和杂质，以保证汽油泵及化油器等的正常工作。

图 1-64a 所示为国产的 282 型汽油滤清器，其盖 1 上有进油管接头 2，与陶瓷滤芯 5 外表面空间相通，出油管接头 11 与陶瓷滤芯 5 内表面空间相通；用锌合金压铸的沉淀杯 8 和盖 1 之间有滤芯密封垫 3，并用螺栓固联；多孔性陶瓷滤芯 5 用螺栓 7 装在盖上，滤芯密封垫 3 和垫圈 6 的作用是防止汽油不经滤芯而从其两端直接短路流入滤芯内腔，降低其滤清的能力。

在汽油泵的作用下，汽油经进油管接头 2 流入沉淀杯，水及一些杂质颗粒沉淀于杯底，

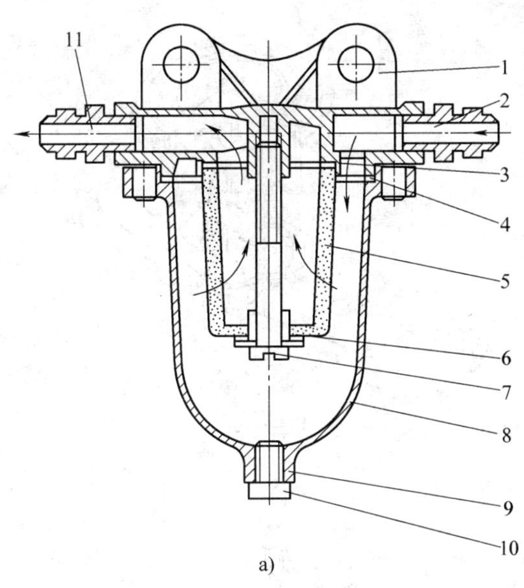

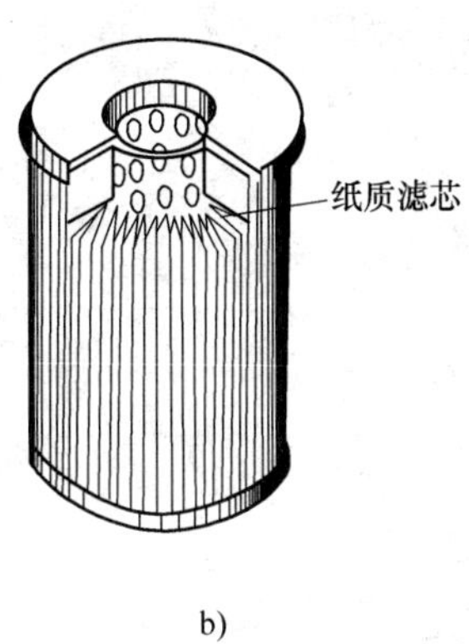

图 1-64 汽油滤清器

a）282 型汽油滤清器 b）纸质滤芯

1—盖 2—进油管接头 3—滤芯密封垫 4—沉淀杯密封垫 5—陶瓷滤芯 6—垫圈 7—螺栓 8—沉淀杯 9—垫圈 10—放油螺塞 11—出油管接头

较轻的杂质随汽油流向滤芯，或被滤芯粘附或被隔离在滤芯外，汽油则由陶瓷滤芯的微孔渗入滤芯的内部后，经出油管接头 11 流出。

现多使用纸质滤芯、塑料外壳封装、一次性使用的不可拆式汽油滤清器（图 1-64b)，当行驶厂家规定里程或发生堵塞时必须更换。

五、空气滤清器及进、排气装置

图 1-65 所示为东风 EQ6100-1 型发动机的空气滤清器及进、排气管与排气消声器。

1. 空气滤清器

空气滤清器用来滤清流向化油器的空气中所含的尘土，以减少气缸、活塞、活塞环等有关零件的磨损，延长发动机的使用寿命。

空气滤清器的种类很多，在汽车上最常用的有纸质干式空气滤清器（图 1-66)、油浴式空气滤清器（图 1-67）和带进气温度调节器的空气滤清器等。纸质干式空气滤清器是通过用树脂处理的纸质滤芯对空气进行过滤，其滤清效率可达 99.5%以上，一般可连续使用 10000 ~ 50000km。纸质滤芯不能清洗，可用压缩空气吹去积灰，严重沾污时必须更换。该滤清器质量轻，结构简单，安装及保养容易，滤清效率高。但对油类的污染十分敏感。

2. 进、排气歧管

进气歧管的作用是将可燃混合气较均匀地分送到各个气缸；而排气歧管则是汇集各缸的废气，经排气消声器排出。

3. 排气消声器

排气消声器的作用是降低排气噪声并消除废气中的火星及火焰。

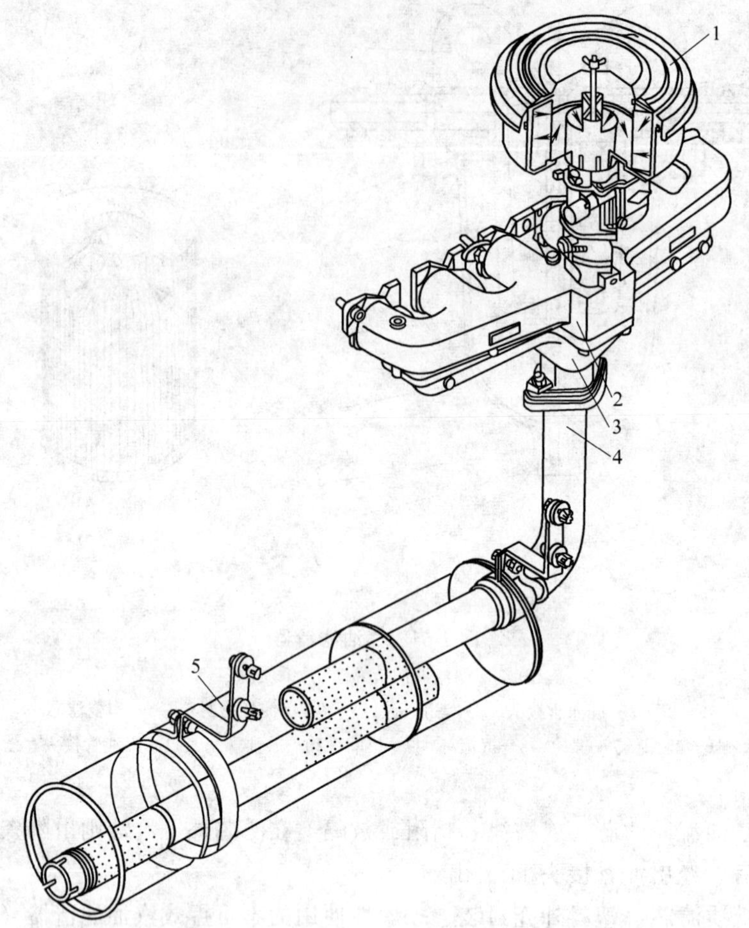

图 1-65　东风 EQ6100-1 型发动机进、排气装置

1—空气滤清器总成　2—进气歧管　3—排气歧管

4—消声器进气管　5—消声器总成

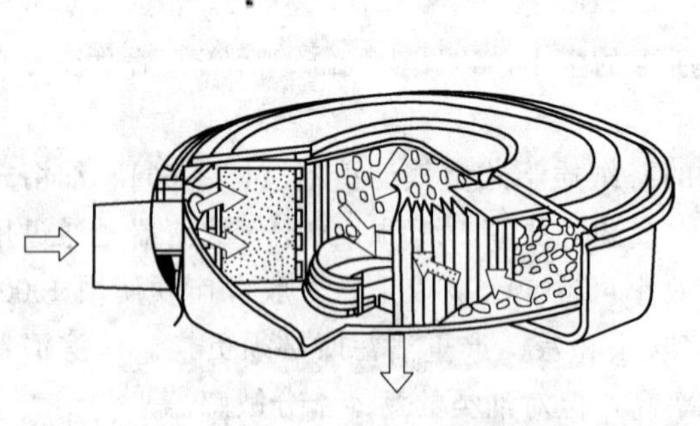

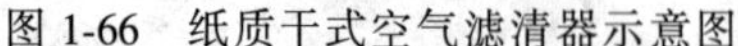
图 1-66　纸质干式空气滤清器示意图

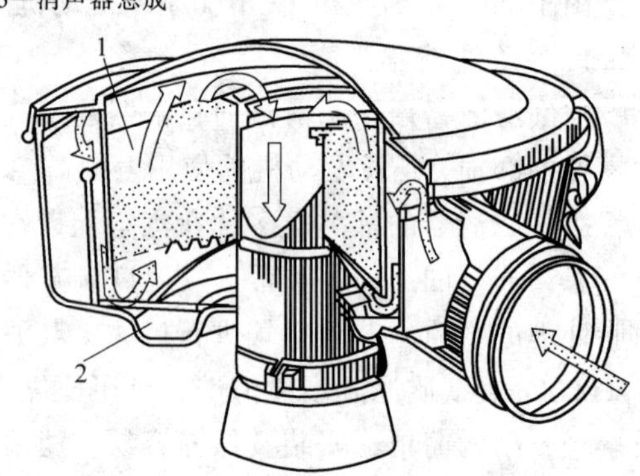

图 1-67　油浴式空气滤清器示意图

1—滤芯　2—油浴

第五节　柴油供给系

一、柴油供给系的功用与组成

柴油机是将燃料直接喷入气缸内，利用缸内高温空气自行着火燃烧产生热能，然后再转变为机械能的机械。由于气缸内柴油的燃烧放热规律在一定程度上决定于供油规律，所以柴油机的动力性、经济性、噪声以及排气烟度等，都与燃油供给有关。

柴油供给系分低压油路和高压油路两大部分，按柴油机用途的不同还加装其他一些附件，如图 1-68 所示。低压油路包括油箱、输油泵、滤清器、低压油管等，主要起到柴油的储存、输送和滤清等作用。高压油路包括喷油泵、喷油器、高压油管等。柴油供给的基本任务主要是由高压油路来完成的，它是供油系统中的关键部分。为了保证柴油机可靠并稳定地运转，还装有与喷油泵组成一体的调速器，用来自动调节燃油的供给量。在车用柴油机的喷油泵传动轴上，大都装有供油提前角自动调节器。在增压柴油机的喷油泵上，还组装了烟度补偿器。

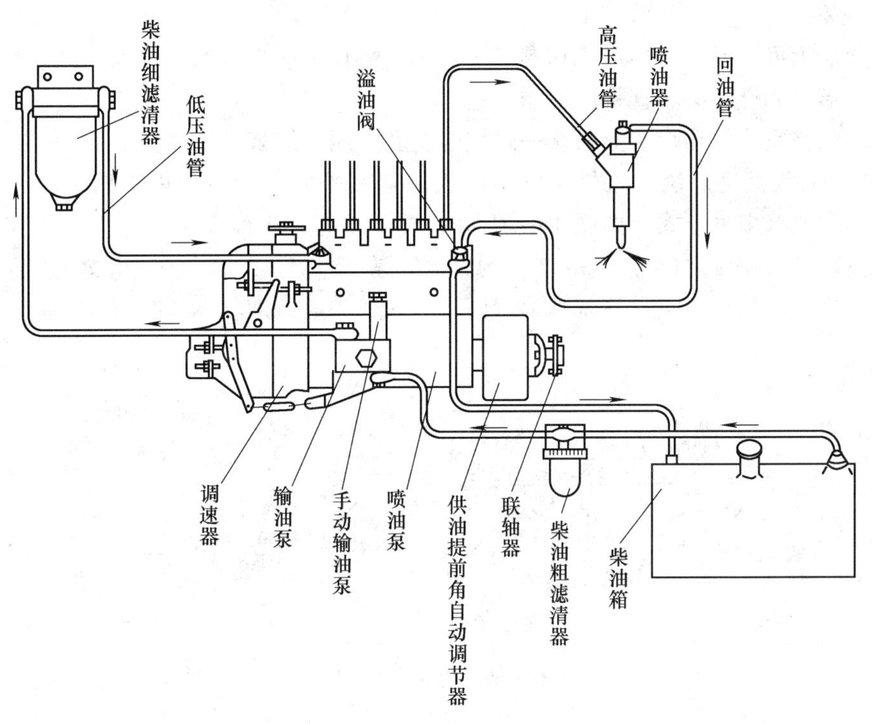

图 1-68　柴油供给系示意图

柴油机工作时，整个供油系统的工作过程是：输油泵安装在喷油泵体上，由喷油泵的凸轮轴驱动，它从油箱吸入柴油，送到滤清器滤清，再把清洁的柴油送到喷油泵内。柴油压力在喷油泵内被提高，按不同工况所需的供油量经高压油管输送到喷油器内，最后经喷孔呈雾状喷入燃烧室内。输油泵供应的多余燃油以及喷油器顶部回油孔流出的少量燃油，都经回油管流回油箱。输油泵除机械驱动外，还设置有手动驱动。手动驱动是用来在柴油机起动前排除燃油管路内的空气的。喷油泵的前端一般与供油提前角自动调节器相连，后端与调速器组成一体，它们分别起喷油定时和自动调节喷油量的作用。

二、可燃混合气的形成与燃烧室

1. 可燃混合气的形成与燃烧

在柴油机工作中，进气行程进入气缸的是纯空气，只是在压缩行程接近终了时刻，才将高压柴油喷入燃烧室。喷油持续时间只占 15°~35°曲轴转角，所形成的可燃混合气很不均匀，在燃烧室的不同区域以及不同时间，可燃混合气的浓度相差都很大。

目前柴油机可燃混合气的形成方法基本上有两种：

(1) 空间雾化混合　将柴油以雾状喷向燃烧室空间，并在空间蒸发形成混合气。为使混合均匀，要求柴油喷注与燃烧室形状相适应，并利用燃烧室中的空气运动促进混合。

(2) 油膜蒸发混合　将柴油大部分喷射到燃烧室壁面上形成油膜，油膜受热并在强烈的旋转气流作用下逐渐蒸发，与空气形成比较均匀的可燃混合气。

此外，在中小型高速柴油机中，使用了空间雾化和油膜蒸发两种方式兼用的混合方法，只是多少、主次各有不同。目前，多数柴油机仍以空间雾化混合为主，仅球形燃烧室以油膜蒸发混合为主。

2. 燃烧室

由于柴油机可燃混合气的形成和燃烧主要是在燃烧室内进行的，所以燃烧室的形状对可燃混合气的形成和燃烧有着直接的影响。

柴油机燃烧室按结构形式分为统一式燃烧室和分隔式燃烧室两大类。

(1) 统一式燃烧室　统一式燃烧室是由气缸盖底平面和活塞顶内的凹坑及气缸壁组成的。凹坑的形状有多种形式，如图 1-69 所示。根据凹坑深浅程度不同分为开式和半开式两种（燃烧室口径与深度之比等于 5~7 的为开式，等于 1.5~3.5 的为半开式）。目前多采用半开式燃烧室，其结构特点是活塞顶部的凹坑直径较小、深度较深、多有缩口。

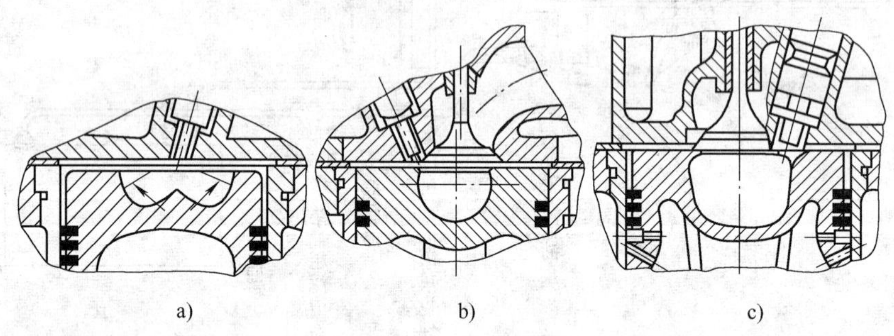

图 1-69　统一式燃烧室

a) ω形　b) 球形　c) U形

采用统一式燃烧室时，喷油器直接向燃烧室内喷射柴油，借助油束形状与燃烧室形状的合理匹配，以及空气的涡流运动，迅速形成可燃混合气，故这种燃烧室又称为直接喷射式燃烧室。

直接喷射式燃烧室中大都采用 ω 形燃烧室。ω 形燃烧室的活塞顶部凹坑的纵剖面为 ω 形，喷入的柴油绝大多数分布在燃烧室的空间，极少部分喷到燃烧室壁面上形成油膜，所以混合气的形成以空间雾化混合为主。为促进混合气的形成和改善燃烧状况，通常采用切向进气道或螺旋进气道（图 1-70），以形成中等强度的进气涡流，并采用喷油压力较高的孔式喷油器与之匹配。由于空间混合的特点，总有一部分柴油在空间先形成可燃混合气而发火，因此柴油机的起动性能较好，所以ω形燃烧室在中小型高速柴油机上得到了广泛的应用。如解放CA6110系列、CA6DE系列及上海柴油机厂生产的6135Q型柴油机等，均采用ω形燃烧室。

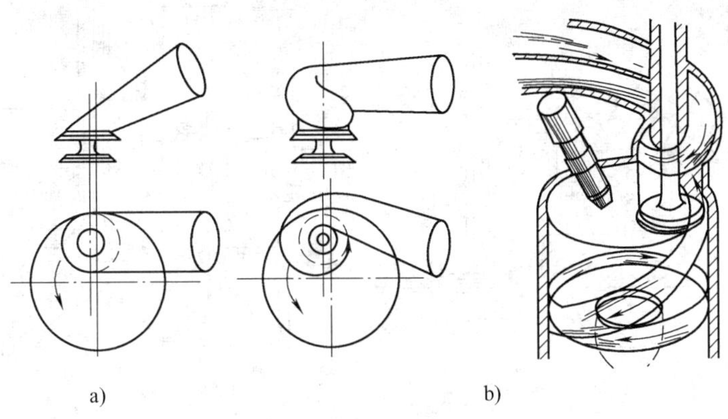

图1-70　产生涡流的进气道

a）切向进气道　b）螺旋进气道

球形燃烧室位于活塞顶部中央，形状大于半个球。与喷油器相对应的位置，开有缺口与球面相切，柴油从这里顺气流方向喷射到燃烧室壁面上形成油膜。这种混合气形成方式使发动机工作平稳、柔和、燃烧彻底。它的缺点是起动性能较差；低速、低负荷工作时，混合气质量差，排烟较重以及变工况的适应性差等。为改善混合气的形成和燃烧，宜采用强涡流螺旋进气道。球形燃烧室要求燃油喷注具有一定的能量，喷射时尽量不分散，因此也必须采用喷油压力较高的孔式喷油器。

U形燃烧室为兼有空间雾化混合和油膜蒸发混合的复合式燃烧室，其活塞顶部中心形状呈U形。采用螺旋和切向相结合的进气道，靠旋转的气流将燃油甩在燃烧室壁上。喷油器的喷油方向与空气涡流方向垂直，因此，发动机高速运转时，由于空气涡流速度高，油膜生成量多，以油膜蒸发混合方式为主，其特点同球形燃烧室。低速或起动时，由于进气涡流弱，油膜生成量少，而空间分布的燃油量多，以空间雾化混合方式为主，改善了发动机的冷起动性和低速时的混合气质量。

(2) 分隔式燃烧室　分隔式燃烧室由两部分组成，即主燃烧室和副燃烧室。主燃烧室位于活塞顶与气缸盖底面之间，副燃烧室位于气缸盖内。主、副燃烧室之间用一个或几个直径较小的通道相连。燃油则是喷入到副燃烧室内的。分隔式燃烧室的结构形式有涡流室式和预燃室式两种，如图1-71所示。

涡流室式燃烧室的副燃烧室是涡流室，多为球形，也有圆柱形的，其容积约占燃烧室总容积的50%～80%。涡流室与主燃烧室用一个或数个通道连通，通道的面积一般为活塞面积的1.2%～1.5%，通道方向与活塞顶成一定角度并与涡流室相切。这样，在压缩行程中，空气从气缸内被挤入涡流室时，形成强烈的有规则的涡流运动，喷入涡流室内的燃油，在强烈的空气涡流作用下迅速与空气混合形成可燃混合气，混合气的形成属空间混合。着火后大部分柴油在涡流室内燃烧，未来得及燃烧的部分燃油在做功行程初期与高压燃气一起通过切向通道喷入主燃烧室，形成二次涡流，使之进一步与空气混合燃烧。

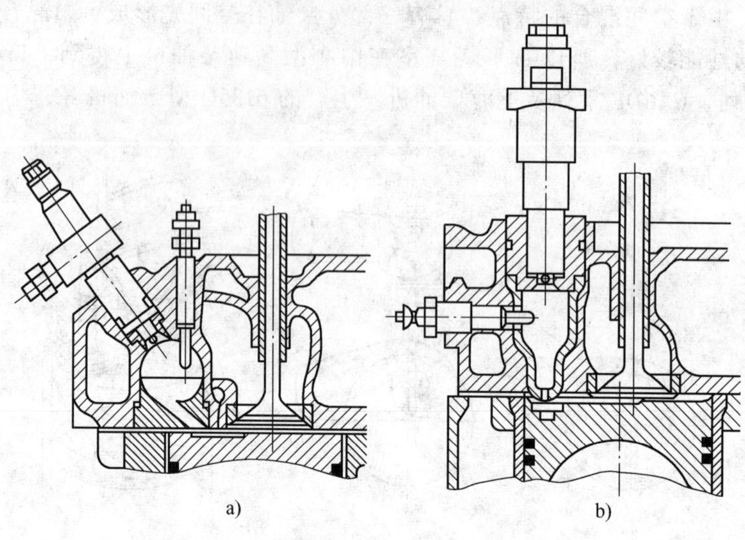

图 1-71 分隔式燃烧室
a）涡流室式 b）预燃室式

综上所述，由于在涡流室内及气缸内均能形成强烈的涡流运动，可以降低对柴油喷雾质量的要求，因此可以采用喷油压力较低的轴针式喷油器。发动机运转平稳，燃烧噪声小，排气污染少。但由于燃烧室的散热面积大和通道的节流作用，使散热损失和流动损失增加，所以经济性较差。此外，由于喷油压力低，油雾颗粒较大、蒸发慢，所以起动性能也较差。为了保证冷机起动，一般设置电热塞等起动辅助装置。

预燃室式燃烧室的副燃烧室是预燃室，多是长体结构，一般用耐热钢单独制造，再镶入气缸盖内。预燃室容积约占燃烧室总容积的25%～45%。连通预燃室与主燃烧室的通道面积较小，一般只有活塞面积的0.25%～0.75%，且不与预燃室相切。在压缩行程中，气缸内的空气被挤入预燃室内形成强烈的无规则的湍流运动，喷入到预燃室内的柴油受空气湍流的扰动，与空气初步混合，形成可燃混合气，混合气的形成属空间混合。少部分柴油在预燃室内着火燃烧后，预燃室内温度、压力急剧升高，未燃烧的大部分柴油及燃气高速喷入主燃烧室。由于窄小孔道的节流作用再次产生湍流，促使柴油进一步蒸发与空气混合而完全燃烧。

预燃室式燃烧室具有和涡流室式燃烧室类似的特点。

三、喷油泵

（一）喷油泵的功用与分类

喷油泵即高压油泵（简称油泵），其功用是定时、定量地向喷油器输送高压燃油。

喷油泵的结构形式很多。车用柴油机的喷油泵按作用原理不同大体可分为三类：柱塞式喷油泵、喷油泵—喷油器以及转子分配式喷油泵。柱塞式喷油泵性能良好、使用可靠。喷油泵—喷油器的特点是将喷油泵和喷油器合成一体，直接安装在缸盖上，以消除高压油管带来的不利影响，但要求在发动机上另加驱动机构。PT燃油供给系统即属此类。转子分配式喷油泵是依靠转子的转动实现燃油的增压及分配的。它具有体积小、质量轻、成本低、使用方便的优点，尤其是体积小，对发动机和汽车的整体布置十分有利。因此转子分配式喷油泵的应用将越来越广，尤其在电子控制柴油机燃油喷射系统中的应用会大有前景。

目前，柱塞式喷油泵和分配式喷油泵在柴油机燃料供给系中应用广泛。这里主要介绍这两种喷油泵。

（二）喷油泵的结构与工作原理

1. 柱塞式喷油泵

柱塞式喷油泵是利用柱塞在柱塞套内的往复运动进行吸油和压油。每一副柱塞与柱塞套只向一个气缸供油。因此，多缸柴油机则由多套泵油机构分别向各缸供油。中、小功率柴油机大多数将各缸的泵油机构组装在同一壳体内，称为多缸泵，而其中每组泵油机构称为分泵。

为满足各种柴油机的需要，有利于喷油泵的制造和维修，喷油泵的生产是以柱塞行程、泵缸中心距和结构形式为基础，再分别配以不同尺寸的柱塞，组成若干种在一个工作循环内供油量不等的几个系列。目前，国产柱塞式喷油泵有 A 型泵、B 型泵和 P 型泵。表 1-3 列出了我国生产的几种柱塞式喷油泵的系列及其主要参数。其中 A 型泵和 B 型泵基本结构相同，P 型泵与 A、B 型泵稍有区别。下面主要介绍 A 型泵。A 型喷油泵由分泵（图 1-72）、油量调

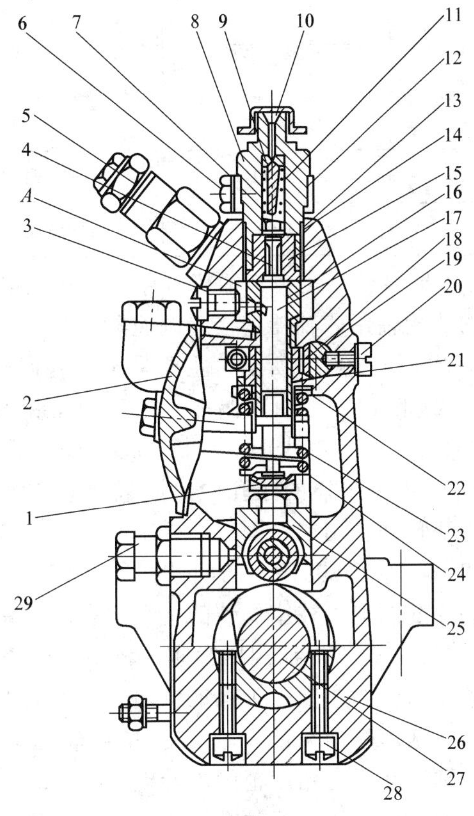

图 1-72　A 型喷油泵分泵

1—调整螺钉　2—检查窗盖　3—挡油螺钉　4—出油阀　5—限压阀部件　6—槽形螺钉　7—前夹板　8—出油阀压紧座　9—减容器　10—护帽　11—出油阀弹簧　12—后夹板　13—O 形密封圈　14—垫圈　15—出油阀座　16—柱塞套　17—柱塞　18—可调齿圈　19—调节齿杆　20—齿杆限位螺钉　21—控制套筒　22—弹簧上支座　23—柱塞弹簧　24—弹簧下支座　25—滚轮架　26—泵体　27—凸轮轴　28—紧固螺钉　29—润滑油进油空心螺栓　*A*—低压油腔

节机构、传动机构和泵体四部分组成。

表 1-3 几种国产系列喷油泵主要参数

主要参数 \ 系列代号	A	B	P
柱塞升程/mm	8	10	10
分泵中心距/mm	32	40	35
柱塞直径/mm	(6)	(8)	8 9
	7	9	10
	8	10	11
	8.5		12
	9		13
最大供油量/（mm^3·循环$^{-1}$）	60 ~ 150	130 ~ 225	130 ~ 475
分泵数	2 ~ 12	2 ~ 12	4 ~ 12
最高使用转速/（r·min^{-1}）	1400	1000	1500

A 型喷油泵见图 1-73。一般将其固定在柴油机机体一侧的支架上，由柴油机曲轴通过齿轮驱动，齿轮轴和喷油泵的凸轮轴用联轴器连接，调速器安装在喷油泵的后端。

（1）分泵　分泵的具体结构如图 1-72 所示，主要是由柱塞偶件（柱塞 17 和柱塞套 16）、柱塞弹簧 23、弹簧上下支座 22 和 24、出油阀偶件（出油阀 4 和出油阀座 15）、出油阀弹簧 11 等组成。柱塞 17 的圆柱表面上铣有直线形（或螺旋形）斜槽，斜槽内腔与柱塞上面的泵腔用孔道连通。柱塞套 16 装入喷油泵体的座孔中，柱塞套上有两个圆孔都与喷油泵体上的低压油腔相通。为防止柱塞套转动，用销钉固定。柱塞和柱塞套是喷油泵中的精密偶件，两者用优质合金钢制造，以 0.0015 ~ 0.0025mm 的间隙高精度配合，经研磨选配，不能互换，以保证燃油的增压和柱塞偶件的润滑。柱塞偶件的上方装有出油阀偶件（出油阀 4 和出油阀座 15），两者接合平面要求密封。拧入出油阀压紧座，将出油阀座压紧在柱塞套上，同时又使出油阀弹簧将出油阀压紧在出油阀座上。为保证供油压力不低于规定值，出油阀弹簧在装配时应具有一定的预紧力。柱塞由喷油泵凸轮轴 27 上的凸轮驱动，在柱塞套内作直线往复运动，此外它还可以绕自身轴线在一定角度范围内转动。

当柱塞向下移动时，燃油自低压油腔经油孔被吸入并充满泵腔，如图 1-74a 所示。在柱塞自下止点上移的过程中，起初有一部分燃油被从泵腔挤回低压油腔，直到柱塞上部的圆柱面将两个油孔完全封闭时为止。此后柱塞继续上升，如图 1-74b 所示，柱塞上部的燃油压力迅速增高到足以克服出油阀弹簧的作用力，出油阀即开始上升。当出油阀的圆柱形环带离开出油阀座时，高压燃油便自泵腔通过高压油管流向喷油器。当柱塞继续上移，如图 1-74c 所示，斜槽同油孔 8 开始接通，于是泵腔内的油压迅速下降，出油阀 6 在弹簧压力作用下立即回位，喷油泵供油停止。此后柱塞仍继续上行，直到凸轮达到最高升程为止，但不再泵油。

由上述泵油过程可知，由驱动凸轮轮廓曲线的最大矢径决定的柱塞行程 h（即柱塞的

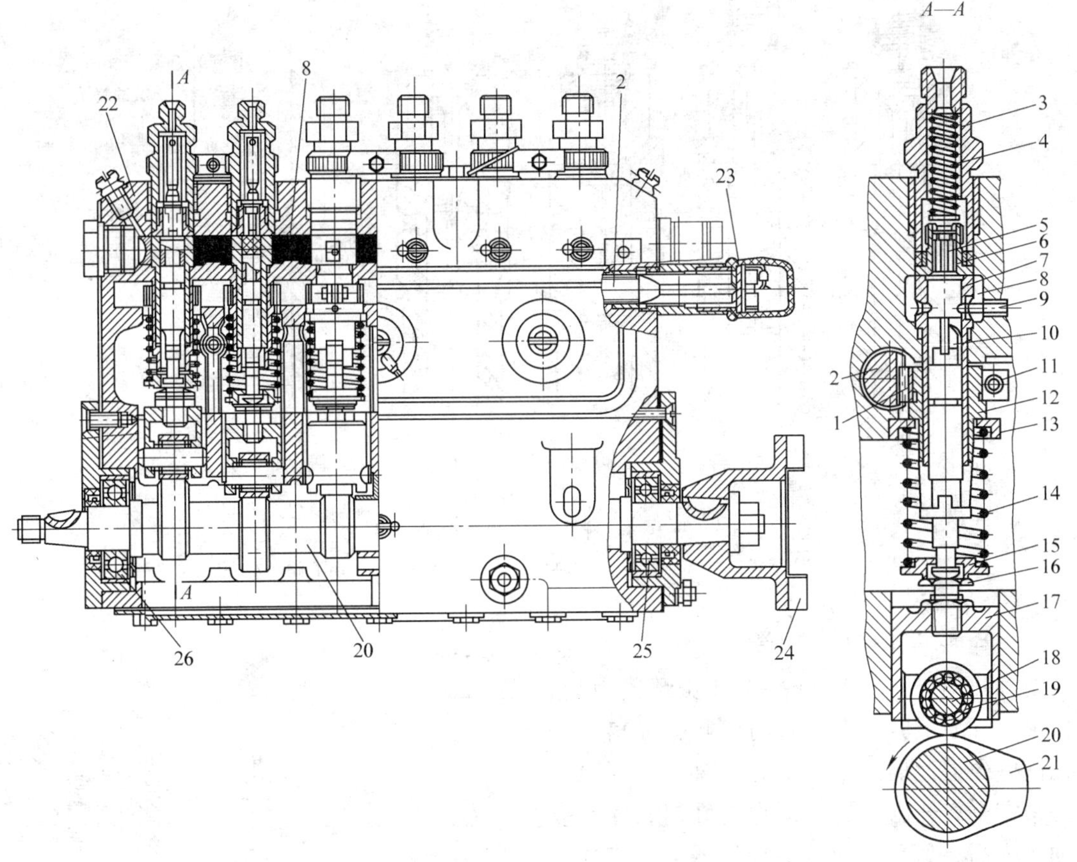

图 1-73 A 型喷油泵结构

1—齿圈 2—供油调节齿杆 3—出油阀压紧座 4—出油阀弹簧 5—出油阀 6—出油阀座 7—柱塞套 8—低压油腔 9—定位螺钉 10—柱塞 11—齿圈夹紧螺钉 12—供油调节套筒 13、15—上、下柱塞弹簧座 14—柱塞弹簧 16—供油正时调节螺钉 17—挺柱 18—滚轮轴 19—滚轮 20—喷油泵轴 21—凸轮 22—喷油泵体 23—供油量调节齿杆护帽 24—联轴器从动盘 25、26—轴承

上、下止点间的距离，如图 1-74e 所示）是一定的，但并非在整个柱塞上移行程 h 内都供油，喷油泵只在柱塞完全封闭油孔 4 之后到柱塞斜槽和油孔 8 开始接通之前这一部分柱塞行程 h_g 内才泵油。h_g 称为柱塞有效行程。显然，喷油泵每次泵出的油量取决于 h_g 的长短，因此欲使喷油泵能随柴油机工况不同而改变供油量，只需改变 h_g 即可。调节 h_g 一般通过改变柱塞斜槽与柱塞套油孔 8 的相对位置来实现，将柱塞转向图 1-74e 中箭头所示的方向，h_g 和供油量即增加；反之则减少。当柱塞转到图 1-74d 所示位置时，柱塞根本不可能完全封闭油孔 8，因而有效行程为零，即喷油泵处于不泵油状态。

出油阀的结构与工作原理如图 1-75 所示。出油阀 2 的上部呈圆锥形，与出油阀座 5 相应的锥面配合。锥面下有一个短的圆柱面 3，称为减压环带，其作用是在喷油泵停止供油后迅速降低高压油管中的燃油压力，使喷油器能够立即停止喷油。出油阀的尾部与出油阀座 5 内孔作滑动配合，为出油阀的运动导向，尾部开有纵切槽 4，形成十字形断面，以构成油流通

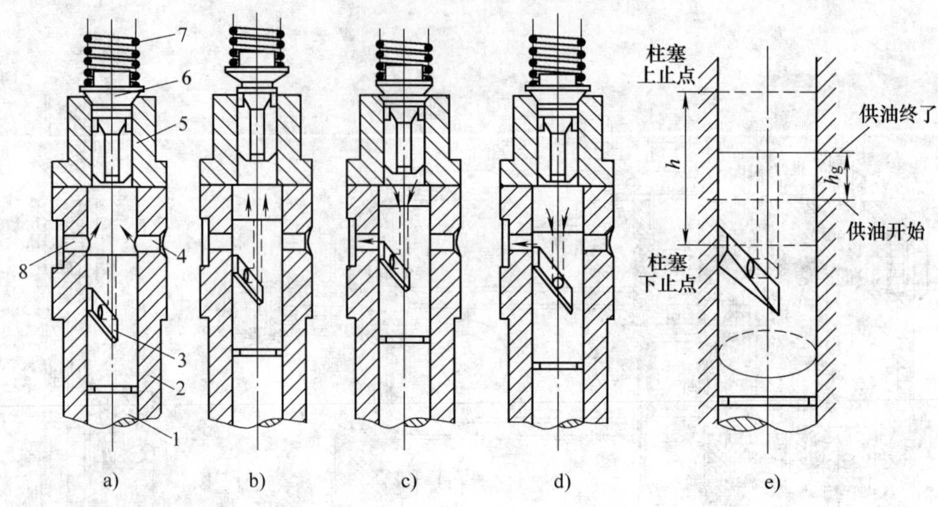

图1-74 柱塞式喷油泵泵油原理

1—柱塞 2—柱塞套 3—斜槽 4、8—油孔 5—出油阀座 6—出油阀 7—出油阀弹簧

路。

当柱塞上升到封闭柱塞套进油孔时，泵腔内油压升高，克服出油阀弹簧预紧力后，出油阀开始上升，出油阀的密封锥面离开出油阀座，但此时还不能立即供油，直到减压环带完全离开出油阀座的导向孔时，才有燃油进入高压管路，使管路油压升高。当柱塞下落时，出油阀在出油阀弹簧的作用下开始回位，当减压环带一经进入导向孔，泵腔与出油孔便被切断，于是燃油停止进入高压油管。出油阀再继续下降直到与密封锥面贴合时，由于出油阀体本身所让出的容积，使高压油管内的压力迅速降低，喷油就可以立即停止，故可避免喷油发生滴漏现象。

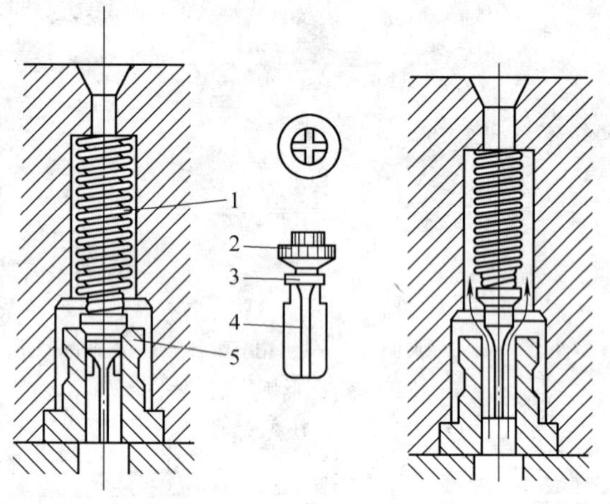

图1-75 出油阀的结构与工作原理

1—出油阀弹簧 2—出油阀 3—减压环带 4—纵切槽 5—出油阀座

(2) 油量调节机构　油量调节机构的作用是根据柴油机负荷和转速的变化相应地改变喷油泵的供油量并保证各缸的供油量一致。

由喷油泵的工作原理可知，喷油泵的供油量可通过转动柱塞以改变柱塞的有效行程的办法来改变。

A型喷油泵采用齿杆式油量调节机构，如图1-76所示。柱塞12下端的榫舌嵌入控制套筒7相应的切槽中。控制套筒7松套在柱塞套15上。在控制套筒上部套装一个可调齿圈13并用螺钉锁紧。可调齿圈13和油量调节齿杆6相啮合。油量调节齿杆的轴向位置由驾驶员或调速器控制。柱塞旋转机构的工作情况如图1-77所示。移动油量调节齿杆6时，可调齿圈13连同控制套筒7带动柱塞12相对于固定不动的柱塞套15转动，这样就改变了柱塞圆柱表面上斜槽与进油孔的相对角位置，即改变了柱塞的有效行程，实现了供油量的调节。

各缸供油均匀性可通过改变可调齿圈 13 与控制套筒 7 的相对角位置来调整。即松开可调齿圈，按调整的需要使控制套筒 7 与柱塞 12 一起相对于可调齿圈转过一定角度，再将可调齿圈锁紧在控制套筒上。

齿杆式油量调节机构的特点是传动平稳，但制造成本较高。

(3) 传动机构　传动机构由喷油泵凸轮轴和滚轮传动部件组成。喷油泵凸轮轴的两端通过圆锥滚子轴承支承在喷油泵壳体上，前端装有联轴器和供油提前角自动调节器，后部与调速器相连。喷油泵的凸轮轴是由柴油机的曲轴通过齿轮机构驱动的。

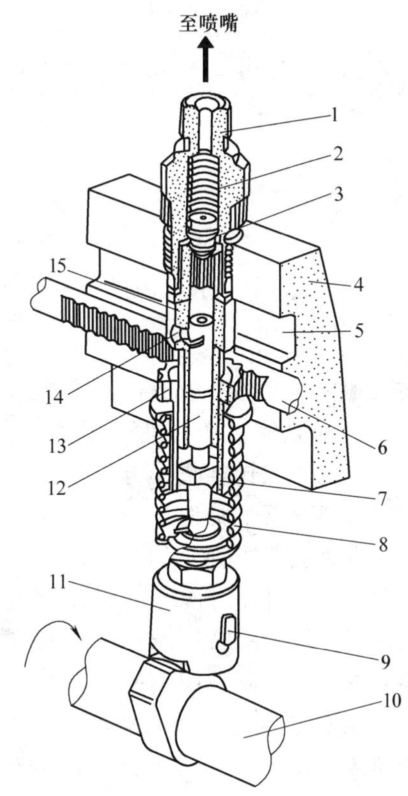

图 1-76　齿杆式油量调节机构
1—出油阀压紧座　2—出油阀弹簧　3—出油阀　4—喷油泵壳体　5—低压油腔　6—油量调节齿杆　7—控制套筒　8—柱塞弹簧　9—导块　10—凸轮轴　11—滚轮架　12—柱塞　13—可调齿圈　14—进油孔　15—柱塞套

滚轮传动部件的功用是将凸轮的旋转运动转变为自身的往复直线运动，推动柱塞上行供油。此外，滚轮传动部件还可以用来调整各分泵的供油提前角。为了保证供油提前角的正确性，滚轮传动部件的高度一般都是可调的。

国产 A 型喷油泵滚轮传动部件如图 1-78 所示。滚轮 1 带有滚轮衬套 2 并松套在滚轮轴 3 上，滚轮轴支承于滚轮架 6 的座孔中。滚轮传动部件在喷油泵壳体导向孔中上下往复运动时，要求不能转动，否则就会和凸轮相互卡死而造成损坏。因此，对滚轮传动部件要有导向定位措施。其定位方法有两种：一是在滚轮架外圆柱面上开轴向长槽，用定位螺钉的端头插入此长槽中；二是利用固定在滚轮架上的导向块插入壳体导向孔一侧的滑槽中。

喷油泵供油提前角的调整方法有两种：一是通过调整联轴器或供油提前角自动调节器来改变喷油泵凸轮轴与柴油机曲轴的相对角位置，使各分泵的供油提前角作相同数量的调整；二是通过改变滚轮传动部件的高度，实现单个分泵的供油提前角的调整，以此保证多缸发动机的供油提前角一致。此法是通过转动调整螺钉 8 来实现的。当松开锁紧螺母 7 拧出调整螺钉 8 时，滚轮传动部件高度 h 增大，于是柱塞封闭柱塞套上进油孔的时刻提前，即供油提前角增大；反之，供油提前角减小。这种结构调整方便，调整时不必拆散壳体。但必须注意螺钉不能拧出太多，因为柱塞上止点距出油阀座只有 0.4 ~ 1.0mm 的空隙，以防碰撞损坏。另外，调整合适后应及时锁紧。

(4) 泵体　A 型喷油泵采用整体式泵体，由铝合金铸成。分泵、油量调节机构及传动机

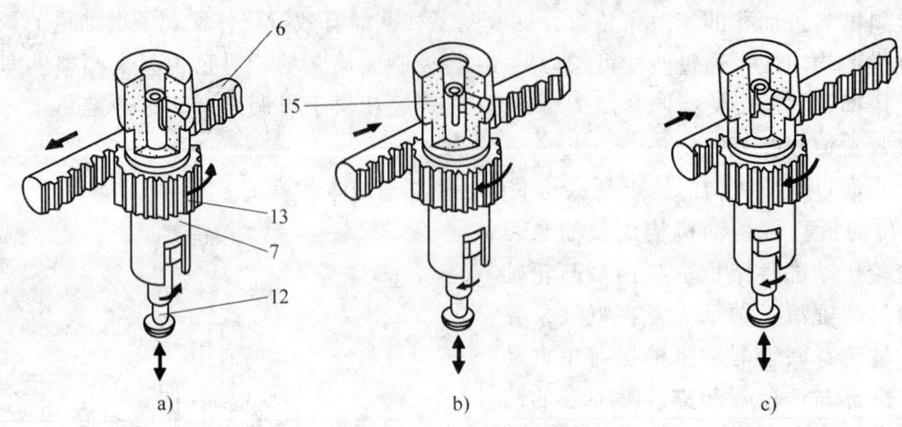

图 1-77 柱塞旋转机构

a）不供油 b）部分供油 c）供油量最大

图注同图 1-76

构都装在泵体内。泵体上有纵向油道，即低压油腔，输油泵输出的燃油经滤清后，由进油空心螺栓进入此油道，再由柱塞套上的油孔进入各分泵的油腔。输油泵供给的燃油量通常远大于喷油泵的需要量。当低压油腔的油压大于 0.05MPa 时，油道另一端的限压阀开启，多余的燃油经回油管流回输油泵进油口。限压阀还兼起放气作用。在喷油泵拆装或发动机长期停放后，喷油泵油腔内会渗入空气，影响柴油机的正常工作。当需要放气时，在发动机起动前可将限压阀上端的螺钉旋出少许，再抽按手动输油泵，泵入喷油泵的燃油即可驱净渗入喷油泵内的空气。

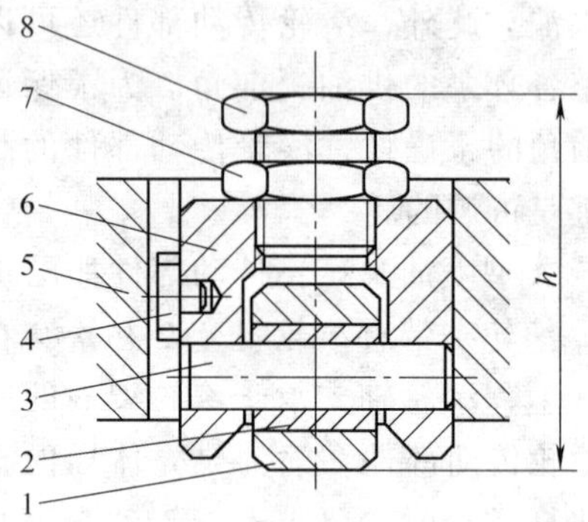

图 1-78 滚轮传动部件

1—滚轮 2—滚轮衬套 3—滚轮轴 4—导向块

5—泵体 6—滚轮架 7—锁紧螺母 8—调整螺钉

在泵体下部及调速器壳体的内腔中装有润滑油，此润滑油可单独加注，也可与发动机润滑系相通，依靠润滑油的飞溅实现喷油泵传动机构和调速器内各零件的润滑。

整体式泵体可增加壳体的刚度，在较大的喷油压力下工作不致变形。分泵和传动机构等零件必须从壳体下部装入，因此在壳体底部设有大螺塞，也有的壳体底部用盖板封住。喷油泵壳体侧面有窗口盖板，以方便各分泵喷油量及供油时刻的调整。

2．分配式喷油泵

分配式喷油泵简称分配泵，按其结构不同，分为轴向压缩式分配泵和径向压缩式分配泵两种。下面以径向压缩式分配泵为例作一简单介绍。

PDA 型喷油泵即属于径向压缩式分配泵，是 20 世纪 50 年代后期研制出的产品。图 1-79 所示为四缸柴油机径向压缩式转子分配泵的工作原理图，主要由滑片式二级输油泵 10、高压泵、油量控制阀 17、供油提前角自动调节器 7 几部分组成。滑片式二级输油泵可使燃油适当增压，以保证分配泵必要的进油量，并通过调压阀控制输油泵的出口压力。高压泵是分配泵的关键组成部件，由分配泵外壳 16、分配套筒 9、内凸轮 6 和旋转的分配转子 8、柱塞 3、滚柱 5 等零件组成，起进油、泵油和配油的作用。油量控制阀的功用是根据柴油机负荷的变化，改变供油量。供油提前角自动调节器利用二级输油泵输出油压的高低，通过活塞使内凸轮转动一定的角度，使供油提前角随转速或负荷的变化自动加大或减小，以改善柴油机的性能。

从滤清器来的清洁柴油被输油泵 10 泵入分配泵的高压泵头。柴油经分配套筒 9 的轴向油道流入分配转子 8 的环槽。在此油流分为两支：其一流往供油提前角自动调节器 7，用以调节供油提前角；另一路流往油量控制阀 17，以改变供油量。从油量控制阀 17 出来的燃油经分配泵外壳 16、分配套筒和分配转子的径向油道，进入分配转子的轴向中心油道，再流入两个柱塞 3 之间的空腔内。以上这段油路为低压油路。燃油受到柱塞的压缩后产生高压，高压燃油沿分配转子中心油道和分配孔流向喷油器。这段油路为高压油路。

径向压缩式分配泵工作原理是当分配转子 8（图 1-79）转动时，带动滚柱座 4、滚柱 5、柱塞 3 绕其轴线转动，由于固定的内凸轮凸起的作用，使对置的柱塞被推向转子中心，由于容积的减小使柴油产生高压，此时分配孔恰好与分配套筒相应的出油孔对上，高压燃油被送往喷油器。当滚轮越过内凸轮的凸起后，在离心力的作用下，两柱塞被迅速甩向外端，使油腔容积增大形成真空，当分配转子上相应的进油孔与套筒上进油道对上时，柴油便在二级输油泵压力作用下进入柱塞间的空腔。

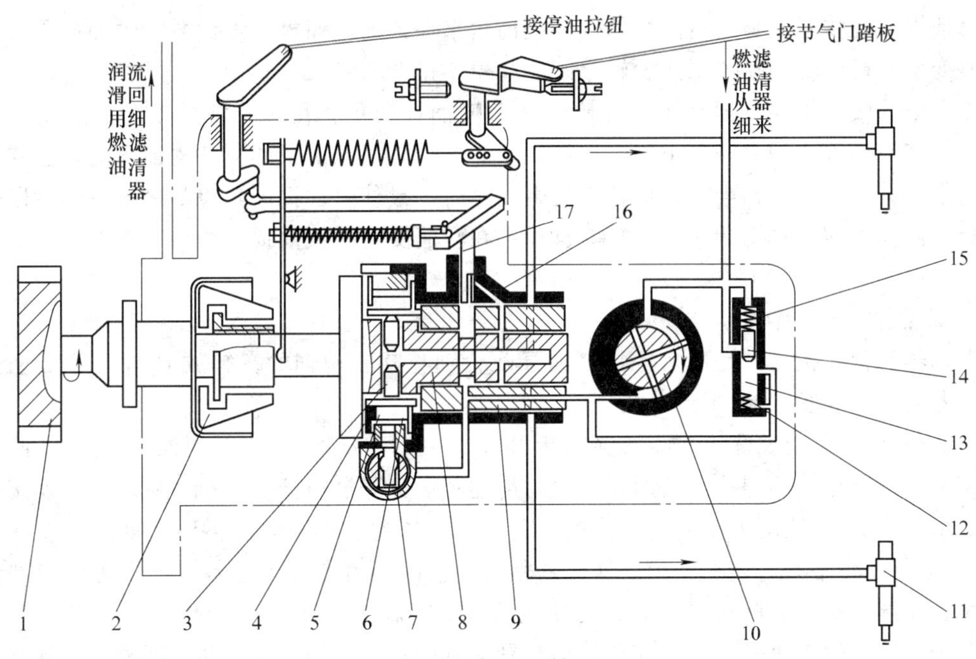

图 1-79 转子分配泵的工作原理

1—传动连接器 2—离心飞块 3—柱塞 4—滚柱座 5—滚柱 6—内凸轮 7—供油提前角自动调节器 8—分配转子 9—分配套筒 10—滑片式二级输油泵 11—喷油器 12—弹簧 13—调压阀 14—滑柱 15—调压弹簧 16—分配泵外壳 17—油量控制阀

分配泵每循环的最大供油量取决于柱塞的直径和行程。对于结构一定的分配泵来讲，柱塞的直径是不能改变的，因此使用中只能靠改变柱塞行程来调节最大供油量。

油量控制阀的功用是根据发动机负荷的变化改变供油量，阀体上有直槽，与壳体和分配套筒上的油孔相通，柴油经此槽进入进油孔。

分配泵的优点是零件数目少、结构紧凑、通用性高、防污性好等，同时由于其分配柱塞兼有泵油和配油作用，使这种泵结构简单、故障率少。另外，由于端面凸轮盘易于加工，精度易得到保证，同时泵体上装有增压补偿器，因而其动力性和经济性都比较优异。

（三）供油提前角调节装置

喷油器喷油的时刻决定于喷油泵泵油的时刻，它对柴油机的工作性能影响很大。为保证形成良好的混合气和改善燃烧过程，必须有一定的喷油提前角，对于多缸柴油机，还应保证各缸喷油提前角一致。最佳喷油提前角是在柴油机额定转速与全负荷下由实验确定的，它的数值取决于柴油性能和发动机工况。同时由于凸轮和滚轮等传动部件的磨损，喷油提前角也有所改变。为此，喷油提前角必须可以调整。实际上，喷油提前角的调整是通过对喷油泵的供油提前角的调整而实现的。

喷油提前角是指喷油器开始喷油至活塞到达上止点之间的曲轴转角。它的大小对柴油机工作过程有很大影响。若喷油提前角过大，喷油时气缸内空气温度较低，混合气形成条件差，备燃期长，导致发动机工作粗暴；若喷油提前角过小，大部分柴油是在上止点以后活塞处于下行状态时燃烧的，使最高工作压力降低，热效率也显著下降，导致发动机功率降低，排气冒白烟。因此，为保证发动机具有良好的使用性能，必须选择最佳的喷油提前角。

喷油提前角实际上是由喷油泵的供油提前角来保证的。而整个喷油泵的供油提前角可以通过改变发动机曲轴和喷油泵凸轮轴之间的相位角来调整。

多数柴油发动机都根据常用工况确定一个喷油提前角，在这个常用工况范围内是最佳的，即能获得最大的功率和最小的燃油消耗率。这个常用工况下的喷油提前角是通过联轴器的结构来保证的。但是，当发动机转速发生变化时，最佳喷油提前角也随之改变，所以，还需要装有供油提前角自动调节器，它能够保证在转速变化时喷油提前角自动地发生相应的改变。

1. 联轴器

联轴器又称连接器，是用来连接喷油泵凸轮轴与其驱动轴的，解放 CA 6110—2 型柴油机联轴器的结构如图 1-80 所示。

主动凸缘盘 11 用长螺栓 17 固定在驱动轴上，主动传动圆盘 12 借螺栓 13 与主动凸缘盘相连，主动凸缘盘上的螺孔为弧形孔。主动传动圆盘又通过螺栓 21 与十字接盘 15 连接，十字接盘用螺栓 14 与从动传动圆盘 1 相连，螺栓 5 将从动传动圆盘与供油提前角自动调节器（后接喷油泵凸轮轴）连接在一起。这样，驱动轴上的动力通过上述各零件即可传递到供油提前角自动调节器上。旋松螺栓 13，可使主动传动圆盘 12 相对于主动凸缘盘 11 沿弧形孔转过一个角度，这样就改变了喷油泵凸轮轴与发动机曲轴之间的相位关系，即改变了各缸的喷油时刻（即初始供油提前角）。

CA6110—2 型发动机喷油泵的初始供油提前角为 14°。安装时，将喷油泵固定在发动机气缸体的托架上，使飞轮上的上止点 1—6 标记的刻线对准飞轮壳上的正时指针，并确认第一缸活塞在压缩行程上止点位置。然后逆时针转动飞轮，使飞轮上 14°刻线对准飞轮壳上的正时指针。此时喷油泵供油提前角自动调节器上的供油刻线应对准固定在泵体上的正时指针，然后将联轴器上的紧固螺栓拧紧。

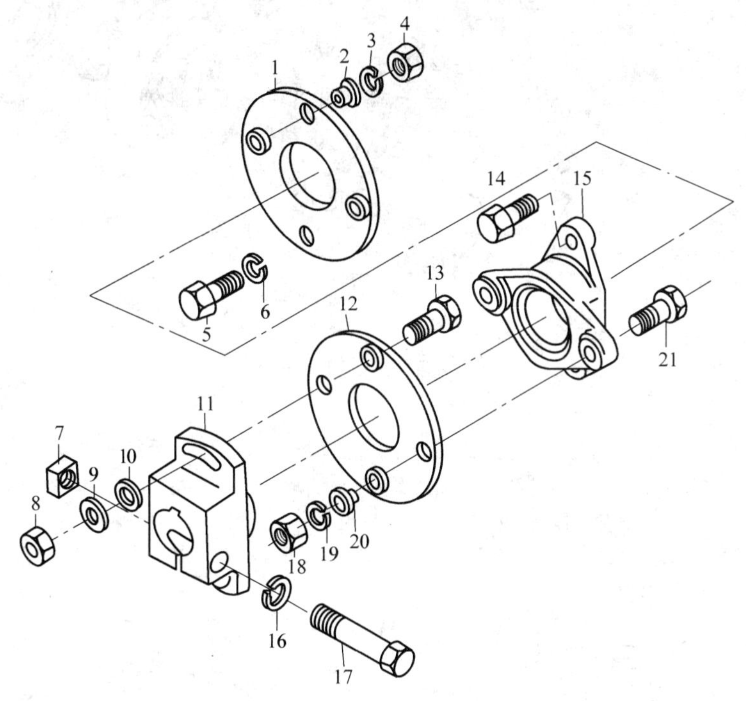

图 1-80 解放 CA6110-2 型柴油机联轴器

1—从动传动圆盘 2、20—衬套 3、6、9、10、16、19—垫圈 4、7、8、18—螺母 5、13、14、17、21—螺栓 11—主动凸缘盘 12—主动传动圆盘 15—十字接盘

2. 供油提前角自动调节器

供油提前角自动调节器的功用是在柴油机整个工作转速范围内使喷油泵供油提前角随柴油机转速升高而自动相应提前，使柴油机始终在最佳或接近最佳喷油定时下工作。供油提前角自动调节器位于联轴节和喷油泵之间，其结构如图 1-81 所示。调节器驱动盘 1 用螺栓与联轴器相连，为主动元件。两个飞块 7 套在驱动盘端面的两个销钉上，外面还套装两个弹簧座 13，飞块的另一端各压装一个销钉，每个销钉上各松套着一个滚轮 9 和滚轮内座圈 8。如图 1-82 所示，从动盘 19 与喷油泵凸轮轴相连接。从动盘两臂的弧形侧面 E 与滚轮 9 接触，平侧面 F 则压在两个弹簧 11 上，弹簧的另一端支于弹簧座 13 上。整个调节器为一密封体，内腔充有机油以供润滑。

供油提前角自动调节器的工作原理如图 1-82 所示。发动机工作时，在曲轴的驱动下，驱动盘 1 及飞块 7 沿图中箭头方向旋转，受离心力的作用，两个飞块的活动端向外甩开，滚轮 9 对从动盘 19 的两个弧形侧面 E 产生推力，迫使从动盘 19 沿箭头所示方向相对于调节器壳体超前转过一个角度 α，直到弹簧 11 作用在 F 侧面上的压缩弹力与飞块离心力相平衡为止，于是从动盘 19 与驱动盘 1 同步旋转（图 1-82b）。当转速升高时，飞块离心力增大，其活动端进一步向外甩出，滚轮 9 迫使从动盘 19 沿箭头所示方向相对于驱动盘 1 再超前转过一个角度，直到弹簧 11 的压缩弹力与飞块离心力达到一个新的平衡状态为止。这样，供油提前角便相应地增大。反之，当发动机转速降低时，供油提前角相应减小。解放 CA6110—2

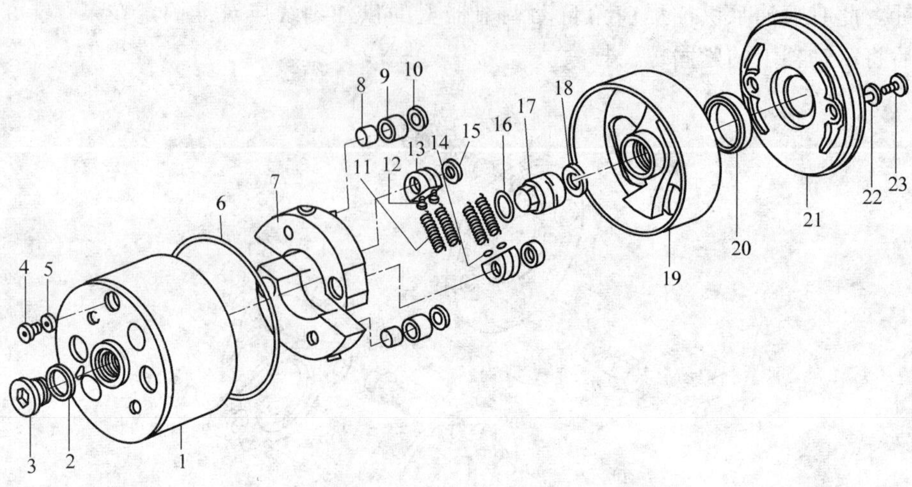

图 1-81 供油提前角自动调节器分解图

1—调节器驱动盘 2、10—垫圈 3—放油螺塞 4—丝堵 5、22—垫片 6、16—O 形密封圈 7—飞块 8—滚轮内座圈 9—滚轮 11—弹簧 12、14、18—弹簧垫圈 13—弹簧座 15—定位圈 17—螺母 19—从动盘 20—油封 21—盖 23—螺栓

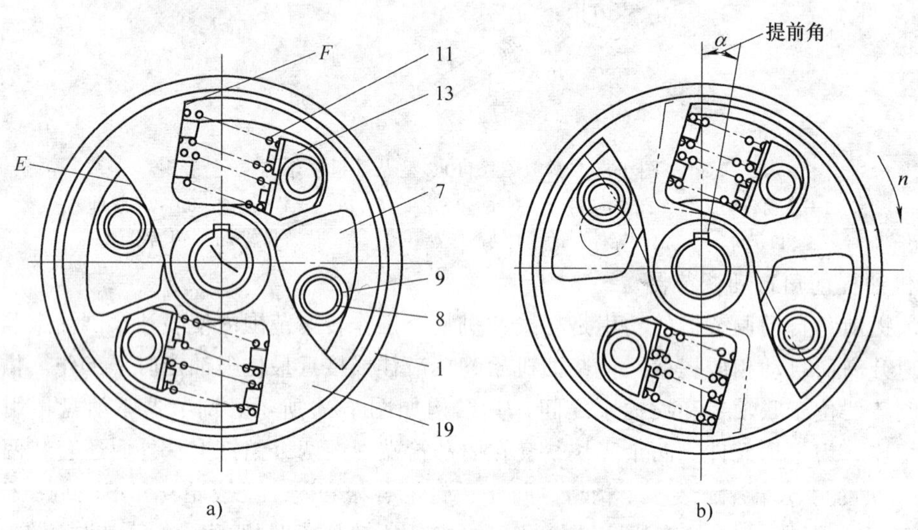

图 1-82 供油提前角自动调节器工作原理

a) 静止状态 b) 提前状态

1—驱动盘 7—飞块 8—滚轮内座圈 9—滚轮 11—弹簧 13—弹簧座 19—从动盘

型柴油机供油提前角自动调节器的调节量为 0 ~ 6°30′（500 ~ 1650r/min）。

四、喷油器

喷油器是柴油机燃料供给系的又一个重要部件，燃油的雾化质量和混合气的良好形成，均与喷油器有直接关系。

喷油器的功用有两个：一是使一定数量的燃油得到良好的雾化，促进燃油着火和燃烧；二是使燃油的喷射按燃烧室类型合理分布，使燃油与空气得到迅速而完善的混合，形成均匀的可燃混合气。为此，喷油器应满足以下要求：

1）喷油器应具有一定的喷射压力和射程，以及合适的喷雾锥角和喷雾质量。

2）停止喷油要迅速，不发生燃油的滴漏，以免恶化燃烧过程。

3）最好的喷油特性是在每一循环的供油量中开始喷油少，中期喷油多，后期喷油少，以减少备燃期的积油量和改善燃烧后期的不利情况。

喷油器常见的形式有两种：孔式喷油器和轴针式喷油器。

1. 孔式喷油器

孔式喷油器主要用于直接喷射式燃烧室中，燃油的喷射状况主要由针阀体下部喷孔的大小、方向和数目来控制，并与燃烧室的形状、大小及空气涡流情况相适应。

喷孔数目一般为1~8个，喷孔直径为0.2~0.8mm，它可以喷出一个或几个锥角不大、射程较远的油束。喷孔越多、孔径越小，雾化越好，分布越均匀。但小孔径使用中易积炭堵塞，同时需要较高的喷油压力。

孔式喷油器的结构与工作原理如图1-83所示。主要由针阀、针阀体、顶杆、调压弹簧及喷油器体等零件组成。针阀中部的锥面位于针阀体的环形油腔内以承受油压，称为承压锥面，针阀下端的锥面与针阀体上相应的内锥面配合，起密封作用，称为密封锥面。调压弹簧通过顶杆，将针阀的密封锥面压紧在针阀体的内锥面上，以关闭喷孔。

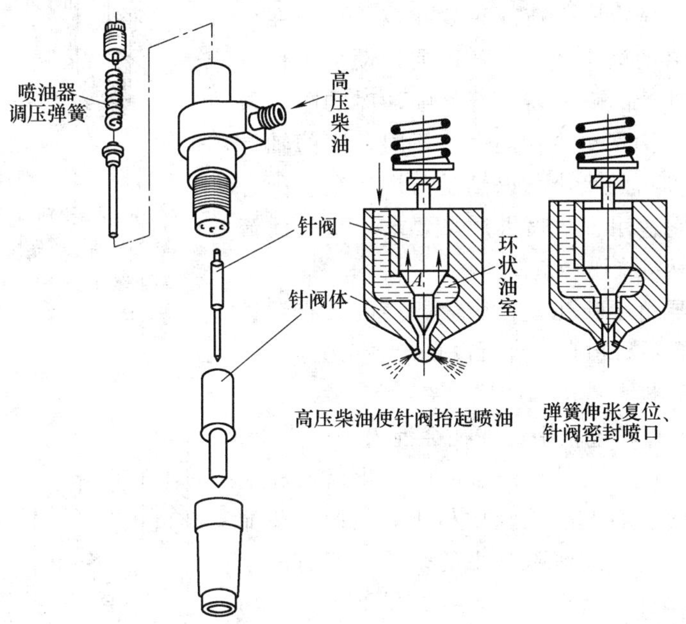

图1-83 孔式喷油器结构和工作原理

柴油机工作时，喷油泵供给的柴油经进油管接头、油道进入针阀体下部的环形油腔内。当油压升高到作用在针阀承压锥面上的轴向力大于调压弹簧的预紧力时，针阀开始向上移动，喷油器喷孔被打开，高压柴油通过喷孔喷入燃烧室。当喷油泵停止供油时，油压突然下降，针阀在调压弹簧的作用下及时回位，将喷孔关闭。喷油器的喷油压力与调压弹簧的预紧力有关，预紧力越大，喷油压力越高。调压弹簧的预紧力可通过调压螺钉来调整。

喷油器工作时，会有少量柴油从针阀和针阀体的配合表面之间的间隙漏出。这部分柴油对针阀起密封作用，并沿顶杆周围的空隙上升，最后通过回油管螺栓进入回油管，流回柴油箱。

针阀和针阀体是喷油器中最关键的零件，两者合称为针阀偶件。为保证喷油压力且能自由滑动，两者的配合间隙要求很严，应控制在0.002～0.003mm之间。针阀偶件是经过研磨配对的，拆装和维修过程中应特别注意，不能互换。

2. 轴针式喷油器

轴针式喷油器如图1-84所示，其构造和工作原理与孔式喷油器基本相同。其不同点是针阀12下端的密封锥面以下还延伸出一个倒锥形或圆柱形的轴针，轴针伸出喷孔外，使喷孔成为圆环状的狭缝。这样，喷油时喷注将呈空心的锥状或柱状（图1-85b）。喷孔的通过截面与喷注锥角的大小取决于轴针的形状与升程。

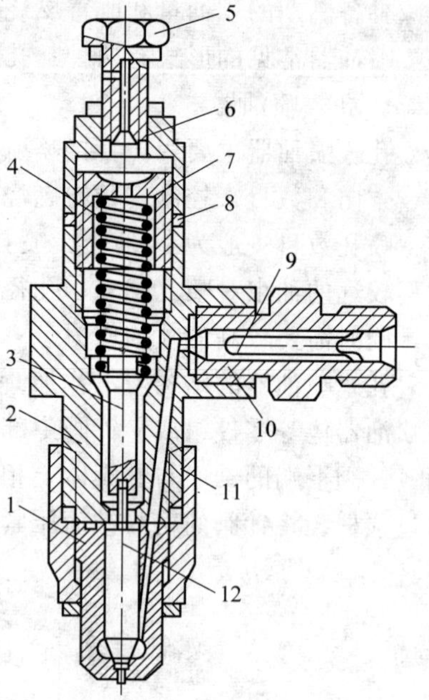

图1-84 轴针式喷油器

1—针阀体 2—喷油器体 3—顶杆 4—调压弹簧 5—回油管螺栓 6—调压螺钉护帽 7—调压螺钉 8—垫圈 9—滤芯 10—进油管接头 11—紧固螺套 12—针阀

轴针式喷油器一般只有一个喷孔（孔径为1～3mm），喷孔与轴针之间有微小的间隙（0.02～0.06mm）。当轴针刚升起时，由于轴针仍在喷孔中，喷出油量较少，直到轴针完全离开喷孔时，喷油量才达到最大；当喷油快结束时，情况正好相反。这样在备燃期内喷入燃烧室的油量较少，从而使发动机工作比较平稳。圆锥形轴针的喷油器在开始喷油时的喷油量比圆柱形轴针的喷油量更少，同时，不同角度的轴针还可以改变喷雾锥角的大小，以满足与燃烧室相配合的要求。因此，它适用于对喷雾质量要求不高的涡流室式燃烧室和预燃室式燃烧室。

轴针式喷油器由于喷孔直径较大，孔内又有轴针上下移动，故喷孔不易积炭，且可以自行清除积炭。

五、柴油滤清器

柴油在贮存、运输过程中，往往会混入一些尘土、水分或其他机械杂质。另外，由于温度变化以及和空气接触，会有少量的石蜡从柴油中析出。因此，柴油在进入喷油泵之前，必须清除其中的杂质。若滤清不佳，将加剧精密偶件的磨损，引起各缸供油不均、功率下降、油耗增加。

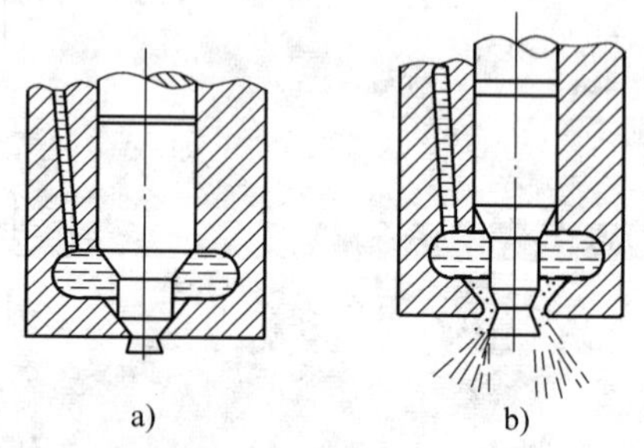

a) b)

图1-85 轴针式喷油器工作原理

a）关闭 b）喷油

柴油滤清器有粗细之分。柴油粗滤清器一般安装在输油泵之前，用来清除柴油中颗粒较大的杂质，滤芯有金属缝隙式、片式、网式、纸质式等几种。纸质滤芯由于具有滤清效果好、成本低、使用寿命长等优点，因而得到广泛的应用。柴油细滤清器一般安装在输油泵之后，用来清除柴油中的微小杂质，它的滤芯有毛毡式、金属网式和纸质式等。目前，很多柴油机中设有两级滤清器，也有的只设有单级滤清器。

图1-86所示为两级柴油滤清器。它由两个结构基本相同的滤清器串联而成，两个滤清器的盖制成一体。第一级粗滤清器为纸质滤芯，第二级细滤清器为航空毛毡及纺绸滤芯。柴油的流动路线如箭头所示。经过两级滤清，可以得到纯净的柴油燃料。

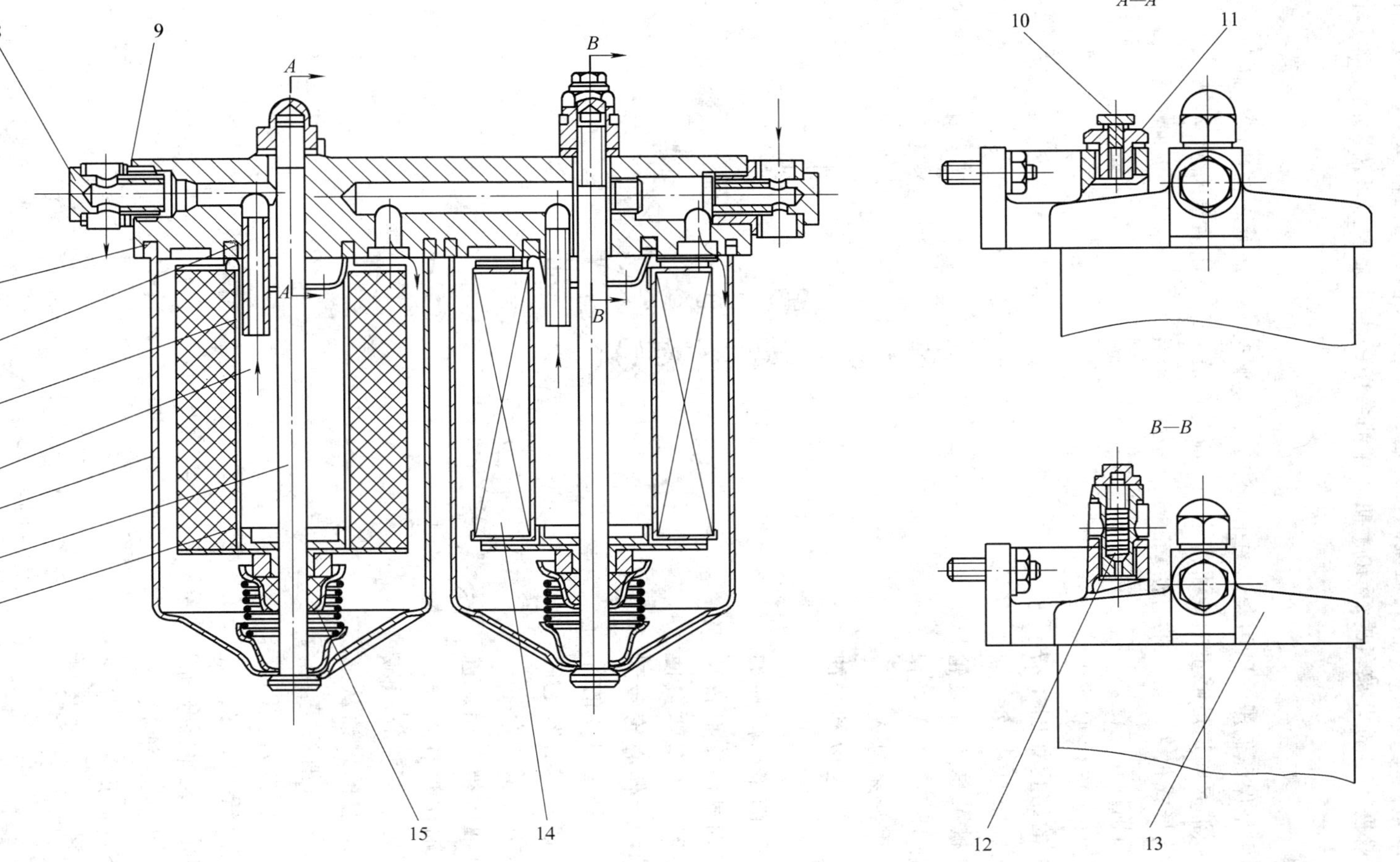

图 1-86　两级柴油滤清器

1—绸布滤芯　2—紧固螺杆　3—外壳　4—滤筒　5—毛毡滤芯　6—毛毡密封圈　7—橡胶密封圈　8—油管接头螺钉　9—油管接头衬套　10—放气螺钉
11—放气螺塞　12—溢油阀　13—滤清器盖　14—纸滤芯　15—滤芯衬垫

在第一级滤清器盖上设有限压溢流阀，保持管路内油压在一定限度内。当滤清器内油压超过规定值（一般为98~147kPa）时，溢流阀便开启，多余的柴油流回油箱。在第二级滤清器盖上设有放气螺塞11，拧开放气螺钉10，抽动输油泵中的手油泵，即可清除滤清器体内的空气。

六、输油泵

输油泵的功用是保证低压油路中柴油的正常流动，克服柴油滤清器和管路中的阻力，并以一定的压力向喷油泵输送足够量的柴油，输油量应为全负荷最大耗油量的3~4倍。

输油泵的结构形式很多，常见的有活塞式、转子式、滑片式和齿轮式等几种。活塞式输油泵工作可靠，目前应用广泛。

装有A型泵的EQ6BT型柴油机活塞式输油泵的结构如图1-87所示。主要由机械泵总成及手油泵总成组成。机械泵总成由滚轮12、滚轮体9、推杆7、活塞4和弹簧3等组成；手油泵总成由手油泵活塞17、手油泵体19和手油泵弹簧15等组成。

活塞式输油泵的工作原理如图1-88所示。喷油泵凸轮轴转动时，轴上的偏心轮及活塞弹簧使活塞作往复运动。当偏心轮转到最低点时，活塞在活塞弹簧的作用下向下运动，这时，活塞上腔的容积增大，压力降低，产生一定的真空度，出油阀被关闭，进油阀被吸开，柴油便被吸入输油泵上腔；同时，活塞下腔容积减小而压力增加，下腔的燃油从通道经出油口送往柴油细滤清器。当偏心轮由最低点转到最高点时，滚轮通过推杆推动活塞上移，输油泵上腔的容积减小，油压升高，进油阀被关闭，出油阀被顶开，燃油被压出并经过通道进入输油泵下腔。如此不断循环，便将燃油吸入和输出。

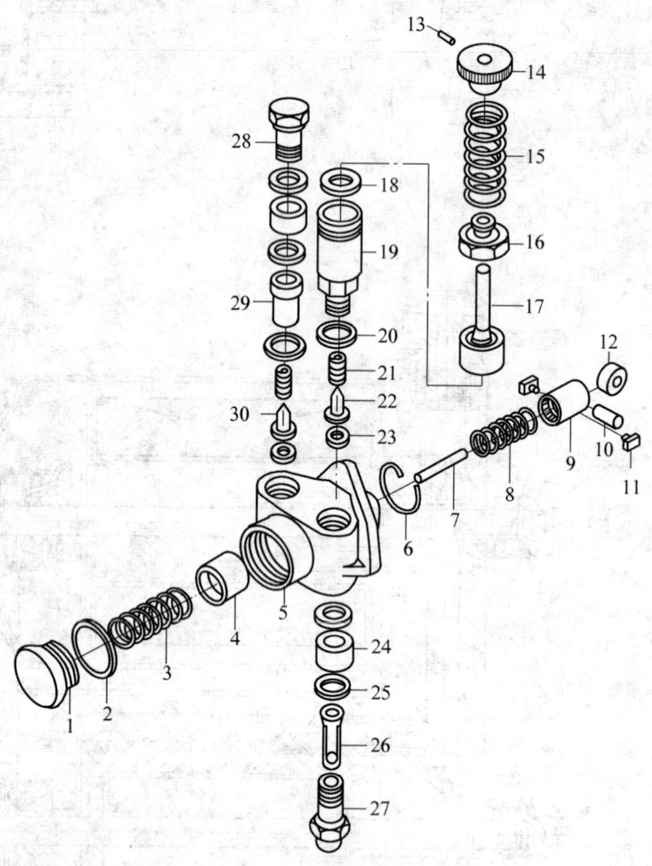

图1-87 活塞式输油泵分解图

1—螺塞 2、20、25—垫圈 3—活塞弹簧 4—活塞 5—泵体 6—弹性挡圈 7—推杆 8—滚轮弹簧 9—滚轮体 10—滚轮销 11—滑块 12—滚轮 13—销 14—手油泵拉钮 15—手油泵弹簧 16—手油泵盖 17—手油泵活塞 18—O形圈 19—手油泵体 21—进油阀弹簧 22—进油阀 23—进油阀座 24—防污圈 26—滤网 27—进油管接螺栓 28—出油管接螺栓 29—出油管接头 30—出油阀

当输油泵的供油量远远大于喷油泵的需要量，或柴油细滤清器阻力过大时，输出油路及泵腔下方油压升高，当油压与活塞弹簧弹力平衡时，活塞即停在某一位置而不能回到下止点，使活塞泵油的有效行程减小，

从而减少了输油量，并限制了压力的进一步升高。这样就实现了输油量与供油压力的自动调节。

为保持喷油泵低压油路的压力稳定，并减少油管接头处漏油的可能性，采用耐油硅胶软管来连接输油泵与喷油泵。

从拉杆孔的配合间隙处渗漏的少量柴油不可混入喷油泵润滑油内，为此，输油泵壳体上钻一泄油道，便于渗漏的柴油排出输油泵体外。使用中泄油道不可堵塞。

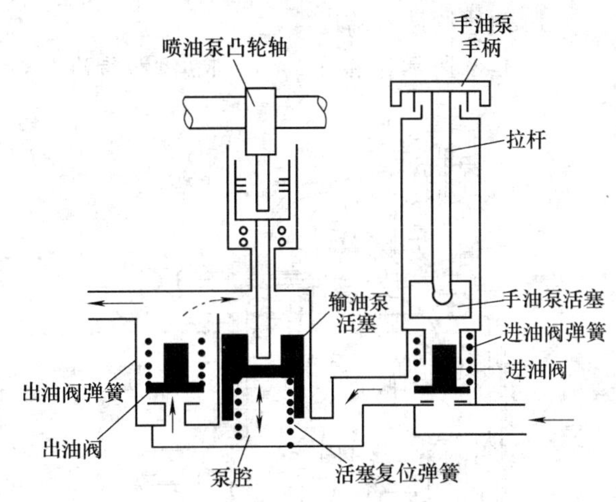

图 1-88　活塞式输油泵工作原理图

输油泵外侧装有手油泵，柴油机起动前，或柴油机供给系统维修后，为了使低压油路充满柴油，便于起动，或为了排出低压油路中的空气，使柴油机能够平稳地运转，可使用手油泵泵油或排气。使用前，先旋松手油泵手柄，反复抽动手柄使手油泵工作。即当手油泵活塞向上移动时，活塞下方容积增大，压力减小吸开进油阀，关闭出油阀，柴油被吸入输油泵的活塞前腔；当手油泵活塞向下移动时，活塞下方容积减小，油压升高，使进油阀关闭并顶开出油阀，柴油流向喷油泵，并充满低压油路。输油泵不用时应将手柄拧紧，以免空气进入。

七、调速器

调速器的作用是根据柴油机负荷的变化，自动地调节喷油泵的供油量，以保证柴油机在各种工况下稳定运转。喷油泵的一个显著特点是在节气门踏板位置一定时，其循环供油量会随曲轴转速的变化而变化。当曲轴转速增加时，循环供油量增加；反之，循环供油量减少。这个特点对工况多变的汽车柴油机是非常不利的。当柴油机在怠速工况下工作时，发动机的功率仅用来克服各种内部阻力，以维持自身的运转。若内部阻力略有增加（如机油温度降低等），转速便立即下降，此时，即使节气门踏板位置不变，由于喷油泵的供油特性，使供油量反而更小了。发动机转速和供油量如此相互作用的结果，将造成发动机自动熄火。反之，当发动机内阻力稍有减小时，柴油机怠速转速将不断升高。当柴油机高速或大负荷工作时，如遇负荷突然减小（如汽车从上坡过渡到下坡），转速会立即升高，此时，由于喷油泵的供油特性，便会自动加大供油量，相互作用的结果将造成转速上升过快而出现超速现象。这不仅会造成燃烧恶化和排气冒烟，严重时会因运动件的惯性力过大而造成机器损坏。一些在特殊条件（矿区、林区、大型建筑工地、野战阵地等）下工作的汽车柴油机，其工况变化范围大而且变化频繁，为减轻驾驶员的操作疲劳程度，要求柴油机工作转速基本上能自动稳定。因此，车用柴油机一般都装有调速器，根据负荷的变化自动调节供油量，以达到稳定怠速、限制超速或保证发动机在工作转速范围内的任一选定的转速下稳定工作的目的。

目前，在车用柴油机上应用最广泛的是机械离心式调速器。按其调节作用的范围不同，可分为两速调速器和全速调速器：

1) 两速调速器。它不仅能保持柴油机在怠速时不低于某一转速，从而防止发动机自动熄火，而且能限制柴油机不超过某一最高转速，从而防止发动机超速。至于中间转速时，调速器不起作用，柴油机的工作转速由驾驶员通过操纵油量调节机构来调整。

2）全速调速器。它不仅能保持柴油机的最低稳定转速和限制最高转速，而且能根据负荷的大小保持和调节在任一选定的转速下稳定工作。

下面以两速调速器为例介绍调速器的结构和工作原理。

1. 两速调速器结构

图1-89所示为解放CA1091K3型载货汽车柴油机使用的RAD型两速调速器。

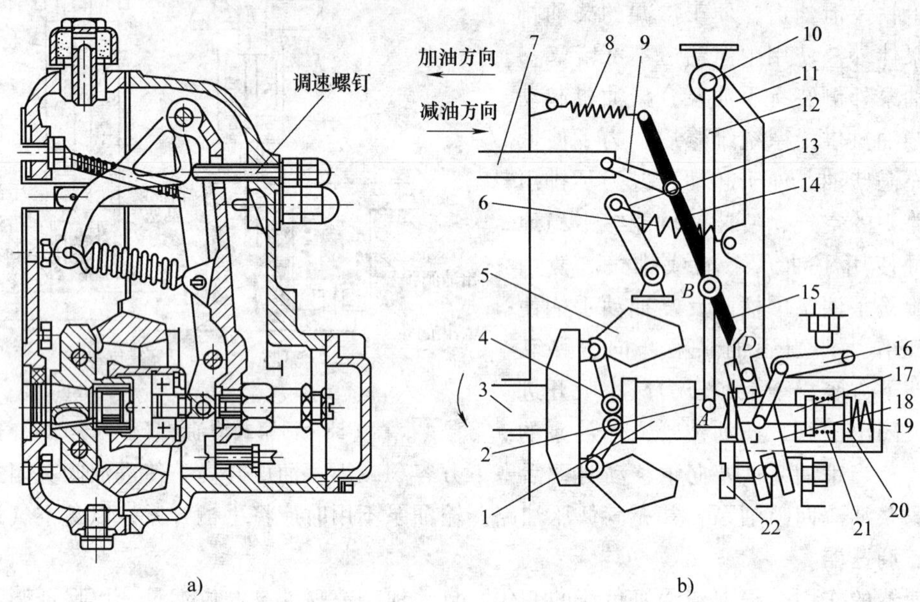

图1-89 RAD型两速调速器

a）结构图 b）示意图

1—滑套 2—丁字块 3—凸轮轴 4—滚轮 5—飞锤 6—调速弹簧 7—油量调节齿杆 8—起动弹簧 9—连杆 10—支撑杆销轴 11—支撑杆 12—导动杆 13—弹簧摇臂 14—上拨杆 15—下拨杆 16—控制杆 17—怠速顶杆 18—拨叉 19—校正弹簧 20—校正顶杆 21—怠速弹簧 22—齿杆行程调整螺栓

调速器用螺钉安装在喷油泵后端。喷油泵凸轮轴3的端部装有两个飞锤5，飞锤以飞锤座内的销轴为支点可以旋转，飞锤的内臂上装有滚轮4。当飞锤旋转张开时，滚轮便推动滑套1轴向移动。滑套侧面的销轴嵌入导动杆12的下端孔内。导动杆12和支撑杆11的上端均铰接于调速器壳体上。弹簧摇臂13以销轴支承在调速器壳体上，并通过调速螺钉限位。支撑杆11被很强的调速弹簧6拉住，在转速低于最大工作转速的条件下，支撑杆始终被拉靠在齿杆行程调整螺栓22的端头上。支撑杆的中下端有一轴销插在拨叉18上端的凹槽内。拨叉的中部与控制杆16的一个臂相连，控制杆的另一臂通过杆系与加速踏板相连，由驾驶员操纵。上拨杆14及下拨杆15与导动杆12铰接，上、下拨杆将同步运动。下拨杆的下端有一销轴，插在拨叉18下端的凹槽内，上拨杆的上端通过连杆9与油量调节齿杆7相连，顶部被起动弹簧8拉住。在支撑杆下端后方的调速器壳体上装有怠速顶杆17和怠速弹簧21以及校正顶杆20和校正弹簧19，分别用于怠速和转矩校正控制。

2. 两速调速器工作原理

(1) 起动加浓　发动机静止时，飞锤5在起动弹簧8的作用下向内收缩至极限位置。受调速弹簧 6 的拉动及齿杆行程调整螺栓 22 的限制，支撑杆 11 的位置保持不动。起动前，将控制杆 16 推至全负荷供油位置（图 1-90）。此时，拨叉 18 绕 *D* 点逆时针方向转动，带动上、下拨杆 14 和 15 绕 *B* 点作逆时针方向转动，上拨杆的上端通过连杆 9 推动油量调节齿杆 7 向供油量增加的方向移动。同时，起动弹簧 8 也对上拨杆作用一个向左的拉力，使其绕 *C* 点作逆时针方向偏转，带动 *B* 点和 *A* 点进一步向左移动，结果滑套 1 推动滚轮 4 并带动飞锤 5 转动直至飞锤处于向心极限位置为止，从而保证油量调节齿杆 7 进入起动最大供油量位置，即起动加浓位置。此时的供油量约为全负荷额定供油量的 150%左右。

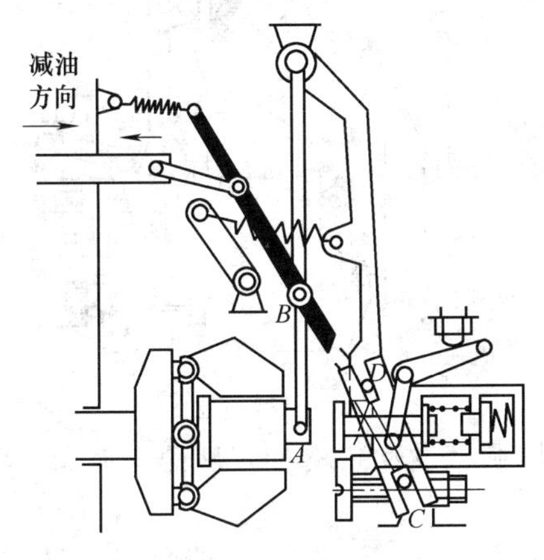

图 1-90　起动工况

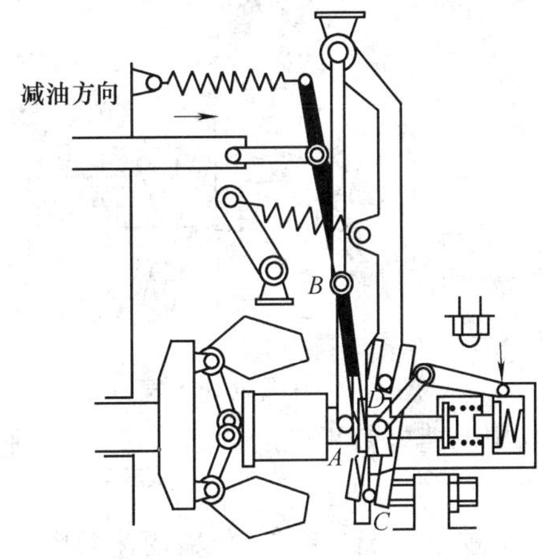

图 1-91　怠速工况

（2）稳定怠速　发动机起动后，将控制杆 16 拉到怠速位置（图 1-91），发动机便进入怠速工况。此时，作用在丁字块 2 上有三个力：飞锤 5 的离心力、怠速弹簧 21 的作用力及起动弹簧 8 的作用力。当飞锤离心力与怠速弹簧和起动弹簧的合力相平衡时，丁字块便处于某一位置不动，亦即油量调节齿杆处于某一供油位置不动，发动机就在某一相应的转速下稳定运转。若发动机转速降低，飞锤离心力减小，在怠速弹簧及起动弹簧的作用下，丁字块将向左移动，使导动杆 12 绕上端支承点向左偏转，从而带动上、下拨杆绕 *C* 点逆时针方向转动，通过连杆 9 带动油量调节齿杆 7 向供油量增加的方向移动，使发动机转速回升。若发动机转速升高，飞锤离心力随之增大，使丁字块向右移动，进一步压缩怠速弹簧，同时带动导动杆绕其上端支承点向右偏转，从而使上、下拨杆绕 *C* 点顺时针方向转动，结果使油量调节齿杆向供油量减少的方向移动，使发动机转速降低，从而起到了稳定怠速的作用。

改变怠速弹簧的预紧力可调节怠速转速。

（3）中等转速　中等转速是指发动机转速在怠速和额定转速之间，油量调节齿杆处于部分负荷供油位置。此时由于发动机转速较高，飞锤离心力增加，丁字块推动怠速顶杆克服怠速弹簧和起动弹簧张力而移动，直到怠速顶杆 17 与校正顶杆 20 接触为止，并停留在该位置（图 1-92）。柴油机在中等转速运转时，飞锤的离心力不足以克服调速弹簧拉力的作用，飞锤、滑套及丁字块将保持在该位置不动。即发动机在中等转速范围内工作时，调速器不起调节供油量的作用。而此时根据负荷的变化需改变供油量时，驾驶员可改变控制杆 16 的位置，通过拨叉、上下拨杆及连杆带动油量调节齿杆向供油量减少或增加的方向移动，以改变供油量。

（4）限制超速　当发动机转速超过额定转速时，飞锤离心力就能克服调速弹簧 6 的拉力，丁字块 2 推动支撑杆 11 并带动导动杆 8 绕其上支点向右偏转，同时也使 *B* 点右移。由于控制杆的位置不变，所以 C 点的位置也不动。这样，上、下拨杆就绕 C 点向右偏摆，通过连杆 9 拉动油量调节齿杆 7 向减油方向移动，从而限制发动机转速不超过额定的工作转速。

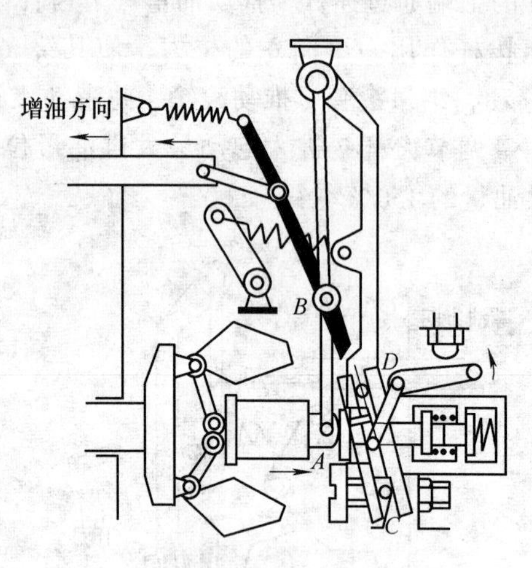

图 1-92 中等转速工况

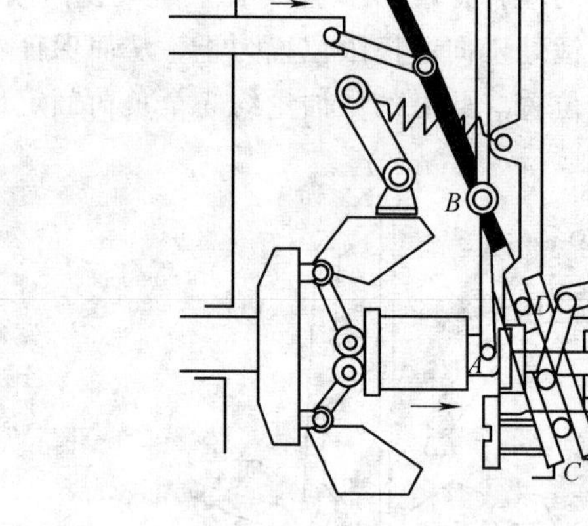

图 1-93 限制超速工况

利用调速螺钉可改变调速弹簧 6 的预紧力，即可调节发动机的额定转速。如图 1-93 所示。

(5) 校正工况 在 RAD 型调速器中，装有转矩校正装置，由校正弹簧和校正顶杆组成，装在怠速装置的后方。转矩校正装置的功用是校正喷油泵供油量随转速变化的特性，也就是校正柴油机转矩随转速变化的特性。

当柴油机在全负荷额定转速下运行时，飞锤的离心力很大，怠速顶杆推动校正顶杆将校正弹簧压缩了一段距离。这时，喷油泵油量调节齿杆处于全负荷供油位置。当柴油机超负荷运转时，转速下降，飞锤离心力减小，校正弹簧克服飞锤离心力使滑套及丁字块向左移动，通过导动杆、上下拨杆及连杆使油量调节齿杆向供油量增加的方向移动，从而避免转速的进一步下降，提高柴油机超负荷的能力。

第六节 电控发动机

在发动机电控燃油喷射系统中，按使用的燃料分类，可分为汽油喷射系统和柴油喷射系统。按空气量的检测方式分类，可分为直接与间接两大类。直接检测方式称之为质量流量计检测方式。间接检测方式又分为两种，一种是利用进气管压力和发动机转速，测定吸入空气量，计算燃油量的方式，称之为速度—密度方式；另一种是以节气门开度和发动机转速测定吸入空气量，并计算燃油量，称之为节流—速度方式。柴油电控喷射系统可分为位置控制和时间控制两大类。

一、汽油机燃油喷射系统

1. 电子控制燃油喷射系统的优点

1) 能实现空燃比的高精度控制。燃油喷射系统可直接或间接地测量发动机的进气量，进而精确计量出发动机燃烧所需的供油量，并同时根据发动机负荷、温度等参数进行适时修正，以此精确控制发动机各种工况下的空燃比，实现发动机的最优控制，有效提高其动力性、经济性和排气净化程度。

2) 充气效率高。由于燃油喷射系统进气管无需采用喉管进行节流，故可大大减少流通阻力。同时，由于燃油喷射系统可以采用较大气门重叠角，有利于废气排出，故可提高发动机的充气效率。

3) 瞬时响应快。汽车加速行驶时，由于空燃比控制系统能迅速响应，消除了汽车变工况时燃油供给的迟滞现象，有利于提高发动机的加速性能。

4) 起动容易，无需采用进气管预热。由于燃油是在一定压力下以雾状喷出的，能促进燃油蒸发，所以发动机冷起动时基本不影响混合气的形成质量，使发动机具有良好的低温起动性能。另外，由于采用燃油喷射系统后可提高燃油的雾化质量，故可使气缸内吸入较冷的混合气，因此可提高发动机的充气效率。

5) 节油和排气净化效果好。采用燃油喷射系统后，发动机可以在比较稀的混合气条件下运行，同时，可使发动机的各个气缸获得均匀的混合气，以此提高发动机的燃烧质量和稳定性，减少废气中的 CO 和 HC 的含量，还有利于节省能源。

6) 燃油喷射控制系统在反馈控制基础上，增加了学习控制功能，且与三元催化装置配合使用，可最大限度地减少 CO、HC 及 NO_x 等有害气体，有效提高发动机的排放性能。

2. 电子控制燃油喷射系统的分类

(1) 按喷射装置的控制方式分类　按喷射装置的控制方式不同，燃油喷射系统可分为机械式、机电混合式和电子控制式三种。由于电子控制式燃油喷射系统在发动机各种工况下均能精确计量所需的燃油喷射量，且使用精度高，稳定性好，能实现发动机的优化设计和优化控制，因此在汽车发动机燃油喷射系统中得到了广泛应用。

(2) 按空气流量的测量方式分类　按空气流量的测量方式不同，可分为速度—密度方式、节流—速度方式和质量流量计方式。

速度—密度方式是利用发动机转速与进气管压力测定每一循环中吸入发动机的空气量，再以这一空气量为基础，测定燃油喷射量。节流—速度方式是按照节气门开度与发动机转速测定每一循环吸入发动机的空气量，以这一空气量为基础，测定燃油喷射量。质量流量计方式是利用空气流量计直接测定吸入的空气流量。空气流量计可分为叶片式（图 1-94）和热线式（图 1-95）两种。

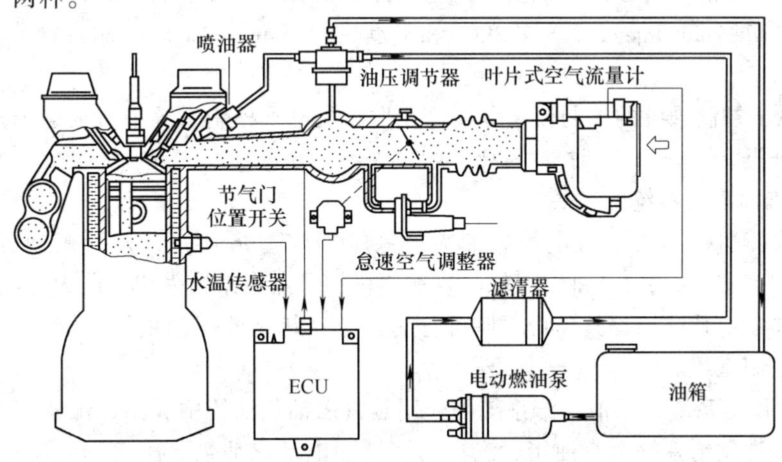

图 1-94　叶片式电控汽油机燃油喷射系统

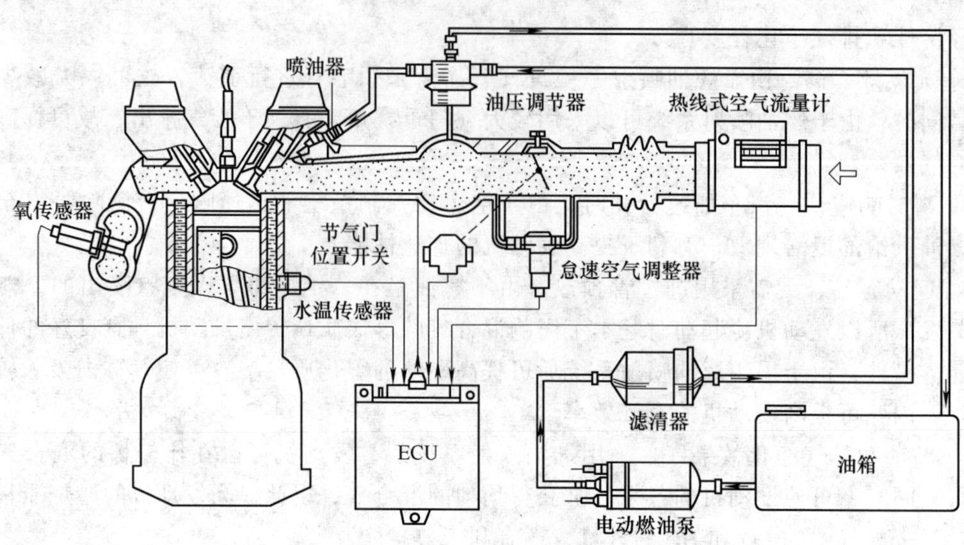

图 1-95 热线式电控汽油机燃油喷射系统

(3) 按燃油喷射位置分类 按燃油喷射位置不同，燃油喷射系统可分为缸内直接喷射式和缸外喷射式。

缸内喷射是指喷油器将燃油直接喷射到气缸燃烧室内，因此需要较高的喷油压力（3.0~4.0MPa）。目前这种方式很少采用。缸外喷射是指进气歧管内喷射或进气门前喷射。喷油器安装于进气歧管内或进气门附近，故燃油在进气过程中被喷射后与空气混合形成可燃混合气再进入气缸内。

(4) 按燃油喷射方式分类 根据燃油喷射方式不同，燃油喷射系统可分为连续喷射和间歇喷射。

连续喷射是在发动机整个工作过程中连续喷射燃油。连续喷射都是喷到进气道内，而且大部分的燃油是在进气门关闭时喷射的，因此大部分的燃油是在进气道内蒸发的。间歇喷射是以脉动的方式在某一段时间内进行喷射的，因此都有一定的喷油持续期。由于间歇喷射方式的控制精度较高，故被现代发动机集中控制系统广泛采用。

(5) 按喷油器的数目分类 在发动机电子控制系统中，按喷油器数目进行分类，可分为单点喷射（Single Point Injection 简称 SPI）和多点喷射（Muiti Point Injection 简称 MPI）两种形式。

(6) 按电子控制系统的控制模式分类 在发动机电子控制系统中，按电子控制系统的控制模式进行分类，可分为开环控制和闭环控制两种类型。

3. 电控汽油喷射系统的组成

都市先锋捷达轿车发动机电控燃油喷射系统如图 1-96 所示，发动机型号为 EA113 5V 1.6V，它采用四缸 20 气门（每缸五气门）配气机构，点火系统采用高能无分电器点火系统。

电控汽油喷射系统根据其作用不同可分为四个系统，即燃油供给系统、空气供给系统、点火系统和控制系统。

(1) 燃油供给系统 燃油供给系统的作用是将燃油从油箱中吸出，加压滤清后经喷嘴供给发动机。燃油供给系统由汽油箱、汽油滤清器、电动汽油泵、压力调节器、喷嘴等组成，如图 1-97 所示。

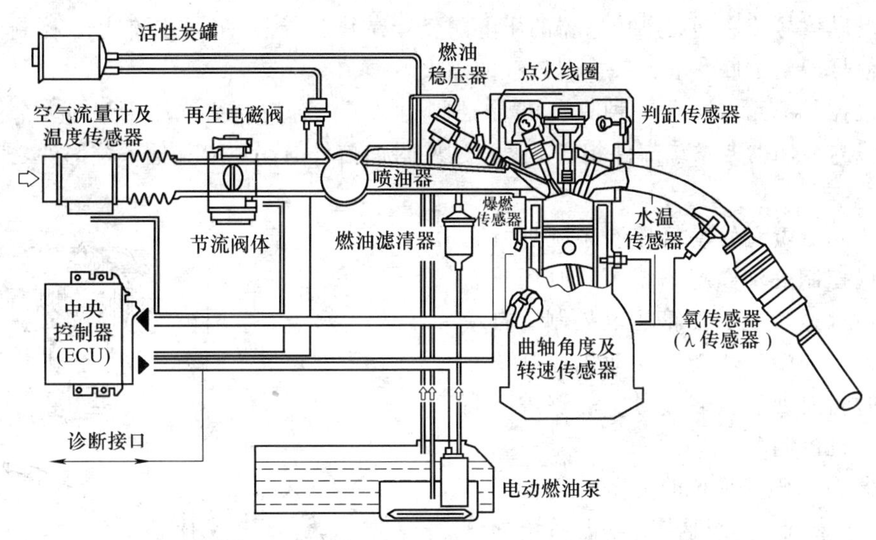

图 1-96　电控系统示意图

电动汽油泵从油箱中将汽油泵出，经汽油滤清器过滤及压力调节器调压后使油压始终高于进气管压力约 0.3MPa，并经汽油分配管送给各缸喷嘴，喷嘴根据发动机控制单元的指令将汽油适时定量地喷入进气管中。

(2) 空气供给系统　空气供给系统主要由空气滤清器、空气流量计（热膜式）、节气门控制单元、稳压箱及进气管下体等组成。

节气门控制单元也称节气门体，主要由怠速开关、怠速节气门位置传感器、节气门位置传感器以及怠速电动机组成。

(3) 点火系统　捷达王轿车采用无分电器点火系统。它主要由点火能量终端输出极、点火线圈、高压导线、火花塞以及各种传感器组成，如图 1-98 所示。点火由发动机控制单元实施集中控制。点火时两缸同时串联点火，点火顺序为 1-3-4-2。

(4) 控制系统　控制系统的主要作用是收集发动机的工况信号并确定最佳喷油量、最佳点火时刻。它由传感器、电控单元和执行元件组成。它们在发动机上的安装位置如图 1-99 所示。

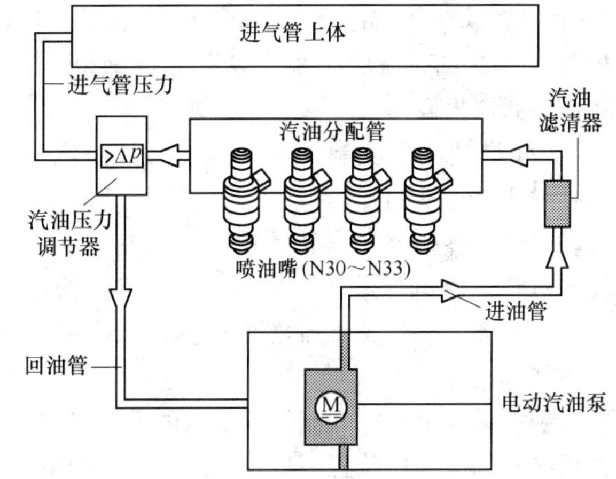

图 1-97　燃油供给系统的组成

发动机转速传感器 G28 是一个磁感应传感器，它采集曲轴转角位置和发动机转速信号。霍尔传感器 G40 安装在缸盖右侧、进气凸轮轴后端，它是一个电子开关，利用霍尔原理工作。进气温度传感器 G72 是一个负温度系数（NTC）电阻，即温度升高阻值下降，它安装在进气管上体。冷却水温度传感器 G62 也是一个 NTC 电阻，它与水温表传感器 G2 装在一个壳体里，直接与发动机冷却水接触。氧传感器安装在排气管谐振腔内，用于检测发动机的燃烧状况，向控制单元提供修正喷油量的电信号，从而实现燃油喷射的闭环控制。爆燃传感器 G61、G66 分别安装在缸体进气侧 1 缸和 2 缸、3 缸和 4 缸之间。当发动机发生爆燃时，气缸中产生的爆燃信号传递到爆燃传感器的压电陶瓷，在其上产生一个电压信号，控制单元根据这个电压信号识别出爆燃缸，并推迟该缸的点火。

发动机控制单元J220是一种具有80个插脚的电子综合控制装置，要管理多个信息，它通过信号线与控制器或系统部件相联，通过这些附加信号与汽车上其他系统部件之间相互交换信息。

控制单元负责对发动机控制系统进行管理。它不仅控制燃油喷射系统，同时还具有点火控制、怠速控制、油箱通风控制、自诊断和备用控制等多种功能。发动机控制单元能在较短时间内处理很多信号，能够进行高精度的发动机控制。

4. 电控汽油喷射系统的工作原理

(1) 点火控制　微机控制点火系统如图1-100所示。工作时，控制单元J220综合各传感器输入信息，从存储器中选出最适当的点火提前角，再根据转速传感器G28和霍尔传感器G40信号判断出曲轴转速、位置以及几缸处于压缩行程，然后控制终端能量输出极N122的大功率晶体管的导通和截止，即控制点火线圈N和N128初级电流的通断，在次级感应出高压。

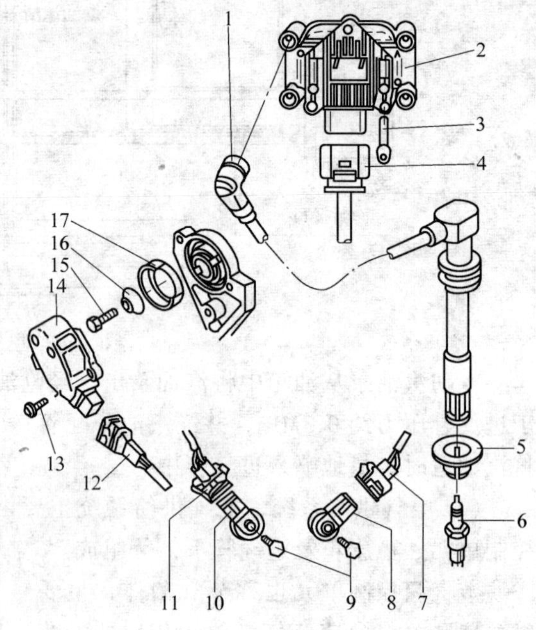

图1-98　分电器点火系统

1—点火高压线　2—带终端能量输出极的点火线圈　3—固定螺栓　4、7、11、12—连接插头　5—盖　6—火花塞　8、10—爆燃传感器　9、13、15—螺栓　14—霍尔传感器　16—垫片　17—霍尔传感器隔板

(2) 燃油喷射控制　电动汽油泵是由汽油泵继电器控制工作的。在发动机起动时，发动机转速传感器送出转速信号，控制单元控制汽油泵继电器动作，给汽油泵、空气流量计、喷嘴、氧传感器加热器供电。如果发动机转速信号中断，汽油泵继电器不动作，发动机不能起动。

控制单元根据空气流量计提供的发动机进气量信号和发动机转速信号确定基本喷油量，然后再根据节气门位置电位计、怠速节气门电位计、怠速开关、冷却水温传感器、进气温度传感器、氧传感器等提供的信号进行修正，确定出实际喷油量。

(3) 汽油箱通风系统的控制　汽油箱通风系统的工作是由控制单元J220通过控制活性炭罐电磁阀的开闭频率来调节额外进入发动机的汽油蒸气量。

(4) 电控燃油喷射系统电路图　电控燃油喷射系统的功能图如图1-101所示，它反映了系统中各部件的联接关系。

二、柴油机电控喷射系统

1. 柴油机电控喷射系统的组成、控制原理和分类

(1) 柴油机电控喷射系统的组成　柴油机电控喷射系统主要由传感器、电控单元ECU和执行器三部分组成。传感器包括柴油机转速、节气门踏板位置、齿条位置、喷油时刻、车速及进气压力、进气温度、燃油温度、冷却水温度等传感器。

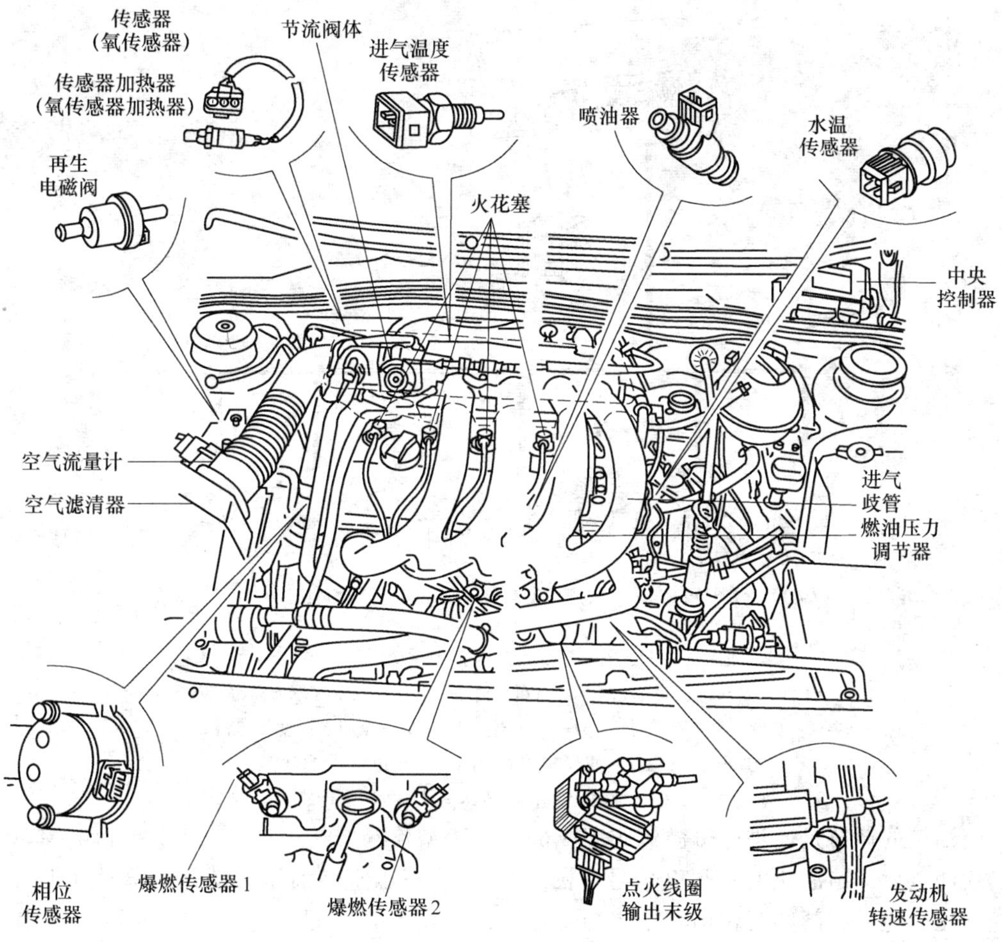

图 1-99　控制系统各主要部件的安装位置

(2) 柴油机电控喷射系统的控制原理　如图 1-102 所示，ECU 根据各种传感器实时检测到的柴油机运行参数，与 ECU 中预先已经存储的参数值或参数图谱（称为 MAP 图）相比较，按其最佳值或计算后的目标值把指令输送到执行器。执行器根据 ECU 指令控制喷油量（齿条位置或电磁阀关闭持续时间）和喷油正时（正时控制阀开闭或电磁阀关闭始点）。电控柴油喷射系统还可和整车传动装置的 ECU、制动防抱死系统 ABS 的 ECU 及其他系统的 ECU 互通数据，从而实现整车的电子控制。

(3) 柴油机电控喷射系统的分类　柴油机电控喷射系统根据控制方式不同，可分为位置控制和时间控制；根据其产生高压燃油的机构不同，可分为直列泵电控喷射系统、分配泵电控喷射系统、泵喷嘴电控喷射系统、单缸泵电控喷射系统和共轨式电控喷射系统。

下面以丰田公司分配泵电控喷射系统为例，具体说明其控制原理。

2. 燃油喷射量的控制

该系统的基本喷油量由电控单元控制，根据发动机转速传感器和节气门踏板位置传感器信号求出（图 1-103），由冷却水温度传感器、进气温度传感器、进气压力传感器以及过渡条件（低温起动、加速、涡轮增压以及海拔）等对基本量修正，再由来自溢流环位置传感器的信号进行反馈修正，以确定最佳喷油量。

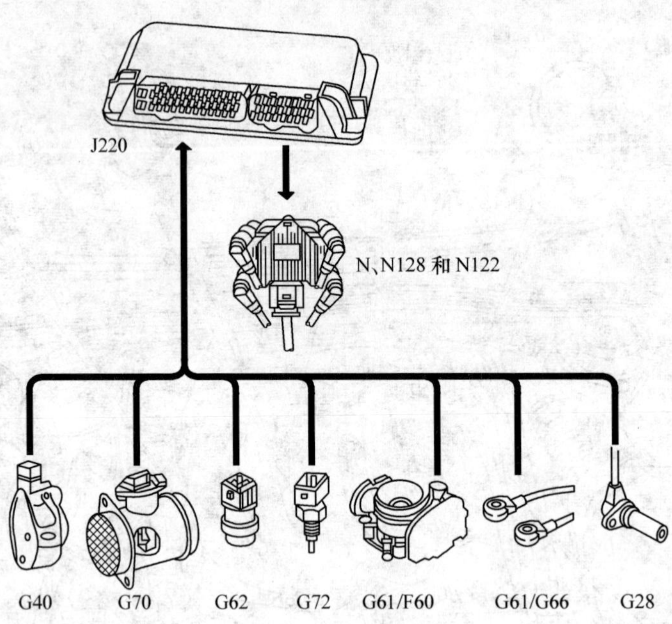

图 1-100　点火控制系统

J220—发动机控制单元　N、N128、N122—点火线圈及终端能量输出极
G40—霍尔传感器　G70—空气流量计　G62—冷却水温度传感器
G72—进气温度传感器　G69/F60—节气门电位计/怠速开关
G61、G66—爆燃传感器　G28—发动机转速传感器

喷油量的调节是通过电磁溢流阀完成的。电磁溢流阀结构如图 1-104 所示。电控单元计算出喷油量后，给溢流电磁阀电信号（图 1-105a），高压室燃油压力随柱塞移动而上升。这种燃油压力通过主阀阀孔作用在主阀的背后。此时，电磁线圈通电、辅助阀压紧在阀座上，因而主阀背后受压力作用，主阀被压紧在阀座上，以防止燃油从溢流通路流出。在这种状态下，高压室的燃油从喷油器喷出。

图 1-105b 若切断电磁线圈的电流，则辅助阀打开。这样一来，燃油就从主阀背后流出，主阀背后的压力下降。

图 1-105c：压力平衡一旦破坏，主阀就打开，高压室的燃油流向低压一侧，喷油停止。

3. 怠速控制

在怠速时，即使发动机负荷发生变化，仍需把怠速控制在目标值。目标怠速随着冷车时的最高空载转速和空气压缩机的动作及自动变速装置的换挡位置等条件预先由程序确定。实质上为获得理想的怠速转速，该系统采用反馈控制系统来控制所需的燃油数量。即电控单元根据节气门踏板位置传感器、车速传感器、起动信号及发动机转速（反馈信号）等信号决定怠速稳定系统是否工作；其次，由水温传感器、空调器和空挡开关等信号计算出怠速转速，并确定与该转速对应的喷油量。

4. 喷油正时控制

该系统喷油正时由发动机电控单元根据发动机转速传感器（检测喷油始点）曲轴位置传感器决定，由冷却水温度传感器和进气压力传感器、起动信号等运转条件修正。用点火正时传感器检测实际燃烧开始时间修正喷油正时如图 1-106 所示。

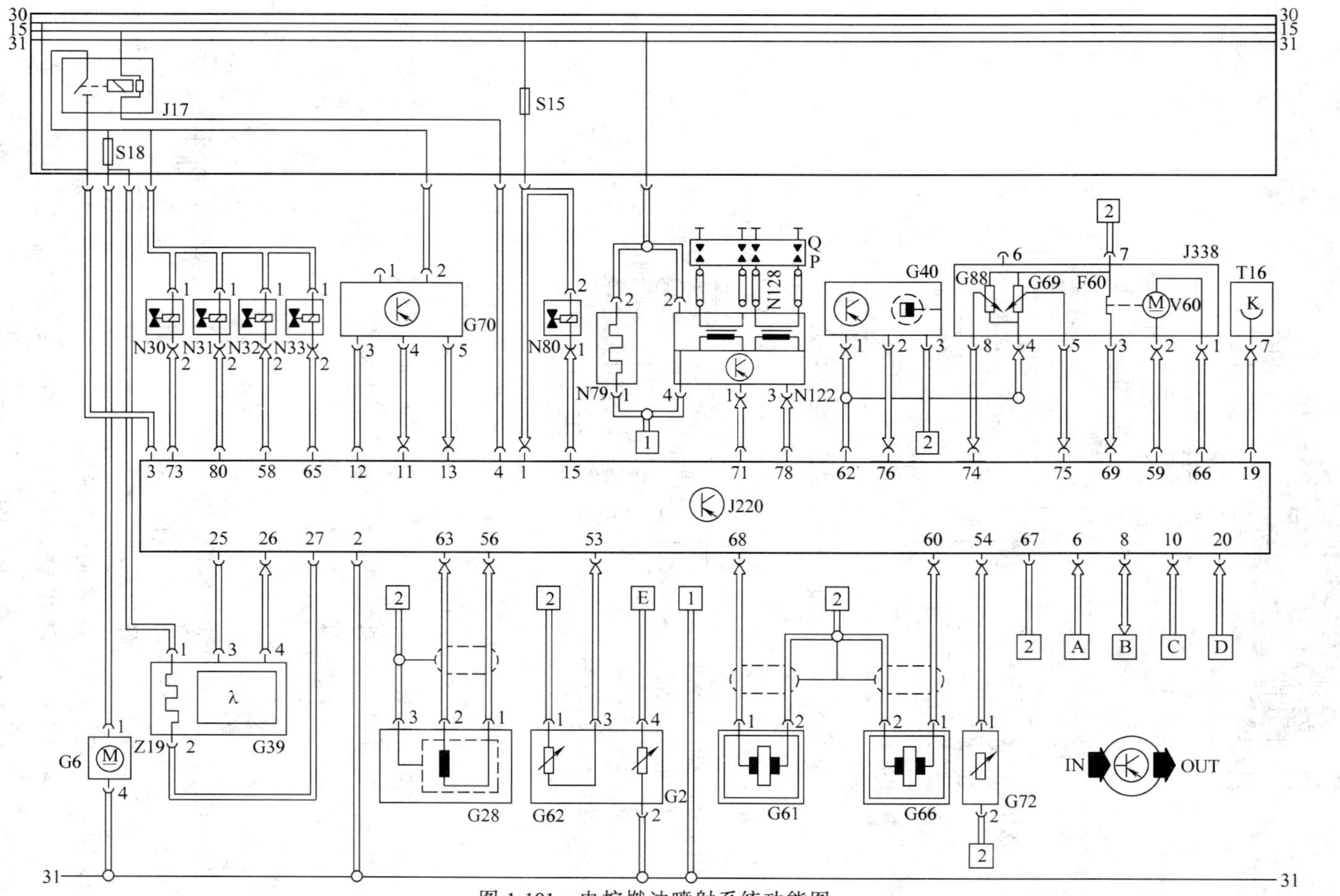

图 1-101 电控燃油喷射系统功能图

F60—怠速开关 G2—水温传感器 G6—汽油泵 G28—发动机转速传感器 G39—氧传感器 G40—霍尔传感器 G61、G66—爆燃传感器 G62—水温传感器 G69—节气门电位计 G70—空气流量计 G72—进气温度传感器 G88—怠速节气门电位计 J17—汽油泵继电器 J220—控制单元 J338—节气门控制单元 N31、N32—2、3 缸点火线圈 N30、N33—1、4 缸喷嘴 N79—曲轴箱通风加热电阻 N80—活性炭罐电磁阀 N122—终端能量输出极 N128—1、4 缸点火线圈 P—火花塞插头 Q—火花塞 S15、S18—熔丝 T16—自诊断接口 V60—怠速电动机 Z19—氧传感器加热器 A—发动机转速信号 B—空调压缩机信号 C—空调装置信号 D—车速信号

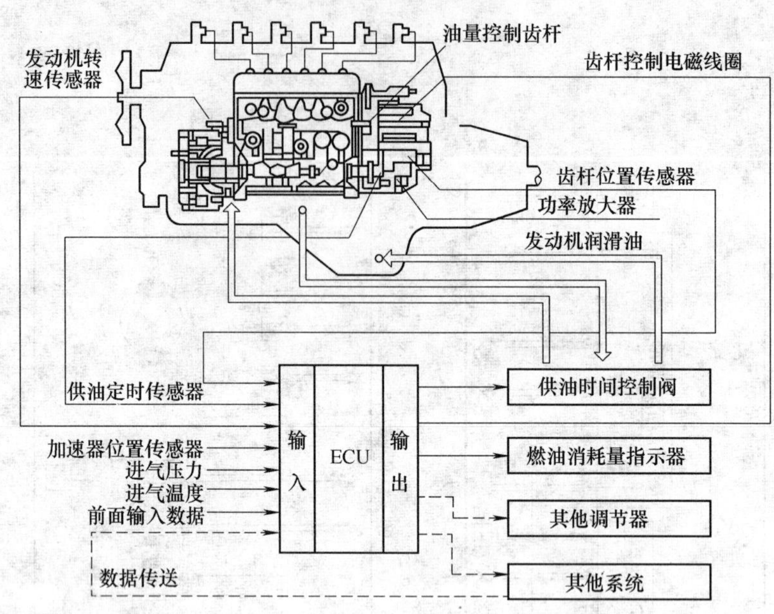

图 1-102　柴油机电控喷射系统的控制原理图

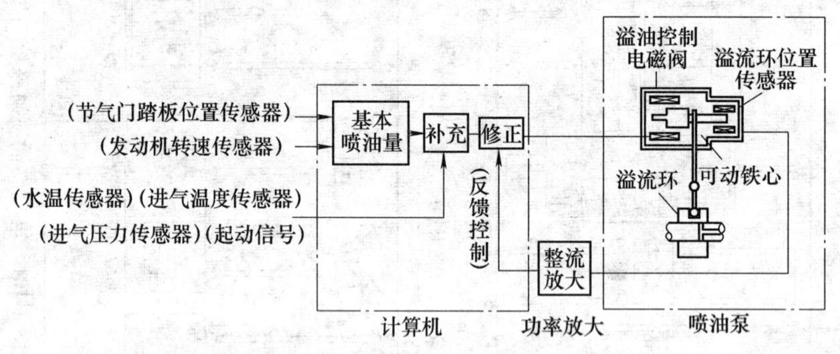

图 1-103　喷油量的计算

喷油正时控制过程如图 1-107 所示。电控单元通过通—断的脉冲信号驱动正时控制电磁阀（当电磁阀通电时，可动铁心压缩弹簧向右移动，打开供油通路)，调节高、低压室的压力差，从而推动正时器活塞带动滚柱环转动以调节喷油时刻。

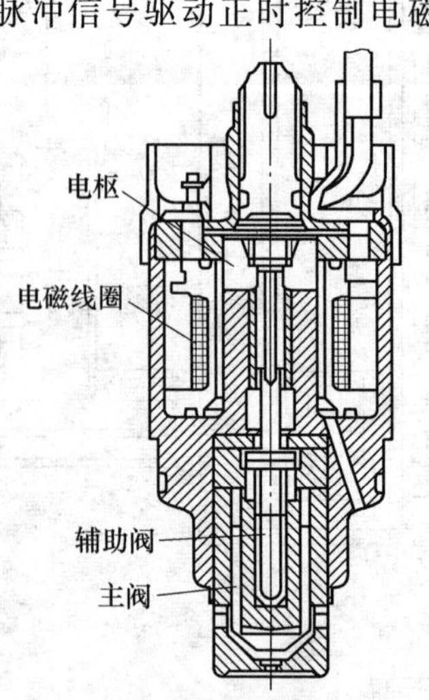

图 1-104　电磁溢流阀结构

5. 进气节流控制

为降低怠速时的振动、噪声和柴油机停车时的振动，该系统用微机控制节流阀的开度，控制进气量（图 1-108）。发动机暖机后怠速运转期间节流进气，以降低发动机爆发力、振动及噪声；发动机停车时中断进气，以减轻发动机的振动。

发动机电控单元控制电磁阀 VSV1 和 VSV2 控制膜片两侧 A、B 两室的真空度来控制副节气门（即图 1-108 中的节气门②，下同）促动器，控制副节气门的开度。当冷却水温为 60℃以下时，副节气门全开；60℃以上的暖机状态时，副节气门半开；发动机正常工作温度时，副节气门全闭。

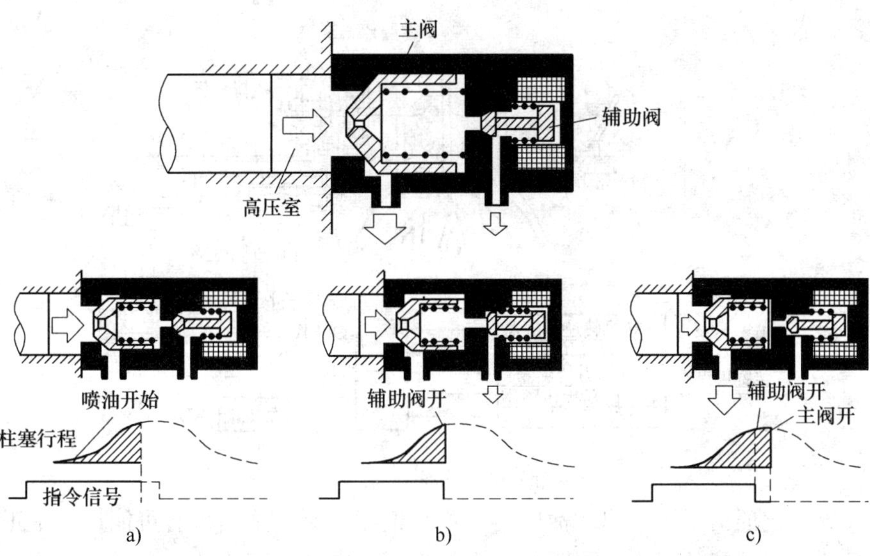

图 1-105 电磁溢流阀工作原理

a) 压缩喷射 b) 辅助溢流 c) 主溢流

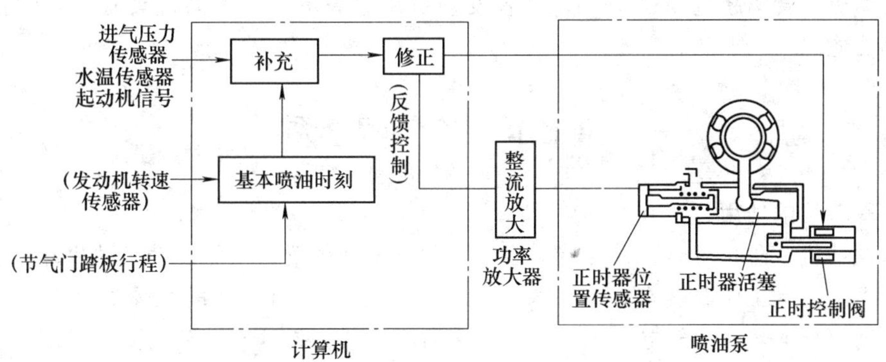

图 1-106 喷油正时的确定

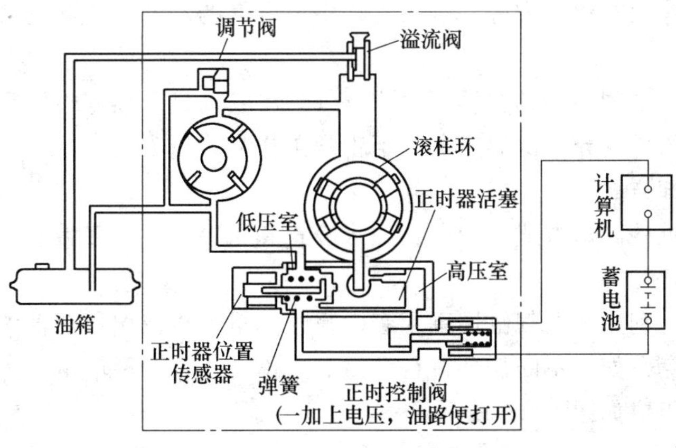

图 1-107 喷油正时控制过程

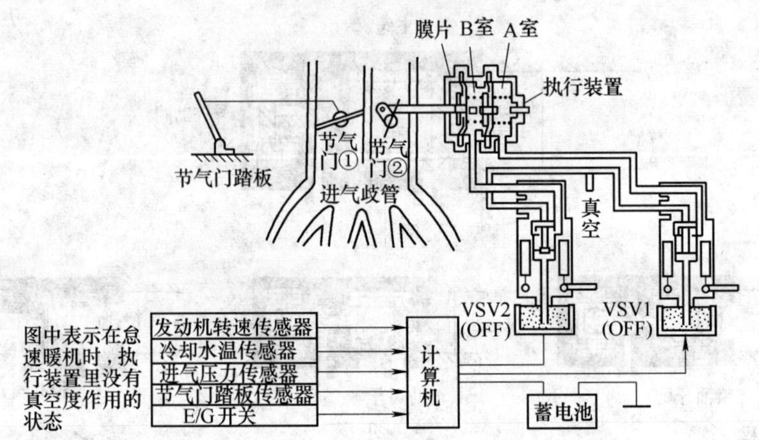

图 1-108 进气节流系统

进气节流系统的信号系统出现故障时，如果继续控制，柴油机有可能运转不正常。该系统微机能经常监视系统的工作，当系统发生故障时，点亮故障诊断灯。另外，当系统发生故障时，为保护柴油机不受到严重损坏，系统就由预先储存的程序按次序修正到安全方面，将其控制在微机的标准值内使用，进行故障回避处理。

当发动机的转速超过 5600r/min，或者发动机调速失灵时，本系统具有使发动机停止工作的安全功能。

第七节 冷 却 系

一、冷却系的功用

冷却发动机，防止过热，并保持适当温度的一系列装置，叫做发动机的冷却系。

发动机的正常工作温度在 353 ~ 363K 之间。由于气缸内燃烧的气体温度高达 2200K 以上，故相当部分的热量被气缸、气缸盖、活塞所吸收。如果这些部分的温度过高，气缸就要变形，气缸壁的油膜被破坏而出现润滑不良，严重时会损坏发动机，出现恶劣的燃烧状态，引起爆燃及提前点火，造成动力急剧下降。反之，如果过冷，则发动机的热效率降低，燃料消耗增加；并且，汽油雾化不充分，送入气缸中混合气的汽油将冲淡润滑油，促使气缸磨损加剧。

冷却系统的功用是利用冷却介质（水或空气）将发动机受热零件所吸收的热量及时传递出去，以保证受热零件在允许的温度条件下正常工作。

二、常见的冷却方式

汽车发动机常见的冷却方式有两种，即水冷式和风冷式。大多数发动机采用水冷式。

1. 水冷式冷却系

水冷式冷却系是利用水在气缸周围水套内吸收热量，再流到散热器内，将热量散到空气中去，然后流回水套，如此不断循环进行散热。丰田、标致、桑塔纳汽车发动机均采用压力循环式水冷系，其组成如图 1-109 所示。

2. 风冷式冷却系

在气缸体和气缸盖上制有许多散热片，以增大散热面积，利用车辆前进中的空气流，或

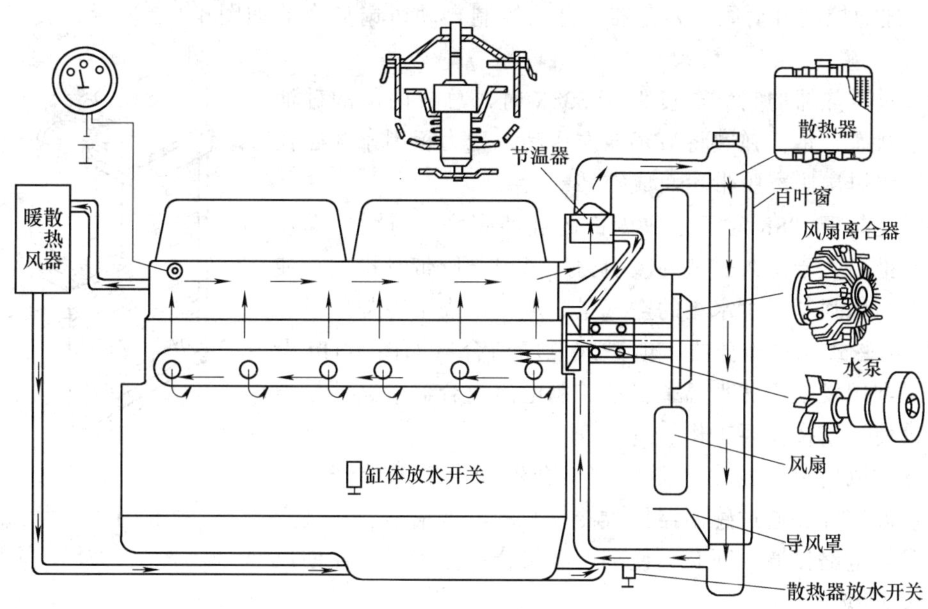

图 1-109　水冷却系的组成

特设的风扇鼓动空气，吹过散热片，将热量带走。部分汽车发动机（特别是小排量发动机）采用风冷却，但在现代汽车发动机上采用较少。

三、冷却系统的主要部件

1. 水泵

水泵是强制循环冷却系的主要部件。它的功用是使冷却水产生一定压力，以加速水在冷却系统内的循环。发动机水冷系中广泛采用离心式水泵，如图 1-110 所示。

2. 散热器

散热器（俗称水箱）的功用是将冷却水从受热零件所吸收的热量传给空气，散到大气中去，以降低冷却水的温度。它是强制冷却循环系统中不可缺少的部件。如图 1-111 所示，冷却受热零件后的热水由进水管 4 流入上水箱 2，经芯部 5 散热后的冷却水从下水箱 7 的出水管 6 流入水泵。常用的散热器芯的结构有两种，即管片式和管带式，如图 1-112 所示。管片式的散热片套装在扁形冷却管上以增大散热面积和增加整个散热器的刚度和强度。管带式的散热带呈波纹状，其上开有形似百叶窗的孔 *A*，以破坏气流在散热带表面上的附面层，提高散热能力。

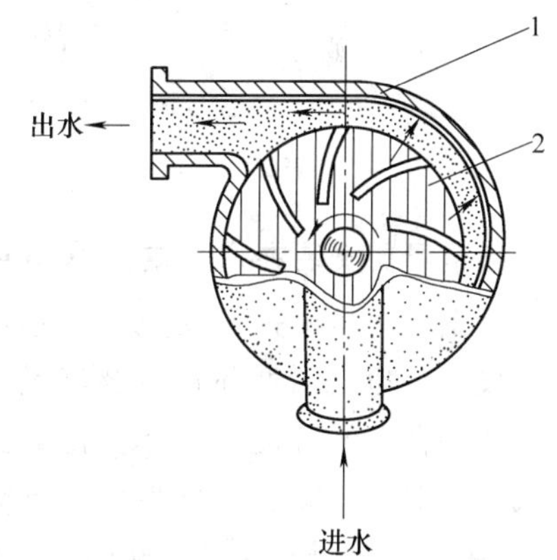

图 1-110　离心式水泵工作原理图

1—水泵壳体　2—水泵叶轮

3. 风扇离合器

在某些汽车发动机上采用风扇离合器控制风扇的工作，以达到自动调节冷却强度的目的。风扇离合器在轿车上得到广泛应用，在货车上也有所推广。风扇离合器的结构形式有硅油式和电磁式等多种。

(1) 硅油控制自动风扇离合器　硅油控制自动风扇离合器如图1-113所示，其工作原理是：

当通过散热器的空气温度低于338K时，总成内部的硅油处于收缩状态，钢板弹簧将活塞向左压动，压力板因永久磁铁的吸力，将风扇脱离胶带轮而成空转。

当温度高于338K时，总成内部的硅油膨胀，将活塞向右推动，其推力大于永久磁铁的吸引力，风扇与胶带盘接上，使风扇转动，增强了通过水箱的空气量，从而增强了冷却效果。

(2) 电磁式风扇离合器　电磁式风扇离合器如图1-114所示。它是利用发动机的水温来自动控制电磁离合器电路的接通与断开，使风扇按需要工作。

电磁式风扇离合器由电磁摩擦离合器和自动温控开关组成。自动温控开关通过感温器接收冷却水的温度信号，在规定的温度下将电路接通或断开，使离合器接合或分离，从而使风扇工作或不工作。

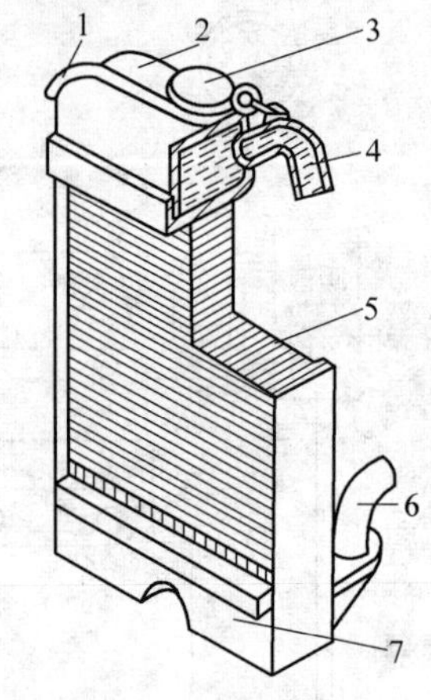

图1-111　水箱构造

1—溢水管　2—上水箱　3—水箱盖　4—进水管　5—芯部　6—出水管　7—下水箱

4．节温器

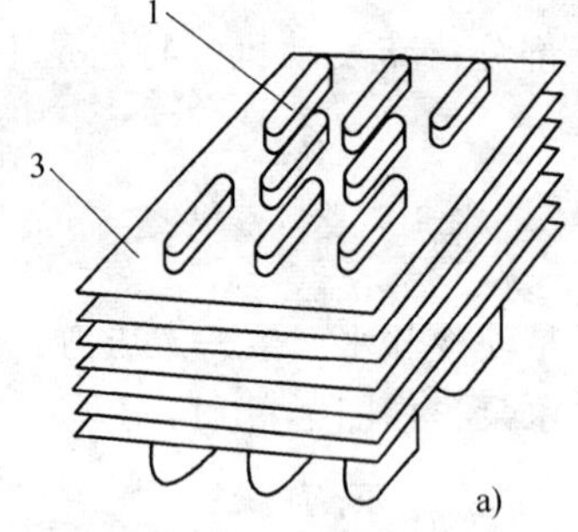

a)

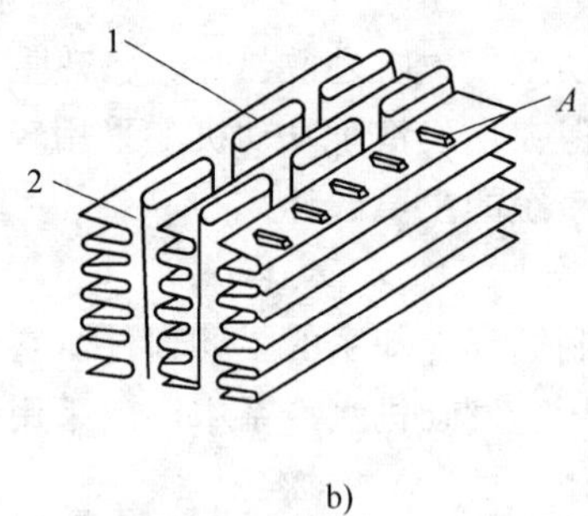

b)

图1-112　散热器芯的结构示意图

a）管片式　b）管带式

1—冷却管　2—散热带　3—散热片　*A*—孔

节温器安装在水泵的进水口或气缸盖的出水口。其作用是根据发动机冷却水温度的高低，自动改变冷却水的循环路线及流量，以使发动机始终在最合适的温度下工作。目前汽车上多采用蜡式节温器，其核心部分为蜡质感温元件。如图1-115所示，反推杆1的一端固定于支架上，另一端插入橡胶套4的中心孔内。橡胶套与金属外壳2间装有精制石蜡3，利用石蜡受热后由固态变为液态时体积膨胀的性质进行控制。

图1-116所示为上海桑塔纳轿车冷却系所用的蜡式双阀门节温器。发动机工作后，因温度逐渐升高而使石蜡10逐渐变为液态，体积开始膨胀。

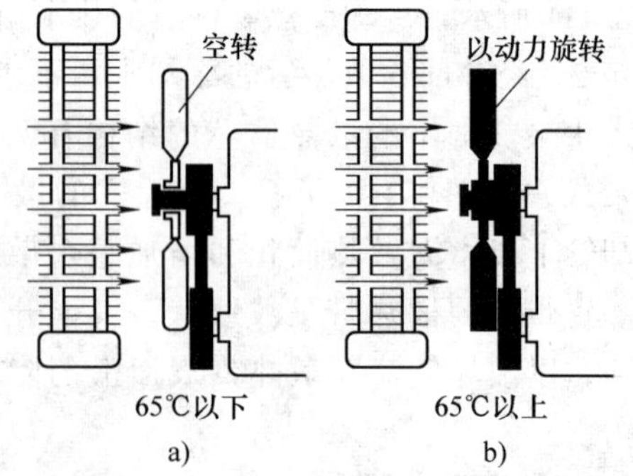

图1-113　硅油控制自动风扇离合器

a）分离　b）接合

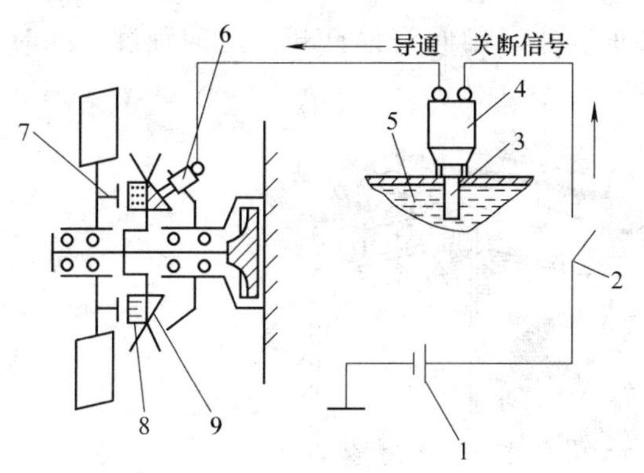

图 1-114　电磁式风扇离合器工作图

1—电源　2—开关　3—感温器　4—温控开关
5—水套水管　6—炭刷　7—衔铁环
8—线圈　9—滑环

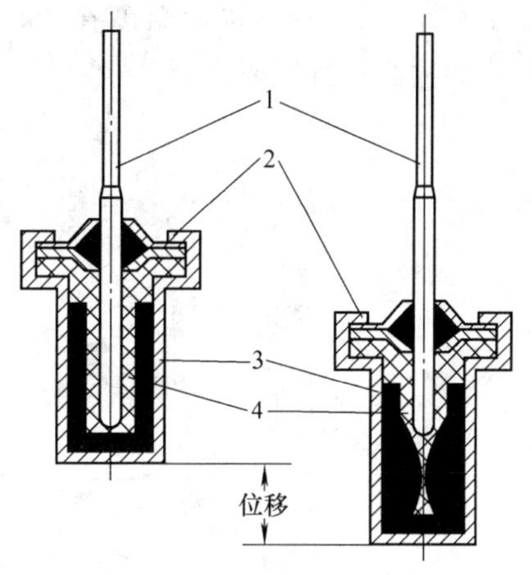

图 1-115　蜡质感温元件

1—反推杆　2—金属外壳
3—石蜡　4—橡胶套

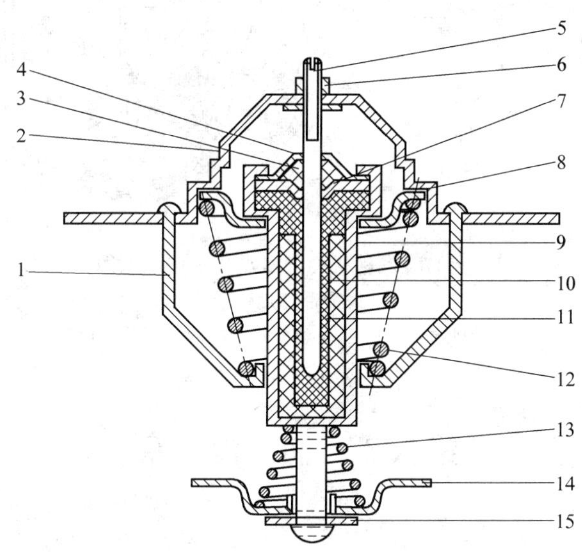

图 1-116　蜡式双阀门节温器

1—下支架　2—上支架　3—密封橡胶圈　4—节温器盖　5—反推杆　6—螺母　7—隔圈　8—主阀门
9—节温器外壳　10—石蜡　11—橡胶套　12—主阀门弹簧　13—副阀门弹簧
14—副阀门　15—垫圈

在发动机冷却水温度低于 358K 时，因石蜡产生的膨胀力小于主阀门弹簧 12 的预紧力，主阀门 8 在主阀门弹簧的作用下压在出水口上，从散热器来的低温冷却水不能进入发动机水套内。此时，从发动机气缸盖出水口流出的高温冷却水可以不经散热器而直接进入水泵，于是，未经散热的冷却水被水泵重新压入发动机水套内，因而减少了热量损失。此时冷却水的循环路线称为小循环（图 1-117a）。当发动机冷却水温度超过 358K 时，石蜡产生的膨胀力克服了主阀门弹簧的预紧力，主阀门开始打开。水温达到 378K 时，主阀门完全打开，而副阀门 14（图 1-116）则彻底关闭了小循环通路。这时来自气缸盖出水口的高温冷却水全部进入散热器进行冷却，之后再由水泵重新压入发动机的水套内。此时冷却水的循环路线称为大循环（图1-117b）。当冷却水的温度在358～378K时，主、副阀门都打开一定的程度，此时，冷却系中的大小循环同时进行。

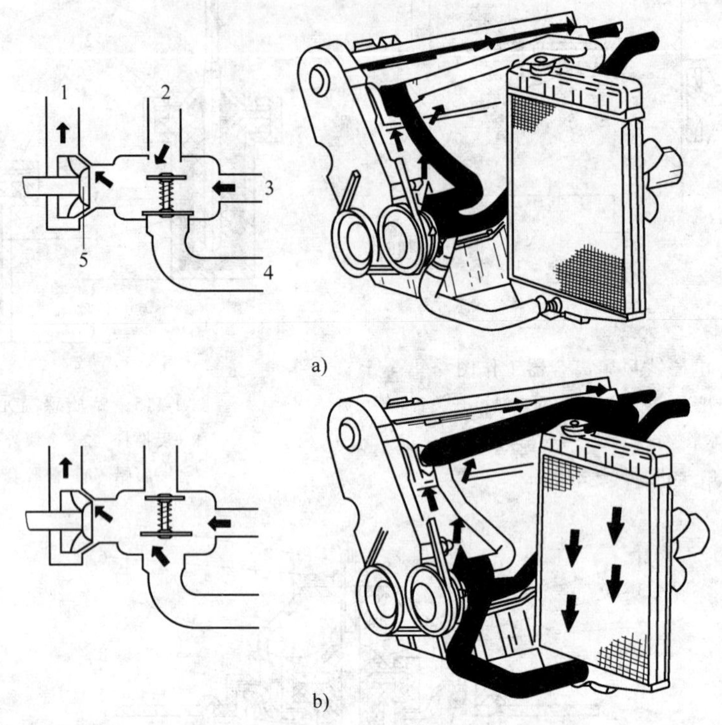

图1-117 发动机冷却水循环工作示意图
a）小循环 b）大循环
1—到发动机水套 2—从发动机来 3—从暖风热交换器来
4—从散热器来 5—水泵

第八节 润 滑 系

一、概述

1. 润滑系的功用

发动机的润滑是由润滑系来实现的。润滑系的功用就是在发动机工作时连续不断地将数量足够、压力和温度适当的洁净润滑油输送到全部运动副的摩擦表面，并在摩擦表面之间形成油膜，实现液体摩擦，从而减小摩擦阻力、降低功率消耗、减轻机件磨损，以达到提高发动机工作可靠性和耐久性的目的。此外，流动的润滑油还具有清洁、吸热、密封、减振、降噪、防锈的功能。

2. 润滑方式

由于发动机运动副的工作条件不尽相同，因此，对负荷及相对运动速度不同的运动副采用不同的润滑方式。

(1) 压力润滑 压力润滑是将润滑油以一定压力供入摩擦表面的润滑方式。主要用于主轴承、连杆轴承及凸轮轴承等负荷较大、相对运动速度较高的摩擦表面的润滑。

(2) 飞溅润滑 飞溅润滑是利用发动机工作时运动零件溅泼起来的油滴或油雾润滑摩擦

表面的润滑方式。主要用来润滑负荷较轻的气缸壁面和配气机构的凸轮、挺柱、气门杆以及摇臂等零件的工作表面。

(3) 润滑脂润滑　通过润滑脂油嘴定期加注润滑脂来润滑零件的工作表面，如水泵及发电机轴承等。

3. 润滑系的组成

汽车发动机润滑系的组成如图 1-118 所示，由以下部件组成：

(1) 油底壳　储存润滑油的装置，加密封垫后固定在气缸体底面上。

(2) 机油泵　能够建立足够的油压，以保证机油循环，实现压力润滑。

(3) 限压阀及旁通阀　限压阀用来限制最高油压，旁通阀用来避免因机油粗滤清器堵塞而造成主油道供油中断。

(4) 机油滤清器　用来防止润滑油中混入的金属磨屑、机械杂质及润滑油本身氧化生成的胶质进入主油道。

(5) 机油散热器　用来加强润滑油冷却，使润滑油温度保持在正常工作范围内（343～363K），用于热负荷较高的发动机。

(6) 机油压力计、温度计和机油标尺　用来使驾驶员随时掌握润滑系工作状况。

此外，发动机润滑系还包括油管、油道等组成的用来引导、输送、分配润滑油的装置。

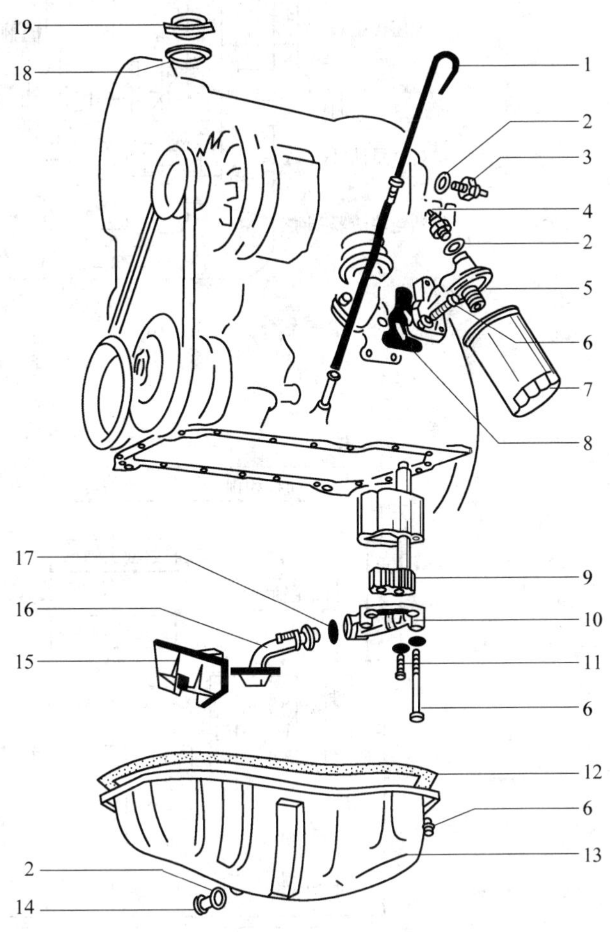

图 1-118　奥迪 100 轿车发动机润滑系

1—机油标尺　2—密封圈　3—0.03MPa 油压开关　4—0.18MPa 油压开关　5—机油滤清器支架　6—紧固螺栓　7—机油滤清器　8—机油滤清器盖密封垫　9—机油泵齿轮　10—机油泵盖　11—螺栓　12—油底壳密封垫　13—油底壳　14—放油螺栓　15—隔板　16—吸油管　17—O 形环　18—密封垫　19—机油加油口盖

二、润滑系油路

现代汽车发动机润滑系统的油路大致相同，如图 1-119 所示。在此系统中，曲轴的主轴颈、曲轴销、凸轮轴颈及中间轴（分动器和机油泵的传动轴）颈均采用压力润滑，其余部分则采用飞溅润滑或润滑脂润滑。

当发动机工作时，机油从油底壳经集滤器被机油泵送入机油滤清器。如果油压太高，则机油经机油泵上的安全阀返回机油泵入口。全部机油经滤清器滤清之后进入发动机主油道。滤清器盖上设有旁通阀，当滤清器堵塞时，机油不经过滤清器滤清而由旁通阀直接进入主油

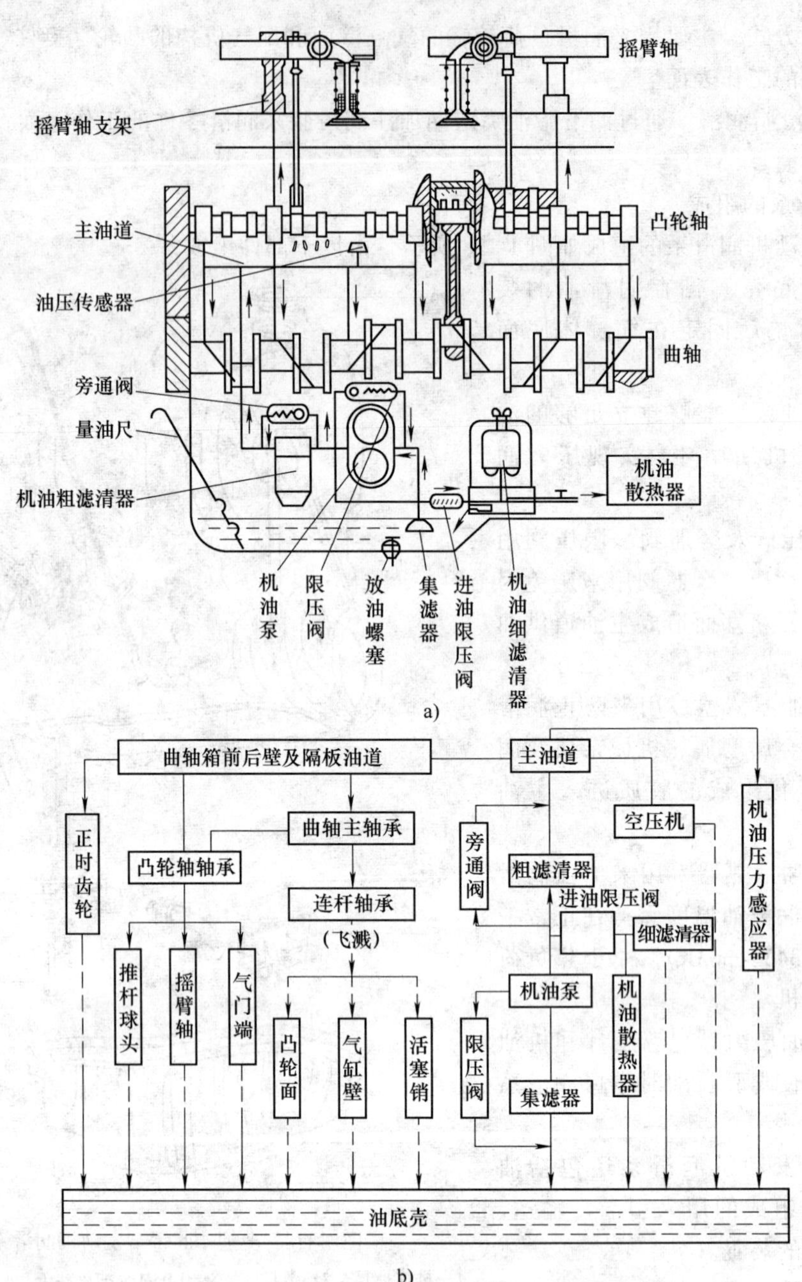

图 1-119 发动机润滑系统油路

a）润滑系的组成 b）润滑油循环图

道。机油经主油道进入五条分油道，分别润滑五个主轴承。然后，机油经曲轴上的斜油道，从主轴承流向连杆轴承润滑连杆轴颈。主油道中的部分机油经第六条分油道供入中间轴的后轴承。中间轴的前轴承由机油滤清器出油口的一条油道供油润滑。主油道的另一条分油道和凸轮轴轴承润滑油道相通，此油道也有五个分油道，分别向五个凸轮轴轴承供油。在凸轮轴轴承润滑油道的后端装有机油低压报警开关。当发动机起动之后，若机油压力较低，低压报警开关触点闭合，机油报警灯亮。当机油压力超过 31kPa 时，低压报警开关触点断开，机油报警灯熄灭。另外，在机油滤清器上也装有机油压力开关，当发动机转速超过 2150r/min 时，机油压力若低于 180kPa，这时开关触点闭合，机油报警灯闪亮，同时蜂鸣器鸣响报警。

三、润滑系的主要部件

1. 机油泵

机油泵的功用是保证机油在润滑系统内循环流动，并在发动机任何转速下都能以合适的压力向润滑部位输送足够数量的机油。

机油泵主要有齿轮式和转子式两类。

(1) 齿轮式机油泵　齿轮式机油泵的结构和工作原理如图 1-120 所示。在机油泵泵体内装有一对外啮合齿轮，齿轮的端面由机油泵盖封闭。泵体、泵盖和齿轮的各个齿槽组成工作腔。当齿轮按图示方向（图 1-120b）旋转时，轮齿逐渐脱离啮合而使左腔的容积增大，腔内产生一定的真空，机油从油底壳经进油口被吸入此腔，随后又被轮齿带到右腔。轮齿逐渐进入啮合而使右腔的容积减小，使机油压力升高，机油经出油口被压入发动机机体上的油道。在发动机工作时，机油泵齿轮不停地旋转，机油便连续不断地流入油道，经过滤清之后被送到各润滑部位。

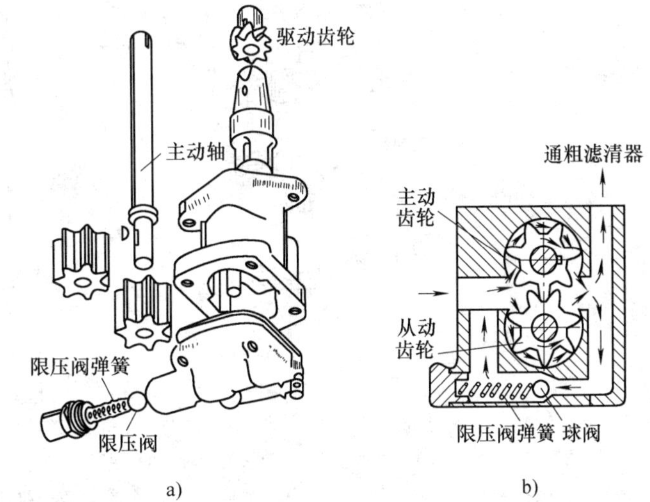

图 1-120　齿轮式机油泵的结构和工作原理图

a) 机油泵　b) 限压阀

当轮齿进入啮合时，封闭在轮齿径向间隙内的机油，压力急剧升高，使齿轮受到很大的推力，并使机油泵轴衬套的磨损加剧，所以在泵盖上加工一道卸压槽，使轮齿径向间隙内被挤压的机油通过卸压槽流入出油腔，降低油压。

(2) 转子式机油泵　转子式机油泵的结构及工作原理如图 1-121 所示。主要由内转子、外转子、机油泵体及机油泵盖等零件组成（图 1-121a），主动轴 2 安装在机油泵体 1 和机油泵盖 7 上。内转子 3 用半圆键固定在主动轴上。外转子 4 装在泵体 1 内，并且可以自由转动。为保证内、外转子之间，以及外转子与机油泵体之间的相对位置正确，泵体与泵盖之间用两个定位销定位，并用螺钉紧固。泵盖与泵体之间装有调整垫片，通过调整可以保证内、外转子与泵体端面的间隙。

当机油泵工作时，主动轴带动内转子旋转，内转子则带动外转子朝同一方向转动（图 1-121b）。内、外转子工作面的轮廓是一对共轭曲线，可以保证两个转子相互啮合时既不干涉也不脱离。内、外转子将外转子的内腔分成四个工作腔。当某一工作腔转过进油口时，容积增大，油压减小，机油经进油口被吸入工作腔。当该工作腔转过出油口时，容积减小，油压升高，机油经出油口被压出。

转子式机油泵结构紧凑、供油量大、供油均匀、噪声小、吸油真空度较高。因此，当机油泵安装在曲轴箱以外或安装位置较高时，采用转子式机油泵比较合适。但是内、外转子啮

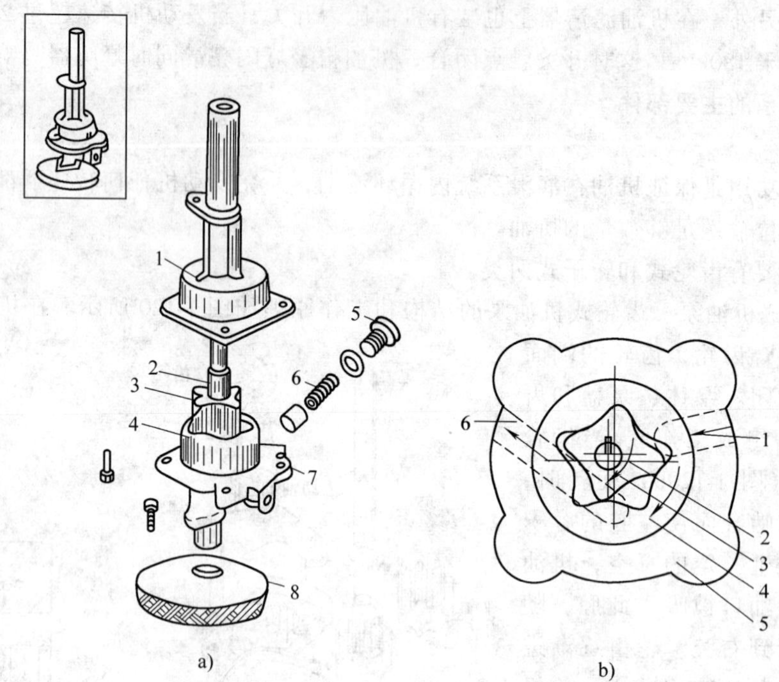

图1-121　转子式机油泵结构及工作原理

a）转子式机油泵结构

1—机油泵泵体　2—主动轴　3—内转子　4—外转子　5—安全阀螺塞

6—弹簧　7—机油泵盖　8—机油集滤器

b）转子式机油泵工作原理

1—进油孔　2—主动轴　3—内转子　4—外转子　5—机油泵壳体　6—出油孔

合表面的滑动阻力比齿轮泵大，因此，功率消耗较大。

2. 滤清器

汽车发动机在运转过程中，由于金属磨屑、尘土、水、积炭等不断混入机油，使机油逐渐变脏；燃烧气体及空气对机油有氧化作用，使机油中逐渐生成胶质，这不仅会加速机件的磨损，而且油污会堵塞油道，造成供油不足而引起机件损伤。为了保持机油清洁，延长机油的使用寿命，在发动机润滑系中都装有滤清器。

为了保证滤清效果，现在都采用多级滤清，主要包括集滤器、机油粗滤清器和机油细滤清器。

(1) 集滤器　集滤器的结构如图1-122a所示。集滤器装在机油泵之前的吸油口端，多采用滤网式，防止粒度大的杂质进入机油泵，汽车发动机使用的集滤器目前分为浮式集滤器和固定式集滤器两种。

浮式集滤器工作时漂浮于机油油面上，以保证油泵总是吸入最上层较清洁的机油。但油面上的泡沫易被吸入，造成机油压力降低，润滑可靠性差。

固定式集滤器装在油面下面，吸入的机油清洁度略逊于浮式集滤器。但可防止泡沫吸入，润滑可靠，结构简单，使用广泛。例如一汽奥迪100轿车、解放CA1091型载货汽车等发动机都采用了固定式集滤器。

(2) 机油细滤清器　机油细滤清器有过滤式和离心式两种类型。目前最常用的是离心式

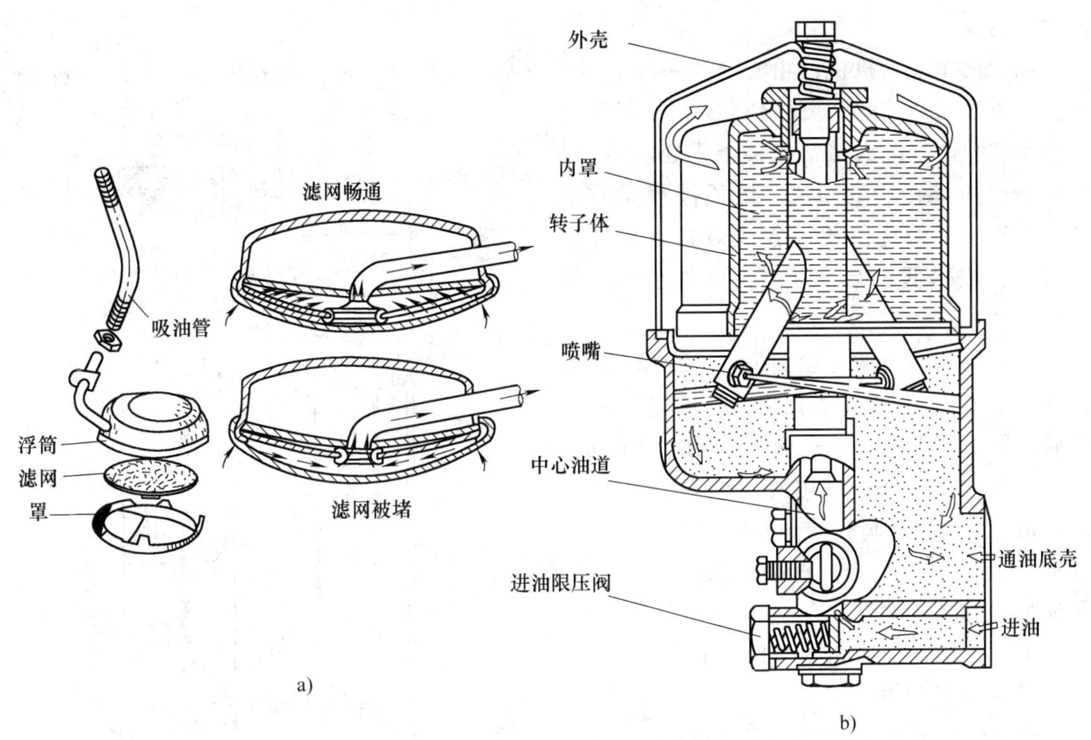

图 1-122　机油滤清器

a) 集滤器　b) 离心式机油细滤器

机油滤清器。因为这种滤清器对机油的流动阻力较大，所以与主油道并联用以滤除机油中直径为 0.001mm 以上的细小机械杂质及胶质。

离心式机油细滤清器的滤清能力强，通过能力好，且不受沉淀物影响，无须更换滤芯，只需定期清洗即可。但对胶质滤清效果较差。

离心式机油细滤清器由底座、转子体、外壳等部分组成，如图 1-122b 所示。底座上设有进油限压阀。带中心油道的转子轴装在底座上。转子体通过上下两个转子衬套套在转子轴上，可以自由转动。转子下端装有两个按中心对称水平安装的喷嘴。内罩套装在转子体上，紧固螺母将内罩与转子体紧固在一起，形成一个空腔，通过内罩、转子体及转子轴上对应的径向油孔与转子轴中心油道相通。整个转子用外壳盖住，并通过盖形螺母和垫片将其固定在底座上。

发动机工作时，从机油泵来的机油进入细滤清器进油口，若油压低于 0.147MPa，进油限压阀不开启，机油不进入机油细滤清器而全部供给主油道，以保证发动机可靠润滑。当油压高于此值时，进油限压阀被顶开，机油沿转子轴内的中心油道，经转子轴油孔、转子体进油孔、内罩油孔流入内罩内腔后，又经内罩导流从两个喷嘴喷出，此时转子在喷射反作用力推动下高速旋转。当油压在 0.3MPa 时，转子转速可高达 5000 ~ 6000r/min。由于转子内腔的机油随着转子高速旋转，机油中的机械杂质在离心力的作用下被甩向转子壁，洁净的机油不断从喷嘴喷出，并经出油口流回油底壳。

(3) 机油粗滤清器　机油粗滤清器用来过滤机油中粒度较大（直径在 0.05 ~ 0.1mm 以上）的杂质。它对润滑油流动的阻力较小，一般串联在机油泵与主油道之间，属于全流式机油滤清器。

国产汽车发动机机油粗滤清器一般采用纸质滤芯或锯末滤芯。EQ6100—1型发动机的纸质滤芯机油粗滤清器如图1-123所示。壳体由上盖17和外壳15组成。纸质滤芯14用经过树脂处理的微孔滤纸制成。纸质滤清器质量轻，体积小，结构简单、滤清效果好，过滤阻力小，成本低、保养方便，目前在国内外应用广泛。

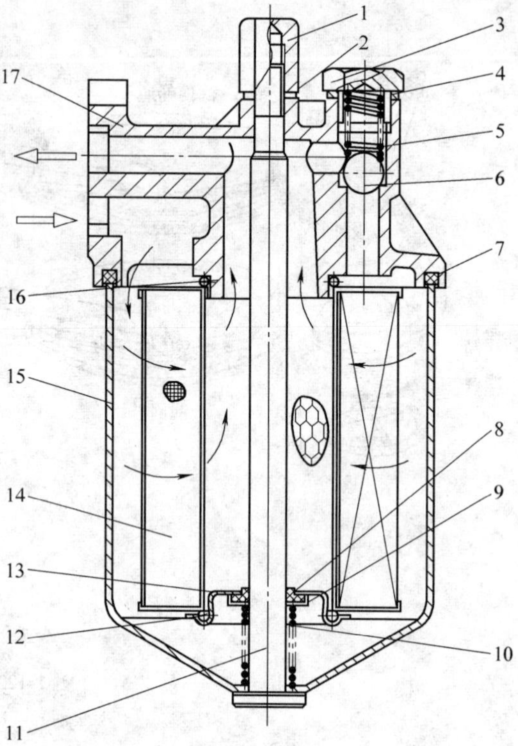

滤芯的两端由滤芯密封圈12和16密封。机油由上盖17上的进油孔流入，通过滤芯滤清后，经上盖上的出油孔流入发动机主油道。当滤芯被污物堵塞，其内外压差达到0.15～0.17MPa时，旁通阀的球阀6即被顶开，大部分机油不经滤芯滤清，直接进入主油道，以保证足够的润滑油量。

图1-123 机油粗滤清器

1—螺母 2、4—密封垫圈 3—阀座 5—旁通阀弹簧 6—球阀 7—外壳密封圈 8—拉杆密封圈 9—压紧弹簧垫圈 10—滤芯压紧弹簧 11—拉杆 12、16—滤芯密封圈 13—托板 14—纸质滤芯 15—外壳 17—上盖

纸质滤芯的构造如图1-124所示。

3. 机油散热器

在高性能大功率的强化发动机上，由于热负荷大，必须装设机油散热器。机油散热器布置在润滑油路中，其工作原理与发动机散热器相同。

四、曲轴箱通风

曲轴箱通风的作用是排除少量经活塞环缝隙窜入油底壳的混合气和废气，延缓机油的稀释和变质，同时降低曲轴箱内的气体压力和温度，防止机油从油封、衬垫等处泄漏而流失。

曲轴箱通风的方法有两种（图1-125）：一是自然通风法，效果不好，少用；二是强制通风法，即利用发动机进气管道的真空度作用，使曲轴箱内气体被吸入气缸。汽车发动机曲轴箱一般都是采用强制通风。

强制通风法是在发动机工作时，在进气管内真空度作用下，窜入曲轴箱内的混合气将经通气道连接软管送入空气滤清器，再由进气管进入气缸燃烧。这种通风方式，还可防止汽车发动机曲轴箱漏油。

五、润滑剂的种类及选用

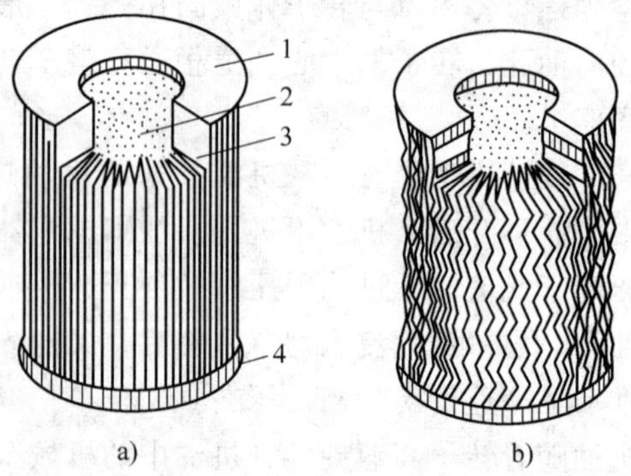

图1-124 纸质滤芯构造

a）折扇型 b）波纹型

1—上端盖 2—芯筒 3—微孔滤纸 4—下端盖

汽车发动机润滑系所用的润滑剂包括润滑油和润滑脂两种。

目前，汽车发动机广泛使用的机油，是以从

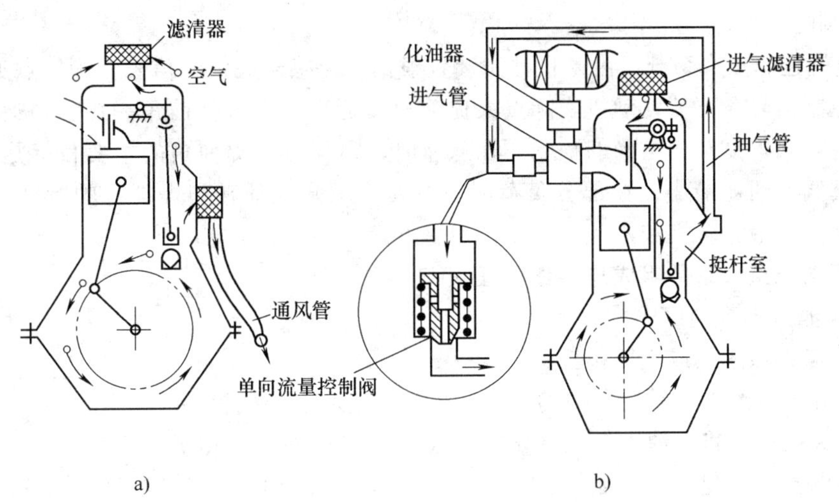

图 1-125　曲轴箱通风装置

a) 自然通风　b) 强制通风

石油中提炼出来的润滑油为基础油，再加入各种添加剂混合而成。

美国汽车工程师学会（SAE）按照机油的粘度等级，把机油分为冬季用机油和夏季用机油。冬季用机油有 6 种牌号：SAE0W、SAE5W、SAE10W、SAE15W、SAE20W、SAE25W。夏季用机油有 5 种牌号：SAE20、SAE30、SAE40、SAE50、SAE60。数字较大的机油粘度较大，适合于在较高的环境温度下使用。

上述牌号的机油只有单一的粘度等级，称为单级油，当使用这种机油时，汽车驾驶员需根据季节和气温的变化随时更换机油。目前使用的机油大多数具有多粘度等级，称为多级油或稠化机油，其牌号有 SAE5W—20、SAE10W—30、SAE15W—40、SAE20W—40 等。例如，SAE5W—20 在低温下使用时，其粘度与 SAE5W 一样，而在高温下，其粘度又与 SAE20 相同。因此，可以冬夏通用。

润滑脂是将稠化剂掺入液体润滑剂中所制成的一种稳定的固体或半固体产品，其中可以加入旨在改善润滑脂某种特性的添加剂。

第九节　汽油机点火系

一、概述

所有汽油发动机，都需要有一套点火系统。点火系统的作用是适时地为汽油发动机气缸内已压缩的可燃混合气提供足够能量的电火花，使发动机能及时、迅速地作功。目前，汽车上均采用蓄电池点火系统（亦称传统点火系统）、无触点电子点火系统、微机控制点火系统等。

(1) 传统点火系　由蓄电池或发电机供给的 12V 低压电，经点火线圈和断电器转变为高压电，再经配电器分送到各缸火花塞，使其电极间产生电火花。

(2) 无触点电子点火系统　取消了断电器的触点，用点火信号发生器产生点火信号，控制点火系统工作。它可以避免由触点引起的各种故障，减少了保养和维护工作；还可以增大初级电流，提高次级电压和点火能量；改善混合气的燃烧状况，提高发动机的动力性和经济性，并减少排气污染。

(3) 微机控制点火系统　由微机控制装置根据各传感器提供的信号，确定点火时刻，并发出点火控制信号，可使发动机实际点火提前角接近理想点火提前角。在各种运转条件下，点火提前角可获得复杂而精确的控制。在怠速时，最佳点火提前角的主要目标是运转平稳、排放污染最低、油耗最小；在部分负荷时，主要要求降低油耗和提高行驶特性；在大负荷时，重点是提高最大转矩和避免工作中产生爆燃。

二、蓄电池点火系的组成与工作原理

1. 蓄电池点火系的组成

蓄电池点火系的组成主要包括：

(1) 电源　供给点火系统所需的电能，由蓄电池和发电机提供。

(2) 点火线圈　将电源12V的低压电变成15~20kV的高压电。

(3) 分电器　它包括断电器、配电器、电容器和点火提前机构等部分。各部分作用如下：

1) 断电器。接通与切断点火线圈初级电路。

2) 配电器。将点火线圈产生的高压电按气缸的工作顺序送至各缸火花塞。

3) 电容器。减小断电器触点火花，延长触点使用寿命并提高次级电压。

4) 点火提前机构。随发动机转速、负荷和汽油辛烷值变化改变点火提前角。

(4) 火花塞　将高压电引入气缸燃烧室产生电火花点燃混合气。

(5) 点火开关　控制点火系统的初级电路。

(6) 附加电阻　改善点火性能和起动性能。

图1-126所示为奥迪汽车的点火系统组成图。

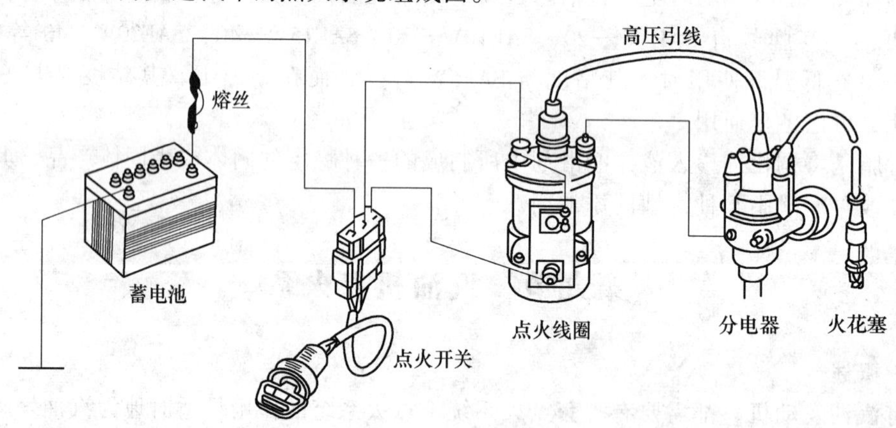

图1-126　蓄电池点火系组成图

2. 蓄电池点火系的工作原理

在传统点火系中，蓄电池或发电机供给的12V低压电，经点火线圈和断电器转变为高压电，再经配电器分送到各缸火花塞，使其电极间产生电火花。其工作原理如图1-127所示。

发动机工作时，断电器轴连同凸轮一起在发动机凸轮轴的驱动下旋转。凸轮转动时，断电器触点交替地闭合和分开。当触点闭合时，接通点火线圈初级绕组的电路；当触点分开时，切断初级绕组的电路，使点火线圈的次级绕组中产生高压电；当火花塞的电极间隙被击

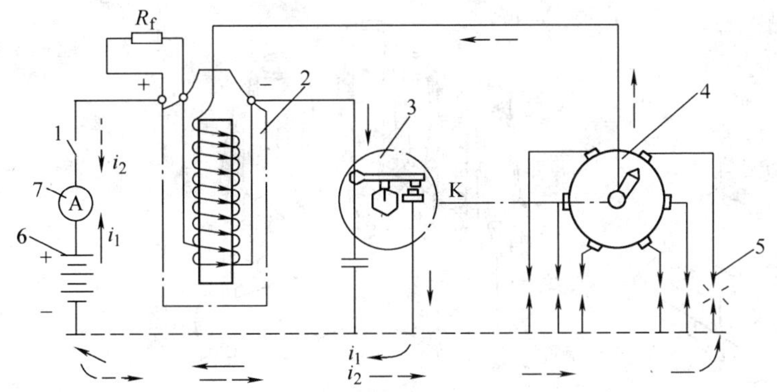

图 1-127 传统点火系的工作原理

1—点火开关 2—点火线圈 3—继电器 4—配电器

5—火花塞 6—蓄电池 7—电流表

穿时，产生电火花，点燃混合气。其工作过程可分为三个阶段：

(1) 触点闭合（使初级电流增长） 在点火开关接通的情况下，当触点闭合时，点火线圈初级绕组中有电流通过，流过初级绕组的电流称为初级电流，其电路是：蓄电池正极→电流表→点火开关→点火线圈“+”接线柱→附加电阻→点火线圈初级绕组→“-”接线柱→断电器触点→搭铁→蓄电池负极。此时初级电流增长，但由于初级绕组中产生了一个与初级电流方向相反的自感电动势，它阻碍初级电流的迅速增长，如果触点不分开，经过一段时间（约 20ms）后，初级电流将达到最大稳定值。

(2) 触点分开（使次级绕组中产生高压电） 当断电器凸轮转过一定角度后，便将触点顶开，初级电路被切断，初级电流迅速下降到零，它所形成的磁场也迅速消失，在初级绕组和次级绕组中都产生感应电动势。初级绕组匝数少，产生 200～300V 的自感电动势，次级绕组匝数多，产生的互感电动势高达 15～20kV。

初级绕组中产生的自感电动势在触点分开时，将作用在触点之间，并击穿触点间隙形成火花，使初级电流通过触点间的火花放电而继续形成通路。初级电流不能迅速断流，就会造成铁心中磁场的下降速率减小而使次级绕组的互感电动势降低。此外，触点间的火花会很快烧蚀触点，使点火系统不能正常工作。为此，在断电器触点之间并联一个电容器。

(3) 产生电火花 火花塞电极间隙被击穿，产生电火花，点燃混合气。发动机工作期间，断电器凸轮每转一转，各缸按点火顺序轮流点火一次。若要停止发动机的工作，只要断开点火开关，切断初级电路即可。

3. 蓄电池点火系的组成元件结构和工作原理

(1) 分电器 分电器由断电器、配电器、电容器和点火提前机构等组成，如图 1-128 所示。

断电器由固定在断电器底板上的断电器触点和断电器凸轮组成。断电器的触点用钨制成，一触点固定，另一触点活动。固定触点搭铁，它固定在活动底板上，可借助转动偏心螺钉调整触点间隙。

配电器安装在断电器的上方，它由胶木制的分电器盖和分火头组成。分电器盖的中央有一高压线座孔（中央电极），其内装有带弹簧的炭柱，压在分火头的导电片上。分电器盖的四周均布有与发动机气缸数相等的旁电极，可通过高压分线与各缸火花塞相联。分火头装在

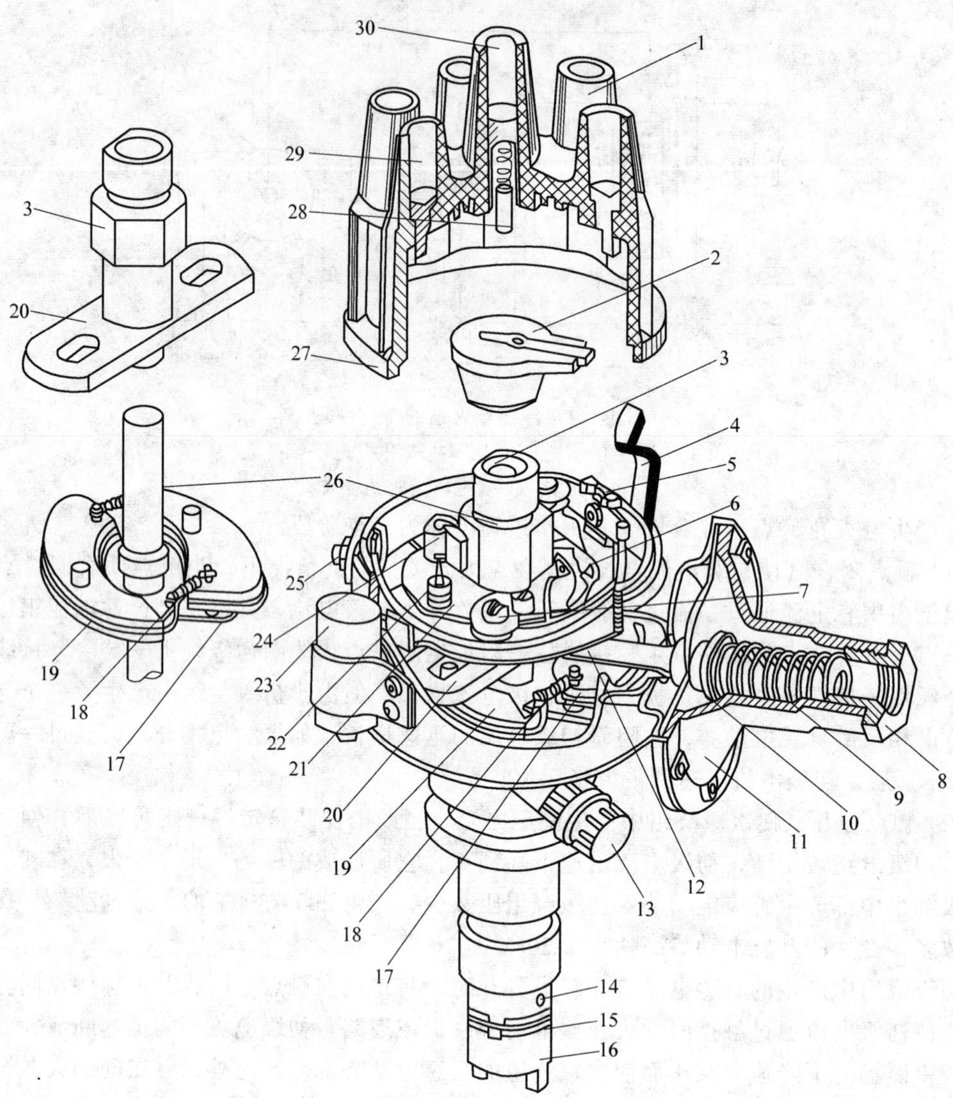

图 1-128 分电器结构示意图

1—分电器盖 2—分火头 3—凸轮 4—弹簧夹 5—活动触点臂弹簧及固定夹 6—活动触点 7—固定触点 8—接头 9—弹簧 10—膜片 11—真空提前调节器外壳 12—拉杆 13—油杯 14—固定销用联轴器 15—联轴器钢丝 16—扁尾联轴器 17、21—底板 18—重锤弹簧 19—重锤 20—拨板 22—拉杆销及弹簧 23—电容器 24—油毡 25—接线柱 26—分电器轴 27—外壳 28—中心触点 29—侧接线插孔 30—中央接线插孔

分电器凸轮的顶端，随凸轮一起旋转，当断电器触点分开时，分火头上的导电片总是正对某一旁电极。发动机工作时，断电器触点分开瞬间，来自点火线圈的高压电经中央电极的炭柱、分火头上导电片，以火花形式跳到旁电极上，再经高压导线送往火花塞。

点火时刻对发动机的工作影响很大，应当在活塞达到上止点前点火，使气体压力在活塞位置相当于曲轴转到上止点后10°~15°时达到最高值。

点火时，曲轴的曲拐位置与压缩行程结束，活塞在上止点时曲拐位置之间的夹角为点火提前角。最佳点火提前角最主要的影响因素是发动机转速和混合气的燃烧速度。当转速一定时，随着负荷的加大，点火提前角应适当减小；发动机负荷减少时，点火提前角应当加大。当负荷一定时，点火提前角应随转速提高适当增大。

分电器中一般设有两套自动调节点火提前角的装置。一套能随发动机转速的变化而自动调节点火提前角的离心式点火提前角调节装置，另一套是按发动机负荷不同而自动调节点火提前角的真空式点火提前角调节装置。

离心式点火提前角调节器是在发动机不同转速下自动调节点火提前角的装置，其结构如图 1-129 所示。

当发动机转速升高时，离心重块在离心力的作用下克服弹簧拉力向外甩开，其上的销钉推动拨板连同凸轮沿原旋转方向相对于分电器轴转动一个角度，使凸轮提前顶开触点，点火提前角增大。当发动机转速降低时，重块的离心力相应减小，弹簧将重块拉回一些，点火提前角减小。

在发动机高速范围，转速的变化对混合气的燃烧速度影响较大（燃烧速度增幅较大），这时，希望随着转速的升高点火提前角的增量小一些。为此，有些离心式点火提前角调节器的每个重块设有一粗一细两个弹簧。细弹簧只要重块一开始甩开就起作用，而粗弹簧要在转速达到一定值，重块外甩的角度较大时才能起作用。由于离心重块在发动机高速时有两个弹簧起作用，相应的点火提前角的增量因而也就较小，使之更符合发动机的要求。

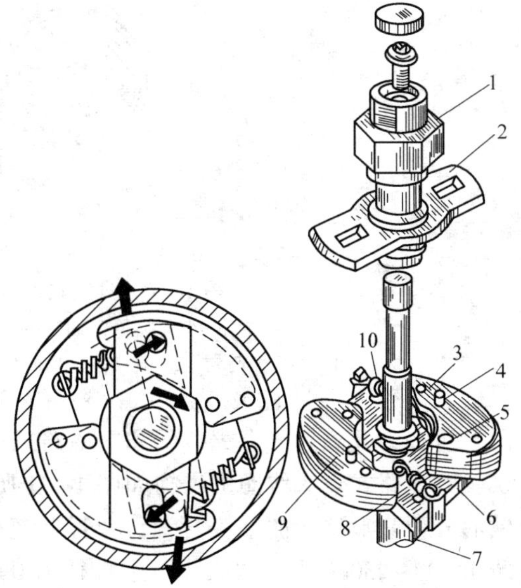

图 1-129　离心式点火提前角调节器

1—凸轮　2—拨板　3、9—离心重块　4—销钉　5—轴销　6—托板　7—分电器轴　8、10—弹簧

真空式点火提前角调节器能根据发动机负荷的变化自动调节点火提前角，使点火提前角随发动机的负荷增大而减小。真空式点火提前角调节器装在分电器壳体的外侧，其结构原理如图 1-130 所示。

真空式点火提前角调节器内膜片的左侧通大气，右侧通过真空管与化油器空气道中位于节气门上方的吸气孔相通。当发动机起动和怠速时，由于曲轴转速低，混合气燃烧时间只占很小的曲轴转角，故点火提前角应当很小，或为零。此时，节气门接近关闭，因吸气孔在节气门的上方，该处的真空度几乎为零，真空式点火提前角调节器内的膜片在弹簧力作用下向左拱曲至最大，拉杆拉动断电器底板连同触点顺分电器轴旋转方向转动最大角度，使点火提前角最小或不提前，如图 1-130c 所示。当发动机小负荷工作时，在节气门开度小于 1/4 开度，随着负荷增大，节气门开度增大，吸气孔处的真空度也增加，膜片克服弹簧力向右拱曲，拉杆拉动断电器底板连同触点逆分电器轴旋转方向转动一个角度，使凸轮顶开触点的时间提前，点火提前角增大。当发动机大负荷工作时，随着负荷增大，节气门开度增大，吸气孔处的真空度减小，弹簧推动膜片使点火提前角减小。

(2) 点火线圈　点火线圈由初级绕组、次级绕组和铁心等组成。按磁路的结构形式不

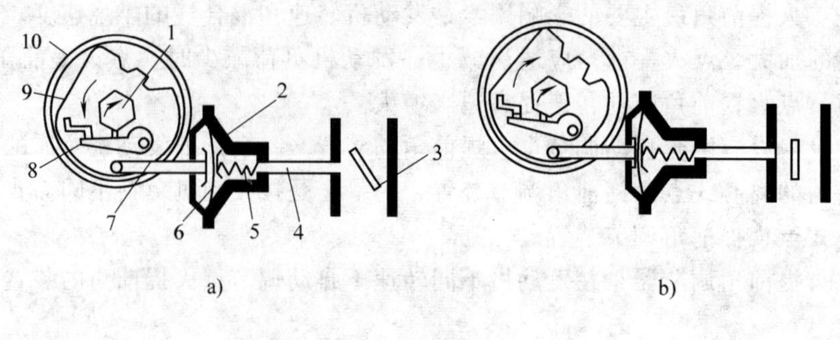

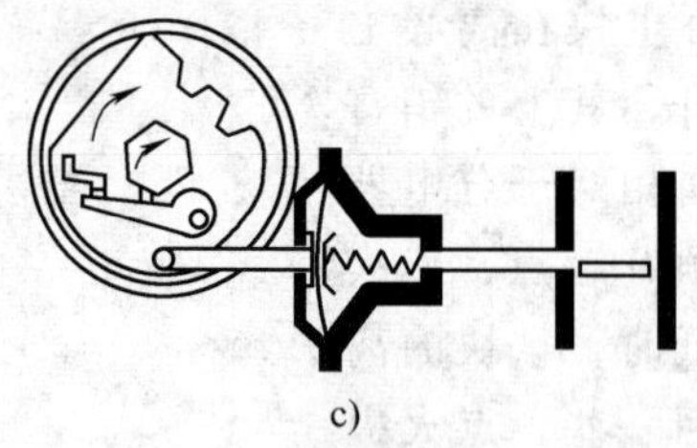

图 1-130 真空式点火提前角调节器结构原理示意图

a）小负荷（节气门 1/4 开度） b）大负荷 c）起动和怠速

1—断电器凸轮 2—真空点火提前角调节器外壳 3—节气门 4—连接管 5—弹簧

6—膜片 7—拉杆 8—断电器触点 9—断电器底板 10—分电器外壳

同，可分为开磁路式点火线圈和闭磁路式点火线圈。

开磁路式点火线圈的结构如图 1-131 所示。点火线圈的中心是用硅钢片叠成的铁心，在铁心外面套上绝缘的纸板套管，套管上绕有次级绕组，它用直径为 0.06 ~ 0.10mm 的漆包线绕 11000 ~ 23000 匝。初级绕组用直径为 0.5 ~ 1.0mm 的高强漆包线，绕在次级绕组的外面，以利于散热，一般绕 230 ~ 370 匝。绕组绕好后在真空中浸以石蜡和松香的混合物，以增强绝缘。绕组和外壳之间装有导磁钢套，底部有瓷质绝缘支座，上部有绝缘盖，外壳内充满沥青或变压器油等绝缘物，加强绝缘并防止潮气侵入。

三接线柱式点火线圈的绝缘盖上有仨接线柱，它们分别接断电器、起动机附加电阻短路接线柱、点火开关和配电器。

当初级电流流过开磁路式点火线圈的初级绕组时，使铁心磁化，由于磁路的上、下部分都是从空气中通过的，铁心未构成闭合磁路，所以称为开磁路式点火线圈。

闭磁路式点火线圈的结构如图 1-132 所示。在“口”字形或“日”字形铁心内绕有初级绕组。在初级绕组外面绕有次级绕组。初级绕组在铁心中的磁通，通过铁心形成闭合磁路，故称其为闭磁路式点火线圈。

与开磁路式点火线圈相比，闭磁路式点火线圈具有漏磁少、转换效率高、体积小、质量轻、铁心裸露易于散热等优点，故已在电子点火系中广泛采用。

(3) 火花塞 火花塞（见图 1-133）的工作条件极其恶劣，它要受到高压、高温以及燃烧产物的强烈腐蚀，因此必须具有足够的机械强度，能够承受冲击性高压电的作用，能承受剧烈的温度变化，具有良好的热特性，并要求火花塞的材料能抵抗燃气的腐蚀。

火花塞的结构如图 1-134 所示。在钢制壳体 5 的内部固定有高氧化铝陶瓷绝缘体 2，使中心电极 10 与侧电极 9 之间保持足够的绝缘强度。绝缘体孔的上部装有金属杆 3，通过接线

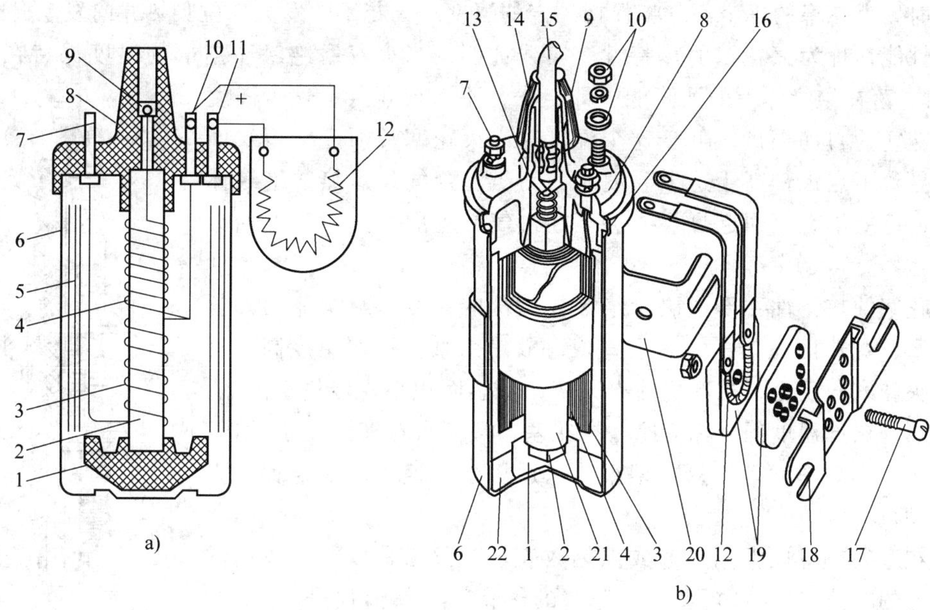

图 1-131　开磁路式点火线圈

a) 三接线柱式原理图　b) 结构图

1—绝缘座　2—铁心　3—初级绕组　4—次级绕组　5—钢片　6—外壳　7、10—接线柱（接断电器）　8—绝缘盖　9—高压线插座　11—接线柱（接电源）　12—附加电阻　13—弹簧　14—橡胶罩　15—高压阻尼线　16—瓷绝缘体　17—螺钉　18—附加电阻盖　19—附加瓷质绝缘体　20—固定夹　21—绝缘纸　22—沥青材料

螺母与高压导线相连，下部装有中心电极 10。金属杆与中心电极之间用导电玻璃 6 密封。中心电极用镍锰合金制成，具有良好的耐高温、耐腐蚀和导电性能。火花塞借壳体下部的螺纹旋入气缸盖中，旋紧时密封垫圈受压变形保证壳体与缸盖之间密封良好。为了适应不同发动机的需要，火花塞因下部的形状和绝缘体裙部长度的不同有多种形式。

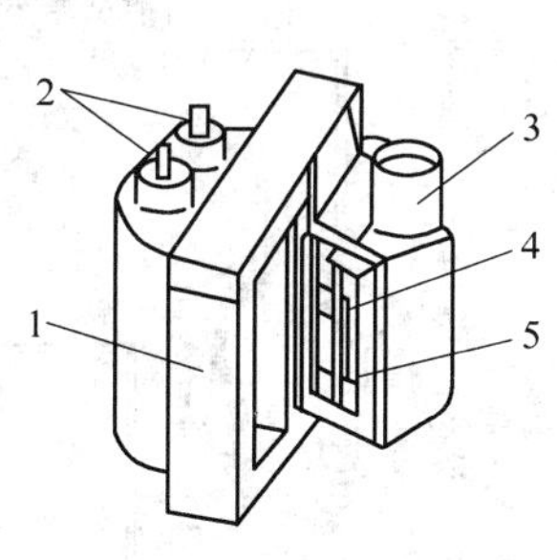

图 1-132　闭磁路式点火线圈

1—铁心　2—初级绕组接线柱　3—高压接线柱　4—初级绕组　5—次级绕组

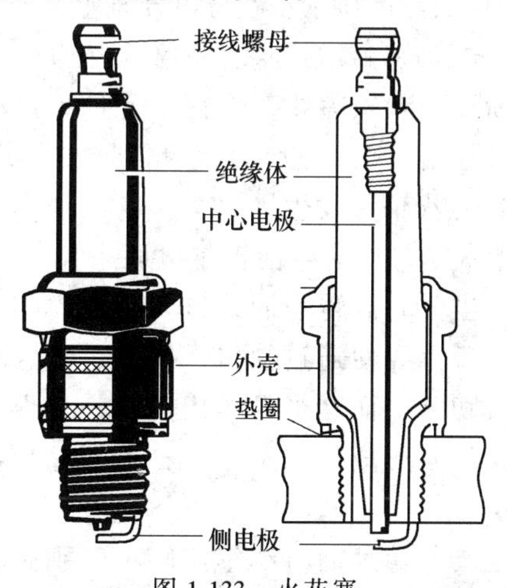

图 1-133　火花塞

火花塞工作时，周期性地受到高温燃气作用，使绝缘体裙部温度升高，这部分热量主要通过壳体、绝缘体、中心电极、金属杆等传至缸体或散发到空气中，当吸收和散发的热量达

到平衡时，火花塞的各个部分将保持一定的温度。火花塞的发火部位吸热并向发动机冷却系散发的性能，称为火花塞的热特性。实践证明，当火花塞绝缘体裙部的温度保持在500～600℃时，落在绝缘体上的油滴能立即烧去，不形成积炭，这个温度称为火花塞的自净温度。低于这个温度时，火花塞常因产生积炭而漏电，导致不点火；高于这个温度时，则当混合气与炽热的绝缘体接触时，可能早燃而引起爆燃，甚至在进气行程中燃烧，产生回火现象。

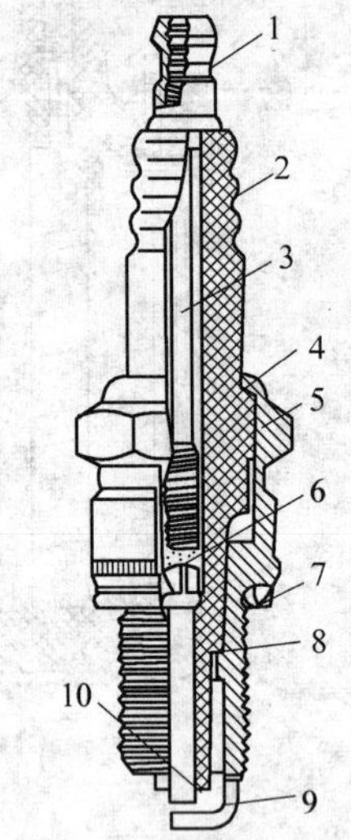

图 1-134 火花塞的构造
1—接线柱 2—绝缘体 3—金属杆 4—垫圈 5—壳体 6—导电玻璃 7—多层密封垫圈 8—内垫 9—侧电极 10—中心电极

火花塞的热特性主要取决于绝缘体裙部的长度。绝缘体裙部长的火花塞，受热面积大，传热距离长，散热困难，裙部温度高，称为热型火花塞；反之，裙部短的火花塞，受热面积小，传热距离短，容易散热，裙部温度低，称为冷型火花塞。热型火花塞适用于低速、低压缩比、小功率发动机；冷型火花塞适用于高速、高压缩比、大功率发动机。

火花塞的热特性常用热值或炽热数表示。我国是以绝缘体裙部长度标定的热值（1～11）表示火花塞的热特性。热值代号1、2、3为热型火花塞；4、5、6为中型火花塞；7、8、9、10、11为冷型火花塞。

三、晶体管式点火系

晶体管式点火装置在外观上与传统的分电器的区别是它没有断电器触点机构，取而代之的是由定时转子和霍尔元件组成的点火信号发生机构。依靠转子的旋转得到电脉冲点火信号，把点火信号接到点火器就形成断续的一次电流，如图1-135所示。桑塔纳、奥迪轿车采用这种方式，与一般的晶体管方式大同小异。

1. 分电器

如图1-136所示，在分电器轴上装有一个带缺口的转子7，缺口数目与发动机缸数相等，利用转子的转动断续切断磁力线，在霍尔元件上产生断续电压信号来控制点火。这便是点火信号发生机构。

2. 点火信号发生机构

点火信号的产生由霍尔电压来控制。如图1-137所示，当分电器转子的缺口转至磁铁与霍尔元件之间时，磁力线便通过缺口，使流过半导体的电流被磁力线切割，而在半导体内产生一旁路电流，即在旁侧接触面形成霍尔电压。分电器输出的感应电压为“0”。

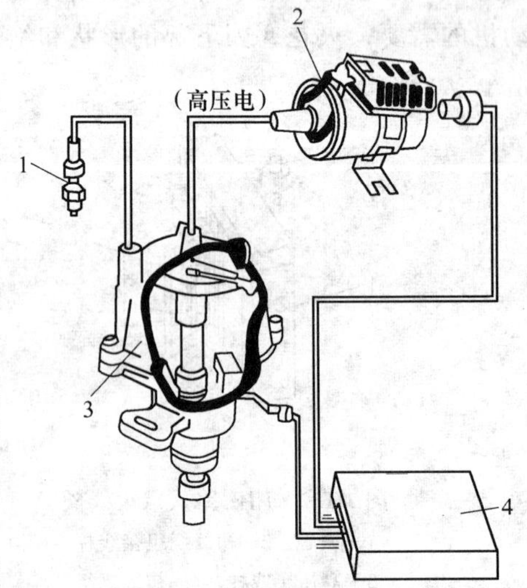

图 1-135 晶体管式点火系统组成图
1—火花塞 2—点火线圈 3—分电器 4—控制单元（计算机）

当转子随发动机继续旋转，转到磁铁与霍尔元件之间时，切断磁力线，霍尔电压消失，分电器输出端电压升高。把分电器输出电压引向点火触发器，断续地断开一次电流，便产生高压电。

四、高能无触点点火系统

无触点电子点火系一般由点火信号发生器、电子点火器、点火线圈、火花塞等组成。其基本工作原理为：转动分电器使点火信号发生器产生脉冲电压信号，此脉冲电压信号经电子点火器和大功率晶体管前置电路的放大、整形等处理后，控制串联于点火线圈初级回路的大功率晶体管的导通和截止。大功率晶体管导通时，点火线圈初级通路，点火系统储能；当输入电子点火器的点火信号脉冲使大功率晶体管截止时，点火线圈初级为断路，次级绕组便产生高压电。无触点电子点火系按信号发生器的形式不同，可分为磁感应式、霍尔效应式等多种。

图 1-138 所示为 CA1092 型汽车采用高能无触点点火系统，它取代了传统的有触点点火系统，具有点火能量高、高速不失火、低速耗能小、冷起动可靠和使用中不需维护和调整等优点。

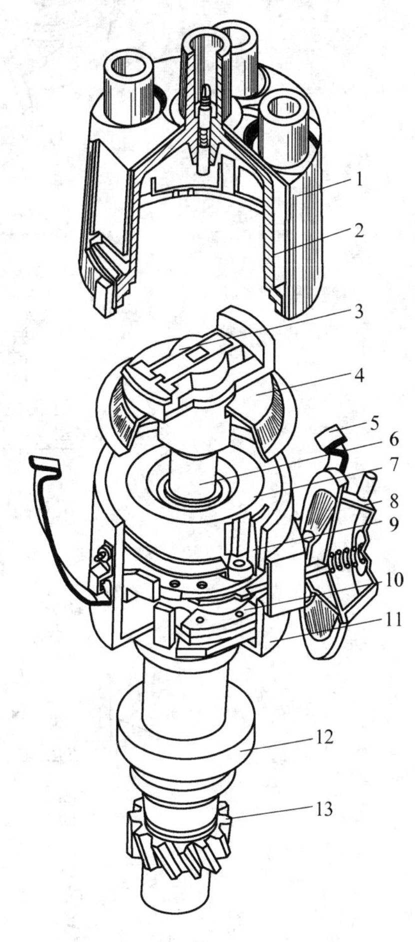

图 1-136 晶体管点火系分电器

1—抗干扰屏蔽罩 2—分电器盖 3—分火头 4—防尘罩 5—弹簧夹 6—分电器轴 7—带缺口的转子 8—真空式点火提前角调节机构 9—霍尔传感器与托架总成 10—离心式点火提前角调节机构 11—外壳 12—密封圈 13—斜齿轮

无触点分电器由壳体、胶木盖、分火头、磁感应式点火信号发生器、分电器轴、真空式点火提前角调节机构和离心式点火提前角调节机构等部分组成。磁感应式点火信号发生器（图 1-139）用来产生点火信号，控制点火器的工作。它安装在分电器内，由分电器轴 1 带动的信号转子 2、永久磁铁 5 和绕在支架上的感应线圈 3 等组成。其信号转子上的凸齿数与发动机的气缸数相同。永久磁铁的磁通经信号转子凸齿、线圈铁心构成回路。当信号转子由分电器轴带动旋转时，转子凸齿与线圈铁心间的空气间隙将发生变化，磁路的磁阻随之改变，使通过感应线圈的磁通量发生变化，因而在感应线圈内感应出交变电压信号，信号输入点火控制器并经放大后，控制点火线圈一次电流的切断，从而在点火线圈的二次侧产生点火高压脉冲，经分电器分配给相应的火花塞产生火花。

该点火信号发生器具有点火信号电压的大小随发动机转速的变化而变化的特点。发动机转速升高时，点火信号发生器磁路的磁组变化速率提高，相应磁通量的变化速率也提高，感应线圈产生的信号电压也就随之增大，使点火的击穿电压提前到达，点火相应提前。

五、微机控制点火系

微机控制点火系统主要由传感器、电子控制器、点火器、点火线圈等组成，如图 1-140 所示。

传感器（包括各种开关）主要有：冷却水温度传感器、进气温度传感器、爆燃传感器、点火基准传感器、发动机转速传感器、制动灯开关、怠速及超速燃料切断开关等。

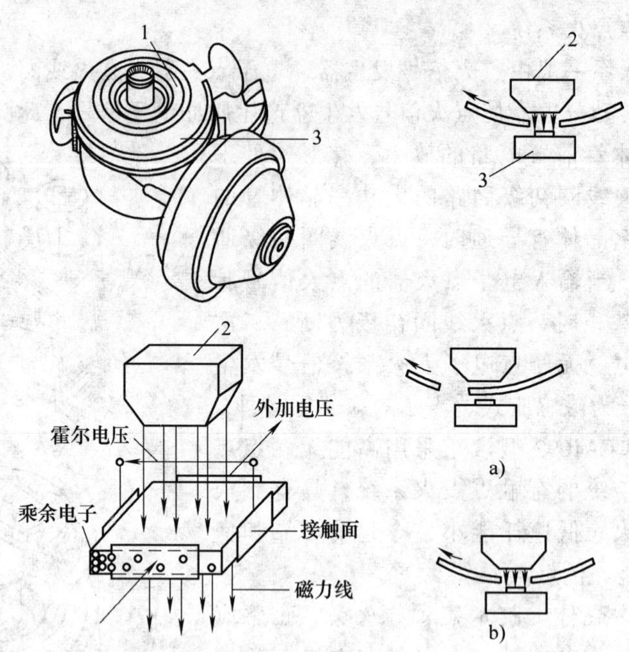

图 1-137　点火信号的产生

a）磁力线被带缺口的转子切断　b）磁力线穿过

1—带缺口的转子　2—磁铁　3—霍尔发生器

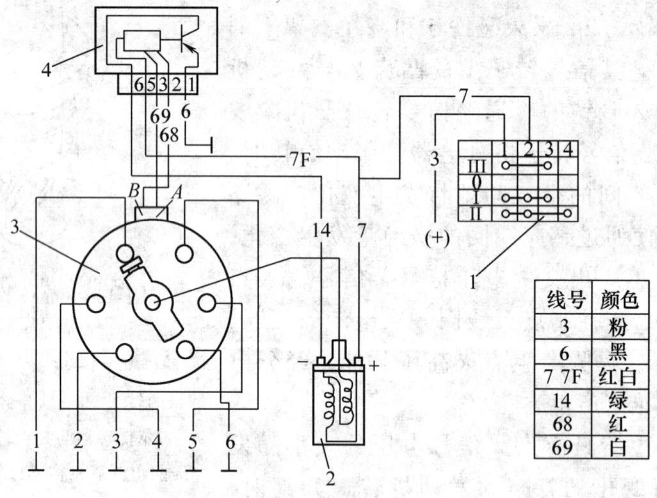

线号	颜色
3	粉
6	黑
7 7F	红白
14	绿
68	红
69	白

图 1-138　无触点点火系统线路图

1—点火开关　2—高能点火线圈　3—无触点分电器　4—点火控制器

电子控制器的作用是根据发动机各传感器输入的信息及内存的数据，进行运算、处理、判断，然后输出指令（信号）控制有关执行器（如点火器）动作，达到快速、准确控制发动机工作的目的。

点火器的作用是根据电子控制器输出的指令，通过内部的大功率晶体管的导通和截止，控制初级电流的通断，完成点火工作。

采用微机点火控制以后，可以进一步取消分电器，由控制系统直接进行高压电的分配，

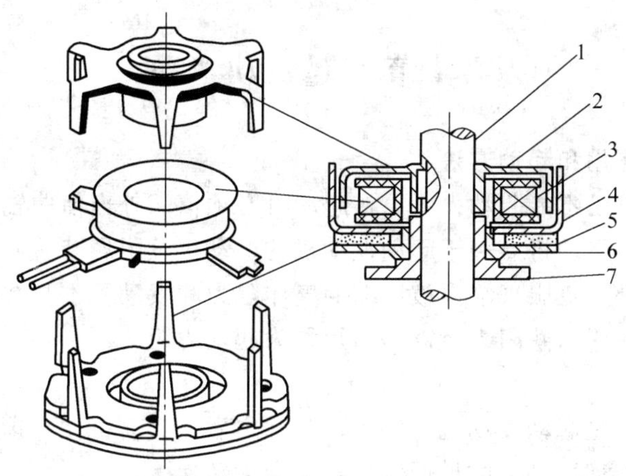

图 1-139 磁感应式点火信号发生器

1—分电器轴 2—信号转子（上爪极） 3—感应线圈 4—固定导磁板（下爪极） 5—永久磁铁 6—导磁板 7—底板

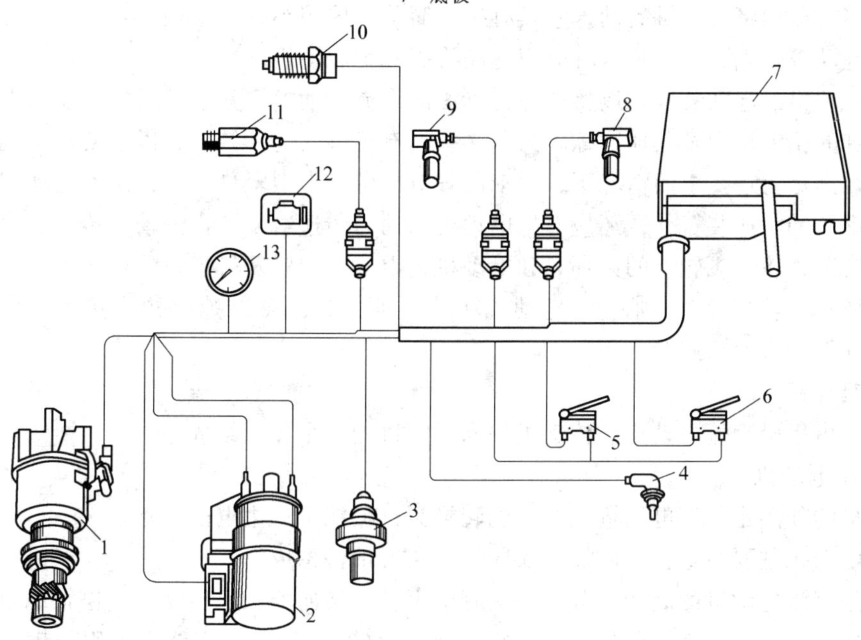

图 1-140 微机控制点火系统

1—霍尔发生器 2—点火线圈 3—冷却水温度传感器 4—进气温度传感器 5—怠速及超速燃料切断开关 6—全负荷开关 7—电子控制器 8—点火基准传感器 9—发动机速度传感器 10—制动灯开关 11—爆燃传感器 12—故障灯 13—速度表

成为无分电器电子点火系统。

无分电器电子点火系统分两种，一种方式为每两缸装一个点火线圈，两缸同时点火；另一种方式为每缸一个点火线圈，各缸独立进行控制。

微机控制点火系可以改善汽车动力性，降低排气污染。目前，在奥迪 200、上海桑塔纳 2000 型轿车发动机上都采用了微机控制点火系统。

第十节 起 动 系

一、起动装置的作用和起动方法

汽车发动机由于自己不能起动，所以在起动时必须依靠外力使曲轴旋转，并要求曲轴达到一定的转速才能起动发动机。用于起动发动机的电动机及附属装置叫做起动装置。

起动发动机时，必须克服气缸内被压缩的气体阻力和发动机本身及其附件所产生的各种摩擦阻力和惯性力。克服这些阻力所需的力矩称为起动力矩。

1. 起动装置的作用

起动装置的作用就是起动发动机，发动机起动之后，起动机便立即停止工作。

保证发动机顺利起动所必需的最低转速称为起动转速。

2. 发动机常用的起动方法

转动发动机曲轴使发动机起动的方法很多，主要有人力起动、辅助汽油机起动和电力起动机起动。目前大多数运输车辆都已采用电力起动机起动。电力起动机起动方式是由直流电动机通过传动机构将发动机起动，它具有操作简单、体积小、质量轻、安全可靠、起动迅速并可重复起动等优点，一般将这种电力起动机简称为起动机。

奥迪发动机的起动装置是以蓄电池为电源的直流电动机。其电动机的起动动力必须超过发动机气缸的压缩压力及其他摩擦阻力，必须具有足够的起动转矩，以便使发动机达到规定的转速。在满足上述要求的情况下，起动装置应尽可能小型轻量化。为此，起动装置除必须有直流电动机和附属装置外，还应有把电动机的动力传递给发动机的动力传递机构，动力传递机构由转矩齿轮（飞轮上的齿环）和电动机轴上的小齿轮及行星减速机构组成。发动机起动时，小齿轮与转矩齿轮相啮合，电动机转动，通过1:3.36减速机构将转矩扩大，再通过小齿轮驱动发动机曲轴旋转。

二、起动机

起动机由串励直流电动机、传动机构和操纵机构三个部分组成。

1. 直流电动机

电动机的作用是将蓄电池输入的电能转换为机械能，产生电磁转矩。

直流电动机主要由电枢、磁极、换向器等主要部件构成。

电枢是直流电动机的旋转部分，包括有电枢轴、换向器、电枢铁心、电枢绕组。为了获得足够的转矩，通过电枢绕组的电流一般为200~600A，因此电枢绕组采用较粗的矩形裸铜线绕制成成形绕组。电枢绕组各线圈的端头均焊接在换向器片上，通过换向器和电刷将蓄电池的电流引进来。换向片和云母片叠压成换向器。为了避免电刷磨损的粉末落入换向片之间造成短路，起动机换向片间的云母一般不必割低。

2. 操纵机构

操纵机构的作用是用来接通和断开电动机与蓄电池之间的电路，同时还能接入和切断点火线圈的附加电阻。

起动机的操纵机构分为直接操纵式和电磁操纵式两种形式。目前，电磁操纵式起动机的应用最为广泛。图1-141所示为CA1092汽车采用的电磁操纵强制啮合式QD124A型起动机。

起动机的工作原理如图1-142所示。发动机起动时，将点火开关钥匙旋至起动挡位，起

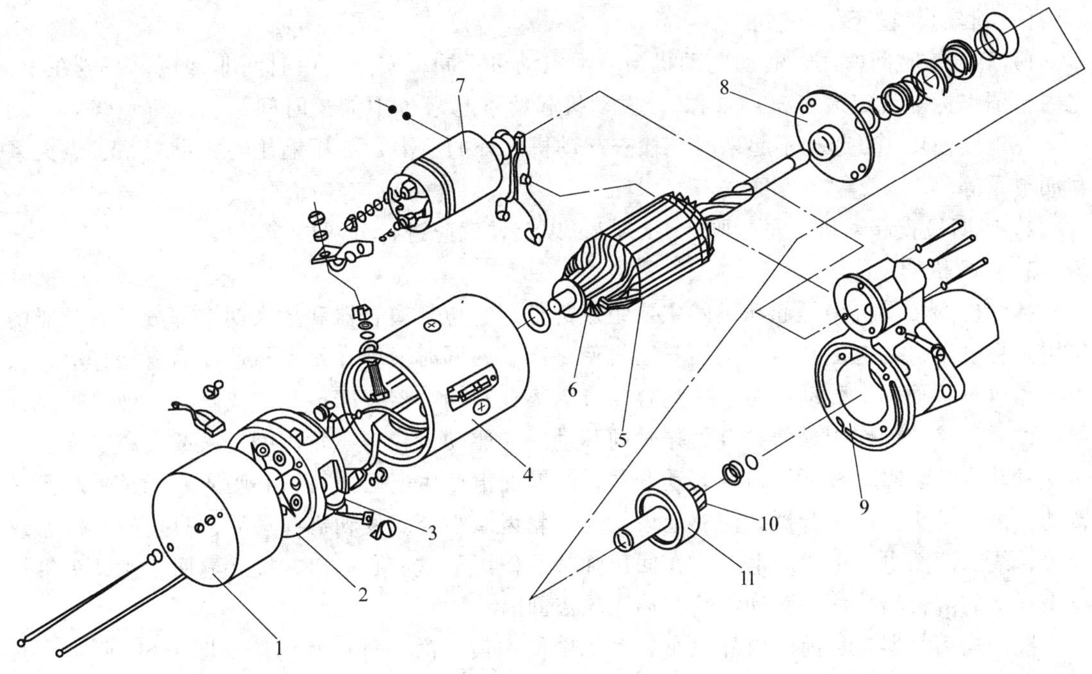

图 1-141　起动机构造

1—防尘罩　2—前端罩　3—电刷　4—定子　5—转子　6—换向器　7—电磁开关
8—中间支承　9—驱动端盖　10—驱动齿轮　11—单向离合器

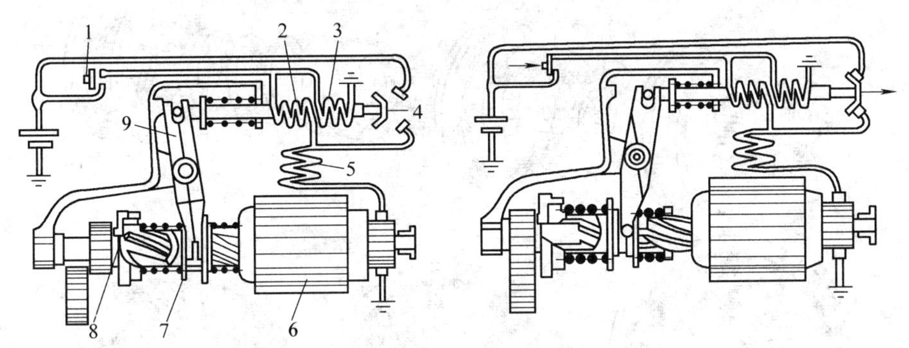

图 1-142　电磁滑动小齿轮起动机工作过程

1—起动开关　2—牵引线圈　3—滞留线圈　4—总开关　5—励磁线圈（永久磁铁）
6—电枢　7—滑阀　8—小齿轮轴　9—拨杆

动继电器通电后，蓄电池电流便流经牵引线圈和滞留线圈，从而吸引铁心。铁心牵引拨杆，使小齿轮和飞轮的转矩齿轮啮合。这时流经牵引线圈的电流经电动机的磁场线圈流入电枢，电动机慢慢旋转起来，并使小齿轮和飞轮的转矩齿轮进行圆滑啮合。一旦两个齿轮啮合完毕，总开关便断开，电动机直接与蓄电池相连，产生强大的转矩驱动发动机。

利用起动继电器控制电磁开关，能减小通过点火开关起动触点的电流，避免烧蚀触点，延长使用寿命。

发动机起动后，如果没有松开点火开关钥匙，起动开关仍然接通，则单向离合器工作，以防止从发动机逆向驱动电动机。如果松开点火开关钥匙，起动开关断开，停止向电磁线圈通电，则铁心返回原位，制动装置工作，电动机停止工作，回到下次再起动前的状态。

使用起动装置应注意：

1）禁止长时间使用。起动电动机与一般电动机不同，安全使用时间非常短，一般在10s之内，国家标准规定最多30s。因此，发动机起动不起来也不能长时间起动，避免烧坏电动机。在连续使用10s起动不起来时，检查起动机之外的原因，如压缩压力、燃料系、点火系和润滑系等。

2）定期检查起动机。每行驶3～4万km以上，就应进行分解检查。

3. 传动机构

起动机的传动机构是起动机的主要组成部件，它包括离合器和拨叉两个部分。离合器的作用是将电动机的电磁转矩传递给发动机使之起动，同时又能在发动机起动后自动打滑，保护起动机不致损坏。传动机构中的离合器分为滚柱式离合器、摩擦片式离合器、弹簧式离合器几种。而拨叉的作用是使离合器作轴向移动，使驱动齿轮与飞轮齿圈进入或脱离啮合。

发动机起动时，按下按钮或起动开关，线圈通电产生电磁力将铁心吸入，于是带动拨叉转动，由拨叉头推出离合器，使驱动齿轮与飞轮齿圈啮合。发动机起动后，只要松开按钮或开关，线圈即断电，电磁力消失，在回位弹簧的作用下，铁心退出，拨叉返回，拨叉头将打滑工况下的离合器拨回，驱动齿轮脱离飞轮齿圈。

滚柱式离合器是目前国内外汽车起动机中使用最多的一种，其构造如图1-143所示。其中，驱动齿轮与外壳连成一体。外壳内装有滚柱、柱塞和弹簧。整个离合器总成利用花键套筒套在起动机轴的花键部位上，可以作轴向移动和随轴移动。

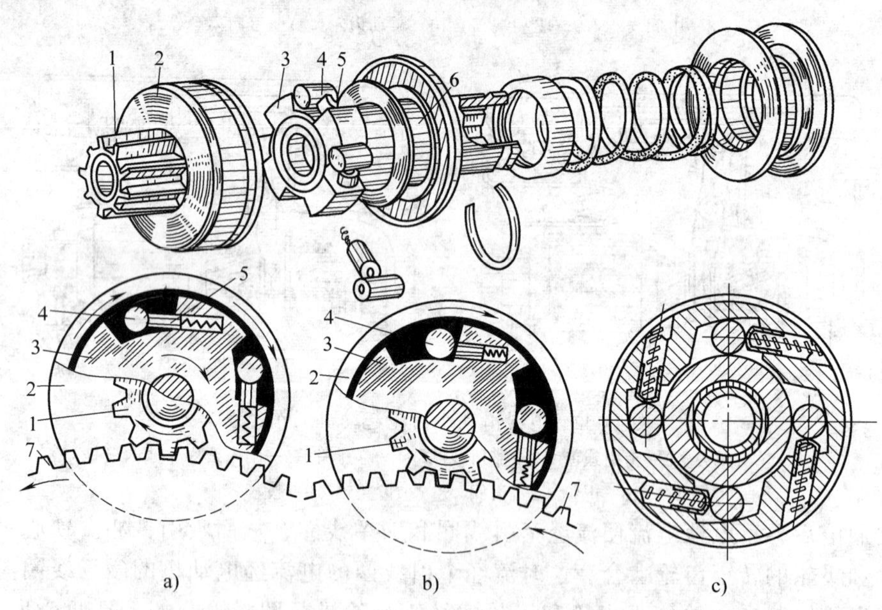

图1-143 滚柱式离合器的结构

a）开始啮合 b）脱离啮合 c）断面图

1—驱动齿轮 2—外壳 3—内座圈 4—滚柱 5—柱塞 6—花键套筒 7—飞轮齿圈

滚柱式离合器的工作原理如下：在图1-143a中，发动机起动时，经拨叉将离合器沿花键推出，驱动齿轮啮入发动机飞轮齿圈，随电动机电枢一起旋转，促使滚柱进入槽的窄端，将花键套筒与外壳挤紧，于是电动机电枢的转矩就可由滚柱、离合器外壳传给驱动齿轮，从而达到驱动发动机飞轮齿圈旋转、起动发动机的目的。在图 1-143b 中，发动机起动后，飞轮齿圈的转速高于驱动齿轮，促使滚柱进入槽的宽端而自由滚动，只有驱动齿轮随飞轮齿圈作高速旋转，起动机转速并不升高，在这种离合器打滑的功能下，防止了电枢超速飞散的危险。起动完毕，由于拨叉回位弹簧的作用，使离合器退回，驱动齿轮完全脱离飞轮齿圈。

这种滚柱式离合器具有结构简单、坚固耐用、体积小、质量轻、工作可靠等优点，因此得到广泛采用。其不足之处是不能用于大功率起动机上。

三、汽、柴油机冷起动辅助装置

汽车冬季使用时，为保证发动机在低温下能迅速起动，多数柴油机和少数汽油机上设有低温预热装置，以提高进入气缸的空气（或可燃混合气）的温度。

进气预热的类型有集中预热和分缸预热两种。集中预热装置安装在发动机的进气管上；分缸预热装置安装在各气缸内或进气歧管上。集中预热装置用于汽油机和部分柴油机，分缸预热装置用于柴油机。预热装置通常有电热塞、进气加热器和电火焰预热器等。

第二章

汽车底盘

汽车底盘是汽车的基础，它包括传动系、行驶系、转向系、制动系四大部分。传动系主要由离合器、变速器、万向传动装置和驱动桥组成；行驶系由车架、车桥、车轮、悬架组成；转向系由转向器和转向传动装置组成；制动系由制动器和制动传动装置组成。

第一节　汽车传动系

一、传动系概述

1. 汽车传动系的功用和组成

汽车传动系的基本功用是将发动机输出的转矩通过传动系传递给驱动轮，使汽车行驶。其具体功用为：

（1）减速与变速　汽车的起步与驱动，要求作用在驱动轮上的驱动力足以克服各种外界的阻力。汽车发动机发出的转矩若直接传给车轮，所得到的驱动力很小，不足以驱动汽车运动；另外，发动机的转速较高，一般为每分钟数千转，将这一转速直接传到驱动轮上，汽车将达到几百公里的时速，这样高的车速既不实用，也不可能。因此，要求传动系应具有降速增扭的作用。

汽车在使用过程中，其使用条件要求车速和驱动力在很大的范围内不断变化。而发动机的有利转速范围很窄。为了使发动机能保持在有利转速范围内工作，而驱动力和转速又可以在足够大的范围内变化，应当使传动系的传动比能在最大值与最小值之间变化，即传动系应起变速的作用。因此在传动系中设置了主减速器和变速器以满足上述要求。

（2）实现汽车倒驶　汽车除前进外，有时还需倒向行驶，而发动机是不能反转的，这就要求传动系能够改变驱动轮的转动方向，以实现汽车的倒向行驶。一般是在变速器中设置一个倒档。

（3）中断传动　在起动发动机后、汽车行进中换挡以及对汽车进行制动时，要暂时切断动力的传递。为满足此要求，在发动机与变速器之间设置一个可由驾驶员控制的分离或结合的机构，称为离合器。另外在变速器中设置空挡，即各挡位齿轮都处于非传动状态，满足汽车在发动机不停止转动时能较长时间中断动力的传递。

(4) 差速作用 汽车转弯时，左右驱动车轮在同一时间内滚过的距离不同，如果两侧的驱动轮用一根刚性轴驱动，则两轮转动的角速度必然相同，因而必然会产生车轮相对地面滑动的现象，这将使转向困难，汽车的动力消耗增加，传动系内部某些零件和轮胎磨损加剧。为避免这些情况的出现，在驱动桥内安装了差速器，使左右驱动车轮以不同的角速度旋转。动力由主减速器先传到差速器，再由差速器分配给左、右半轴，最后传到驱动轮上。

汽车传动系按结构和传动介质不同，可分为机械式、液力机械式、静液式（容积液压式）和电力式等。机械式传动系的基本组成如图 2-1 所示。

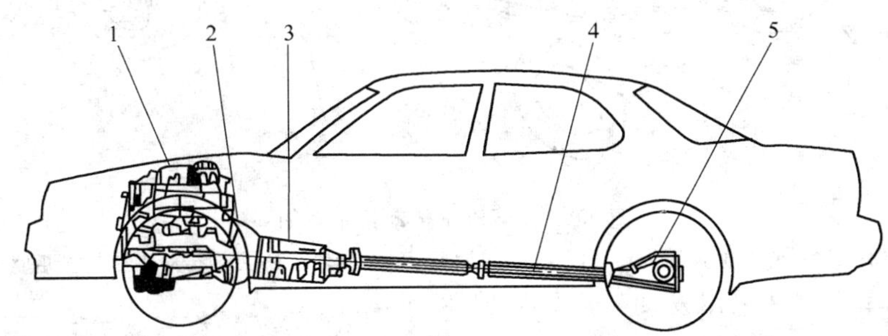

图 2-1 传动系的组成及布置示意图

1—发动机 2—离合器 3—变速器 4—万向传动装置 5—驱动桥

2. 传动系的布置形式

(1) 前置发动机后轮驱动的汽车传动系 图 2-1 所示的传动系为常见的传动系布置形式 (4×2)，是前置发动机后轮驱动的汽车传动系。

(2) 前置发动机前轮驱动的汽车传动系 图 2-2 所示为另一种常见的传动系布置形式

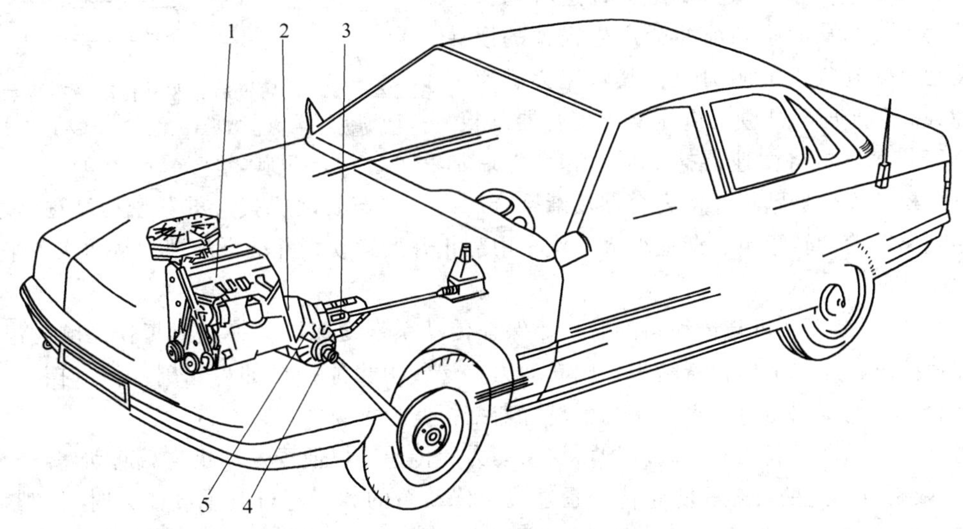

图 2-2 前置发动机前轮驱动传动系布置示意图

1—发动机 2—离合器 3—变速器 4—万向传动装置 5—驱动桥

(4×2)，是前置发动机前轮驱动的汽车传动系。这种布置形式在中、高级轿车上应用较多，发动机可横向布置或纵向布置。

越野汽车为全轮驱动（4×4）的传动系，即前轮为转向驱动轮，如图 2-3 所示。

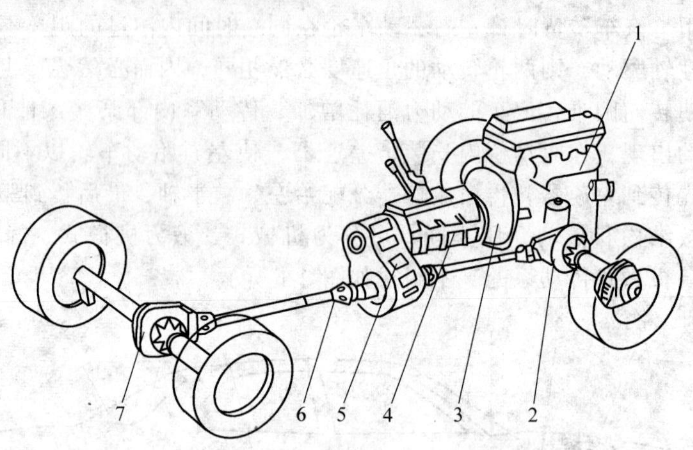

图 2-3 越野汽车传动系示意图

1—发动机 2—前驱动桥 3—离合器 4—变速器 5—分动器 6—万向传动装置 7—后驱动桥

在大型客车上，常采用发动机后置后轮驱动的布置形式，如图 2-4 所示。

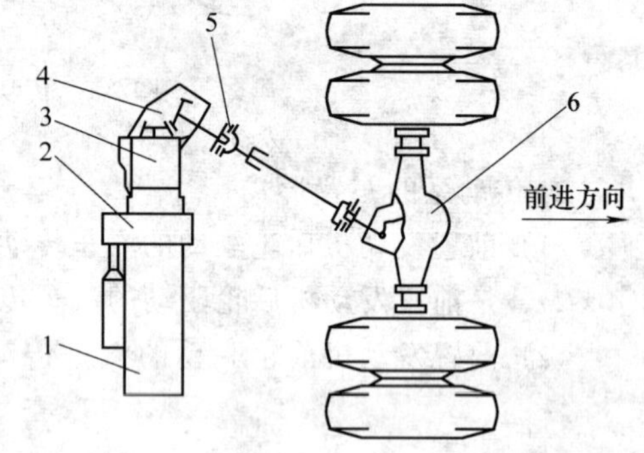

图 2-4 发动机后置后轮驱动传动系布置示意图

1—发动机 2—离合器 3—变速器 4—角传动装置 5—万向传动装置 6—驱动桥

二、离合器

1. 离合器的功用

离合器是汽车传动系中直接与发动机相连接的部件。其具体功用为：

1）使发动机与传动系逐渐接合，保证汽车平稳起步。汽车起步前，阻力矩最大，这时如快速接合动力，汽车从静止到前冲会产生很大的惯性力，发动机受到很大的阻力矩，其转速会迅速下降而熄火。起步时，驾驶员应先踩下离合器踏板，将离合器分离，再将变速器挂上低速挡，然后加油并逐渐松开离合器踏板，使离合器逐渐接合。离合器与发动机接合的紧密程度逐渐增强，使传递到驱动轮的转矩也逐渐地增大，汽车由静止开始运动，并缓慢加速，从而实现平稳起步。

2）暂时切断发动机与传动系的联系，保证传动系（变速器）换挡时工作平顺。齿轮式变速器换挡时，应踩下离合器踏板，中断动力传递，退出原挡位的齿轮副（挂空挡），然后当待啮合的齿轮副同步时，再一次踩下离合器踏板，换上新的挡位。

另外，在发动机起动时，离合器可切断动力的传递，以便于发动机空载起动。

3）限制所传递的转矩，防止传动系过载。传动系的载荷超过其承载能力时（如紧急制动），离合器主动部分与从动部分之间产生滑转，从而限制所传递的最大转矩，防止传动系过载。

2. 摩擦式离合器的基本构造和工作原理

(1) 离合器的基本构造　摩擦式离合器的组成包括：主动部分、从动部分、压紧装置、分离机构和操纵机构。摩擦式离合器的结构原理如图 2-5 所示。

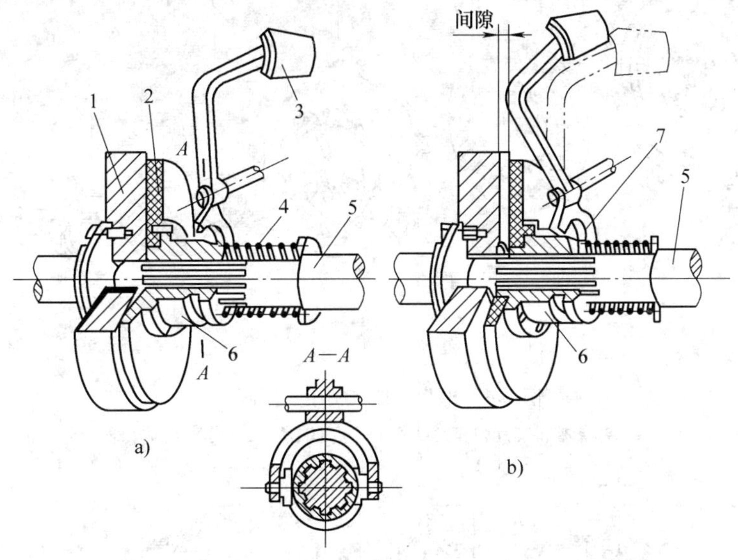

图 2-5　摩擦式离合器的基本构造和工作原理示意图

a）接合　b）分离

1—飞轮　2—从动盘　3—踏板　4—压紧弹簧　5—从动轴　6—压盘　7—分离拨叉

(2) 工作原理　摩擦式离合器的工作原理如图 2-5 所示：

1）完全接合传递动力。压紧弹簧 4 将从动盘 2 紧紧地压在飞轮 1 上，从动盘与飞轮的接触面通过摩擦力将发动机的转矩输入传动系。

2）分离切断动力。踩下踏板 3，分离拨叉 7 克服压紧弹簧力右移，从动盘与飞轮之间产生间隙而分离，摩擦力消失，中断动力传递。

3）逐渐接合传递动力。逐渐放松踏板 3，从动盘 2 在压紧弹簧 4 的作用下向左移动，与飞轮 1 逐渐恢复接触。随着压紧力逐渐增加，从动盘与飞轮接触的紧密程度逐渐增大，两者由不同步（滑转）到趋于同步（停止滑转），传递的摩擦力矩逐渐增加，至完全接合，传递发动机动力。

3. 摩擦式离合器的分类

摩擦式离合器按其从动盘数量或压紧弹簧的类型分为：单片式、双片式或多片式离合器；膜片弹簧式、周布弹簧式离合器。轿车多采用膜片弹簧式离合器。

4. 膜片弹簧式离合器的构造及工作原理

图 2-6 所示为单片、膜片弹簧式离合器。

膜片弹簧式离合器的工作原理如图 2-7 所示。离合器盖未固定到飞轮上时（图 2-7a），膜片弹簧处于自由状态，并高于飞轮安装面一段距离。当离合器盖用螺钉固定到飞轮上时（图 2-7b），膜片弹簧受压变形产生压紧力，压盘将从动盘紧压在飞轮上而能够传递动力。分离离合器时（图 2-7c），分离轴承压向膜片弹簧，膜片弹簧起分离杠杆的作用，以支承钢圈为支点将压盘拉离从动盘，离合器分离。

5. 离合器的操纵机构

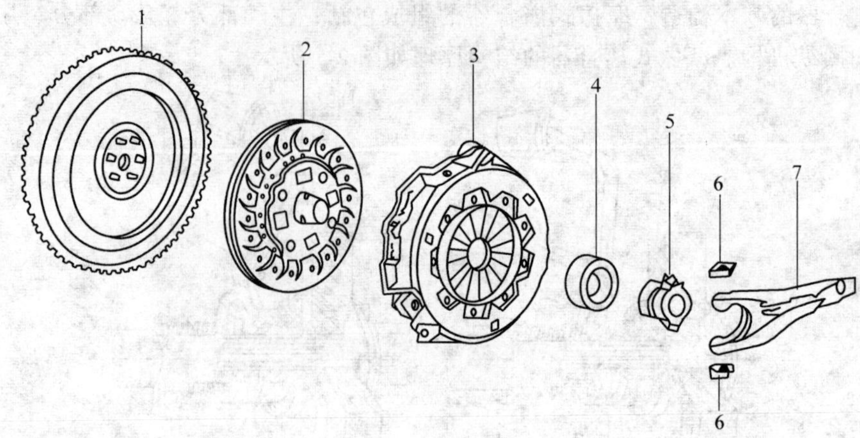

图 2-6　单片、膜片弹簧式离合器

1—飞轮　2—从动盘　3—离合器、膜片弹簧总成　4—分离轴承　5—分离轴承套管　6—夹子　7—分离叉

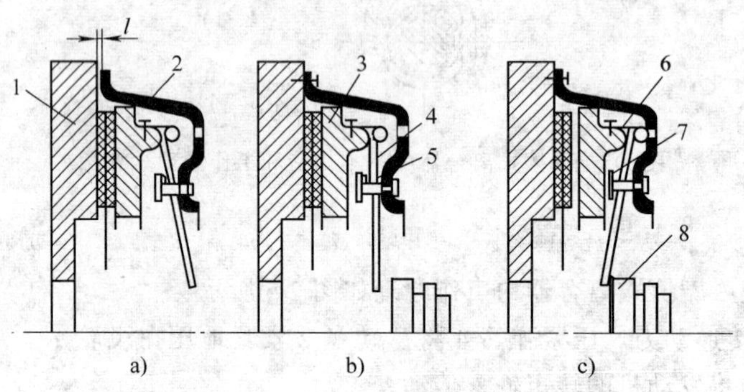

图 2-7　膜片弹簧离合器工作原理示意图

1—飞轮　2—离合器盖　3—压盘　4—膜片弹簧　5—压紧钢圈　6—分离钩　7—支承钢圈　8—分离轴承

现代轻型车辆常采用液压式离合器操纵机构，如图 2-8 所示。

6. 从动盘与扭转减振器

如图 2-9a 所示，从动盘主要由摩擦衬片、从动盘钢片和从动盘毂组成。目前轿车多采用带有扭转减振器的从动盘，其结构如图 2-9b 所示。从动盘钢片外沿为波形弹簧片，在从动盘钢片与从动盘毂之间周向设有多个螺旋弹簧，衬片传递给钢片的转矩必须经螺旋弹簧传递到从动盘毂。带有扭转减振器的从动盘可有效地避免发动机与传动系共振，缓和传动系所受的冲击载荷。

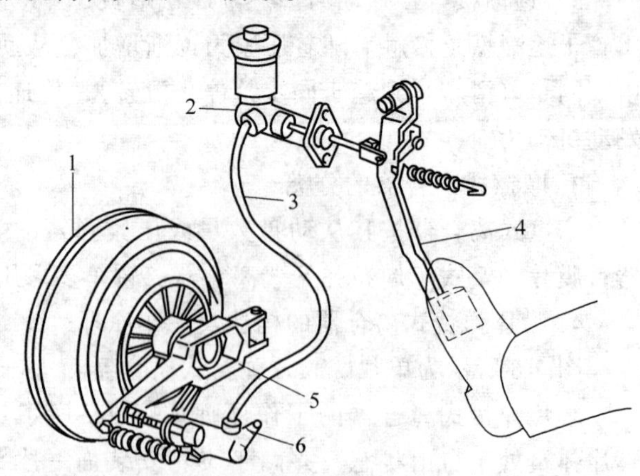

图 2-8　液压式离合器操纵机构

1—离合器　2—制动主缸　3—油管　4—离合器踏板　5—分离拨叉　6—工作缸

7. 离合器的调整

膜片弹簧式离合器无需对离合器内部进行调整，而周布弹簧式离合器一般

需进行内部调整。各种离合器常需进行离合器踏板自由行程的调整。

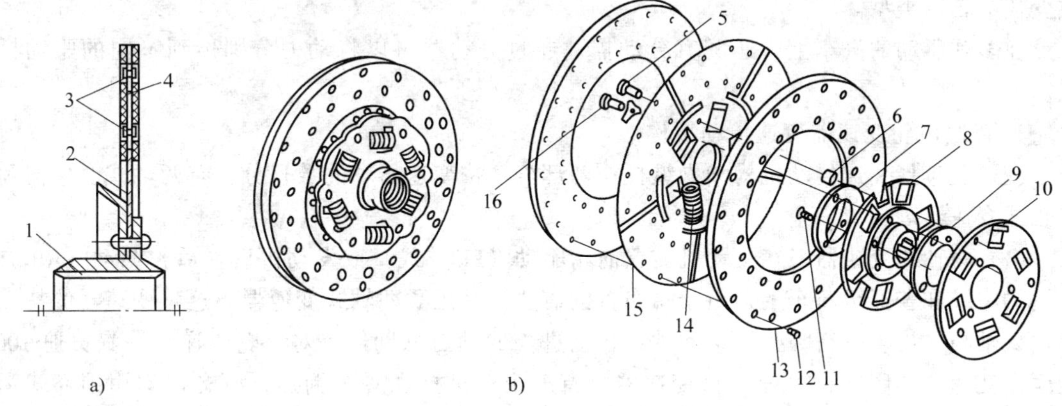

图 2-9 从动盘的结构

a）从动盘的组成 b）带扭转减振器的从动盘

1、8—从动盘毂 2、15—从动盘钢片 3、12—摩擦片铆钉 4—从动盘衬片 5—从动盘传动铆钉 6—传动铆钉限位套 7、9—减振器阻尼片 10—减振器盘 11—阻尼片铆钉 13—摩擦片 14—减振器弹簧 16—阻尼弹簧铆钉

踏板的自由行程是指踏板自由状态至踩下感觉阻力开始时踏板经过的空行程。此行程如图 2-10 所示，为踏板两状态间的高度差。

北京 BJ2020 型吉普车是靠改变工作缸的分离叉挺杆的长度来实现调整的，踏板的自由行程为 32 ~ 40mm。自由行程调整完毕后，检查踏板的高度是否符合要求，否则再进行调整。

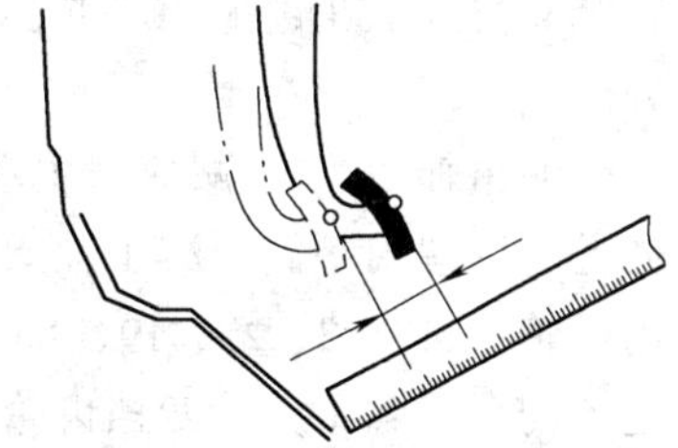

图 2-10 离合器踏板的自由行程

三、变速器与分动器

1. 变速器的功用

汽车变速器是汽车传动系的重要组成部分，一般布置在离合器之后，其功能是传递发动机的动力，并能够改变转速和转矩，以及改变旋转方向和暂时切断动力，从而扩大发动机的转矩和转速的变化范围，适应汽车行驶的需要，如加速、减速、倒车和暂时停车等工作情况。

2. 变速器的分类

按传动比变化方式的不同，变速器可分为有级式、无级式和综合式三种。

(1) 有级式变速器 有级式变速器应用最为广泛，采用齿轮传动（包括普通齿轮传动和行星齿轮传动）的传动方式。具有若干个数值一定的传动比，传动比的变化呈阶梯式或跳跃式。目前，轿车和轻、中型载货汽车装用的有级式变速器多为 3 ~ 6 个前进挡和一个倒挡，在重型载货车用的组合式变速器中，则有更多挡位。所谓变速器挡数，是指其前进挡位数。

(2) 无级式变速器 无级式变速器有电力式和液力式两种，传动部件分别为直流串励电动机和液力变矩器。它的传动比在一定数值范围内可以连续多级变化。

(3) 综合式变速器 综合式变速器是由液力变矩器和齿轮式有级变速器组成的液力机械式变速器，其传动比可以在最大值和最小值之间几个间断的范围内作无级变化。目前应用较多。

按操纵方式不同，变速器还可分为强制操纵式变速器、自动操纵式变速器和半自动操纵式变速器三种类型。

在多轴驱动的汽车上，还配有分动器，通过分动器可以将动力分别传到不同的驱动桥上。

3. 普通齿轮变速器变速传动机构

变速器包括变速传动机构和操纵机构两部分。按变速器轴的数目分，有两轴式变速器和三轴式变速器。

（1）两轴式变速器　在发动机前置前轮驱动（FF方式）或发动机后置后轮驱动（RR方式）的中级和普通级轿车上，由于总布置的需要，采用了两轴式变速器。这种变速器的特点是输入轴与输出轴平行，且无中间轴，各前进挡的动力分别经一对齿轮传递。一汽奥迪100型轿车变速器如图2-11所示。该变速器具有五个前进挡和一个倒挡，所有挡均用锁环式惯性同步器换挡。输入轴2通过一个球轴承和两个滚子轴承三点支承在前、后壳体1和6上。输出轴20则通过两个圆锥滚子轴承支承在上述壳体上。离合器从动盘将动力传给变速器输入轴2，驾驶员可通过变速器操纵机构、各挡接合套及同步器挂上所需挡位。

变速器输入轴与其一挡齿轮5、二挡齿轮7和倒挡齿轮14制成一体。另外，输入轴上还装有三挡齿轮8、四挡齿轮10。这两个齿轮通过滚针轴承套在输入轴上，三、四挡同步器接合套9与该轴花键配合。五挡齿轮12与该轴为过盈配合。以上这些构成了输入轴的主动部分。

输出轴20与主减速器主动锥齿轮25制成一体，前端借圆锥滚子轴承支承在变速器前壳体上，后端用小圆锥滚子轴承支承在变速器后壳体上。中间装有五个前进挡和一个倒挡的从动齿轮（24、22、21、19、17和15）。一、二挡同步器和五挡、倒挡同步器的花键毂与该轴过盈配合，除了三、四挡齿轮（21、19）以花键与输出轴过盈配合外，其他各挡齿轮均通过滚针轴承自由地空套在输出轴上。

该变速器各个挡位的主、从动齿轮，均为斜齿圆柱齿轮，平时均处于常啮合状态。在各个挡位接合或脱开时，全用同步器操纵。

由图2-12变速器动力传递简图可知，各挡的动力传递路线如下：

空挡：当输入轴1旋转时，一、二、五挡及倒挡的主动齿轮（2、3、10、11）与之同步旋转。三、四挡主动齿轮（4、9）处于自由状态，可空转（汽车行驶时随输出轴的旋转而转动），也可不动（汽车静止时）。一、二、五挡和倒挡的从动齿轮（28、23、20、13）随输入轴的旋转而在输出轴上空转，输出轴不被驱动，汽车处于静止或空挡滑行状态。

一挡：在空挡位置的基础上，操纵变速杆通过一、二挡换挡拨叉使一、二挡同步器接合套25左移，经一挡从动齿轮28与一、二挡同步器花键毂26在接合套25的作用下同步旋转。这样，从离合器传来的发动机转矩，经输入轴上的一挡主动齿轮2及与其常啮合的从动齿轮28及一、二挡同步器接合套25和花键毂26，经花键传到输出轴，直至主减速器。

一挡传动比为

$$i_1 = \frac{Z_{28}}{Z_2} = \frac{39}{11} = 3.545$$

式中Z表示齿轮的齿数，下角标数字表示齿轮在图中的标号。

二挡：通过一、二挡换挡拨叉使一、二挡同步器接合套25右移，退出一挡进入空挡。

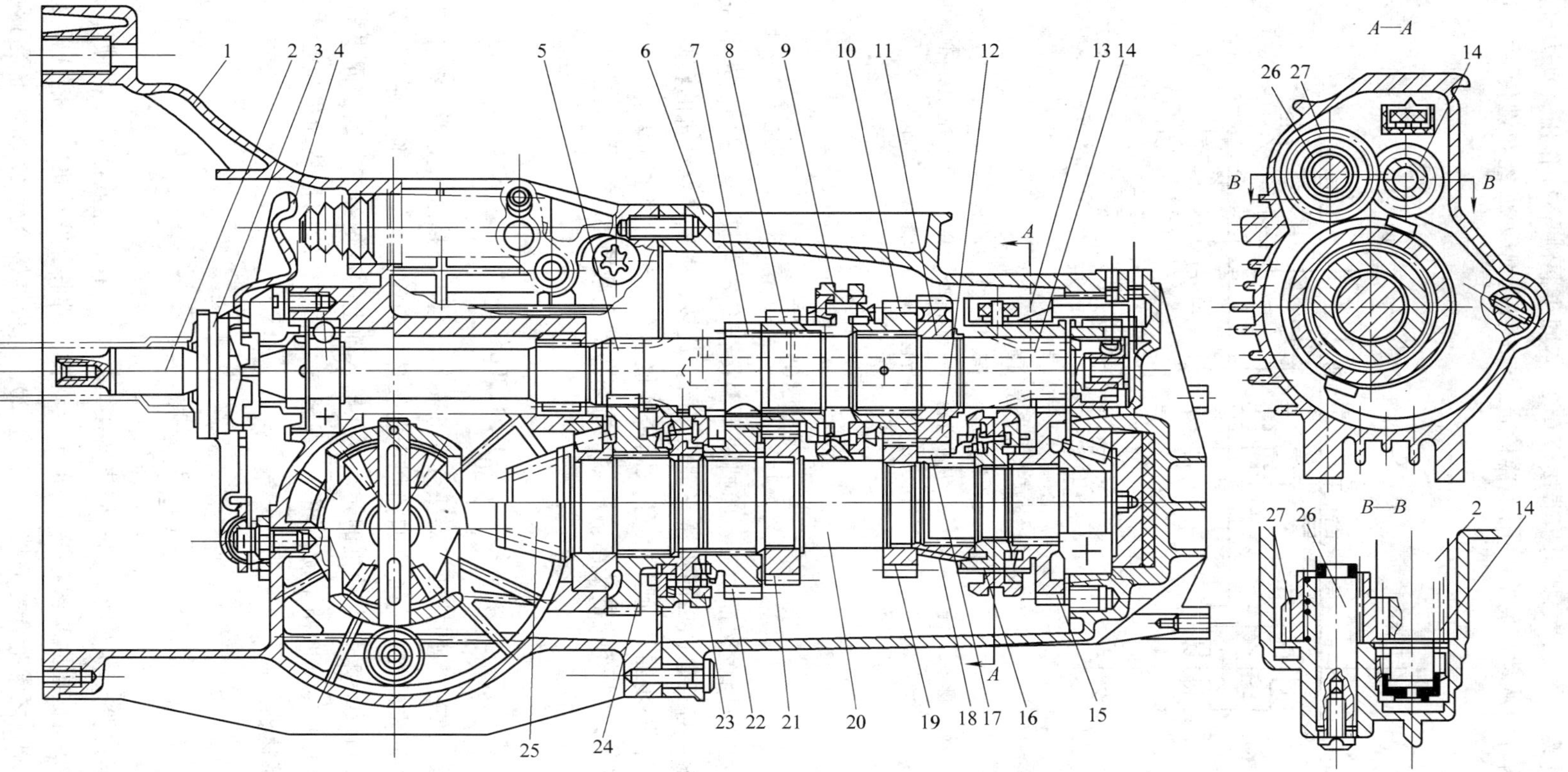

图 2-11 一汽奥迪 100 型轿车变速器

1—变速器前壳体 2—输入轴 3—分离轴承 4—分离杠杆 5—输入轴一挡齿轮 6—变速器后壳体 7—输入轴二挡齿轮 8—输入轴三挡齿轮 9、16、23—接合套 10—输入轴四挡齿轮 11、18—隔离套 12—输入轴五挡齿轮 13—集油器 14—输入轴倒挡齿轮 15—输出轴倒挡齿轮 17—输出轴五挡齿轮 19—输出轴四挡齿轮 20—输出轴 21—输出轴三挡齿轮 22—输出轴二挡齿轮 24—输出轴一挡齿轮 25—主减速器主动锥齿轮 26—倒挡中间轴 27—倒挡中间齿轮

继续向右推动该换挡拨叉，使一、二挡同步器接合套 25 与同步器锁环 24 作用，动力经二挡主动齿轮 3 及与其常啮合的从动齿轮 23、同步器接合套 25 和花键毂 26 经花键传到输出轴，直至主减速器。

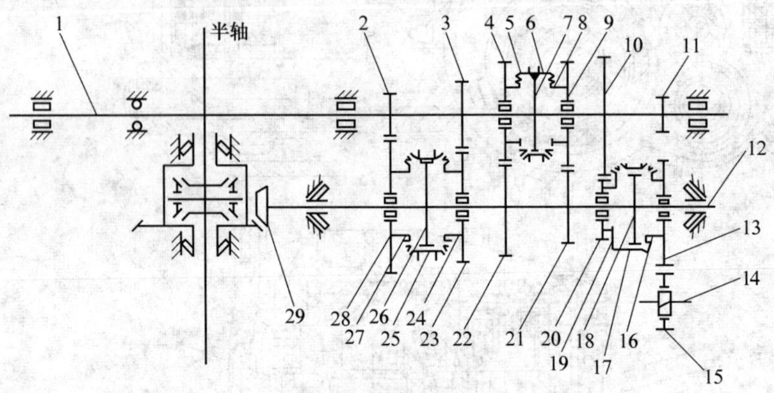

图 2-12 变速器动力传递简图

1—输入轴 2、3、4、9、10——、二、三、四、五挡主动齿轮 5、8、16、19、24、27—同步器锁环 6、17、25—同步器接合套 7、18、26—同步器花键毂 11、13—倒挡主、从动齿轮 12—输出轴 14—倒挡齿轮轴 15—倒挡中间齿轮 28、23、22、21、20——、二、三、四、五挡从动齿轮 29—主减速器主动锥齿轮

二挡传动比为

$$i_2 = \frac{Z_{23}}{Z_3} = \frac{40}{19} = 2.105$$

三挡：操纵三、四挡换挡拨叉推动三、四挡同步器接合套 6 左移，经三挡同步器锁环 5 作用，使三挡主动齿轮 4 与三、四挡同步器花键毂 7 同步旋转，则来自发动机的转矩从输入轴上的花键传到三、四挡同步器花键毂 7，经该同步器接合套 6 到三挡主动齿轮 4 传到与它常啮合的三挡从动齿轮 22，再经花键传给输出轴，直至传到主减速器。

三挡传动比为

$$i_3 = \frac{Z_{22}}{Z_4} = \frac{39}{30} = 1.300$$

四挡：通过换挡拨叉使三、四挡同步器接合套 6 右移，退出三挡进入空挡。继续向右移动该拨叉，使三、四挡同步器接合套 6 经四挡同步器锁环 8 的作用，使四挡主动齿轮 9 与该挡同步器花键毂 7 同步旋转。来自发动机的转矩，从输入轴上的花键经三、四挡同步器花键毂 7，经该同步器接合套 6 传到四挡主动齿轮 9，直至与之常啮合的四挡从动齿轮 21，经花键传给输出轴直至主减速器。

四挡传动比为

$$i_4 = \frac{Z_{21}}{Z_9} = \frac{33}{35} = 0.943$$

五挡：用五挡、倒挡拨叉将五挡、倒挡同步器接合套 17 左移，经五挡同步器锁环 19 作用，使五挡从动齿轮 20 与该挡同步器花键毂 18 同步旋转，则来自发动机的转矩从输入轴 1 上的五挡主动齿轮 10 及与之常啮合的五挡从动齿轮 20、同步器接合套 17 和花键毂 18 经花键传到输出轴直至主减速器。

五挡传动比为

$$i_5 = \frac{Z_{20}}{Z_{10}} = \frac{30}{38} = 0.789$$

倒挡：要使汽车能倒退行驶，就变速器而言，只要使输出轴反向旋转即可。为此，在前进传动路线中，加入一套中间齿轮副即可。本变速器在输入轴与输出轴之间增设一个倒挡齿轮轴14和一个倒挡中间齿轮（惰轮）15，介于倒挡主动齿轮11和倒挡从动齿轮13之间，并与其处于常啮合状态。倒挡齿轮轴14的两端支承在变速器后壳体上，倒挡中间齿轮15通过滚针轴承空套在该轴上。

需要挂入倒挡时，只能在汽车处于静止状态时才能挂入。如果汽车正在前进行驶时，就必须使变速杆处于空挡位置，并且待停稳后，方能挂入倒挡。这是因为变速器设有倒挡锁止机构，防止汽车在前进中误挂倒挡而造成事故。

挂倒挡时，用五挡、倒挡拨叉将该挡同步器接合套17向右移动，在倒挡同步器锁环16的作用下，使该同步器花键毂18与倒挡从动齿轮13同步旋转，则来自发动机的转矩从输入轴上的倒挡主动齿轮11经倒挡中间齿轮15传到倒挡从动齿轮13，经该同步器花键毂18和它与输出轴配合的花键，传至输出轴，这时传出的转矩与其他各挡传出的转矩方向相反，传至主减速器，实现挂入倒挡。

倒挡传动比为

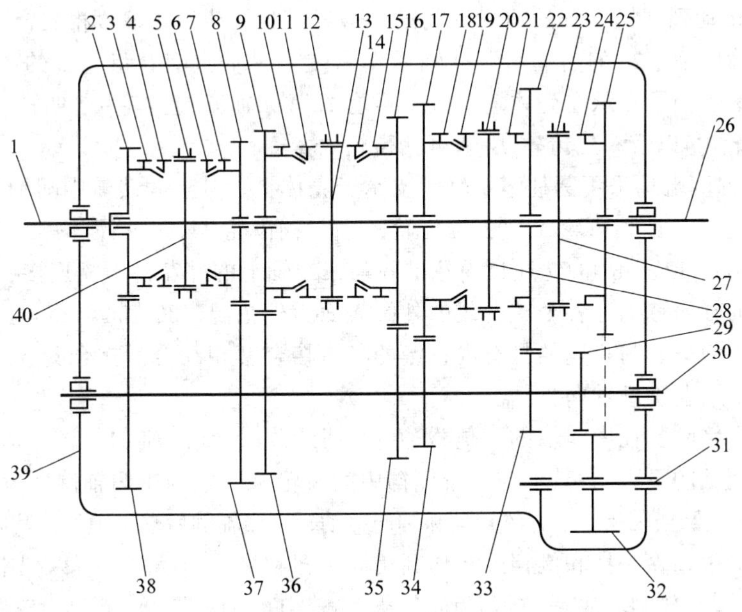

图 2-13 CA1092型汽车六挡变速器传动示意图

1—第一轴 2—第一轴常啮合齿轮 3—第一轴齿轮齿圈 4—六挡同步器锁环 5、12、20、23—接合套 6—五挡同步器锁环 7—五挡齿轮齿圈 8—第二轴五挡齿轮 9—第二轴四挡齿轮 10—四挡齿轮齿圈 11—四挡同步器锁环 13、27、28、40—花键毂 14—三挡同步器锁环 15—三挡齿轮接合齿圈 16—第一轴三挡齿轮 17—第二轴二挡齿轮 18—二挡齿轮齿圈 19—二挡同步器锁环 21—一挡齿轮齿圈 22—第二轴一挡齿轮 24—倒挡齿轮齿圈 25—第二轴倒挡齿轮 26—第二轴 29—中间轴倒挡齿轮 30—中间轴 31—倒挡轴 32—倒挡中间齿轮 33—中间轴一挡齿轮 34—中间轴二挡齿轮 35—中间轴三挡齿轮 36—中间轴四挡齿轮 37—中间轴五挡齿轮 38—中间轴常啮合齿轮 39—变速器壳体

$$i_R = \frac{z_{13}}{z_{11}} = \frac{35}{10} = 3.500$$

倒挡传动比之所以比各前进挡的传动比大，是为考虑倒车行驶的安全，希望倒车时速度尽可能低些。

本变速器除倒挡外，所有前进挡均为一对常啮合齿轮传动，故传动效率高。由于采用了全部同步器，使换挡迅速、操纵轻便，同时也减轻了接合时的冲击和噪声。因为只有输入、输出两根轴传动，故没有直接挡。

红旗CA7220、捷达、高尔夫、上海桑塔纳、二汽富康及天津夏利TJ7100型轿车均采用二轴式变速器。

(2) 三轴式变速器　三轴式变速器适用于发动机前置后轮驱动（FR）的布置形式，多用于中型载货汽车。该种变速器有第一轴（输入轴）、第二轴（输出轴）和中间轴。第一轴前端通过离合器与发动机曲轴相连，第二轴后端通过凸缘连接万向传动装置，而中间轴则主要用来固定安装各挡的变速传动齿轮。

解放CA1092型汽车六挡变速器是典型的三轴式变速器，具有六个前进挡和一个倒挡，其传动示意图如图2-13所示，其结构示意图如图2-14所示。

第一轴（输入轴）1的前端用深沟球轴承支承在飞轮的中心孔中，其后端用圆柱滚子轴承支承在变速器的壳体上。第一轴常啮合齿轮2与第一轴制成一体，并与中间轴常啮合齿轮38构成常啮合传动副。第一轴的前端有花键，与离合器从动盘花键毂相配合。

第二轴（输出轴）26的前端用滚针轴承支承在第一轴常啮合齿轮2的内圆孔中，其后端也利用圆柱滚子轴承支承在壳体上。轴上空套着第二轴五挡齿轮8、四挡齿轮9、三挡齿轮16、二挡齿轮17以及一挡齿轮22和倒挡齿轮25。

中间轴30的两端均采用圆柱滚子轴承支承于壳体上，其上固装着中间轴常啮合齿轮38、中间轴五挡齿轮37、四挡齿轮36、三挡齿轮35、二挡齿轮34、一挡齿轮33及中间轴倒挡齿轮29。花键毂40、13、28和27通过内花键孔与第二轴上的外花键齿相连接，并用卡环锁止以限制花键毂的轴向移动。各个花键毂的外圆表面为外花键，其齿形与相邻齿轮的接合套齿形完全相同。它们分别与相应的具有内花键的各个接合套相配合。接合套5、12、20、23可在拨叉的作用下沿花键毂轴向移动。

为实现汽车倒驶，在中间轴的一侧设置了一根较短的倒挡轴31（图中以展开画法，将倒挡轴画在中间轴的下方），其上空套着倒挡中间齿轮32，它与中间轴倒挡齿轮29也为常啮合斜齿轮。为防止倒挡轴相对于壳体转动和轴向移动，倒挡轴的后端用锁片将其固定在壳体上。

在该变速器中，除一挡和倒挡外，均利用同步器和接合套换挡，可以把中间轴上与第二轴上相啮合的传动齿轮制成常啮合的斜齿轮，从而减轻工作时的噪声，提高齿轮的使用寿命。

欲挂上一挡，可操纵变速杆，通过拨叉使接合套20右移，与一挡齿轮齿圈21接合后，动力便可从第一轴起依次经齿轮2、38、中间轴30、齿轮33、22、齿圈21、接合套20、花键毂28，再通过花键传给第二轴26，完成一挡动力传递。一挡的传动比为

$$i_1 = \frac{z_{38}}{z_2} \times \frac{z_{22}}{z_{33}} = \frac{43}{22} \times \frac{44}{11} = 7.640$$

摘下一挡时，可通过拨叉使接合套20左移，脱开与齿圈21的啮合，则变速器退回空挡。若将接合套继续左移，使之与二挡同步器锁环19的齿圈和二挡齿轮齿圈18接合后，变

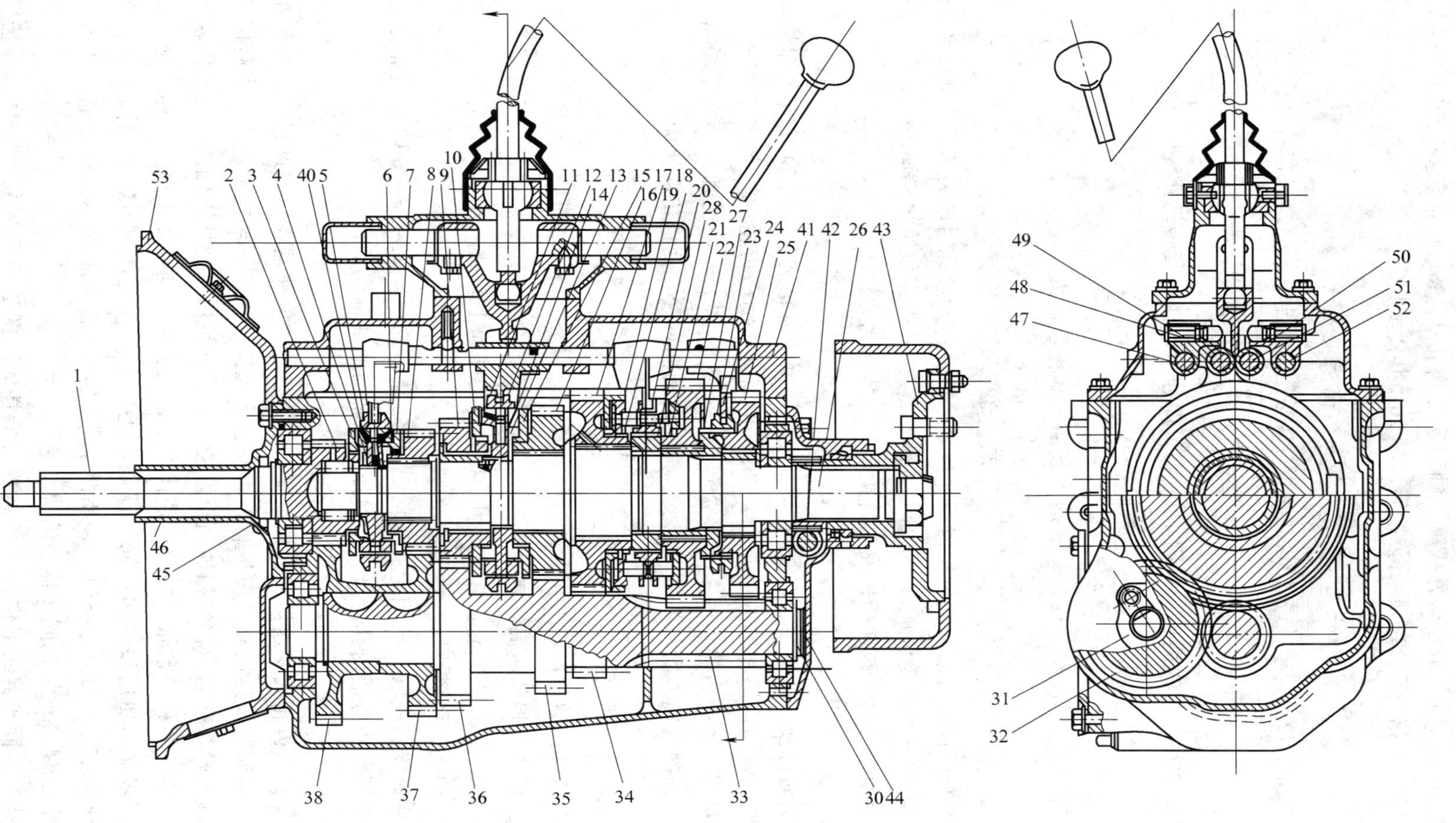

图 2-14 CA1092 型汽车六挡变速器结构示意图

1～40（件 29、39 被割去）—同图 2-13 41—变速器盖 42—车速表驱动蜗杆 43—第二轴凸缘 44—变速器后盖 45—第一轴油封 46—第一轴轴承盖 47—倒挡拨叉轴 48—倒挡锁销 49—一、二挡拨叉轴 50—五、六挡锁销 51—三、四挡拨叉轴 52—五、六挡拨叉轴 53—离合器壳

速器便从一挡换入了二挡。此时动力从第一轴依次经齿轮 2、38，中间轴 30，齿轮 34、17，齿圈 18，接合套 20，花键毂 28，最后传给第二轴 26。其传动比为

$$i_2 = \frac{z_{38}}{z_2} \times \frac{z_{17}}{z_{34}} = \frac{43}{22} \times \frac{47}{19} = 4.835$$

同理，使接合套 12 右移，与三挡齿轮齿圈 15 接合，可挂上三挡。三挡传动比为

$$i_3 = \frac{z_{38}}{z_2} \times \frac{z_{16}}{z_{35}} = \frac{43}{22} \times \frac{38}{26} = 2.857$$

使接合套 12 左移，与四挡齿轮齿圈 10 接合，即挂上四挡，其传动比为

$$i_4 = \frac{z_{38}}{z_2} \times \frac{z_9}{z_{36}} = \frac{43}{22} \times \frac{32}{33} = 1.895$$

使接合套 5 右移，与齿圈 7 接合，则挂入五挡，其传动比为

$$i_5 = \frac{z_{38}}{z_2} \times \frac{z_8}{z_{37}} = \frac{43}{22} \times \frac{26}{38} = 1.337$$

使接合套 5 左移直接与第一轴齿轮齿圈 3 接合，挂上六挡。此时动力从第一轴 1 经第一轴常啮合齿轮 2、第一轴齿轮齿圈 3、接合套 5 和花键毂 40 直接传给第二轴 26，而不再经过中间轴和传动齿轮，因此，这种挡位称为直接挡，其传动比为：

$$i_6 = 1$$

为使汽车倒向行驶，可将接合套 23 右移，使之与倒挡齿轮接合齿圈 24 接合，即挂入倒挡。挂入倒挡时，动力由第一轴 1 经齿轮 2、38、中间轴、倒挡齿轮 29、倒挡中间齿轮 32、第二轴倒挡齿轮 25、倒挡齿轮齿圈 24、接合套 23、花键毂 27 传给第二轴 26。由于增加了中间齿轮，故第二轴的旋转方向与第一轴相反，汽车便倒向行驶。倒挡传动比为

$$i_R = \frac{z_{38}}{z_2} \times \frac{z_{32}}{z_{29}} \times \frac{z_{25}}{z_{32}} = \frac{43}{22} \times \frac{23}{11} \times \frac{40}{23} = 7.107$$

从以上各挡传动比数值可以看出，$i_1 > i_2 > i_3 > i_4 > i_5 > i_6 = 1$，即挡位越低、传动比越大、车速越低；反之，挡位越高、传动比越小、车速越高。有些轿车和轻、中型载货汽车还设有超速挡（$i = 0.7 \sim 0.8$）。超速挡主要用于在良好的路面上轻载或空车行驶的场合，借此提高车速和汽车的燃料经济性。

组装好的变速器总成以螺栓固定在离合器壳 53 上，第一轴轴承盖 46 的外圆面是定位面，用来与飞轮壳上相应的内孔配合，以保证第一轴与曲轴轴线重合。

4. 同步器

(1) 无同步器的齿轮式变速器的换挡情况　传统齿轮式变速器在换挡过程中，必须在待啮合的主、从动齿轮的线速度相等时进行，否则会出现打齿现象甚至挂不进挡。当高挡换低挡时，司机需踩下踏板挂空挡，空挡加油至发动机响声低沉后，即挂入低挡。此操作较难把握挂入低挡的时刻，司机易紧张、疲劳。现代汽车采用了惯性同步器来解决上述问题。

(2) 惯性同步器的功用和结构　同步器能够迅速地使待啮合的齿轮达到同步，便于换挡，并避免出现打齿现象。现代汽车上多使用惯性同步器，小轿车常采用锁环式惯性同步器。

图 2-15 所示为锁环式惯性同步器的结构示意图。

(3) 锁环式惯性同步器的工作原理　高挡换低挡时，图 2-16 所示接合套 7 由高挡退至空挡，转速为 n。滑块 5 插在锁环 8 的缺口内，锁环 8 的转速也为 n。齿圈 9 的转速为 n_1，

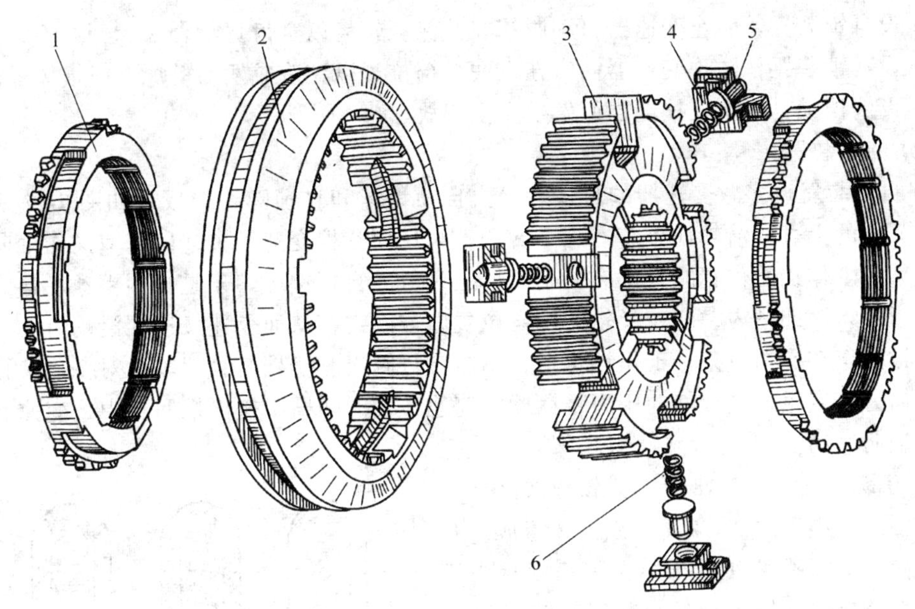

图 2-15　锁环式惯性同步器的结构

1—锁环　2—接合套　3—花键毂　4—滑块　5—定位销　6—弹簧

$n > n_1$，接合套拨动滑块 5 推锁环 8 的锥面压在齿圈 9 的锥面上。此时，锁环（外齿）与接合套（内齿）由于转速不等而错位抵住，接合套在同步之前不能移动，这就是同步器的锁止作用。由于转速不等，锥面上产生摩擦力，此摩擦力使齿圈 9 加速到 $n_1 = n$。接合套 7、锁环 8 和齿圈 9 同步，摩擦力消失，接合套顺利推入，高挡换为低挡。

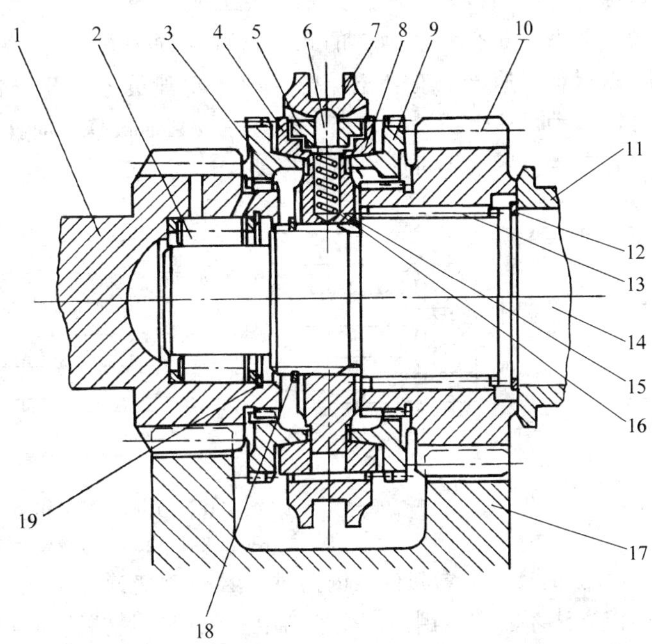

图 2-16　有同步器的挡位结构示意图

1—第一轴　2、13—滚针轴承　3—高挡接合齿圈　4、8—锁环（同步环）　5—滑块　6—定位销　7—接合套　9—低挡接合齿圈　10—第二轴五挡齿轮　11—衬套　12、18、19—卡环　14—第二轴　15—花键毂　16—弹簧　17—中间轴五挡齿轮

低挡换高挡时，接合套和锁环的转速为小齿圈 3 的转速，同为 n，$n_1 > n$，n_1 由于摩擦力的作用减速至 $n_1 = n$，从而实现同步挂挡。

5. 变速器操纵机构

(1) 功用与要求　变速器操纵机构的功用是根据汽车使用条件，保证驾驶员能准确可靠地使变速器挂入所需要的任一挡工作，并可随时使其退到空挡。

为了保证在任何情况下变速器都能准确、安全、可靠地工作，对变速器操纵机构提出以下要求：

1）设自锁装置，防止变速器自动脱挡，并保证轮齿以全齿宽啮合。

2）设互锁装置，防止变速器同时挂入两个挡位，以免造成发动机熄火或损坏零部件。

3）设倒挡锁，防止误挂倒挡而发生安全事故。

(2) 锁止装置

1）自锁装置。多数变速器的自锁装置由自锁钢球和自锁弹簧组成，如图2-17所示。每根变速叉轴的上表面沿轴向分布有三个凹槽，当任何一根变速叉轴连同变速叉作轴向移动到空挡或某一工作挡的位置时，必有一个凹槽正好对准自锁钢球。于是自锁钢球在自锁弹簧压力作用下嵌入该凹槽内，变速叉轴的轴向位置即被固定，从而变速叉连同滑动齿轮（或接合套）也被固定在空挡或某一工作挡位上，不能自行脱出。换挡时，驾驶员对变速叉轴施加一定的轴向力，克服自锁弹簧的压力将钢球由变速叉轴的凹槽中挤出推回孔中，变速叉轴和变速叉作轴向移动。

2）互锁装置。图2-18所示为锁球式互锁装置。主要由互锁钢球2、4及互锁销3组成。互锁销3装在中间拨叉轴的孔中，其长度相当于拨叉轴直径减去互锁钢球的半径。互锁钢球2、4装于变速器盖的横向孔中。在空挡位置时，左右拨叉轴在对着钢球2、4处开有深度相当于钢球半径的凹槽，中间拨叉轴则左右均开有凹槽，凹槽中开有装锁销3的孔。这种互锁装置可以保证变速器只有在空挡位置时，驾驶员才可以移动任一个拨叉轴挂挡。若某一拨叉轴被移动而挂挡时，另两个拨叉轴便被互锁装置固定在空挡位置而不可能再轴向移动。

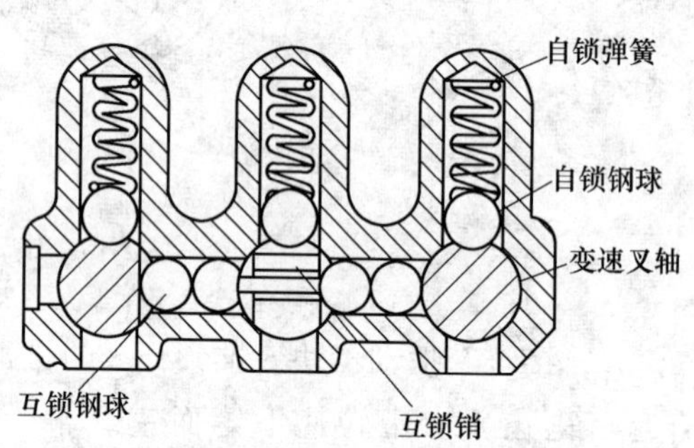

图2-17 变速器的自锁和互锁装置

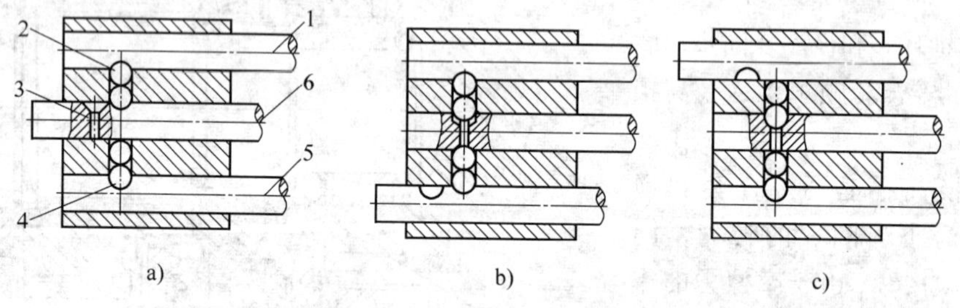

图2-18 互锁装置工作示意图

1、5、6—拨叉轴 2、4—互锁钢球 3—互锁销

3）倒挡锁。驾驶员挂倒挡时，必须对变速杆施加更大的力，或采用与挂前进挡不同的操作方法才能挂入倒挡。变速器上多采用弹簧锁销式倒挡锁，如图2-19所示。

该倒挡锁主要由倒挡锁销1和倒挡锁弹簧2组成。倒挡锁销1的杆部装有倒挡锁弹簧2，其右端的螺母可调整弹簧的预紧力和倒挡锁销的长度。驾驶员要挂倒挡时，必须用较大的力使变速杆4的下端压缩倒挡锁弹簧2，将倒挡锁销1推向右方后，才能使变速杆下端进入倒挡拨块3的凹槽内，以拨动一、倒挡拨叉轴而推入倒挡。

(3) 分类　按操纵杆与变速器的相互位置，变速器操纵机构可分为远距离操纵式和直接操纵式两大类。

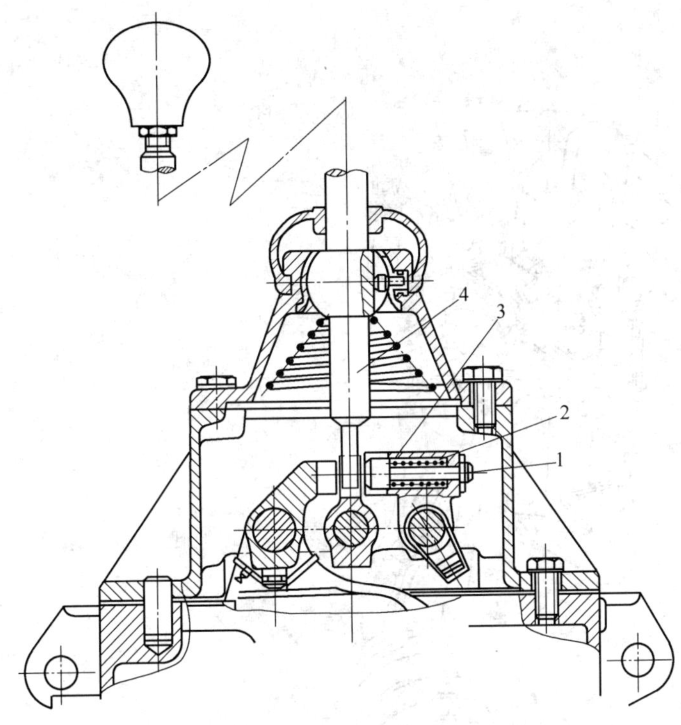

图 2-19　弹簧锁销式倒挡锁

1—倒挡锁销　2—倒挡锁弹簧　3—倒挡拨块　4—变速杆

1）远距离操纵式。如图 2-20 所示，当驾驶员座位离变速器较远或变速杆布置在转向盘下方（某些轿车）的转向管柱上时，通常在变速杆与换挡拨叉之间增加若干个传动件，组成远距离操纵机构。红旗 CA7220 型轿车 016 型变速器的操纵机构便是这种形式，如图 2-21 所示。

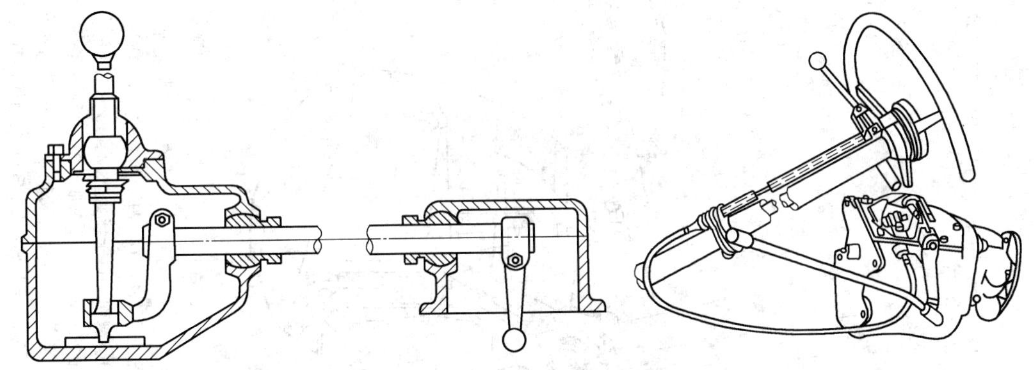

图 2-20　变速器远距离操纵示意图

2）直接操纵式。大多数汽车的变速器布置在驾驶员座位附近。变速杆由驾驶室底板伸出，驾驶员可直接操纵。这种操纵机构一般由变速杆、拨块、拨叉、拨叉轴以及安全装置等组成，多集装于变速器上盖或侧盖内。解放 CA1092 型汽车六挡变速器操纵机构如图 2-22 所示。

6. 分动器

(1) 功用　多轴驱动的越野汽车上，为了将变速器输出的动力分配到各驱动桥，均装有分动器。

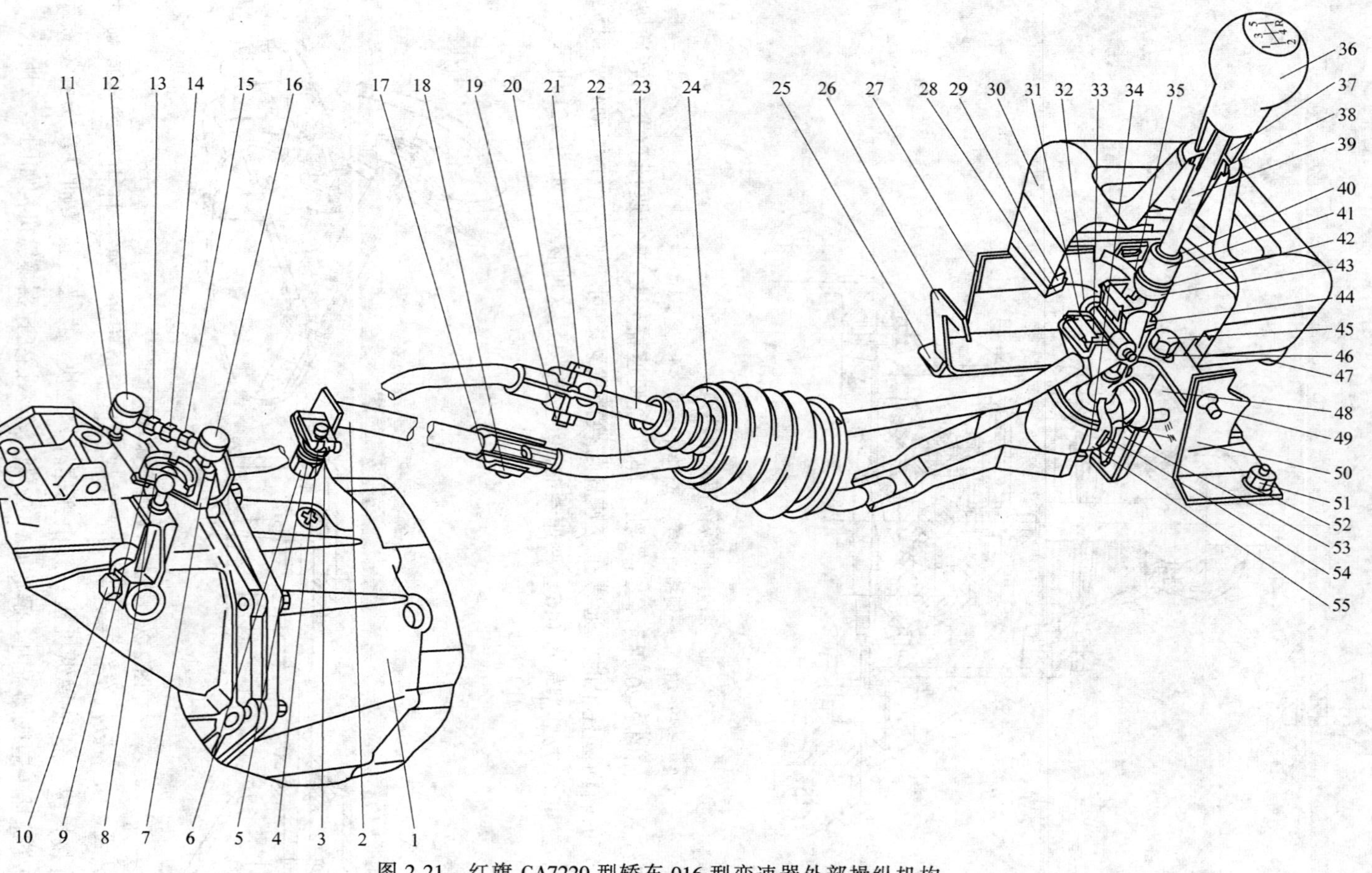

图 2-21 红旗 CA7220 型轿车 016 型变速器外部操纵机构

1—016 型变速器总成 2—前拉杆焊接总成 3—球衬 4、42—垫圈 5—锁片 6—限位螺栓 7—换挡前拉杆焊接总成 8—换挡摇臂总成 9—球头衬套 10—螺栓 11—球头 12、16—球碗总成 13、15、51—螺母 14—螺纹套 17、21—六角头螺栓 18—夹紧块 19—六角螺母 20—换挡连杆管夹 22—拉杆总成 23—后换挡管焊接总成 24—防尘套 25—下支架 26—上支架 27—右缓冲块 28—防护罩下支架 29—防护罩上支架 30—换挡杆防护罩 31—导向衬套 32—内六角圆柱头螺栓 33—圆管 34—球壳 35—自锁螺母 36—换挡手柄总成 37—上密封套 38—下密封套 39—换挡操纵杆总成 40—卡环 41—导套 43、54—弹簧 44—换挡操纵杆导向套 45—六角螺栓 46、52—垫片 47—十字槽平圆顶头自攻螺栓 48—压板 49—左缓冲块 50—隔块 53—球衬座 55—半球

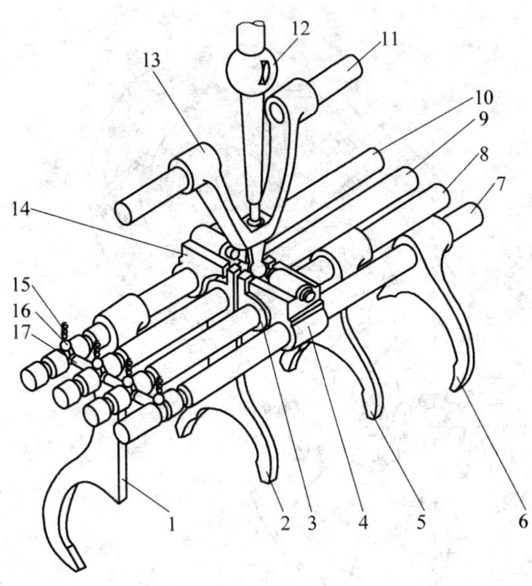

图 2-22　解放 CA1092 型汽车六挡变速器操纵机构示意图

1—五、六挡拨叉　2—三、四挡拨叉　3—一、二挡拨块　4—倒挡拨块　5—一、二挡拨叉　6—倒挡拨叉　7—倒挡拨叉轴　8—一、二挡拨叉轴　9—三、四挡拨叉轴　10—五、六挡拨叉轴　11—换挡轴　12—变速杆　13—叉形拨杆　14—五、六档拨块　15—自锁弹簧　16—自锁钢球　17—互锁销

分动器的基本结构也是一个齿轮传动系统。其输入轴直接或通过万向传动装置与变速器输出轴相连，而其输出轴则有若干个，分别经万向传动装置与各驱动桥连接。

目前绝大多数越野汽车都装用两挡分动器，使之兼起副变速器的作用。

(2) 结构　分动器由齿轮传动机构和操纵机构两部分组成。

东风 EQ2080 型越野汽车装用的三输出轴式分动器如图 2-23 所示，其齿轮传动机构结构简图如图 2-24 所示。

该分动器可将动力分别传给前桥、中桥和后桥。当换挡接合套 4 向右移动与齿轮 9 前端接合齿圈相啮合时，便挂上了低速挡。此时变速器第二轴的动力经万向传动装置传给输入轴 1，经齿轮 5 和 9 及换挡接合套 4 传给中间轴 11，中间轴后端的齿轮 10 再驱动齿轮 6 和 13，因而使通往后驱动桥的输出轴 8 及通往中驱动桥的输出轴 12 被驱动，此时，由于前桥接合套 16 也先被向后移动，通往中驱动桥的输出轴 12 便通过前桥接合套 16 使通往前驱动桥的输出轴 17 也被驱动。低速挡传动比为 2.05。

换挡接合套 4 向左移动使之与齿轮 15 的接合齿圈相啮合时，分动器挂上高速挡，其传动比为 1.08。

分动器操纵机构如图 2-25 所示。由操纵杆、传动杆、摇臂及轴等组成。操纵分动器时，若换入低速挡，输出转矩较大。为避免中、后桥超载，前桥需参加驱动，分担一部分载荷。为此，分动器的操纵机构应保证；接上前桥前，不得挂上低速挡；低速挡退出前，不得摘下前桥。

当换挡操纵杆 1 向后拉动时，其下端将使传动杆 4 向前运动以挂高速挡。若换挡操纵杆 1 向前挂低速挡时，其下端受螺钉 3 限制，无法挂上低速挡。欲挂上低速挡，必须先将前桥操纵杆 2 向前移动，使轴 7 转动并通过摇臂 6 使传动杆 5 后推，接上前桥动力后才能实现。因为前桥操纵杆 2 上端向前推时，下端便连同螺钉 3 向后摆动，不再约束换挡操纵杆 1 挂低

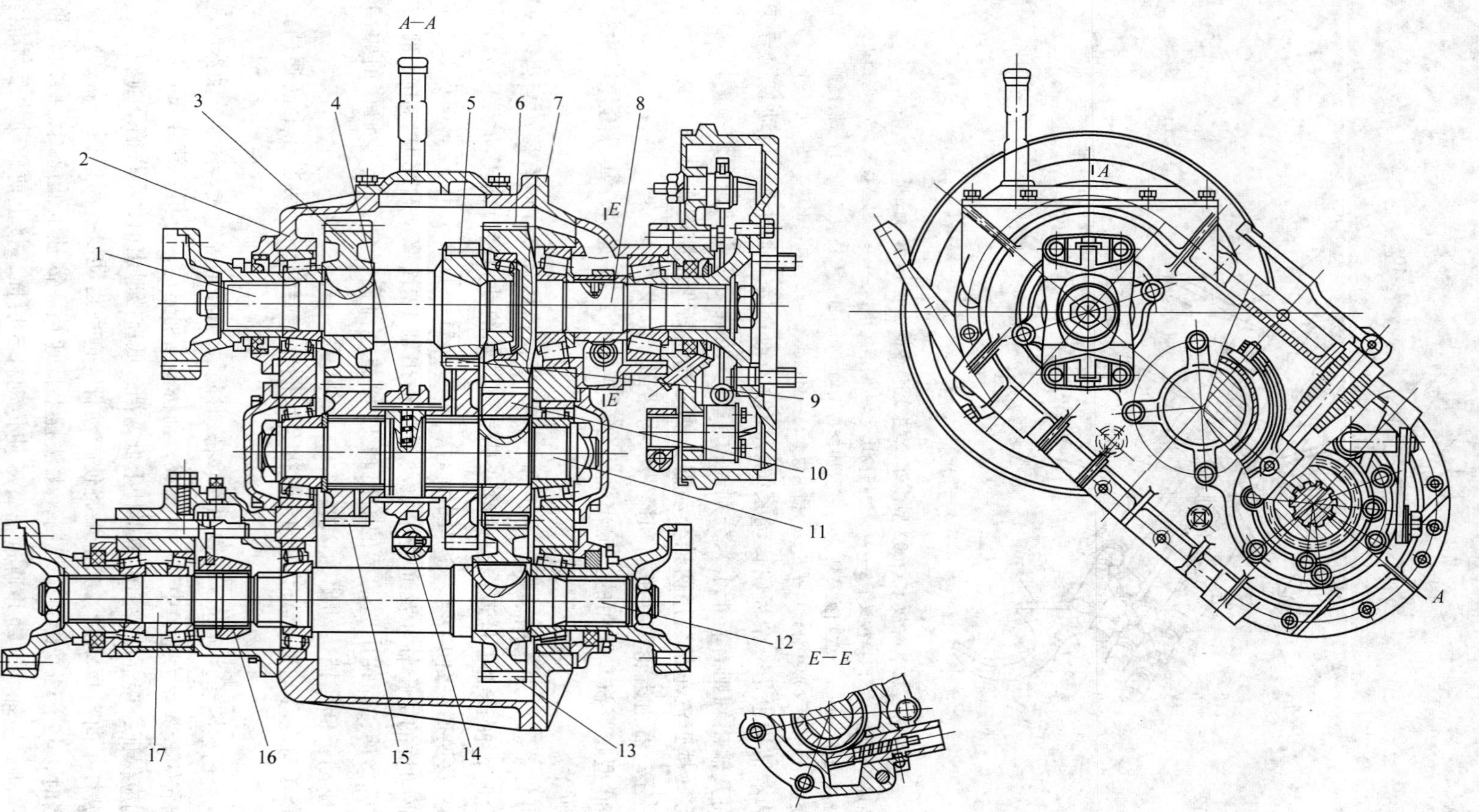

图 2-23 三输出轴式分动器

1—输入轴 2—分动器壳 3、5、6、9、10、13、15—齿轮 4—换挡接合套 7—分动器盖 8—通往后驱动桥的输出轴 11—中间轴 12—通往中驱动桥的输出轴 14—换挡拨叉轴 16—前桥接合套 17—通往前驱动桥的输出轴

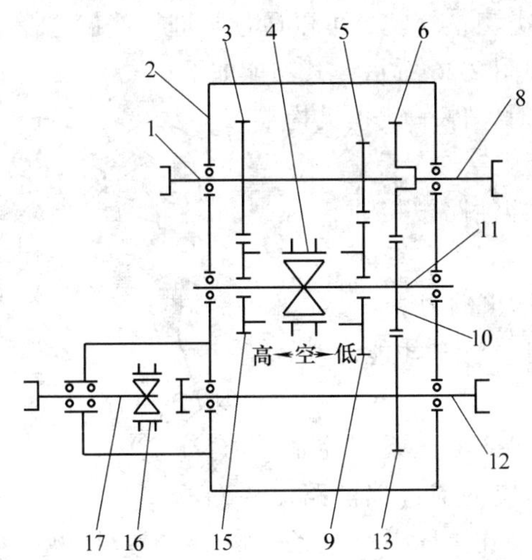

图 2-24　三输出轴式分动器结构示意图

1—输入轴　2—分动器壳　3、5、6、9、10、13、15—齿轮　4—换挡接合套　8—通往后驱动桥的输出轴　11—中间轴　12—通往中驱动桥的输出轴　16—前桥接合套　17—通往前驱动桥的输出轴

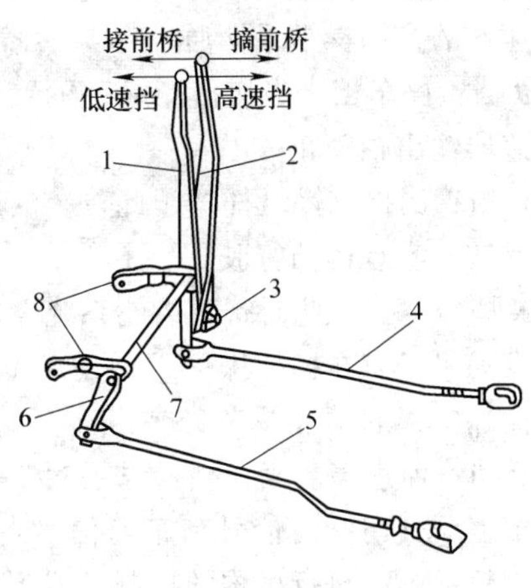

图 2-25　分动器操纵机构

1—换挡操纵杆　2—前桥操纵杆　3—螺钉　4、5—传动杆　6—摇臂　7—轴　8—支承臂

速挡。当挂上低速挡后，换挡操纵杆 1 下端又与螺钉 3 接触，从而又限制住在低速挡位时前桥无法摘开。

四、自动变速器

(一) 概述

1. 自动变速器的特点

自动变速器的特点是：整车具有更好的驾驶性能；良好的行驶性能；更高的行车安全性以及降低废气排放等优点。但其结构较复杂；传动效率低。

2. 自动变速器的组成

电控自动变速器主要由液力变矩器、齿轮变速机构、换挡执行机构、液压控制系统和电子控制系统五大部分组成。

3. 自动变速器的分类

1) 按照汽车驱动方式的不同，可分为后驱动自动变速器和前驱动自动变速器（即自动驱动桥）。

2) 按前进挡的挡位数不同，可分为 2 个前进挡、3 个前进挡、4 个前进挡、5 个前进挡。新型轿车装用的自动变速器基本上都是 4 个前进挡，即设有超速挡。目前已经开发出装有 5 个前进挡自动变速器的轿车。

3) 按齿轮变速器类型的不同，可分为行星齿轮式自动变速器和平行轴式自动变速器两种。行星齿轮式自动变速器结构紧凑，能获得较大的传动比，为绝大多数轿车所采用。平行轴式自动变速器体积较大，最大传动比较小，只有少数几种车型使用（如本田 ACCORD 轿车）。

4) 按控制方式不同，可分为液力控制自动变速器和电子控制自动变速器两种。

4. 电控液力自动变速器挡位简介

自动变速器换挡元件有按钮式和拉杆式两种类型，驾驶员可以通过其进行挡位选择。自动变速器的换挡操纵手柄通常有4~7个位置，如图2-26所示，其功能如下：

图2-26 换挡操纵手柄示意图

P挡：停车挡。当换挡操纵手柄置于该位置时，停车锁止机构将变速器输出轴锁止。

R挡：倒挡。操纵杆置于此位，液压系统倒挡油路被接通，驱动轮反转，实现倒挡行驶。

N挡：空挡。此时行星齿轮系统空转，不能输出动力。

发动机只有在换挡操纵手柄位于P或N位时，汽车才能起动，此功能靠空挡起动开关来实现。

D挡：前进挡。当换挡操纵手柄置于该位置时，液压系统控制装置根据节气门开度信号和车速信号自动接通相应的前进挡油路，行星齿轮系统在执行机构的控制下得到相应的传动比，随着行驶条件的变化，在前进挡中自动升降挡，实现自动变速功能。

2挡：高速发动机制动挡。操纵手柄位于该位时，液压控制系统只能接通前进挡中的一二挡油路，自动变速器只能在这两个挡位间自动换挡，无法升入更高的挡位，从而使汽车获得发动机制动效果。

1挡（也称L位）：低速发动机制动挡。此时发动机被锁定在前进挡的一挡，只能在该挡位行驶而无法升入高挡，发动机制动效果更强。此挡位多用于山区行驶、上坡加速或下坡时有效地稳定车速等特殊行驶情况，可避免频繁换挡，提高其使用寿命。

“二”和“一”挡又称为闭锁挡。另外，有些车型的“3”、“2”、“1”或“S”挡也为闭锁挡。

5. 电控液力自动变速器的自动变速原理

如图2-27所示，电控液力自动变速器是通过传感器和开关监测汽车和发动机的运行状态，接受驾驶员的指令，将发动机转速、节气门开度、车速、发动机水温、自动变速器液压

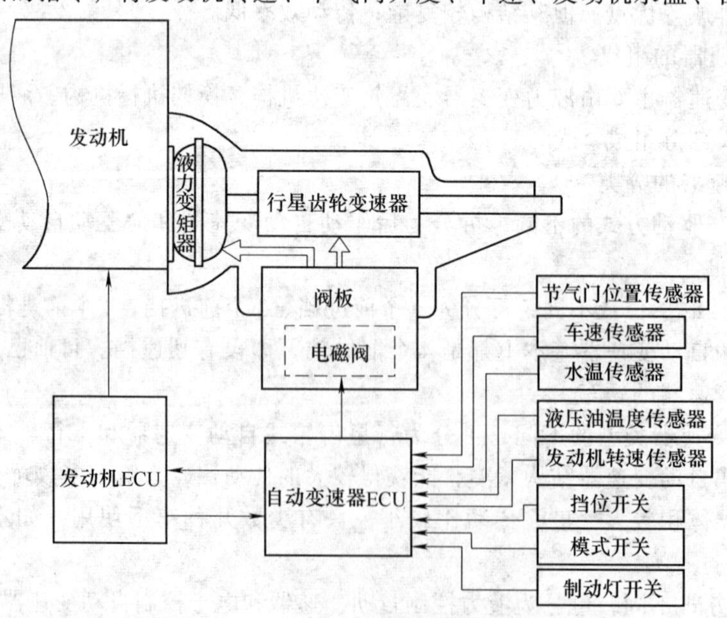

图2-27 电控液力自动变速器控制原理

油温等参数转变为电信号，并输入电控单元（ECU）；ECU根据这些信号，按照设定的换挡规律，向换挡电磁阀、油压电磁阀等发出电子控制信号；换挡电磁阀和油压电磁阀再将ECU发出的控制信号转变为液压控制信号，阀板中的各个控制阀根据这些液压控制信号，控制换挡执行机构的动作，从而实现自动换挡。

（二）01M自动变速器

01M自动变速器由液力变矩器、行星齿轮变速器、主传动、差速器及锁止机构等部分组成，其结构如图2-28所示。

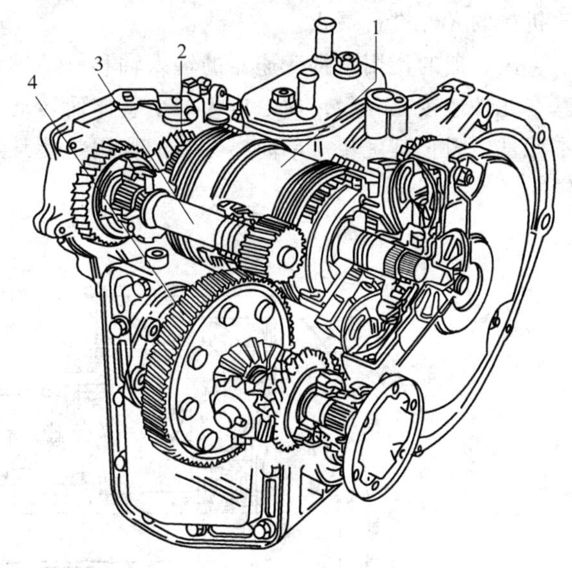

图2-28 01M自动变速器的结构简图

1—行星齿轮系 2—中间传动主动齿轮 3—中间传动从动齿轮 4—差速器

1. 闭锁式液力变矩器

闭锁式液力变矩器主要由泵轮、涡轮、导轮及带扭转减振器的锁止离合器组成，如图2-29所示。闭锁式液力变矩器安装在发动机和变速器之间，以液压油为工作介质，起传递转矩、变矩、变速及离合的作用。

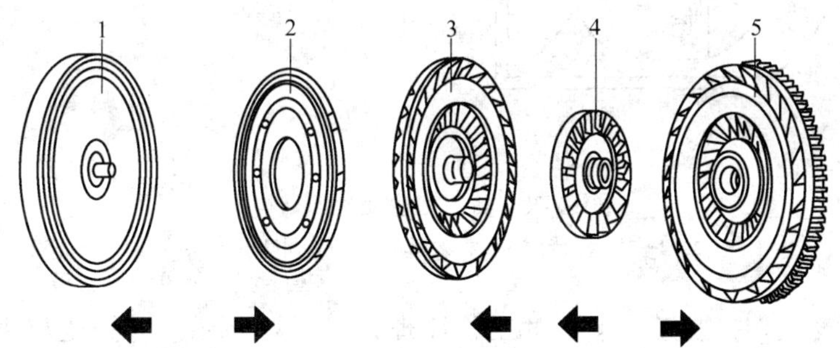

图2-29 闭锁式液力变矩器的组成

1—变矩器壳体 2—锁止离合器（带扭转减振器） 3—涡轮 4—导轮 5—泵轮

泵轮、涡轮和导轮都是由铝合金精密铸造或用钢板冲压而成，在它们的环状壳体内径向排列着许多叶片。泵轮是液力变矩器的输入元件，与变矩器壳体刚性连接，随发动机曲轴一起旋转。涡轮通过花键孔与行星齿轮系统的输入轴相连。导轮位于涡轮和泵轮之间，通过单向离合器固定在导轮轴或导轮套管上。

由于液力变矩器的泵轮和涡轮之间存在着转速差和液力损失，故其效率不如普通机械式变速器高。为提高液力变矩器在高转速比工况下的效率及汽车正常行驶时的燃油经济性，绝大部分的液力变矩器增设了锁止机构，使变矩器输入轴与输出轴刚性连接，增大传动效率。

2. 行星齿轮变速器

（1）组成 行星齿轮变速器主要由行星齿轮机构和执行机构组成。执行机构由片式离合器、片式制动器、单向离合器组成，如图2-30和图2-31所示。行星齿轮变速器执行机构根据变速器控制系统的命令放松或固定行星齿轮系统的某个元件，通过改变动力传递路线得到不同的传动比。离合器和制动器是以液压方式控制，而单向离合器则是以机械方式对行星齿轮机构的元件进行锁止。

离合器的作用是将变速器的输入轴和行星排的某个基本元件连接，或将行星排的某两个基本元件连接在一起，使之成为一个整体而转动。制动器的作用是固定行星齿轮机构中的基本元件，阻止其旋转。单向离合器的作用是使某元件只能按一定方向旋转，在另一个方向上锁止。

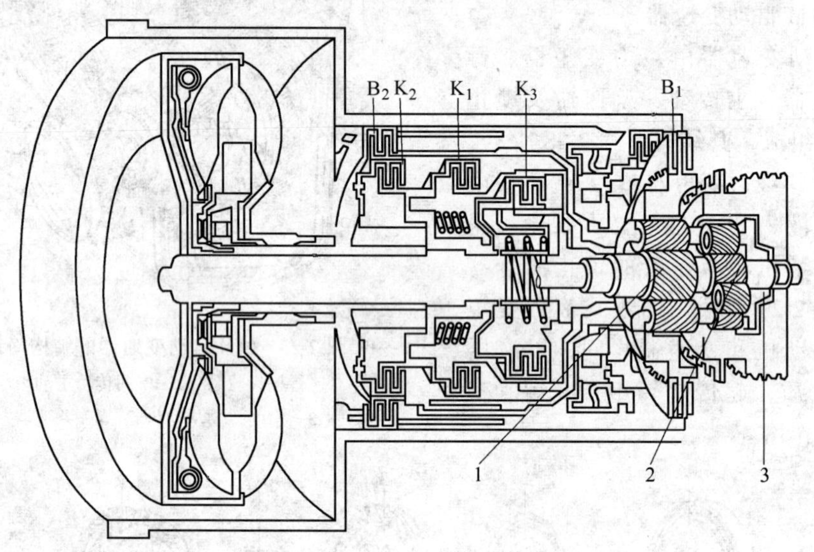

图 2-30　行星齿轮变速器结构

1—大太阳轮　2—小太阳轮　3—行星齿轮支架

（2）工作原理　01M 自动变速器的工作原理如图 2-32 所示。各挡位与执行元件的关系如表 2-1 所示。

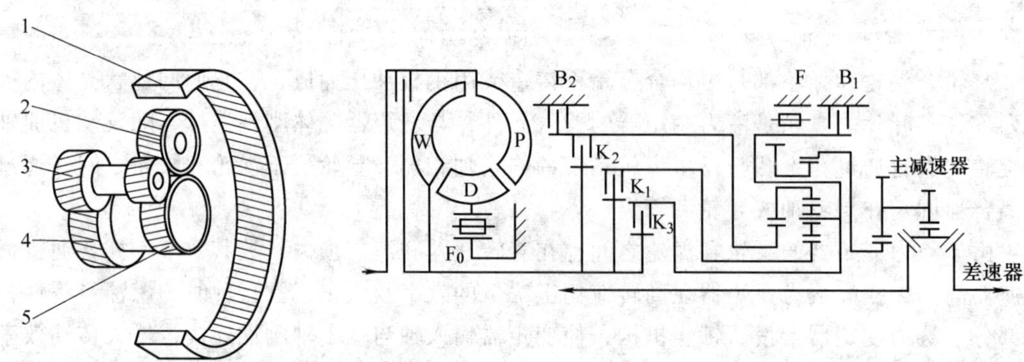

图 2-31　行星齿轮系结构

1—齿圈　2—短行星齿轮　3—长行星齿轮　4—大太阳轮　5—小太阳轮

图 2-32　01M 自动变速器工作原理简图

表 2-1 01M 自动变速器各挡位与执行元件的关系

挡位	B_1	B_2	K_1	K_2	K_3	F	K_0
R	○			○			
1H			○			○	
1M			○			○	○
2H		○	○				
2M		○	○				○
3H			○		○		
3M			○		○		○
4H		○			○		
4M		○			○		○

注：○—离合器、制动器或单向离合器接合 H—液力传动 M—机械传动

变速器各挡动力传递路线如下：

液力式 1 挡：离合器 K_1 接合，单向离合器 F 工作。其动力流程为：泵轮→涡轮→涡轮轴→离合器 K_1→小太阳轮→短行星齿轮→长行星齿轮驱动齿圈，如图 2-33 所示。

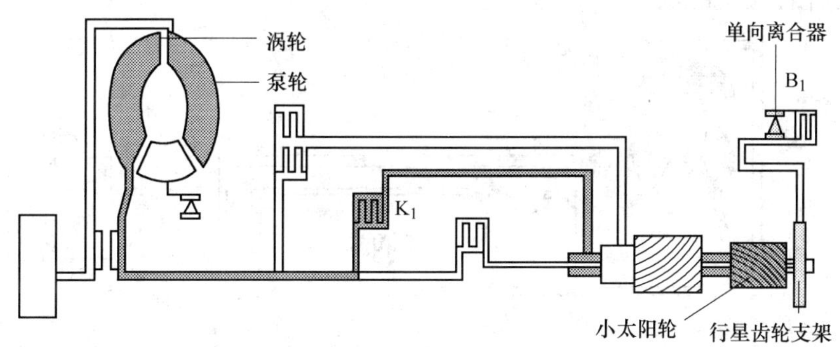

图 2-33 液力 1 挡动力流程

液力式 2 挡：离合器 K_1 接合，制动器 B_1 制动大太阳轮。其动力流程为：泵轮→涡轮→涡轮轴→离合器 K_1→小太阳轮→短行星齿轮→长行星齿轮围绕大太阳轮转动并驱动齿圈，如图 2-34 所示。

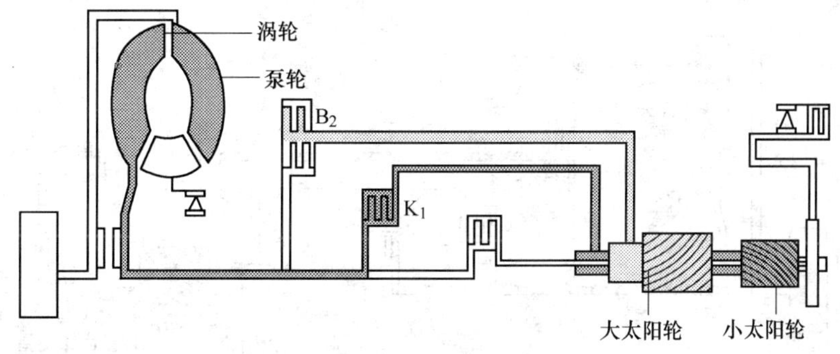

图 2-34 液力 2 挡动力流程

液力式3挡：离合器 K_1 与 K_3 接合，驱动小太阳轮和行星齿轮架，因而使行星齿轮副锁止并一同转动。其动力流程为：泵轮→涡轮→涡轮轴→离合器 K_1 与 K_3→整个行星齿轮副转动，如图2-35所示。

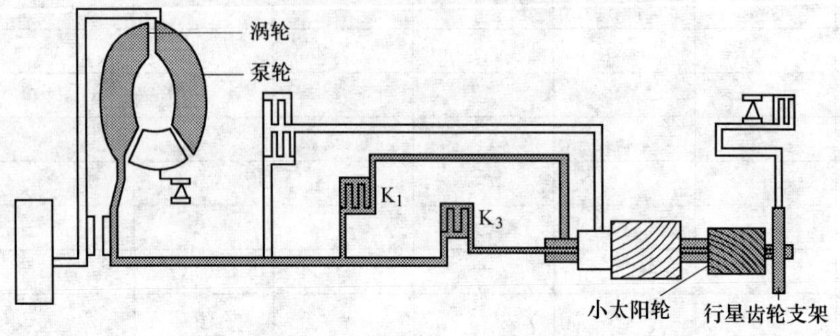

图2-35 液力3挡动力流程

液力式4挡：离合器 K_3 接合，制动器 B_2 工作，使行星齿轮架工作，并制动大太阳轮。其动力流程为：泵轮→涡轮→涡轮轴→离合器 K_3→行星齿轮架→长行星齿轮围绕大太阳轮转动→驱动齿圈，如图2-36所示。

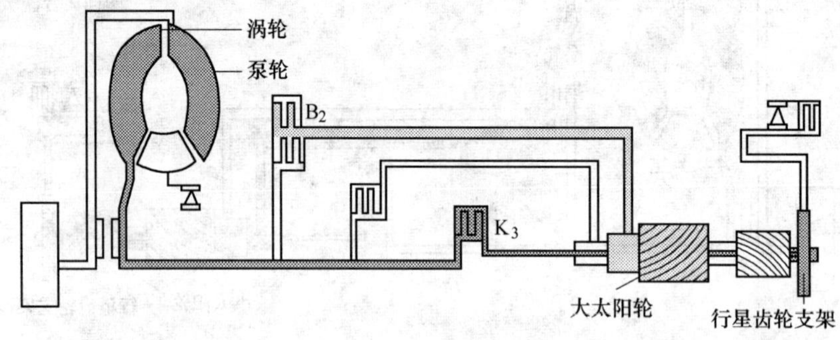

图2-36 液力4挡动力流程

倒挡：离合器 K_2 接合，驱动大太阳轮；制动器 B_1 工作，使行星齿轮架制动。其动力流程为：泵轮→涡轮→涡轮轴→离合器 K_2→大太阳轮→长行星齿轮反向驱动齿圈，如图2-37所示。

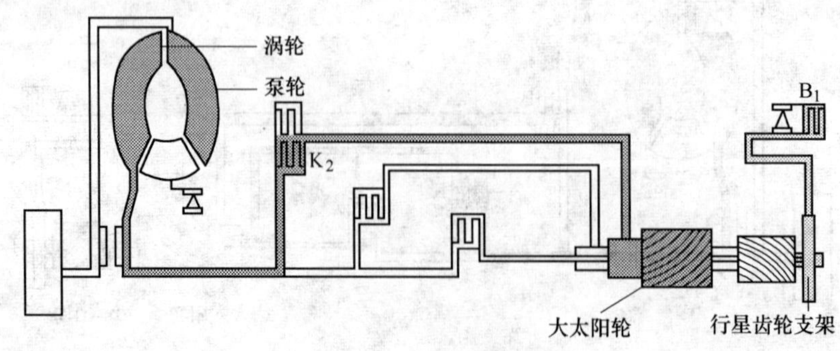

图2-37 倒挡动力流程

3. 液压系统

液压系统主要由液压泵、油道、滤清器、压力滑阀等组成，如图 2-38 所示。

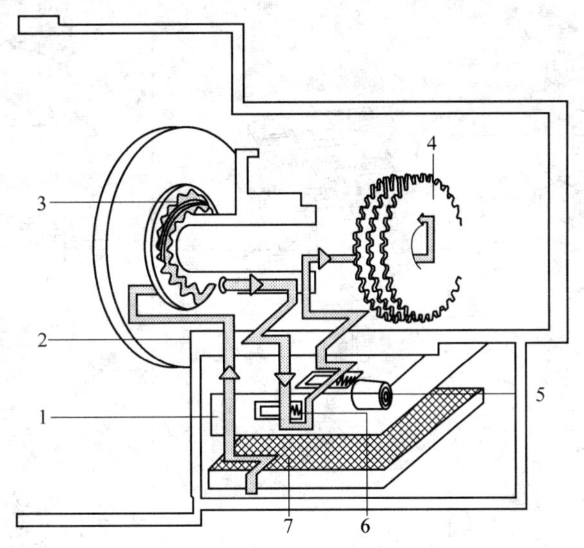

图 2-38 液压油路

1—滑阀箱 2—壳体密封装置 3—自动变速器液压泵

4—离合器 5—电磁阀 6—压力滑阀

7—自动变速器机油滤清器

4. 电子控制系统

自动变速器的电子控制装置由传感器、控制开关、自动变速器控制单元（微电脑）等部件组成，如图 2-39 所示。

电控系统电路如图 2-40 所示。

(1) 节气门电位计 G69 节气门电位计与节气门联在一起，不断地将节气门位置和节气门踏板踏下速度的信号传给发动机控制单元，然后由发动机控制单元传给自动变速器控制单元。

该信号的作用：计算按载荷变化的换挡时刻；根据挡位按载荷变化对自动变速器油压进行调整；按节气门踏板的踏下速度，控制单元确定换挡时刻。

信号中断的影响：控制单元用发动机平均负载来确定换挡时刻；自动变速器油压按挡位调整到节气门全开时的油压。

(2) 变速器转速传感器 G38 变速器转速传感器是感应式传感器，位于变速器壳体内，用于指示行星齿轮系中大太阳轮的转速，如图 2-41 所示。利用大太阳轮转速，控制单元可准确识别换挡时刻，控制多片离合器。换挡过程中，通过减小点火提前角来减小发动机转矩。该信号中断后，控制单元进入应急状态。

(3) 车速传感器 G68 车速传感器安装在变速器壳体内，如图 2-42 所示。通过主动齿轮上的脉冲叶轮，由感应式传感器接收车速信息，如图 2-43 所示。

信号作用：决定应换入某一挡位；速度调节装置；进行变矩器锁止控制。

信号中断的影响：控制单元用发动机转速作为代用信号；锁止离合器失去锁止功能。

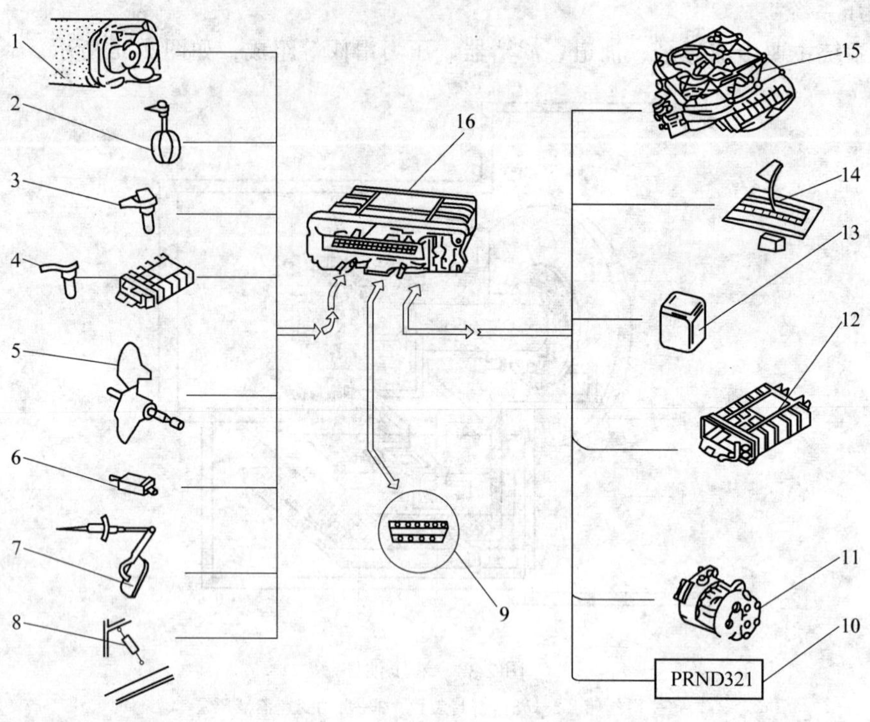

图 2-39 电子控制系统组成

1—节气门电位计 G69 2—变速器转速传感器 G38 3—车速传感器 G68 4—发动机转速传感器 G28
5—多功能开关 F125 6—制动灯开关 7—强制低挡开关 F8 8—变速器机油温度传感器 G93
9—自诊断接口 10—变速杆位置指示板 11—空调装置 12—发动机控制单元 J220
13—起动锁和倒车灯继电器 J226 14—变速杆锁止电磁阀 N110
15—带电磁阀的滑阀箱 16—变速器控制单元 J217

(4) 发动机转速传感器 G28 自动变速器控制单元使用发动机管理系统的发动机转速传感器，如图 2-44 所示。

信号作用：控制单元将发动机转速信号与车速进行对比。按转速差控制单元识别出锁止离合器的打滑状况。如果滑动过大，即转速差过大，控制单元就增大锁止离合器压力，滑动相应减小；发动机转速传感器信号可作为车速传感器信号的替代值。

信号中断的影响：控制单元进入应急状态。

(5) 多功能开关 F125 多功能开关位于变速器壳体内，由变速杆拉索控制，如图 2-45 所示。

信号作用：将选挡位置的信息传给变速器控制单元；负责倒车灯的开启；制止起动机在行驶状态啮合，并锁住选挡杆。

信号中断的影响：控制单元进入应急状态。

(6) 制动灯开关 F 制动灯开关安装在脚踏板支架上，控制单元通过该开关判断汽车是否制动。

信号作用：制动灯开关信号用于锁止变速杆。静止的车辆只有踏下制动踏板，变速杆才能脱离 P 或 N 挡位置。

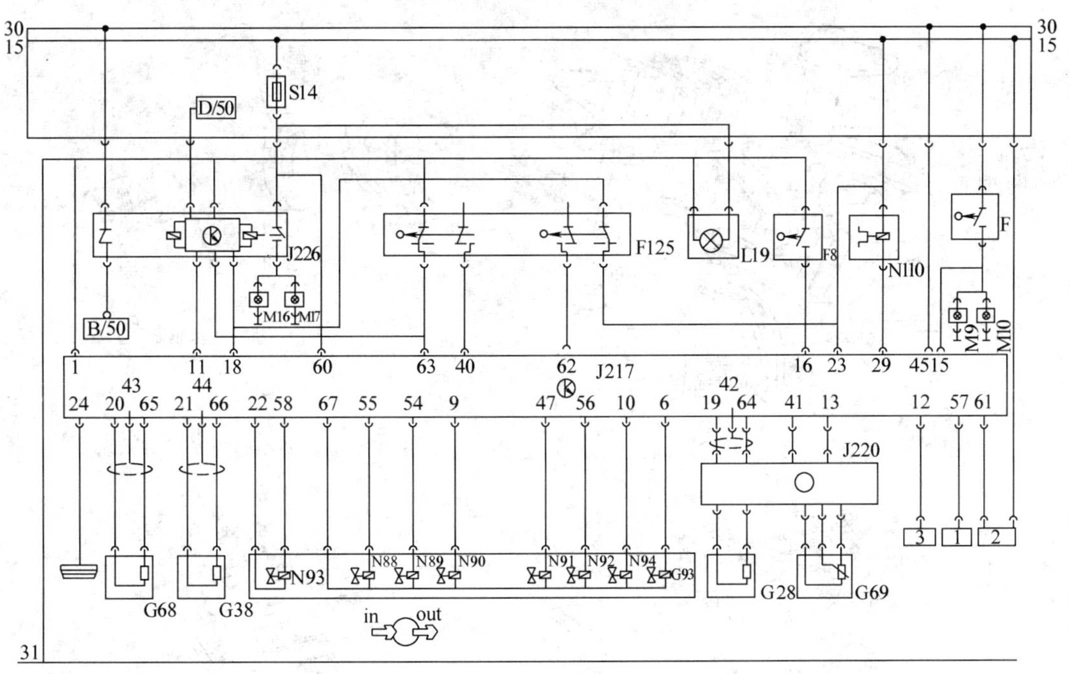

图 2-40 电控系统电路

B/50—起动机（接线柱 50） D/50—点火开关（接线柱 50） F—制动灯开关 F8—强制低速挡开关 F125—多功能开关 G28—发动机转速传感器 G38—变速器转速传感器 G68—车速传感器 G69—节气门电位计 G93—变速器机油温度传感器 J226—起动锁和倒车灯继电器 J220—发动机控制单元 J217—自动变速器控制单元 L19—挡位指示板照明灯 M16/M17—倒车灯 M9/M10—制动灯和尾灯 N88—电磁阀 1 N89—电磁阀 2 N90—电磁阀 3 N91—电磁阀 4 N92—电磁阀 5 N93—电磁阀 6 N94—电磁阀 7 N110—变速杆锁止电磁阀 S14—熔丝

附加信号 [1]—变速杆位置指示板 [2]—速度调节装置 [3]—空调装置

信号中断的影响：如果接触点断开，变速杆锁止功能解除。

（7）强制低速挡开关 F8 该开关与节气门拉索装成一体，节气门踏板踏到底并超过节气门全开点时，此开关工作，如图 2-46 所示。

信号作用：压下此开关，变速器马上强制换入相邻低挡（如从 4 挡到 3 挡）；升挡需在发动机转速较高时才进行；如果压下此开关后，为加大输出功率，空调装置切断 8s。

信号中断的影响：当节气门踏板踏到行程的 95%时，控制单元设定该开关启动。

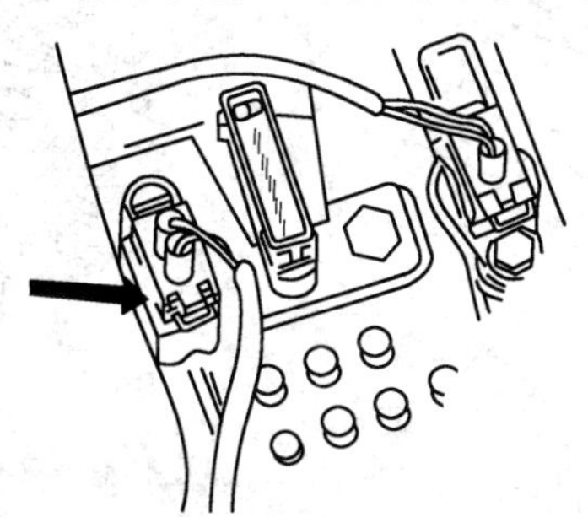

图 2-41 变速器转速传感器 G38（插头为白色）

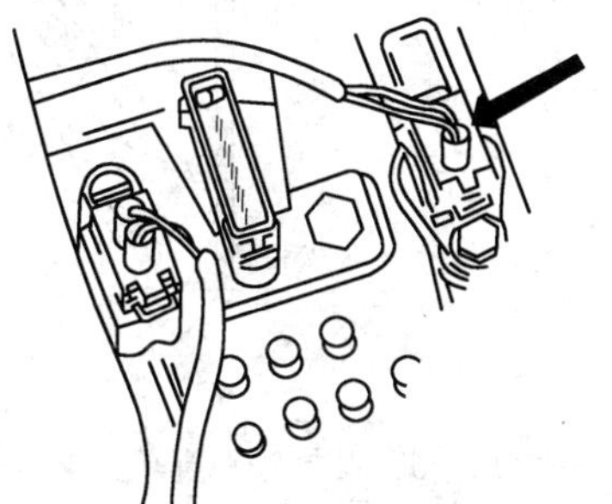

图 2-42 车速传感器 G68（插头为黑色）

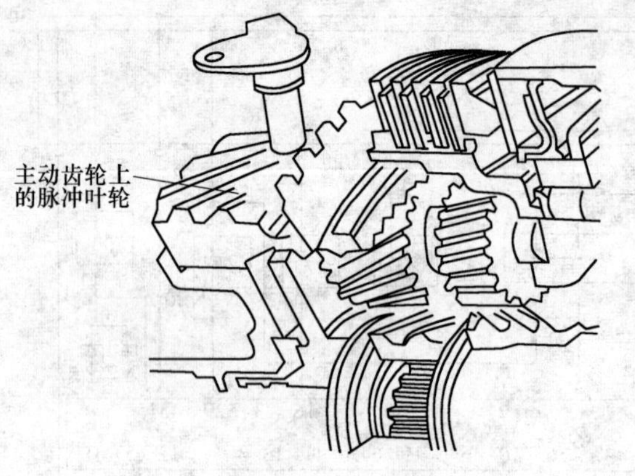

图 2-43 主动齿轮上的脉冲叶轮

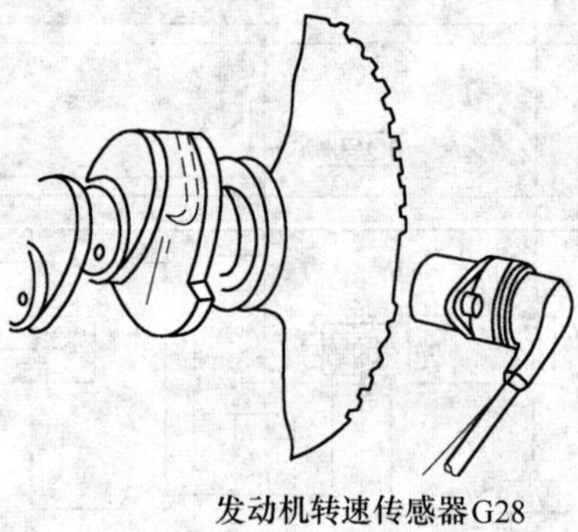

图 2-44 发动机转速传感器 G28

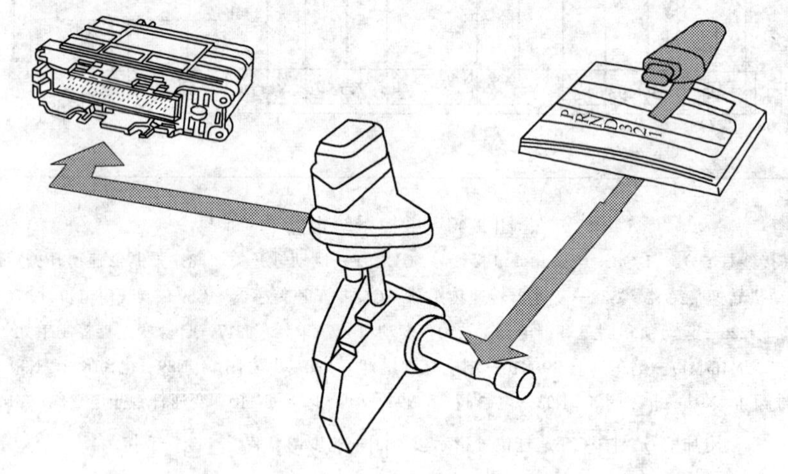

图 2-45 多功能开关 F125

(8) 变速器机油温度传感器 G93　变速器机油温度传感器位于浸在自动变速器油内的滑阀箱上的传输线上。该传感器用于感知变速器机油温度，如图 2-47 所示。

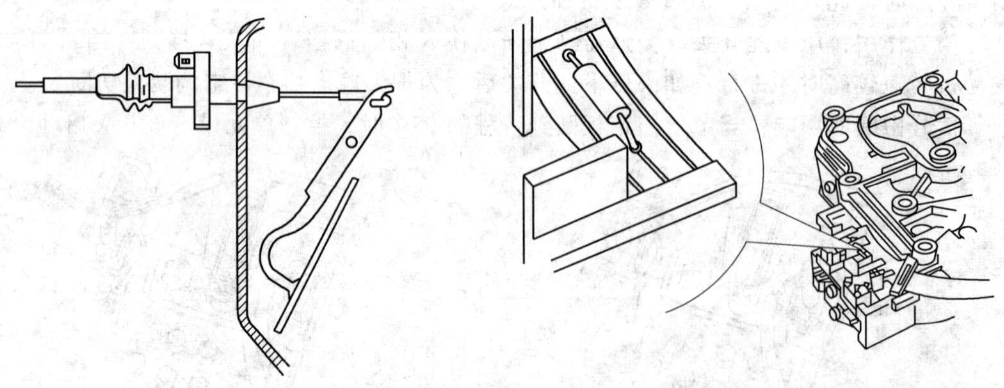

图 2-46 强制低速挡开关 F8

图 2-47 变速器机油温度传感器 G93

变速器机油温度传感器 G93 是一个负温度系数电阻。随机油温度升高，其电阻降低。机油温度达到最高值 150℃时，锁止离合器接合，液力变矩器卸荷，自动变速器油开始冷却。

如果机油温度还不下降，控制单元使变速器降一挡。

该信号中断后，无替代功能。

(9) 起动锁和倒车灯继电器 J226　起动锁和倒车灯继电器 J226 是一组合继电器，装在中央继电器盘上，接收多功能开关 F125 的信号。

该继电器作用：防止车在挂挡后起动机起动；挂上倒挡可接通倒车灯。

(10) 变速杆锁止电磁阀 N110　变速杆锁止电磁阀位于变速杆上。该电磁阀与点火系统接通，起到挡位锁止作用。踏下制动踏板，锁解除，变速杆可推入其他挡位。

(11) 带电磁阀的滑阀箱　电磁阀 N88 ~ N94 位于变速器的滑阀内，由控制单元控制。有两种不同的电磁阀，如图 2-48 所示。

电磁阀 N88、N89、N90、N92 和 N94 为“是-非”阀，其作用为：

1) 控制单元通过电磁阀 N88、N89 和 N90 打开或关闭某一油道，使变速器换入确定的挡位。

2) 电磁阀 N92 和 N94 使换挡平顺。

电磁阀 N91 和 N93 是调节阀。这两个阀用来调节离合器和制动器压力大小，油压由控制单元来控制，油压低表示压力大。具体作用为：

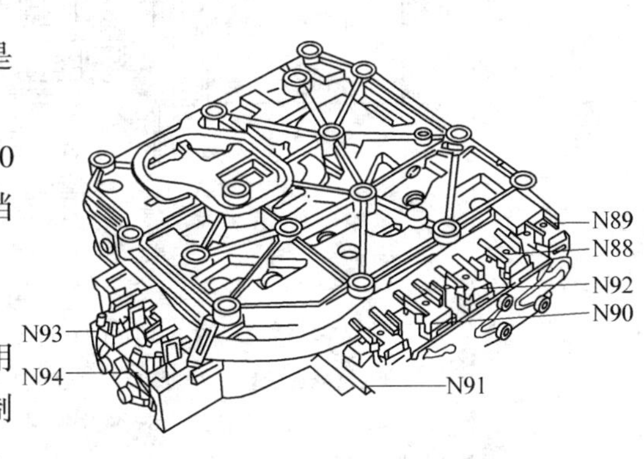

图 2-48　电磁阀

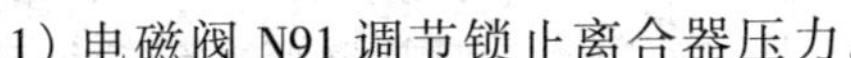
1) 电磁阀 N91 调节锁止离合器压力。

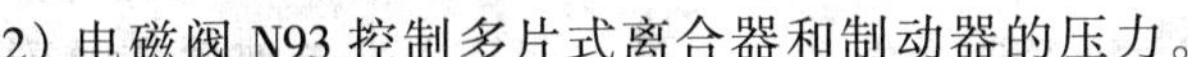
2) 电磁阀 N93 控制多片式离合器和制动器的压力。

信号中断的影响：控制单元进入应急状态。

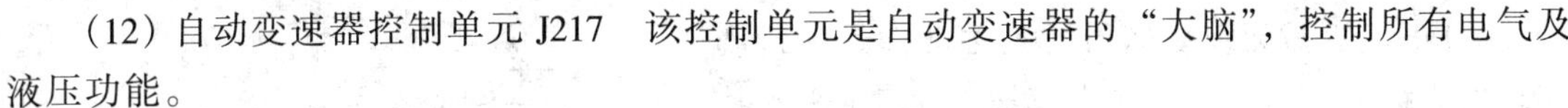
(12) 自动变速器控制单元 J217　该控制单元是自动变速器的“大脑”，控制所有电气及液压功能。

如果控制单元出了故障，可通过操纵变速杆在滑阀箱内换挡，使一挡液压、三挡液压、倒挡仍有效。变速杆在位置“D”，汽车通过液压以三挡起动。

(13) 自诊断系统　自诊断系统监控传感器电信号和执行元件动作，对控制单元进行自检。如出现故障，替代功能立即生效。从控制单元的永久性存储器中可读出故障说明，所以，即使蓄电池断开及控制单元插头已拔下，故障存储仍保留。

在读出故障时，控制单元区分出永久故障和偶发故障。在几个行驶周期内只发生一次的故障即认为是偶发故障。如果一个故障在汽车行驶 1000km 后不再出现，它自动从存储器中清除。如果在控制单元运行周期内故障仍存在，那么控制单元认为它是永久故障。

五、电控机械无级自动变速器

电控机械无级变速器在操纵方便性和乘坐舒适性方面可与电控液力传动自动变速器相媲美，而其传动效率却远高于电控液力传动自动变速器。从理论上讲，电控机械无级变速器可使发动机始终在经济工况下运行。另外，电控机械无级变速器的牵引性能非常优异，在汽车加速时无需切断动力，能显著提高超车性能。

一汽大众公司生产的奥迪 A6 轿车装备了电控机械无级变速器，其代号为 01J，采用带/链传动，是奥迪公司首家推出的能够应用于功率和转矩分别达到 150kW 和 300N · m 的 V6　2.8L 发动机系统的电控机械无级变速器。

01J 电控机械无级变速器结构简图如图 2-49 所示。

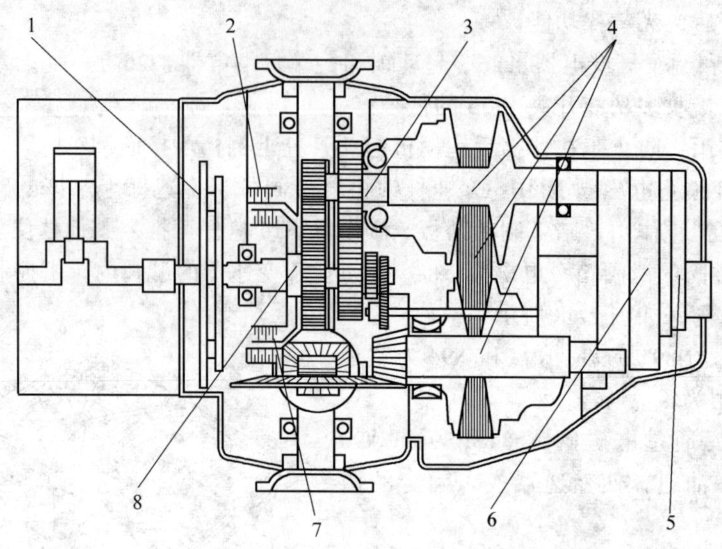

图 2-49 01J 电控机械无级变速器结构

1—飞轮减振装置 2—倒挡制动器 3—辅助减速齿轮组 4—带传动链的变速器
5—变速器控制单元 6—液压控制单元 7—前进挡离合器 8—行星齿轮系

01J 电控机械无级变速器的传动简图如图 2-50 所示。发动机动力通过飞轮减振装置或双质量飞轮传递给变速器输入轴，输入轴动力通过行星齿轮机构、一对辅助变速齿轮传动组，传递到传动链轮机构，通过传动链轮无级变速后，动力经过主减速器和差速器传递到驱动轮。

01J 电控机械无级变速器的关键部件是由传动链实现的无级变速器。它可允许在最小和最大变速比之间无级调节。无级变速器由两个带锥面的盘体的主链轮装置（链轮装置 1）和副链轮装置（链轮装置 2）以及工作于两个锥形链轮组之间 V 形槽内的专用传动链组成，传动链是动力传动装置，如图 2-51 所示。链轮装置是由发动机通过辅助减速齿轮驱动，发动机转矩通过传动链传递到链轮装置，并由此传递给主减速器。每个链轮装置中的一个链轮可沿轴向移动，调整传动链的跨度尺寸和改变传动比。两组链轮装置必须同时进行调整，保证传动链轮始终处于张紧状态和有足够的盘接触传动压力。

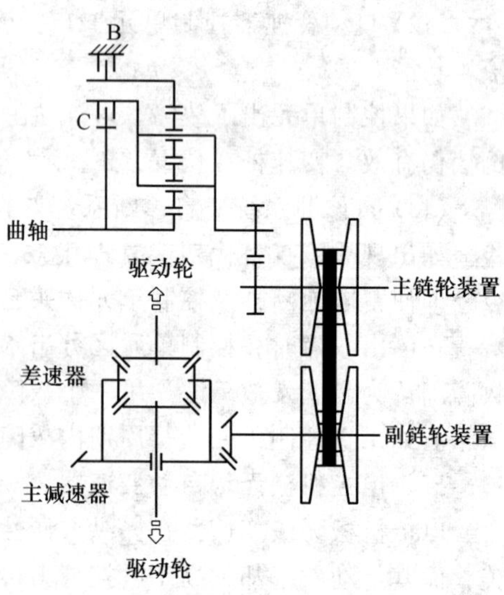

图 2-50 01J 电控机械无级变速器传动简图

B—倒挡制动器 C—前进挡离合器

行星齿轮传动机构采用一个双行星排，主要作用是实现前进挡和倒挡的转换，不改变传动比。

电子液压控制单元和变速器控制单元集成为一体，位于变速箱壳体内。

六、万向传动装置

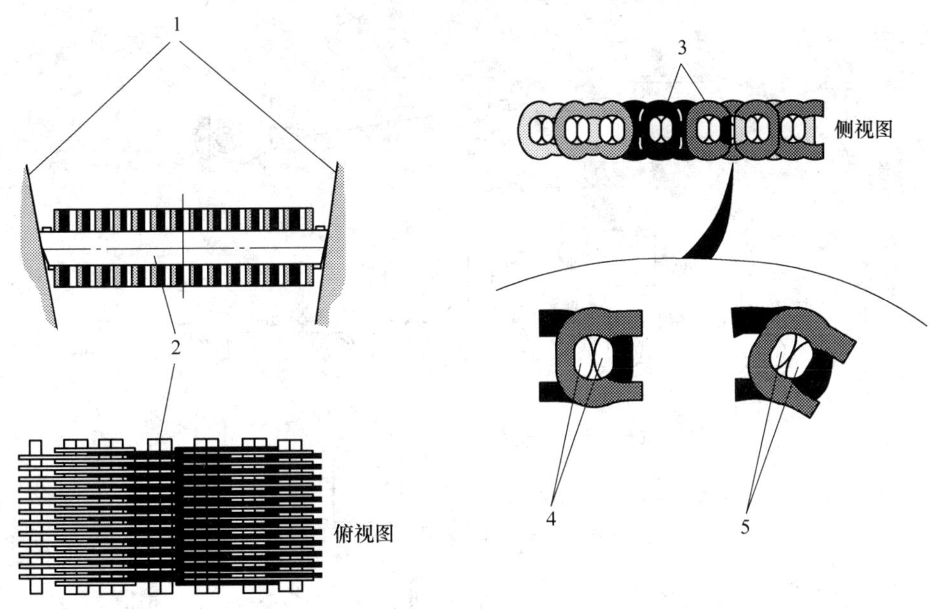

图 2-51 传动链

1—变速器锥面链轮 2、4—转动压块 3—链节 5—转动节

(一) 万向传动装置的功用、组成及应用

1. 功用

万向传动装置用来实现变角度的动力传递。

2. 组成

万向传动装置一般由万向节和传动轴组成，有时还要加装中间支承。

3. 万向传动装置在汽车上的应用

1) 在发动机前置后轮驱动的汽车上，往往将发动机、离合器、变速器连成一个总成固定在车架上，而驱动桥则通过弹性悬架与车架相连接。这样，变速器输出轴与主减速器的输入轴之间不但轴线不重合，而且两个轴的相对位置不断变化。因此，采用如图 2-52a 所示万向传动装置。

2) 在多轴驱动的越野汽车上，在分动器与各驱动桥之间，或驱动桥与驱动桥之间，或变速器与分动器分开时，它们之间的动力传递等都是靠万向传动装置来实现的，如图 2-52b 所示。有些重型汽车的变速器与发动机是分开固定的，它们之间也装有万向传动装置，如图 2-52c 所示。

3) 转向驱动桥的转向轮在偏转时仍要传递动力，这时的半轴不能制成整体而要分成两段，采用独立悬架，则在靠近主减速器处也需要有万向节，如图 2-52d 所示。若采用非独立悬架，只需在转向轮附近装一个万向节即可，如图 2-52e 所示。

4) 如图 2-52f 所示，有些汽车的转向操纵机构上装有万向传动装置，以便于转向系的总体布置。

(二) 万向节

万向节按其在扭转方向上是否有明显的弹性可以分为刚性万向节和挠性万向节。

刚性万向节是靠零件的铰链式联接传递动力的，可分为不等速万向节（十字轴式）、准

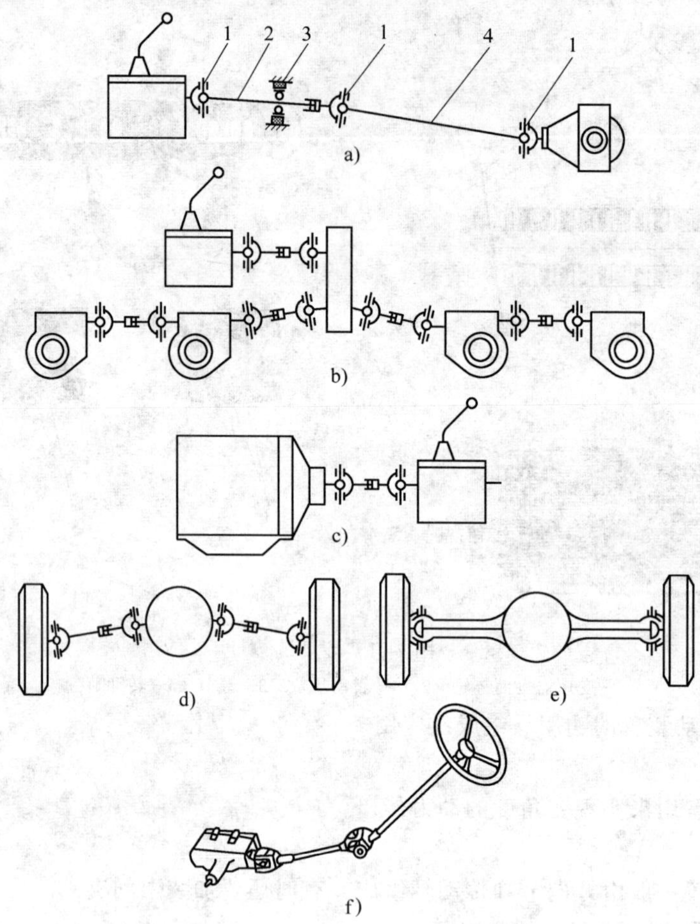

图 2-52 万向传动装置在汽车上的应用

1—万向节 2—中间传动轴 3—中间支承 4—主传动轴

等速万向节（双联式、三销轴式等）和等速万向节（球笼式、球叉式等）。

挠性万向节的特点是其传力组件采用夹布橡胶盘、橡胶块、橡胶环等弹性组件，一般用于夹角较小（3°～5°）的两轴间和有微量轴向位移的传动场合，其结构如图 2-53 所示。

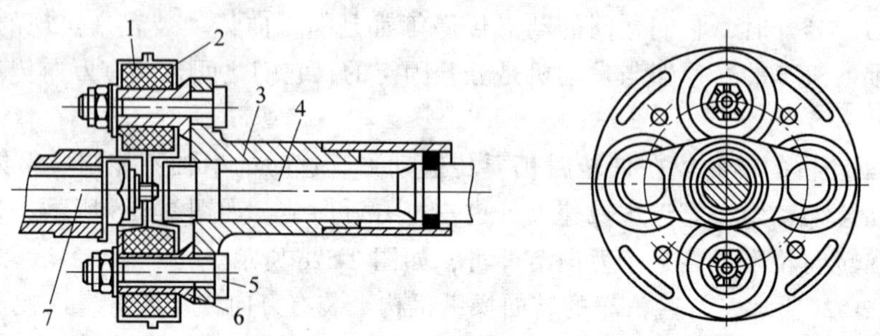

图 2-53 挠性万向节的结构示意图

1—橡胶块 2—连接盘 3—万向节叉 4—输出轴 5—连接螺栓 6—空心销 7—输入轴

1. 十字轴式刚性万向节

十字轴式刚性万向节在汽车传动系中应用最为广泛，它允许相邻两轴的最大交角为15°~20°。它一般由一个十字轴、两个万向节叉和四个滚针轴承等机件组成，如图2-54所示。由于刚性万向节结构简单，传动效率较高，因此应用较广泛。其不足之处是对于单个万向节在输入轴和输出轴之间有夹角的情况下，其两轴的角速度不相等。

在汽车上，万向传动装置往往采用双十字轴万向节来实现等速传动，但必须满足如下两个条件，如图2-55所示：

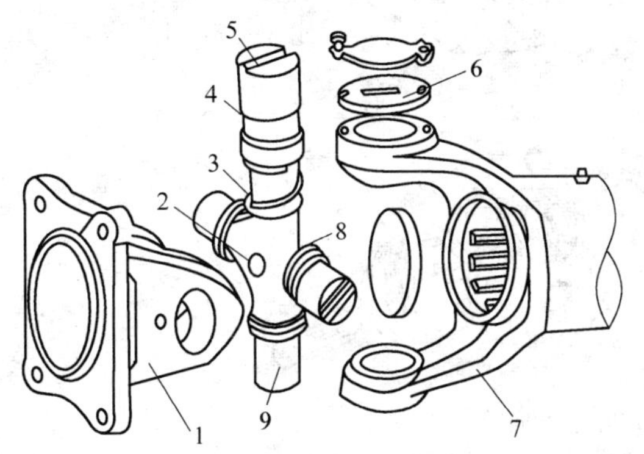

图2-54 十字轴式刚性万向节

1、7—万向节叉 2—安全阀 3—油封 4—滚针 5—套筒 6—轴承盖 8—油嘴 9—十字轴

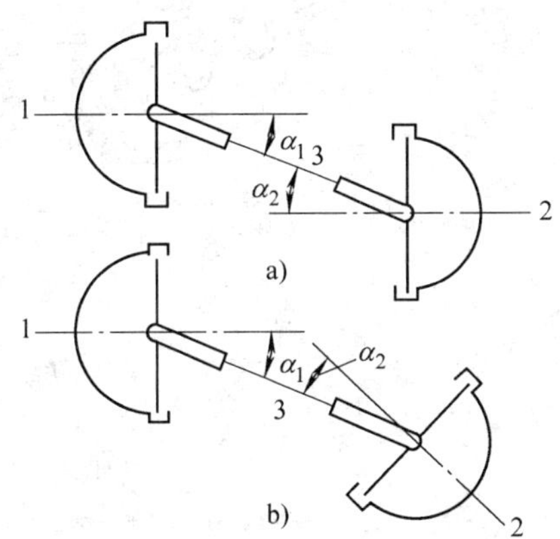

图2-55 双万向节等速传动布置

a）平行排列 b）等腰式排列

1—主动叉 2—从动叉 3—传动轴

1）第一万向节两轴间夹角 α_1 与第二万向节两轴间夹角 α_2 相等，即 $\alpha_1=\alpha_2$。

2）传动轴两端的两个万向节叉（即第一万向节的从动叉与第二万向节的主动叉）在同一平面内。

上述双万向节虽然能顺利地解决等速传动问题，但其应用也有一定的局限性。例如转向驱动桥的分段半轴间，在布置上会受轴向尺寸限制，而且要求转向轮偏转角度大（30°~40°）时，需要准等速或等速万向节来实现等角速传动。

2. 等速万向节

等速万向节的基本原理是从结构上保证万向节在工作中其传力点始终位于两轴交角的平分面上。目前汽车上应用较广泛的等速万向节有球笼式、球叉式及组合式等多种形式。

(1) 球笼式等速万向节 球笼式等速万向节如图2-56所示。星形套7以其内花键与主动轴1连接，传力钢球6分别位于六条由星形套7和球形壳8形成的凹槽内，由保持架4保持在同一平面内。动力由主动轴输入，经钢球6和球形壳8输出。

球笼式万向节中6个钢球都传力，它们受力均匀，承载能力强，可允许两轴最大夹角为42°，在各种轿车上多采用这种万向节。

(2) 球叉式等速万向节 如图2-57所示，球叉式等速万向节的主、从动叉上各有四个弧形凹槽，两个叉对合后形成四个钢球的滚道。四个传力钢球5分别放置在此滚道中。两叉中心的凹槽中放置中心钢球4以定中心。

球叉式万向节结构简单，允许最大交角为32°~33°。这种万向节在工作时，只有两个钢球传力，另两个钢球在反转时受力，所以这种万向节钢球及滚道易磨损，影响使用寿命。多

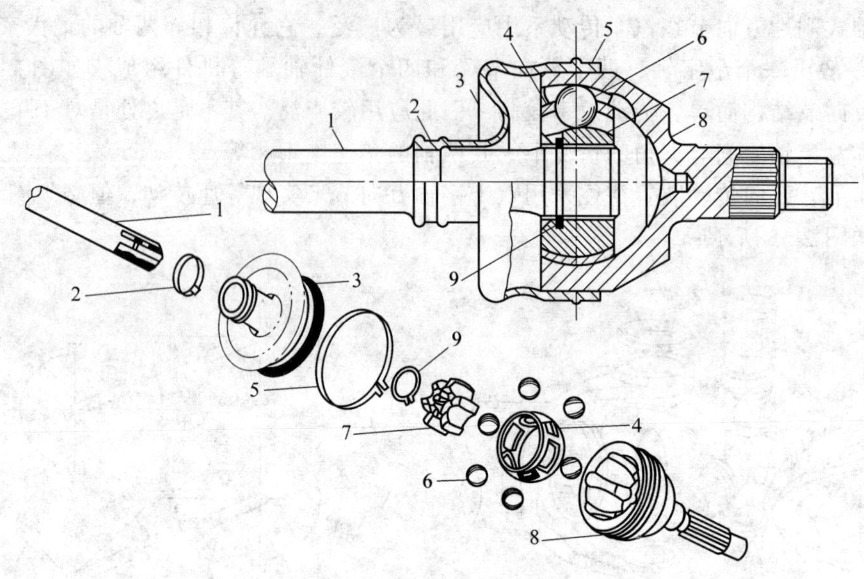

图 2-56 球笼式等速万向节

1—主动轴 2、5—钢带箍 3—外罩 4—保持架（球笼） 6—钢球 7—星形套（内滚道） 8—球形壳（外滚道） 9—卡环

用于转向驱动桥中。

(3) 组合式等速万向节 组合式等速万向节结构如图 2-58 所示，球叉 3 的三个直槽与三个传力球相配合，三个球销 5 制成一个整体，分别固定在球笼 6 上。连接卡簧 7 上的三个爪分别卡入球叉 3 的三个菱形槽内，防止球笼脱离球叉。在弹簧的作用下，中心钢球 1 始终与球叉内凹面接触，起定心作用。

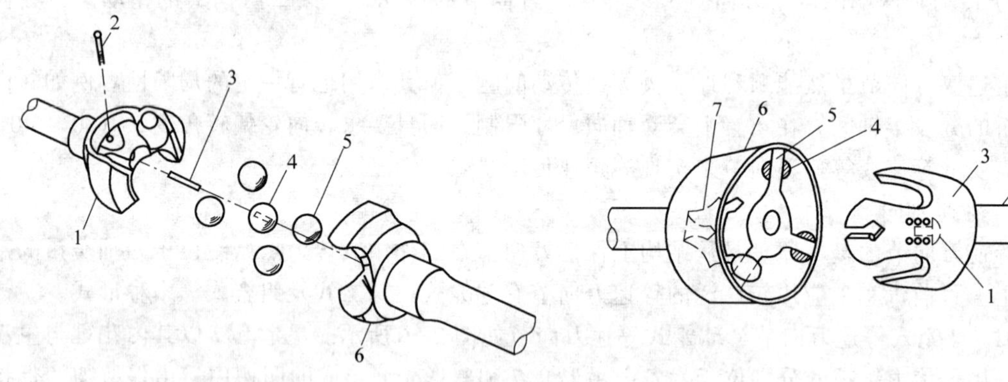

图 2-57 球叉式等速万向节

1—从动叉 2—锁止销 3—定位销 4—中心钢球 5—传力钢球 6—主动叉

图 2-58 组合式等速万向节

1—中心钢球 2—半轴 3—球叉 4—传力球 5—球销 6—球笼 7—连接卡簧

万向节工作时，动力由半轴 2 输入，经球叉 3、传力球 4、球销 5，最后经球笼 6 输出。

七、驱动桥

如图 2-59 所示，驱动桥通常由主减速器 4、差速器 5、半轴 2 和驱动桥壳 3 组成。主减速器可降速增扭，并可改变发动机转矩的传递方向，以适应汽车的行驶方向。差速器可保证左、右驱动轮以不同的转速旋转。半轴把转矩从差速器传到驱动轮。桥壳支承汽车的部分质量，承受驱动轮上的各种力及力矩，并起到保护主减速器、差速器和半轴的作用。

1. 主减速器

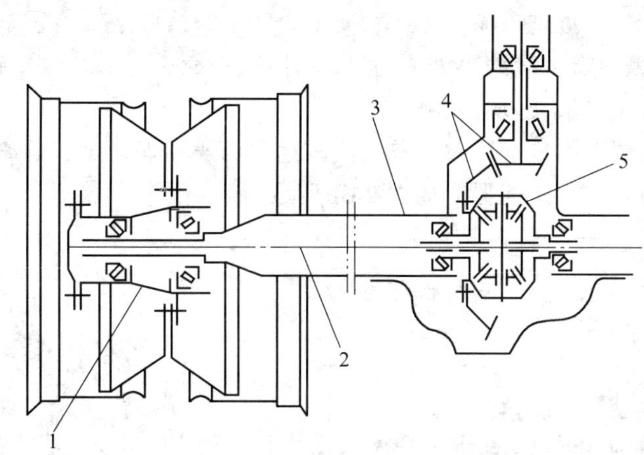

图 2-59 驱动桥示意图

1—轮毂 2—半轴 3—驱动桥壳 4—主减速器 5—差速器

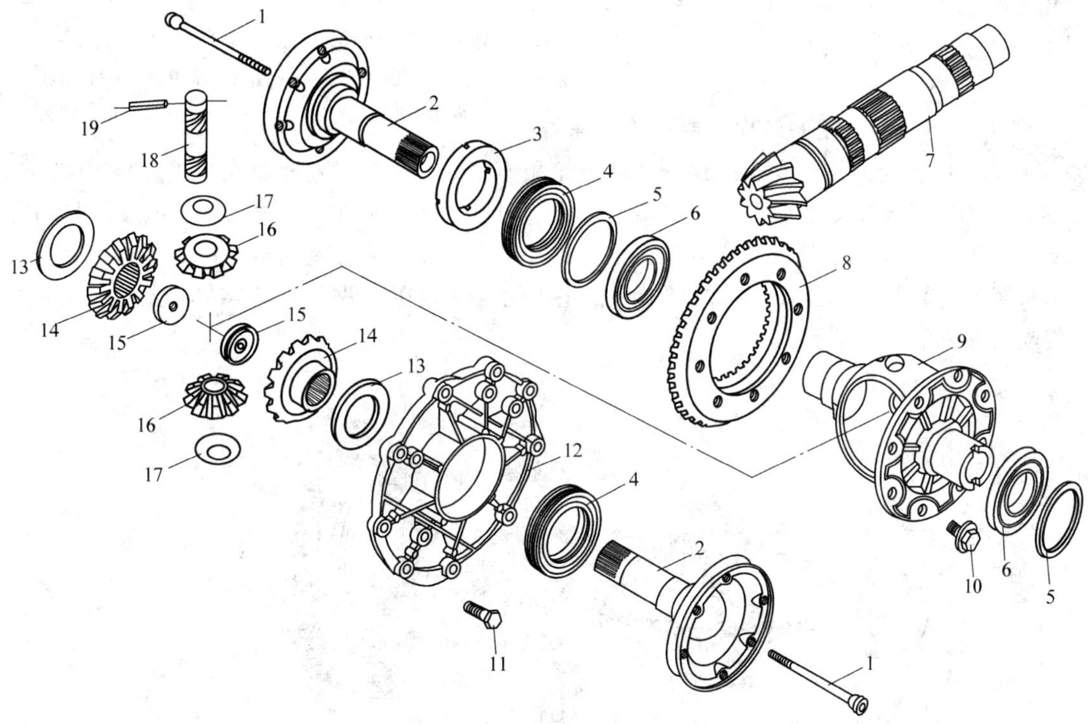

图 2-60 红旗 CA7220 型轿车主减速器及差速器零件分解图

1—凸缘螺栓 2—差速器 3—电子测速器速度轮 4—油封 5—垫片 6—圆锥滚子轴承 7—主动锥齿轮 8—从动锥齿轮 9—差速器壳 10—从动锥齿轮组合螺栓 11—差速器侧盖螺栓 12—差速器侧盖 13—半轴齿轮垫片 14—半轴齿轮 15—凸缘螺母 16—行星齿轮 17—行星齿轮垫片 18—行星齿轮轴 19—弹性圆柱销

主减速器的种类繁多：有单级式和双级式；有单速式和双速式；还有贯通式和轮边式等。

单级主减速器只有一对锥齿轮传动，它具有结构简单、质量轻、体积小、传动效率高等特点。红旗 CA7220、一汽奥迪 100、捷达、高尔夫和上海桑塔纳等型轿车均采用单级式主减速器。红旗 CA7220 型轿车主减速器及差速器零件如图 2-60 所示。主动锥齿轮 7 齿数为 9，从动锥齿轮 8 齿数为 37，其传动比为 4.111。

当主减速器要求较大的传动比时，单级主减速器已不能保证足够的离地间隙，这时需要用由两对齿轮传动的双级主减速器，如图 2-61 所示。

该主减速器主要由一对弧齿锥齿轮（第一级主动齿轮）1、（第一级从动齿轮）2 和一对圆柱齿轮（第二级主动齿轮）3、（第二级从动齿轮）4 组成。

另外，有些多轴驱动的越野汽车，为了简化结构，通往后桥与通往中桥的动力，在中桥与分动器之间共享一个万向传动装置传递，通至中桥的一部分动力再经中桥至后桥的万向传动装置传至后桥。这种中驱动桥的主减速器，叫贯通式主减速器。

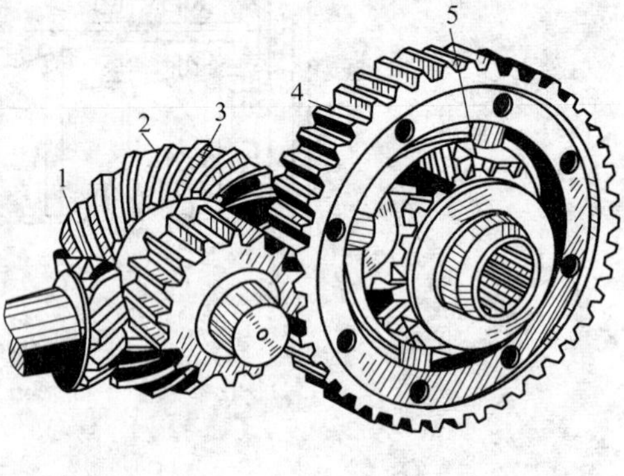

图 2-61 双级主减速器齿轮

1—主动弧齿锥齿轮 2—从动弧齿锥齿轮 3—圆柱主动齿轮 4—圆柱从动齿轮 5—差速器行星齿轮

2. 差速器

图 2-62 所示为常用的对称式锥齿轮差速器，差速器壳 8 用螺栓或铆钉与主减速器从动齿轮相连接，与另一半差速器壳 2 用螺栓 10 相连。十字行星齿轮轴 9 的四个轴颈上通过滑动轴承（衬套）装着四个行星齿轮 6。四个行星齿轮的两侧各与一个半轴齿轮 4 相啮合。行星齿轮与半轴齿轮均装在差速器壳内。垫片 3 和垫圈 5 用来减少齿轮与差速器壳的磨损。十字行星齿轮轴 9 装在由两个差速器左外壳 2 和右外壳 8 装配时形成的四个圆孔内。

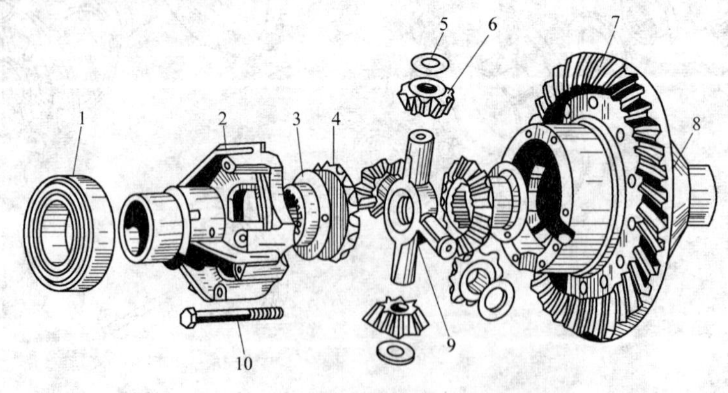

图 2-62 对称式锥齿轮差速器

1—轴承 2—左外壳 3—垫片 4—半轴齿轮 5—垫圈 6—行星齿轮 7—主减速器从动齿轮 8—右外壳 9—十字行星齿轮轴 10—螺栓

差速器工作原理如图 2-63 所示。设主动件差速器壳的角速度为 ω_0，两从动件半轴齿轮

1、2 的角速度为 ω_1 和 ω_2，行星齿轮自转角速度为 ω_4。A、B 两点分别为行星齿轮 4 与两半轴齿轮的啮合点。行星齿轮的中心点为 C，A、B、C 三点到差速器旋转轴线的距离均为 r。

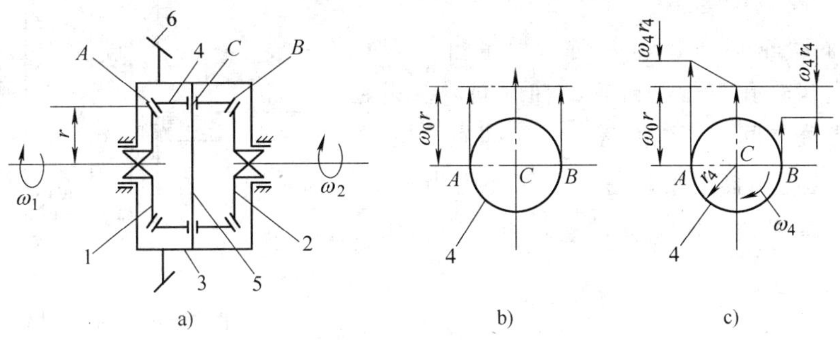

图 2-63　差速器运动原理

1、2—半轴齿轮　3—差速器壳　4—行星齿轮　5—行星齿轮轴　6—主减速器从动齿轮

当行星齿轮只是随同行星架绕差速器旋转轴线公转时，A、B、C 三点的圆周速度显然相等，如图 2-63b 所示，其值为 $\omega_0 r$，所以有 $\omega_1 = \omega_2 = \omega_0$。

当行星齿轮除公转外还绕本身的行星齿轮轴 5 以角速度 ω_4 自转（如图 2-63c 所示，$\omega_4 \neq 0$）时，啮合点 A 的圆周速度为 $\omega_1 r = \omega_0 r + \omega_4 r_4$，啮合点 B 的圆周速度为 $\omega_2 r = \omega_0 r - \omega_4 r_4$。可得 $\omega_1 + \omega_2 = 2\omega_0$。此即两半轴齿轮直径相等的对称式锥齿轮差速器的运动特性方程式。它表明左、右两半轴齿轮的转速之和等于差速器壳转速的两倍，而与行星齿轮转速无关。

具体工作情况如图 2-64 所示。

1）汽车直线或在平坦道路上行驶时，两驱动轮转速相等，行星齿轮 5 和 11 与差速器壳 2 一起旋转，行星齿轮不绕自己轴旋转。因此，半轴齿轮 3 和 6 的转速与从动齿轮 7 的转速相同。

2）汽车转弯（例如右转弯）时，右驱动轮（滚动阻力大）行驶路程较短，因而其转速也较左驱动轮慢。此时，行星齿轮 5 及 11 除随差速器壳公转外，还在转得较慢的车轮的半轴齿轮 6 上滚动。允许两驱动轮以不同速度旋转。

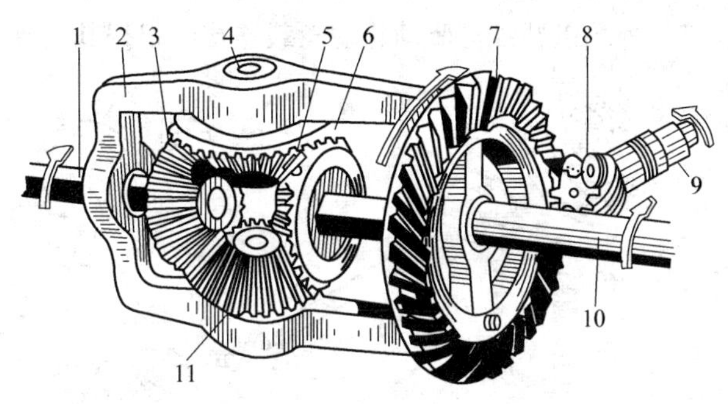

图 2-64　差速器工作情况

（为了明确显示，从动齿轮及主动轴以反向绘出）

1、10—半轴　2—差速器壳　3、6—半轴齿轮　4—小轴　5、11—行星齿轮　7—从动齿轮　8—主动齿轮　9—主传动轴

3）若一侧半轴齿轮不动，另一边的半轴齿轮则以两倍于差速器壳的转速旋转。因此，两驱动轮转速之和始终等于差速器壳转速的两倍。当差速器壳不动时，若一个车轮旋转，行星齿轮则在原位旋转，并带着另一车轮以相同的转速反方向旋转。

在差速器中，差速器壳上的转矩 M_0 对行星齿轮轴施加一个切向力，而两半轴齿轮对行星齿轮轮齿啮合点上施加一个切向反作用力，如图 2-65 所示。由于两啮合点距行星齿轮轴心距离相等，因而若不考虑差速器行星齿轮内摩擦阻力，则差速器壳总是将转矩等分给两个

半轴，即

$$M_1 = M_2 = \frac{M_0}{2}$$

当左右驱动轮存在转速差时，行星齿轮有自转，此时行星齿轮孔与行星齿轮轴轴颈间以及齿轮背部与差速器壳之间都产生摩擦，此摩擦阻力使 F_1 和 F_2 不等。当差速器润滑良好时，摩擦阻力很小，可忽略不计，即无论左右半轴转速是否相同，均有 $M_1 = M_2 = \frac{M_0}{2}$，转矩总是平均分配的。

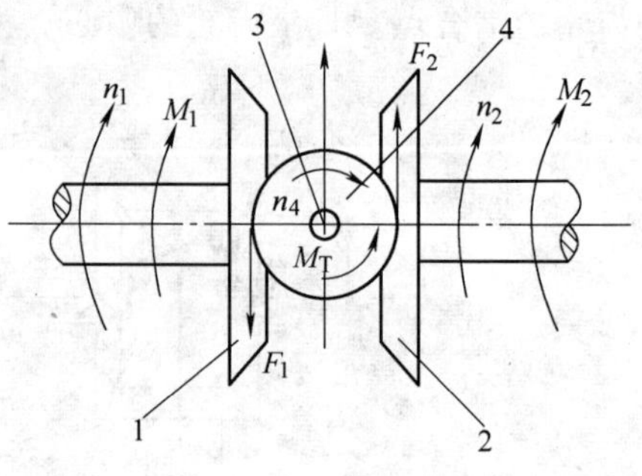

图 2-65 差速器转矩分配

1、2—半轴齿轮 3—行星齿轮轴 4—行星齿轮

差速器转矩的平均分配特性对于汽车在良好路面上直线或转弯行驶时，都是满意的。而当汽车在坏路面行驶时，却严重影响了它的通过能力。如汽车的一侧驱动轮行驶在泥泞或冰雪路面，而另一侧驱动轮在良好路面上，由于在坏路面上的轮子与地面附着力小，所产生的驱动力矩也很小。这时根据转矩的平均分配特性，另一侧在好路面上的驱动力矩也很小，无法产生足够的驱动力来使汽车前进。防滑差速器可以克服上述弊病，它可以使一侧驱动轮打滑空转的同时，将大部分或全部转矩传给不打滑的驱动轮，以利用这一驱动轮的附着力产生较大的驱动力矩使汽车行驶。

3. 半轴与驱动桥壳

半轴是差速器与驱动轮之间传递转矩的实心轴，其内端一般通过花键与差速器的半轴齿轮连接，外端以凸缘与驱动轮的轮毂连接。根据其支承形式不同，半轴可分为全浮式半轴和半浮

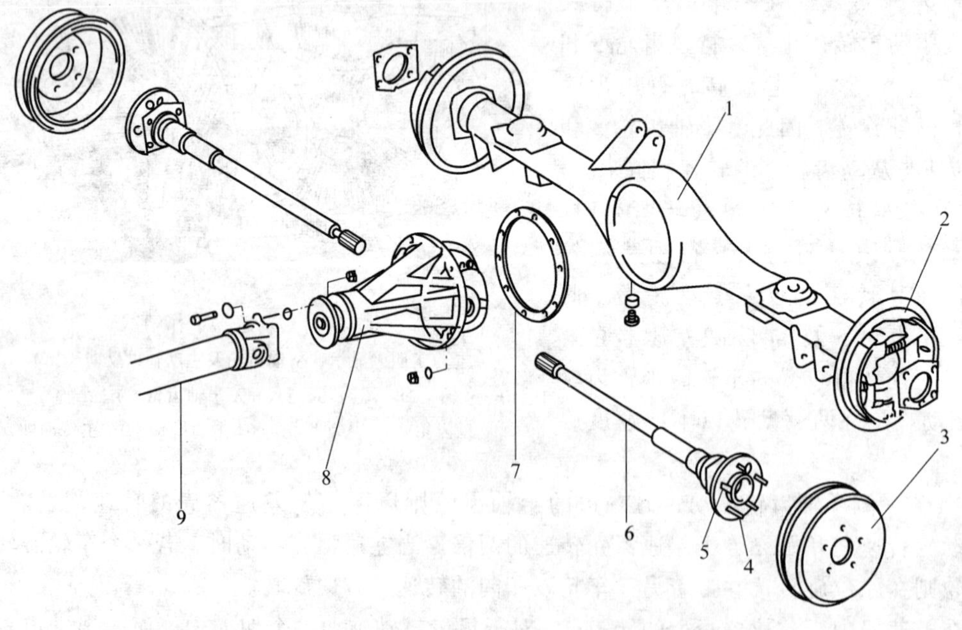

图 2-66 轿车的驱动桥壳和半轴

1—驱动桥壳 2—后轮制动器 3—制动鼓 4—轮毂 5—轮毂螺栓

6—半轴 7—垫片 8—主减速器总成 9—传动轴

式半轴。全浮式半轴易于拆装，拆装时，只需拧下半轴凸缘上的螺栓即可抽出半轴，而车轮与桥壳照样能支持住汽车，从而给汽车维护带来方便；半浮式半轴除要承受转矩外，外端还要承受车轮传来的全部反力及弯矩。半浮式半轴支承结构简单，成本低廉，被广泛用于反力及弯矩较小的各类轿车上，但这种半轴拆装麻烦，且行驶中若半轴一旦折断，将会发生危险。

驱动桥壳用以支承并保护主减速器、差速器和半轴等；与从动桥一起支承车架及其上的各总成质量；承受汽车行驶时由车轮传来的各种反力及力矩，经悬架传给车架。

驱动桥壳有整体式和分段式两种。图 2-66 所示为轿车的驱动桥壳和半轴。

第二节　汽车行驶系

一、行驶系的功用、类型与组成

1. 汽车行驶系的主要功用

1）接受由发动机经传动系传来的转矩，并通过驱动轮与地面之间的附着作用，产生驱动力，以保证整车正常行驶。

2）支承汽车的总质量。

3）传递并支承路面作用于车轮上的各种反力及其所形成的力矩。

4）尽可能地缓和不平路面对车身造成的冲击和振动，保证汽车平顺行驶。

2. 汽车行驶系的基本类型

（1）轮式汽车行驶系　汽车行驶在比较坚实的道路上，其行驶系中直接与路面接触的部分是车轮，这种行驶系称为轮式行驶系，这样的汽车便是轮式汽车。

（2）履带式汽车行驶系　若行驶系中直接与路面接触的部分是履带，则称此行驶系为履带式汽车行驶系。

（3）半履带式汽车行驶系　若行驶系中直接与路面接触的部分既有车轮又有履带，则称此行驶系为半履带式汽车行驶系或车轮—履带式汽车行驶系。其结构特点是前桥装有滑橇或车轮，用来实现转向，后桥上装有履带，以减少对地面的单位压力（比压），避免汽车下陷，同时履带上的履刺也加强了附着作用，具有很高的通过能力，主要用在雪地或沼泽地带行驶。

应用较多的是轮式汽车行驶系。

3. 汽车行驶系的组成

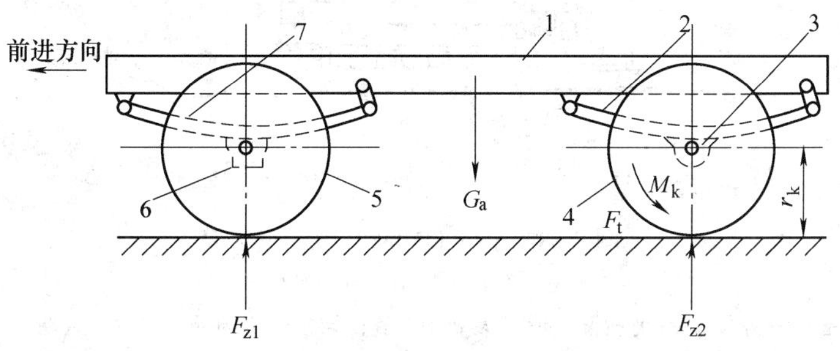

图 2-67　轮式汽车行驶系的组成及受力情况

1—车架　2—后悬架　3—驱动桥　4—后轮　5—前轮　6—从动桥　7—前悬架

图2-67所示为轮式汽车行驶系，一般由车架、车桥、车轮和悬架等部分组成。车轮4和5分别支承着车桥3和6，车轿又通过弹性悬架2和7与车架1相连接。车架是整个汽车的基体，它将汽车的各相关总成连接成一个整体，构成汽车的装配基础。

汽车行驶系的受力情况如图2-67所示，汽车的总重力 G_a 通过前后轮传到地面，引起地面分别作用于前轮和后轮上的垂直反力 F_{z1} 和 F_{z2}。当驱动桥中半轴将驱动转矩 M_k 传到驱动轮4上时，通过路面和车轮的附着作用，产生路面作用于驱动轮边缘上的向前的纵向反力——牵引力 F_t。牵引力 F_t 的一部分用以克服驱动轮本身的滚动阻力，其余大部分则依次通过驱动桥壳、后悬架传到车架1，用来克服作用于汽车上的空气阻力和坡道阻力，还有一部分牵引力由车架经过前悬架传至从动桥，作用于自由支承在从动桥两端转向节上的从动轮中

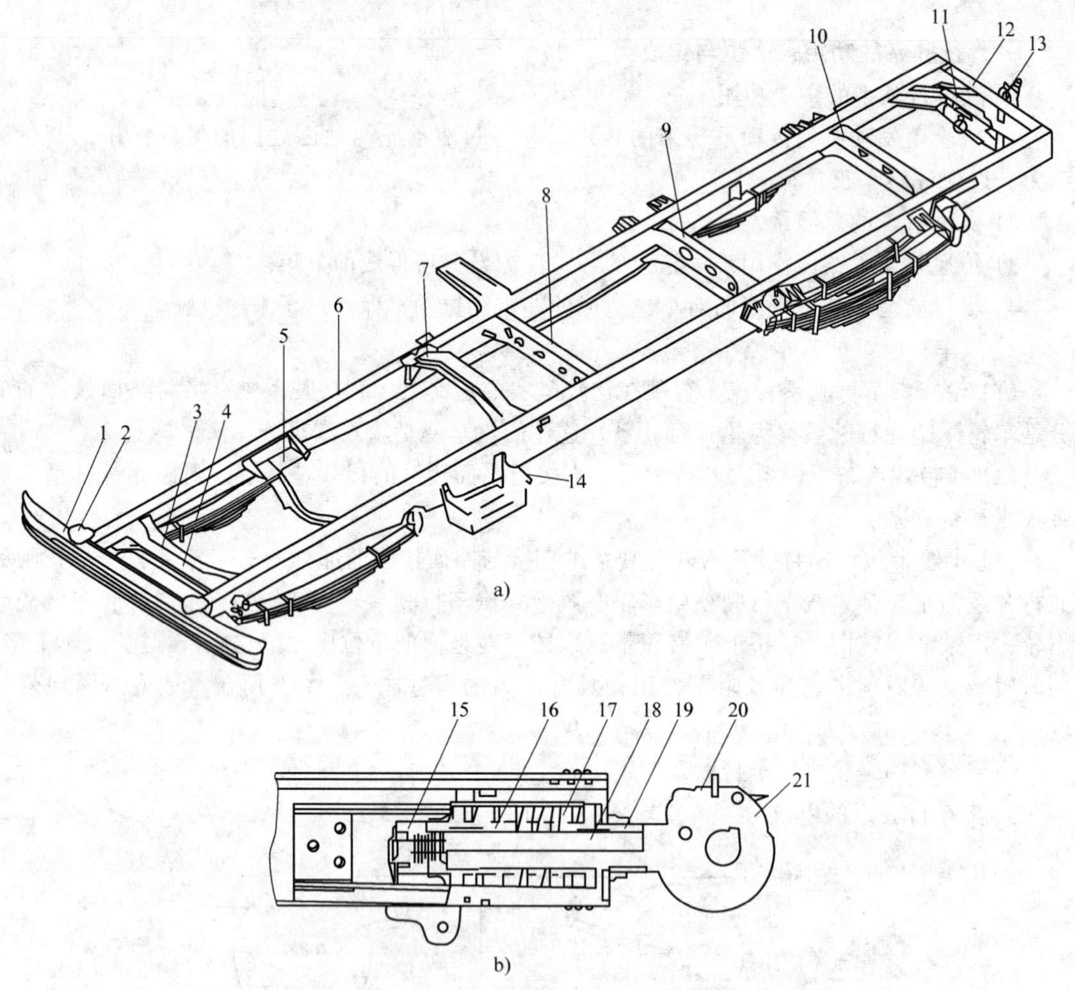

图2-68　东风EQ1090E型汽车车架

a）车架总成　b）拖钩部件

1—保险杠　2—挂钩　3—前横梁　4—发动机前悬置横梁　5—发动机后悬置右（左）支架和横梁　6—纵梁　7—驾驶室后悬置横梁　8—第四横梁　9—后钢板弹簧前支架横梁　10—后钢板弹簧后支架横梁　11—角撑横梁组件　12—后横梁　13—拖钩部件　14—蓄电池托架　15—螺母　16、19—衬套　17—弹簧　18—拖钩　20—锁块　21—锁扣

心，使前轮克服滚动阻力向前滚动。于是，整个汽车便向前行驶了。如果行驶系中处于牵引力传递路线上的任意一个环节中断，汽车将无法行驶。

二、车架

车架的功用是支承、连接汽车的各总成，使各总成在汽车复杂多变的行驶过程中有正确的相对位置，并承受来自车内外的各种载荷。

目前，汽车车架的结构形式主要有边梁式车架、中梁式车架和综合式车架。其中边梁式车架应用最广。

1. 边梁式车架

边梁式车架是由两根位于两边的纵梁和若干根横梁用铆接或焊接的方法连接而成的坚固的刚性构架。纵梁断面形状一般为槽形，也有的做成 Z 字形或箱形断面。

边梁式车架的横梁不仅用来保证车架的扭转刚度和承受纵向载荷，而且还可以支承汽车上的主要部件。通常载货汽车有五至八根横梁。边梁式车架的结构特点是便于安装驾驶室、车箱及某些特种装备等。因此，被广泛应用在载货汽车和特种汽车上。

图 2-68 所示为东风 EQ1090E 型汽车车架。它由两根纵梁和 8 根横梁铆接而成，纵梁 6 为槽形不等高断面梁。由于纵梁中部受到的弯曲力矩最大，为了使应力分布均匀，故中部断面高度最大。

2. 中梁式车架

中梁式车架只有一根位于中央贯穿前后的纵梁，因此亦称为脊骨式车架，如图 2-69 所示。中梁的断面可以做成管形或箱形。这种结构的车架有较大的扭转刚度，使车轮有较大的转向角，从而可提高汽车的越野性；与同吨位货车相比，其车架较轻，减少了整车质量；同时重心较低，因此行驶稳定性好；车架的强度和刚度较大；脊梁还能起封闭传动轴的防尘套作用。因此，中梁式车架被用在某些轿车和货车上。

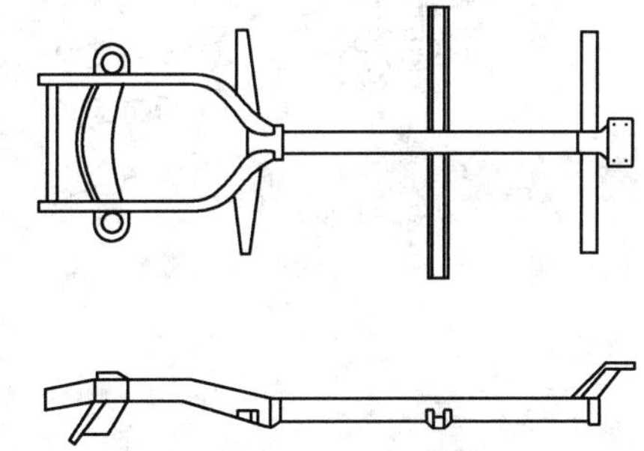

图 2-69　中梁式车架结构

图 2-70 所示为具有中梁式车架的轿车底盘。中梁是管形的，中梁前端做成伸出的支架，以固定发动机。传动轴装在管内。主减速器壳固定在中梁的尾端，形成断开式驱动桥。

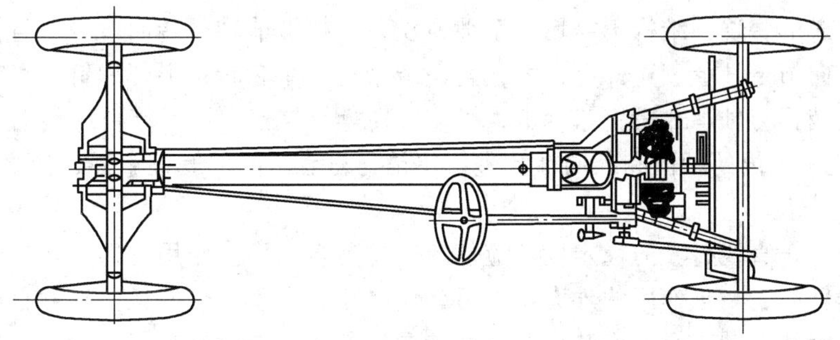

图 2-70　中梁式车架的轿车底盘

三、车桥

车桥（俗称车轴）通过悬架和车架（或承载式车身）相连，两端安装车轮，其功用是传递车架（或承载式车身）与车轮之间各方向的作用力及其力矩。

根据悬架结构形式的不同，车桥分为整体式和断开式两种。与独立悬架配合使用的是断开式车桥，为活动关节式结构。而与非独立悬架配合使用的是整体式车桥，其中部是刚性的实心梁或空心梁。

按照用途的不同，车桥又可分为转向桥、驱动桥、转向驱动桥和支持桥四种类型。一般汽车多以前桥为转向桥，转向桥和支持桥都属于从动桥，而后桥或中、后两桥多为驱动桥。越野汽车和多数轿车的前桥则为转向驱动桥。有些前桥为转向桥的单桥驱动的三轴汽车（6×2汽车）中桥（或后桥）为驱动桥，则后桥（或中桥）为支持桥。本节主要叙述整体式和断开式的转向桥及转向驱动桥。

1. 转向桥

转向桥利用转向节使车轮偏转一定角度以实现汽车的转向。它除承受垂直载荷外，还承受纵向力和侧向力及这些力造成的力矩。转向桥通常位于汽车前部，因此也常称为前桥。

各类汽车的转向桥结构基本相同，主要由前轴、转向节、主销等组成。图2-71所示为日本丰田戴娜轿车的转向桥。

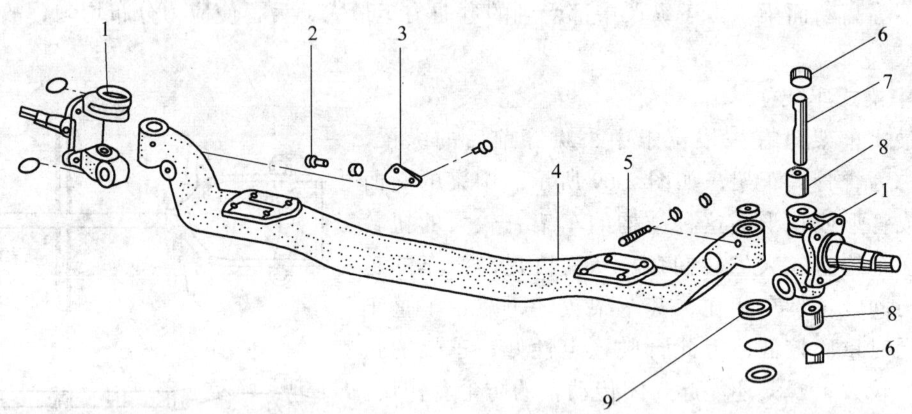

图2-71 日本丰田戴娜轿车转向桥

1—转向节 2—转向节固定螺栓 3—转向节固定器 4—前轴 5—主销固定螺栓 6—螺塞 7—主销 8—衬套 9—轴承

图2-72所示为北京BJ1040型汽车转向桥（前桥）。前轴2是由两端拳形部分7与一根无缝钢管焊接而成的，这种结构不需用大型锻造设备来模锻前轴。转向节臂3与梯形臂连在一起，固定在转向节下耳上，这样可以简化转向节结构。车轮转角限位螺钉6用来限制车轮的最大转角。主销推力轴承5采用球轴承，可使转向操纵轻便。润滑脂可由转向节上耳处滑脂嘴 注入，经主销8内的轴向和径向油孔进入主销与衬套之间的摩擦表面，使之得到润滑。

2. 转向轮定位

为了保证汽车直线行驶的稳定性，应使转向轮有自动回正作用。即当转向轮因偶遇外力作用而发生偏转时，一旦作用的外力消失后，应能立即自动回到原位。这种自动回正作用是由转向轮、主销和前轴之间的安装位置（即转向轮的定位参数）来保证的。这些转向轮的定位参数有：主销后倾角、主销内倾角、前轮外倾角和前轮前束。

(1) 主销后倾角 γ 主销装在前轴上后，上部向后倾斜，使主销轴线和地面垂直线在汽车纵向平面内有一夹角 γ，如图2-73所示。γ 即为主销后倾角。

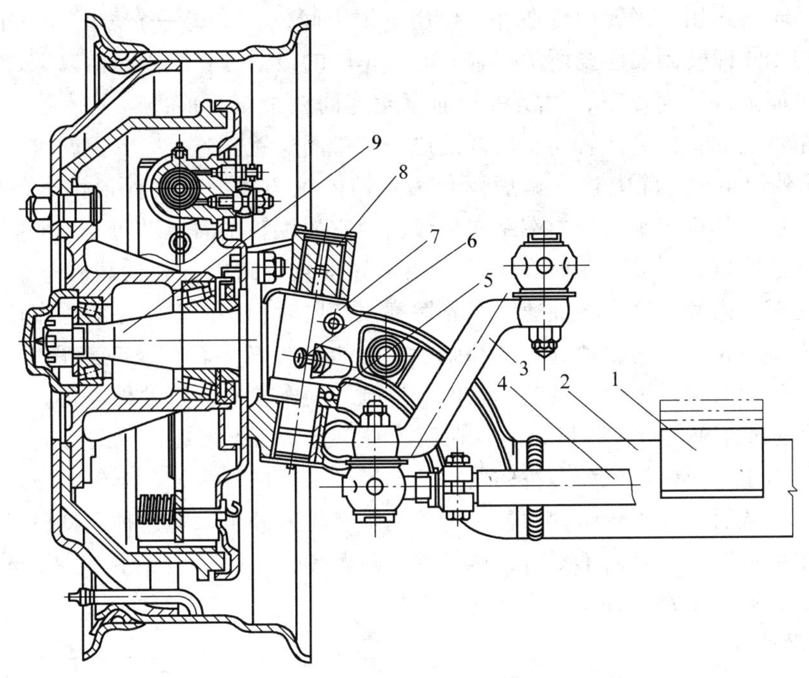

图 2-72　北京 BJ1040 型汽车转向桥

1—钢板弹簧座　2—前轴　3—转向节臂　4—转向横拉杆

5—推力轴承　6—车轮转角限位螺钉　7—拳形部分　8—主销　9—转向节

当汽车直线行驶时，若转向轮偶然受到外力作用而稍有偏转，则将使汽车行驶方向偏离。由于汽车本身离心力的作用，在车轮与路面接触点处，路面对车轮作用着一个侧向反作用力，对车轮形成绕主销轴线作用的力矩，其方向与车轮偏转方向相反，将使车轮回复到原来中间的位置，保证了汽车稳定地直线行驶。

（2）主销内倾角 β　主销装在前轴上后，上部还略向内倾斜一个 β 角（即主销轴线和地面垂直线在汽车横向断面内的夹角），称为主销内倾角，如图 2-74 所示。

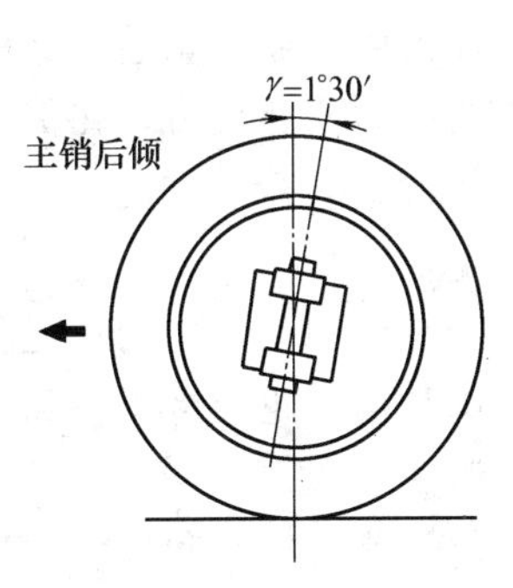

图 2-73　主销后倾角作用示意图

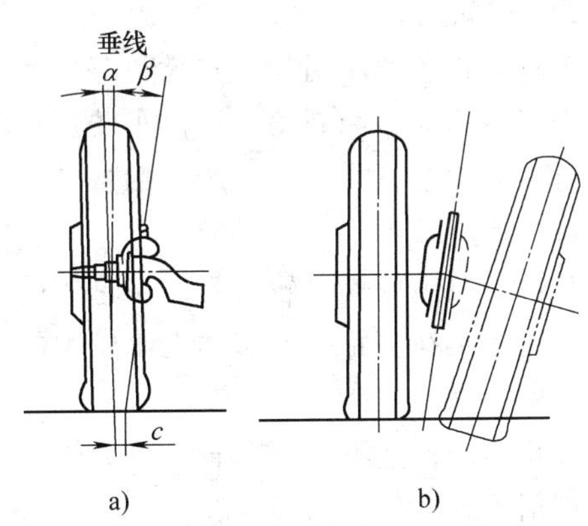

图 2-74　前车轮外倾角及主销内倾角作用示意图

主销内倾角 β 的作用也是为保证汽车直线行驶的稳定性，并使转向轻便。同时，也有使车轮自动回正的作用，当转向轮在外力作用下由中间位置偏转一个角度（为了解释方便，图中使其偏转180°即转到如虚线所示位置）时，车轮的最低点将陷入路面以下，但实际上车轮下边缘不可能陷入路面以下，而是将转向车轮连同整个汽车前部向上抬起一个相应的高度，这样汽车本身的重力会使转向轮回复到原来的中间位置。

(3) 前轮外倾角 α　除上述主销后倾角和主销内倾角两个角度保证汽车稳定直线行驶外，前轮安装后，其旋转平面的顶端略向外倾斜，它的旋转平面与纵向垂直平面间形成一夹角 α，称为前轮外倾。如果空车时车轮的安装正好垂直于路面，则满载时车桥将因承载变形，可能出现车轮内倾，这样将加速汽车轮胎磨损。同时，路面对车轮的垂直反作用力沿轮毂的轴向分力将使轮毂压向轮毂外端的小轴承，加重了外端小轴承及轮毂紧固螺母的负荷，降低了它们的使用寿命。因此，安装车轮时，应预先使车轮有一定的外倾角。

(4) 前轮前束　车轮有了外倾角后，在滚动时，就类似于滚锥，导致两侧车轮有向外滚开的趋势。但由于转向横拉杆和车桥的约束使车轮不可能向外滚开，车轮将在地面上出现边滚边滑的现象，从而增加了轮胎的磨损。为了消除车轮外倾带来的这种不良后果，在安装车轮时，使汽车两前轮的中心面不平行，两轮前边缘距离 B 小于后边缘距离 A，$A-B$ 之差称为前轮前束值，如图2-75所示。

3. 转向驱动桥

全轮驱动的越野汽车的前桥既能转向还起驱动的作用，故称为转向驱动桥，如图2-76所示。它与普通驱动桥一样，有主减速器1和差速器3，区别在于转向时车轮需要绕主销偏转过一个角度，故与转向轮相连的半轴必须分成内外两段，即内半轴4和外半轴8，其间用万向节6（多为等角速万向节）连接，同时，主销12也因而制成上、下两段。转向节轴颈7做成中空的，以便外半轴8得以穿过其中。

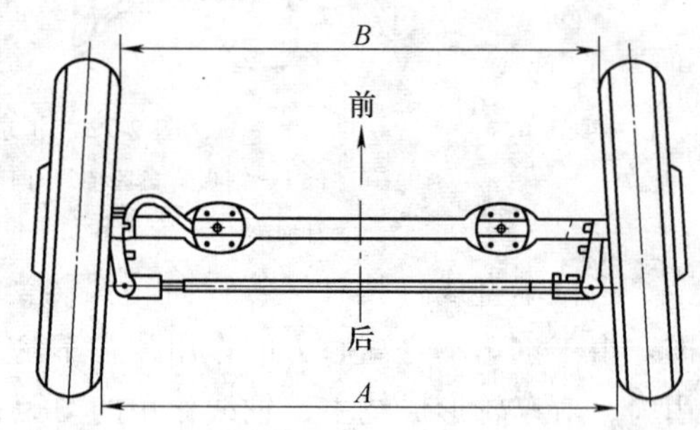

图2-75　前轮前束

四、车轮与轮胎

车轮与轮胎的功用是：支承整车：缓和由路面传来的冲击力；通过轮胎同路面间的附着作用来产生驱动力和制动力；汽车转弯行驶时会产生平衡离心力的侧抗力，在保证汽车正常转向行驶的同时，通过车轮产生的自动回正力矩，使汽车保持直线行驶方向；提高通过性。

1. 车轮

车轮一般由轮辋、轮毂及连接它们的辐板组成，是介于轮胎和车轴之间承受负荷的旋转组件。轮辋是在车轮上安装和支承轮胎的部件，轮辐的作用是在车轮上将轮辋和轮毂连接起来。

按轮辐的构造不同，车轮可分为辐板式和辐条式。目前，普通轿车和轻、中型货车上广泛采用辐板式车轮，而高级轿车、竞赛汽车及重型货车上多采用辐条式车轮。此外，还有对开式车轮、可反装式车轮、组装轮辋式车轮和可调式车轮等。

辐板式车轮由挡圈1、轮辋2、辐板3和气门嘴伸出孔4等组成，如图2-77所示。用以连接轮毂和轮辋的钢质圆盘称为辐板。辐板大多是冲压制成的。轿车的车轮辐板所用板料较薄，常冲压成起伏多变的形状，以提高刚度。图2-78所示为奥迪轿车的车轮，轮胎1装在

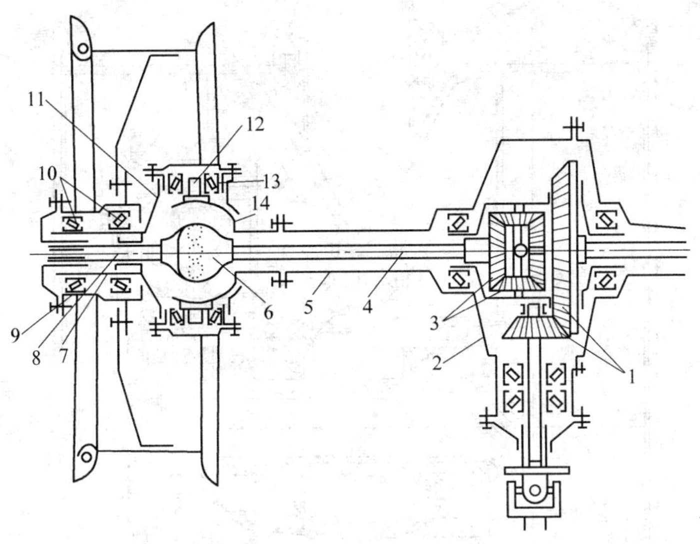

图 2-76　转向驱动桥示意图

1—主减速器　2—主减速器壳　3—差速器　4—内半轴　5—半轴套管
6—万向节　7—转向节轴颈　8—外半轴　9—轮毂　10—轮毂轴承
11—转向节壳体　12—主销　13—主销轴承　14—球形支座

钢制轮辋 4 上，钢制轮辋上还装有平衡块 2 和平衡块定位弹簧 3，轮辋和辐板连接在一起，并通过辐板上的螺栓孔用连接螺栓 6 将其安装在车轮轮毂或制动鼓上，再一起通过轴承装在车轴上，然后在辐板的外面装上车轮装饰罩。

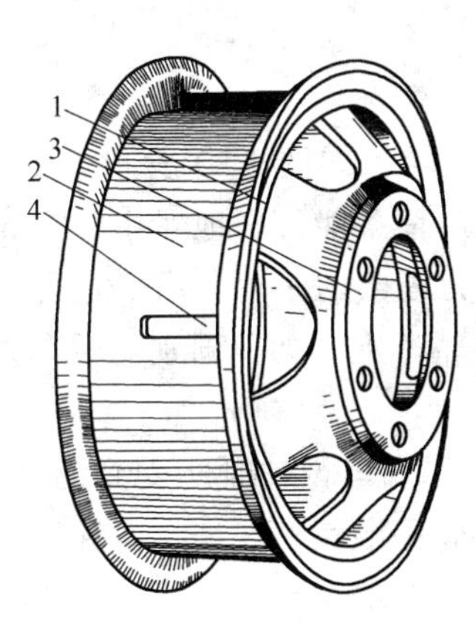

图 2-77　辐板式车轮

1—挡圈　2—轮辋　3—辐板
4—气门嘴伸出孔

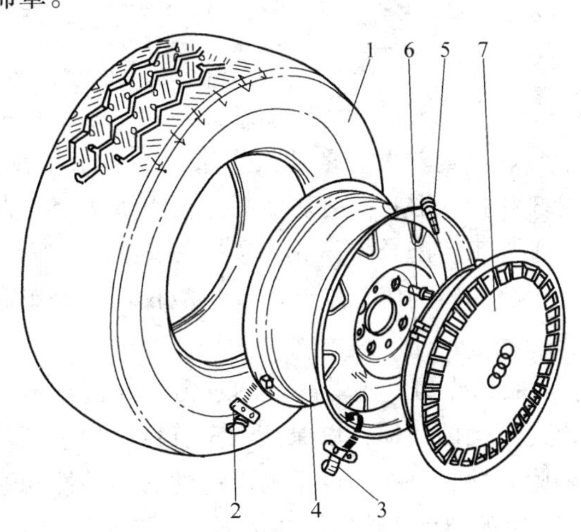

图 2-78　奥迪轿车车轮总成

1—轮胎　2—平衡块　3—平衡块定位弹簧　4—钢制轮辋　5—气门　6—螺栓　7—车轮装饰罩

由于货车后轴负荷比前轮大得多，为使后轮轮胎不致过载，一般装用双式车轮，如图 2-79 所示，即把相同的两个车轮并排安装在同一个轮毂上，采用单螺母的固定形式。由于在该结构中采用了球面弹簧垫圈，可以防止螺母的自行松脱，故汽车左右轮上固定辐板的螺栓均可用右螺纹，从而减少了零件品种。

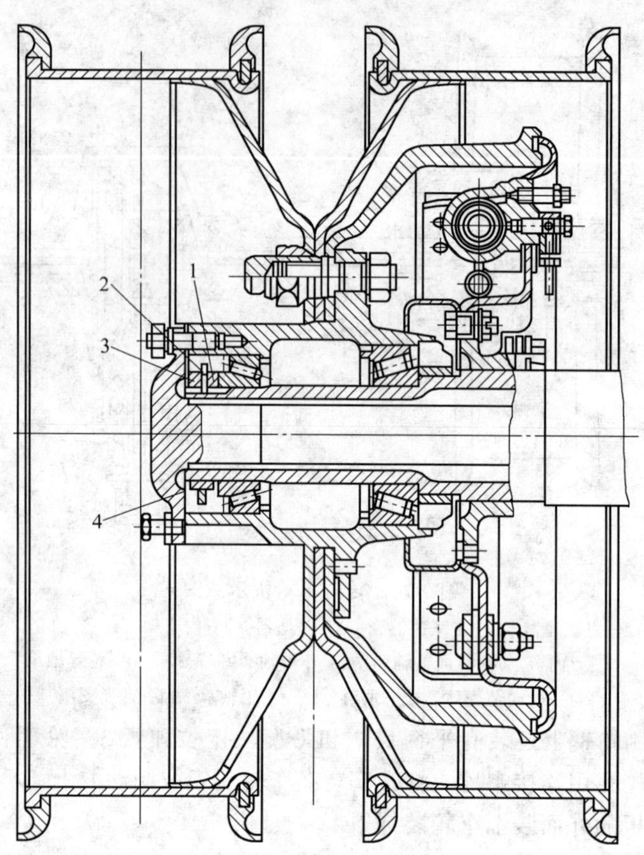

图 2-79 载货汽车双式车轮

1—调整螺母 2—锁止垫片 3—锁紧螺母 4—销钉

对于装载质量较大的重型汽车来说，多采用铸造辐条式车轮。如图 2-80 所示，轮辋 1 是用螺栓 3 和特殊形状的衬块 2 固定在辐条 4 上，为了使轮辋与辐条能很好地对中，在轮辋和辐条上都加工出配合锥面 5。也有采用像自行车用的钢丝作为辐条的车轮，由于这种车轮质量小，价格昂贵，维修安装不便，故仅用于赛车和某些高级轿车上（如美国别克轿车）。

2. 轮胎

(1) 轮胎的作用　承受汽车的重力，与汽车悬架共同来缓和汽车行驶时所受到的冲击，并衰减由此产生的振动，以保证汽车有良好的乘坐舒适性和行驶平顺性；保证车轮和路面间有良好的附着性，以提高汽车的牵引性、制动性和通过性。

(2) 轮胎的类型　按胎体结构不同，汽车轮胎可分为充气轮胎和实心轮胎。现代汽车绝大多数采用充气轮胎。按组成结构不同，充气轮胎又分为有内胎轮胎和无内胎轮胎两种。按用途分，汽车轮胎可分为载货汽车轮胎和轿车轮胎。而载货汽车轮胎又分为重型、中型和轻型载货汽车轮胎。充气轮胎按胎体中帘线排列的方向不同，还可分为普通斜交轮胎和子午线轮胎。

(3) 轮胎的构造　有内胎的充气轮胎的构造如图 2-81 所示，一般由外胎 1、内胎 2 和垫带 3 组成。外胎是用以保护内胎使其不受外来损害的强度高而富有弹性的外壳，与地面的接触部分为外胎面，也称胎冠，是轮胎的主要工作部分。胎冠与胎侧的过渡部分为胎肩。轮胎与轮辋相接触部分称为胎缘。胎缘内部有钢丝圈。外胎内侧为胎体，也称帘布层。胎体与胎

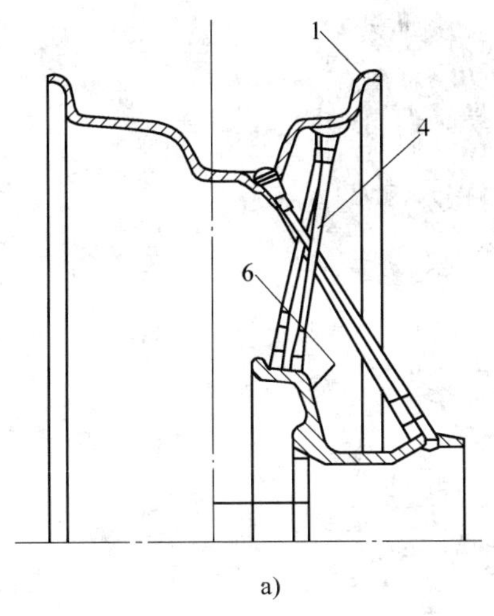

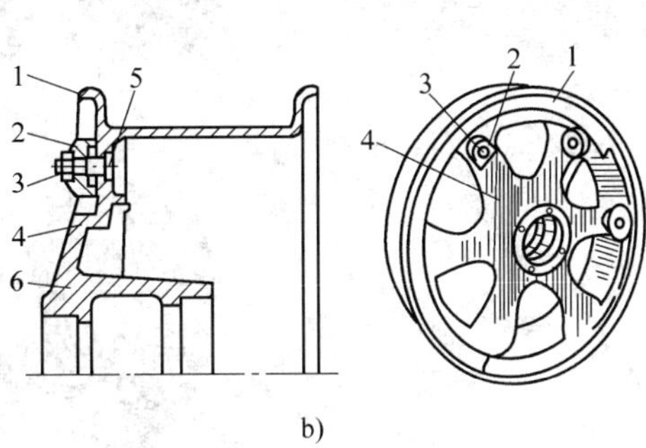

a) b)

图 2-80 辐条式车轮

1—轮辋 2—衬块 3—螺栓 4—辐条

5—配合锥面 6—轮毂

冠之间为缓冲层，也称带束层。内胎中充满着压缩空气，按胎内的空气压力大小，充气轮胎可分为高压胎、低压胎和超低压胎三种。一般气压在 0.5 ~ 0.7MPa 者为高压胎，0.15 ~ 0.45MPa 者为低压胎，0.15MPa 以下者为超低压胎。垫带放在内胎与轮辋之间，防止内胎被轮辋及外胎的胎圈擦伤和磨损。

现代汽车几乎全都采用低压胎。因为低压胎弹性好，断面宽，与道路接触面积大，壁薄而散热性良好。这些特点提高了汽车行驶平顺性、转向操纵的稳定性。此外，道路和轮胎本身的寿命也得以延长。

轮胎胎面花纹对轮胎的性能影响很大。目前主要有普通花纹、混合花纹和越野花纹等，如图 2-82 所示。普通花纹的特点是花纹细而浅，适用于较好的硬路面。其中的纵向花纹，轿车和货车均可选用；横向花纹仅用于货车。越野花纹的特点是凹部深而宽，在软路面上与地面附着性好，越野能力强，适用于经常在松软路面上使用的越野汽车。混合花纹的特点介于上述两者之间。现代货车驱动轮胎也多采用这种花纹。

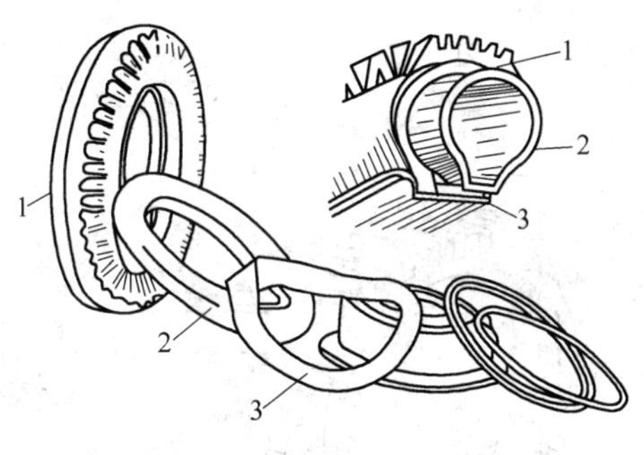

图 2-81 有内胎的充气轮胎的组成

1—外胎 2—内胎 3—垫带

无内胎轮胎在结构和外观上与有内胎轮胎相似，所不同的是它没有内胎，空气被直接压入外胎中，因此要求外胎和轮辋之间有很好的密封性。无内胎轮胎的外胎内壁上附加了一层厚约 2 ~ 3mm 专门用来封气的橡胶密封层 1（图 2-83），它是用硫化的方法粘附上去的。

3. 轮胎规格标记方法

充气轮胎尺寸的标记如图 2-84 所示。D 为轮胎名义外径、d 为轮辋名义直径、H 为轮胎断面高度、B 为轮胎断面宽度。H 与 B 之比称为轮胎的高宽比（用百分比表示），即 $(H/B)\times 100\%$，又称做轮胎的扁平率。

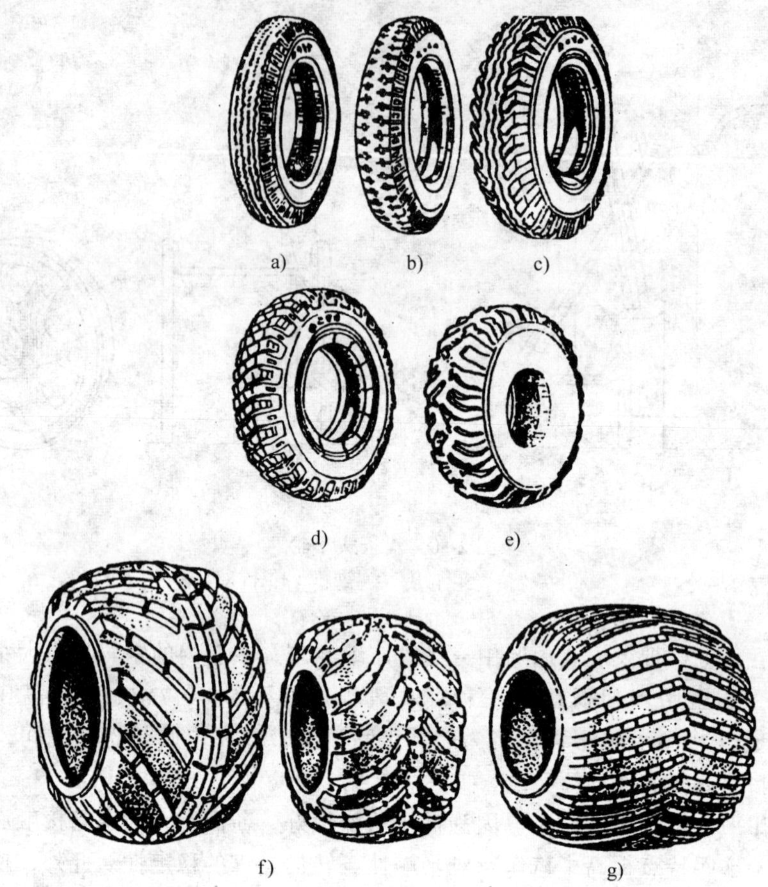

图 2-82　轮胎胎面花纹

a)、b) 普通花纹　c) 混合花纹　d)、e) 越野花纹
f) 拱形胎花纹　g) 低压胎特种花纹

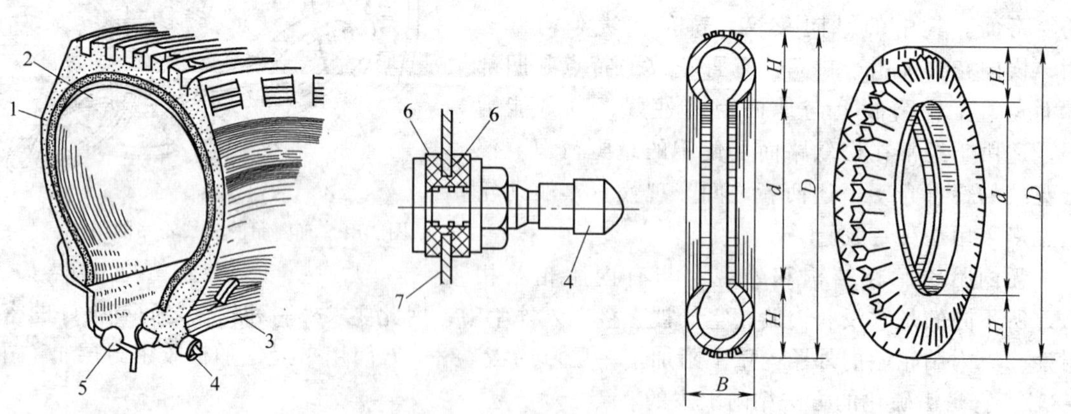

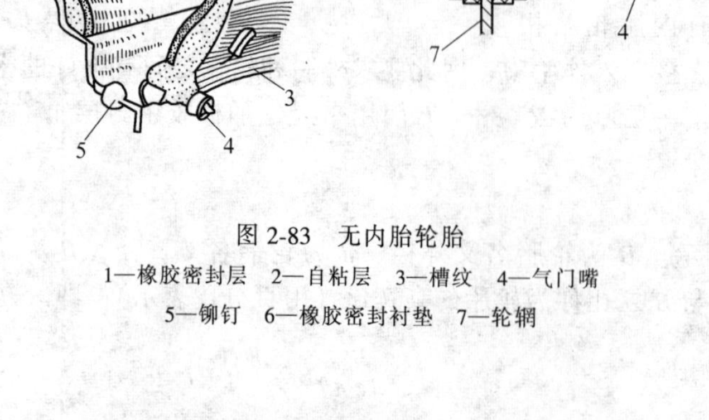

图 2-83　无内胎轮胎

1—橡胶密封层　2—自粘层　3—槽纹　4—气门嘴
5—铆钉　6—橡胶密封衬垫　7—轮辋

图 2-84　轮胎尺寸标记

轮胎规格表示方法如下：

轿车轮胎规格表示方法：

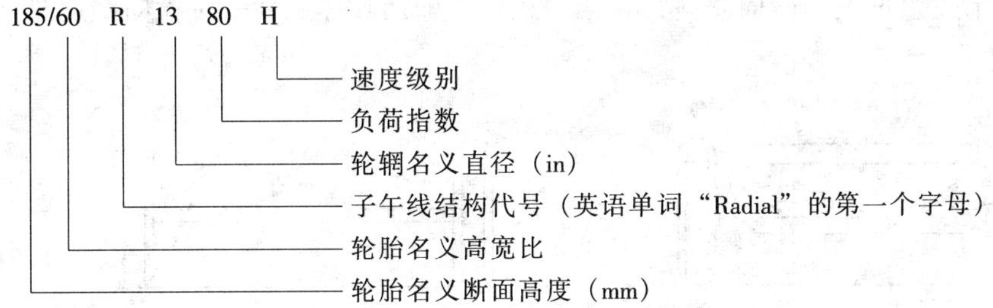

载货汽车轮胎规格表示方法：

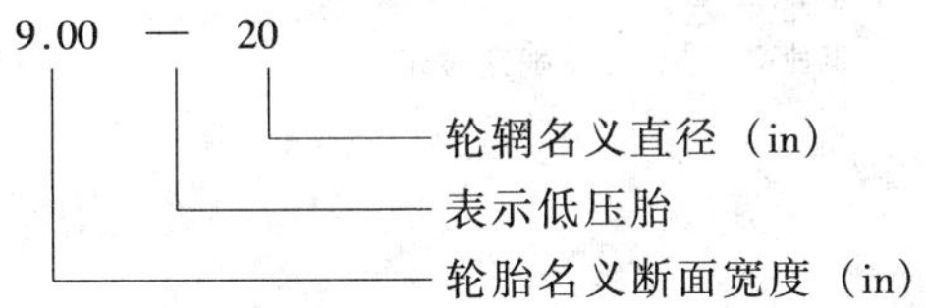

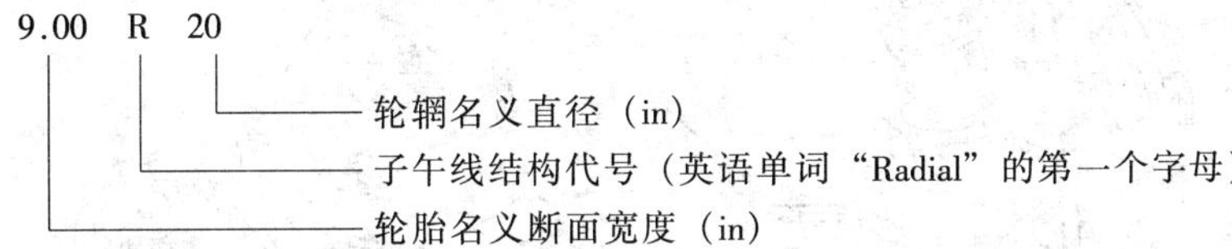

五、悬架

1. 悬架的组成

现代汽车的悬架一般是由弹性元件 1、减振器 3 和导向机构 2、5 三部分组成，如图 2-85 所示。由于汽车行驶的路面不可能绝对平坦，路面作用于车轮上的法向反力往往是冲击性的，特别是在坏路面上高速行驶时，这种冲击力将达到很大的数值。冲击力传到车架和车身时，可能引起汽车机件的早期损坏。传给乘员和货物时，将使乘员感到极不舒适，货物也可能受到损伤。为了缓和冲击，在汽车行驶系统中，除了采用弹性的充气轮胎之外，在悬架中还必须装有弹性元件，使车架（或车身）与车桥（或车轮）之间作弹性连接。但弹性系统在受到冲击后，将产生振动。持续的振动也会使乘员感到不舒适和疲劳。故悬架还应具有减振作用。为此，在许多结构形式的汽车悬架中，都设有专门的减振器。

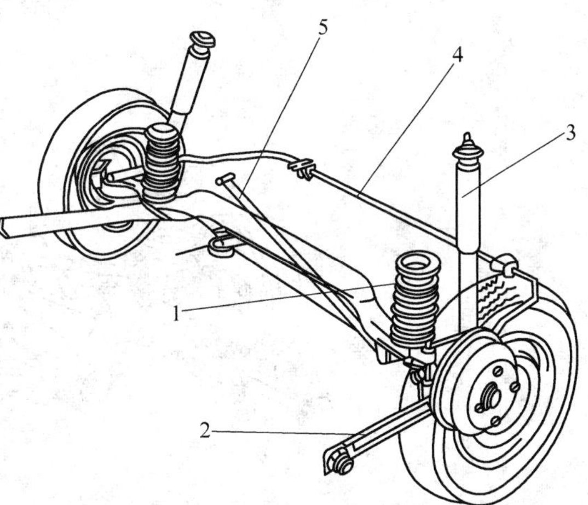

图 2-85 汽车悬架组成示意图

1—弹性元件 2—纵向推力杆 3—减振器 4—横向稳定器 5—横向推力杆

车轮相对于车架和车身跳动时，车轮（特别是转向轮）的运动轨迹应符合一定的要求。

因此，悬架中某些传力构件同时还承担着使车轮按一定轨迹相对于车架和车身跳动的任务，因而这些传力构件还起导向作用，故称为导向机构。在多数的轿车和客车上，为防止车身在转向行驶等情况下发生过大的横向倾斜，悬架中还设有辅助弹性元件——横向稳定器。

2. 悬架的作用

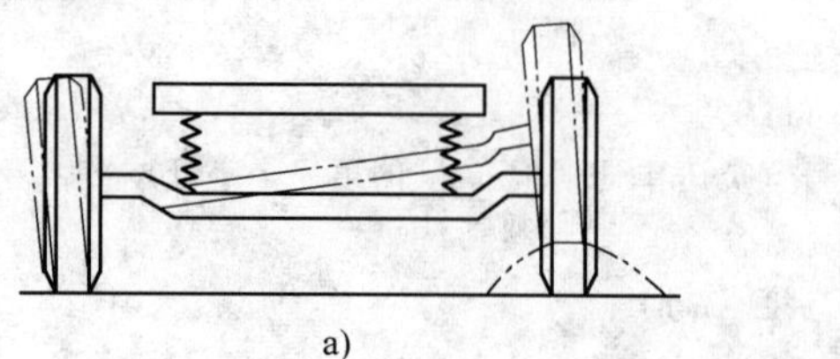

a)

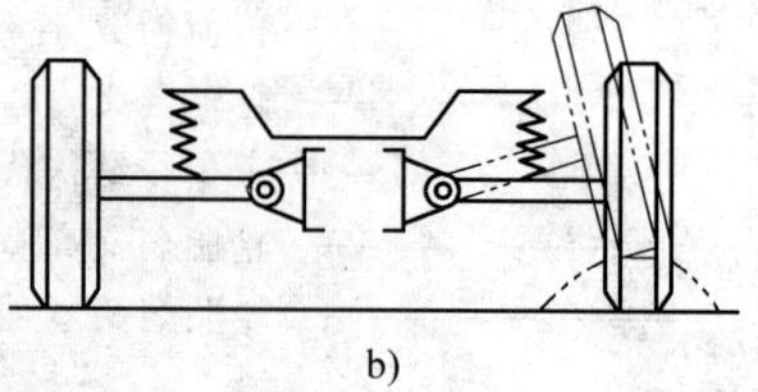

b)

图 2-86　非独立悬架与独立悬架示意图

a) 非独立悬架　b) 独立悬架

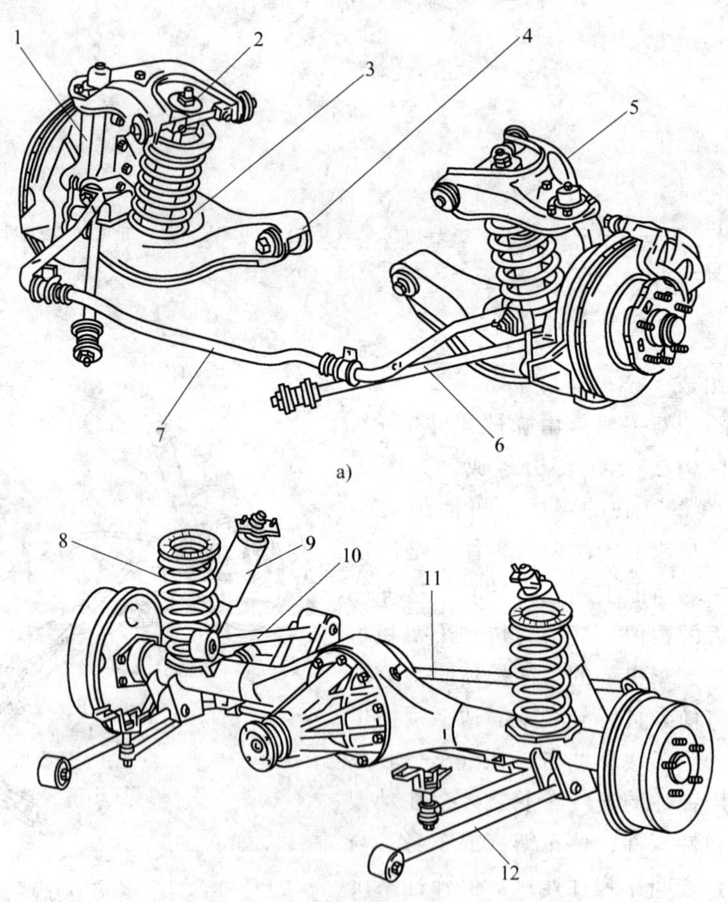

图 2-87　轿车的前悬架和后悬架

a) 前悬架　b) 后悬架

1—转向节　2、9—减振器　3、8—螺旋弹簧　4—下摆臂　5—上摆臂　6—支撑杆

7—稳定杆　10—上控制臂　11—后控制杆　12—下控制臂

悬架的作用是把路面作用于车轮上的法向反力（支持力）、切向反力（牵引力和制动力）和侧向反力以及这些反力所造成的力矩都传递到车架（或承载式车身）上，缓和并衰减汽车在行驶中产生的冲击及振动，以保证汽车的正常行驶。

3. 悬架的分类

汽车悬架可分为非独立悬架和独立悬架两大类，如图 2-86 所示。非独立悬架的结构特点是两侧的车轮由一根整体式车桥相连。当一侧车轮因道路不平而发生跳动时，必然引起另一侧车轮在汽车横向平面内摆动，故称为非独立悬架。而独立悬架的结构特点是车桥做成断开的，两侧车轮可以单独地通过弹性悬架与车架（或车身）连接，单独跳动，互不影响，故称为独立悬架。图 2-87 所示为汽车上的应用实例。

4. 弹性元件

（1）钢板弹簧　如图 2-88 所示，它是汽车悬架中应用最广泛的一种弹性元件，由若干片等宽但不等长的合金弹簧片组合而成的近似等强度的弹性梁。

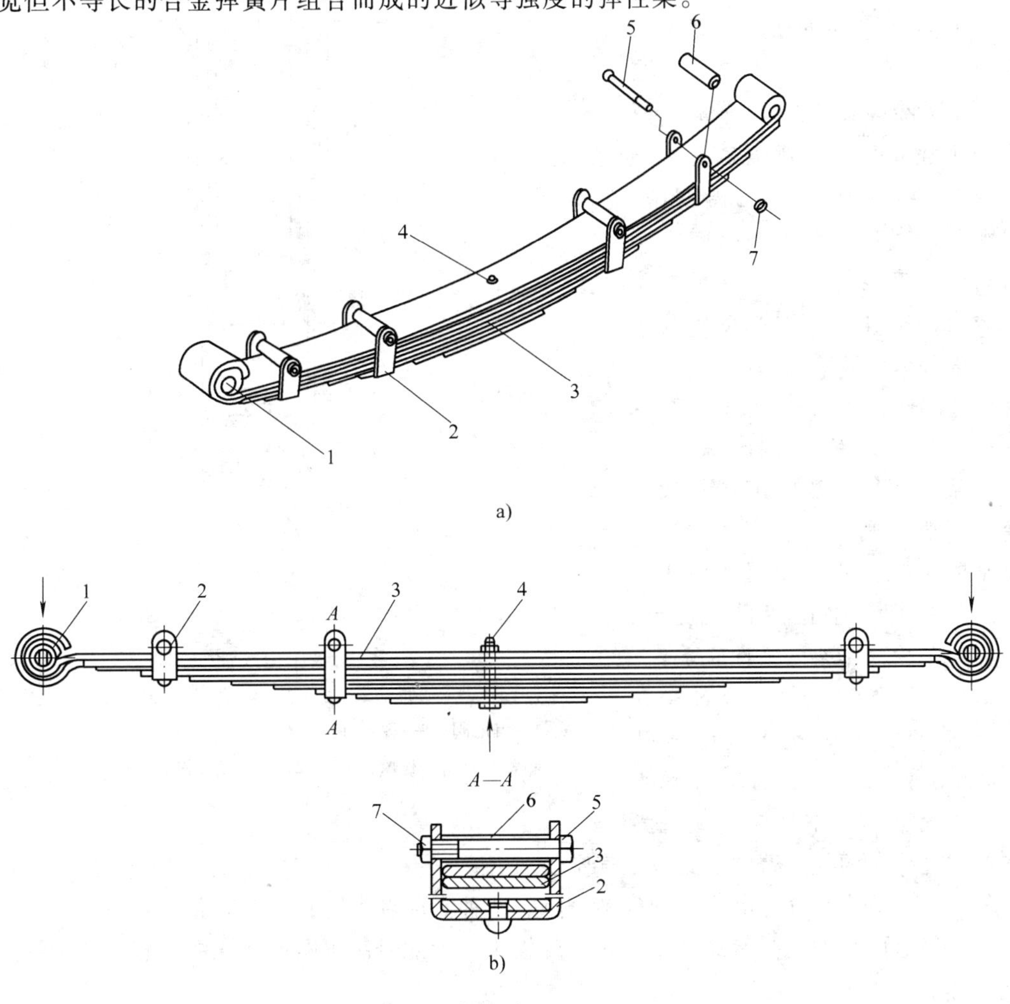

图 2-88　钢板弹簧

a）对称式钢板弹簧　b）非对称式钢板弹簧

1—卷耳　2—弹簧夹　3—钢板弹簧　4—中心螺栓　5—螺栓　6—套管　7—螺母

钢板弹簧3的第一片（最长的一片）称为主片，其两端弯成卷耳1，内装衬套，以便用弹簧销与固定在车架上的支架或吊耳作铰链连接。钢板弹簧的中部一般用U形螺栓固定在车桥上。

钢板弹簧在载荷作用下变形时，各片之间有相对滑动而产生摩擦，可以促进车架振动的衰减。为减少弹簧片的磨损，在装合钢板弹簧时，各片间需涂以较稠的润滑剂（石墨润滑脂），并应定期进行保养。

另外，如某些高级轿车后悬架的弹性元件采用钢板弹簧时，为了保证在弹簧片间产生定值摩擦力以及消除噪声，可在弹簧片之间夹入塑料垫片。

(2) 螺旋弹簧　螺旋弹簧广泛地应用于独立悬架，特别是前轮独立悬架中。其优点是：无需润滑，不忌泥污；安置它所需的纵向空间不大；弹簧本身质量小。螺旋弹簧本身没有减振作用，因此在螺旋弹簧悬架中必须另装减振器。

(3) 扭杆弹簧　扭杆弹簧本身是一根由弹簧钢制成的杆。一端固定在车架上，另一端固定在悬架的摆臂上。摆臂则与车轮相连。当车轮跳动时，摆臂便绕着扭杆轴线而摆动，使扭杆产生扭转弹性变形，借以保证车轮与车架的弹性联系。

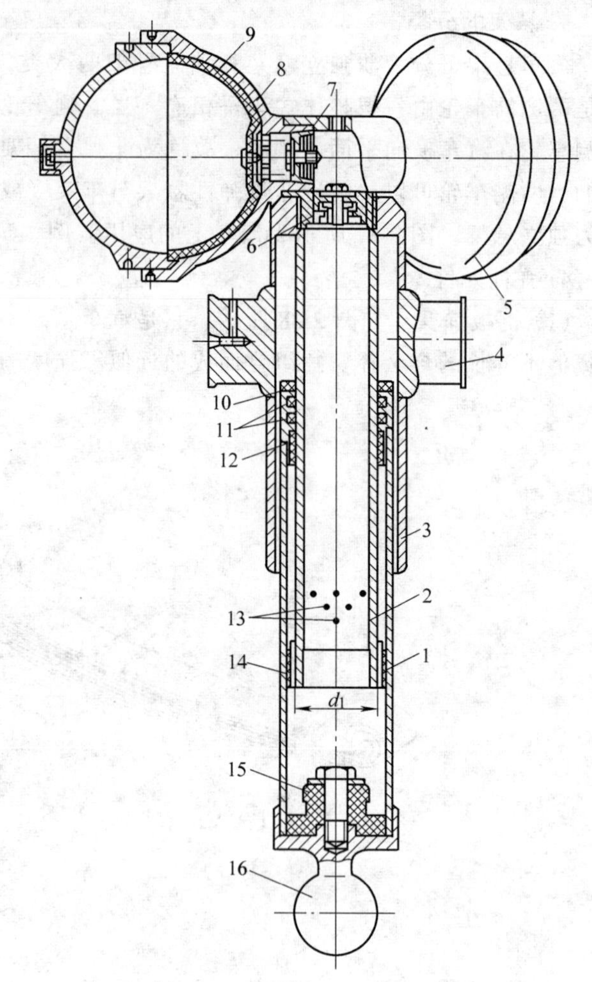

图2-89　两级压力式油气弹簧

1—工作缸　2—管形活塞　3—罩　4—轴　5—第一级压力气室　6、7—阻尼阀　8—橡胶油气隔膜　9—第二级压力气室　10—毛毡油封　11—橡胶油封　12、14—导向衬套　13—常通孔　15—橡胶限位块　16—球座

(4) 气体弹簧　气体弹簧是在一个密封的容器中充入压缩气体(气压为0.5～1MPa)，有空气弹簧和油气弹簧两种。空气弹簧又有囊式和膜式之分。油气弹簧的形式有单气室、双气室（带反压气室）以及两级压力式等。单气室油气弹簧又分为油气分隔式和油气不分隔式两种。前者可防止油液乳化，且便于充气。单气室和双气室两种油气弹簧的刚度变化幅度较小，为此研制了刚度变化幅度较大的两级压力式油气弹簧。

图2-89所示为两级压力式油气弹簧，其工作缸1通过球座16与车桥相连；而管形活塞2、球形气室以及带有轴4的罩3连成一体，并与车架相连。两个气室内设有橡胶油气隔膜8。在伸张行程中，由于缸内液体压力下降，气室内的气体反推油气隔膜，迫使油液经阻尼

阀 7 和 6 返回工作缸。与此同时，环形腔内的油液经过常通小孔也返回工作缸。在接近最大伸张行程时，这些小孔逐渐被工作缸体上的夹布胶木导向衬套 12 堵住，油液流动的阻力逐渐增大，因此也就增大了伸张行程的阻尼力。

在压缩行程中，工作缸向上运动，管形活塞内腔的液体经阻尼阀 6 进入第一级压力气室 5 中。此时，如果载荷较小（工作缸中液体压力小于第二级压力气室 9 内的气体压力），则通过阀 7 的油液不能推动第二级压力气室 9 内的橡胶油气隔膜左移，第二级压力气室 9 不参加工作。当缸内液体压力超过第二级压力气室的气压时，油气隔膜左移，则两个气室同时工作。在压缩行程的全过程中，管形活塞的内腔还有一部分油液经圆周布置的常通小孔 13 进入逐渐增大的环形腔（缸壁与活塞间的空间）内。

在压缩行程终了时，橡胶限位块 15 的头部进入管形活塞下端的内部。这时活塞下面的油液，经夹布胶木衬套 14 和缸筒间的间隙排到环形腔中。橡胶限位块相当于一个缓冲器。这种结构使弹簧刚度的变化更加符合悬架性能的要求，从而可保证汽车空载至满载时悬架系统有大致相等的自然振动频率。

(5) 橡胶弹簧　橡胶弹簧是利用橡胶本身的弹性来缓冲和减振的。它可以承受压缩载荷与扭转载荷。其优点是单位质量的储能量较金属弹簧多，隔音性能好，工作无噪声，不需要润滑。因此，多用作悬架的副簧和缓冲块。

5. 减振器

在大多数汽车的悬架系统内部都装有减振器，它和弹性元件并联安装在一起，如图 2-90 所示。其作用是为加速车架和车身振动的衰减，以改善汽车的行驶平顺性。

在压缩（车桥与车架相互移近的行程）和伸张两行程（车桥与车架相对远离的行程）内均能起减振作用的减振器称为双向作用式减振器。另有一种减振器仅在伸张行程内起作用，称为单向作用式减振器。目前汽车上广泛采用双向作用筒式减振器。

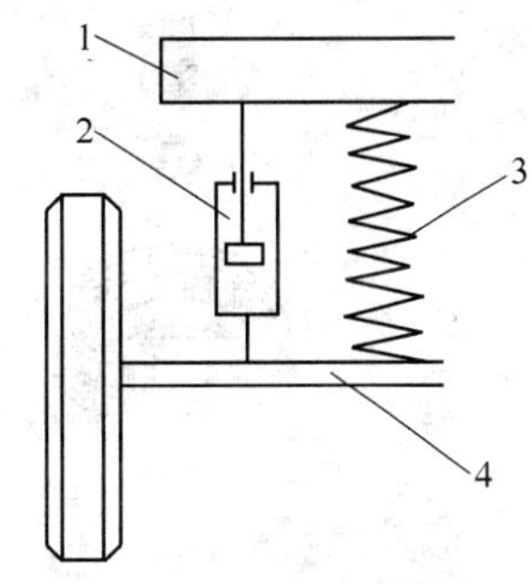

图 2-90　减振器和弹性元件的安装示意图
1—车架　2—减振器
3—弹性元件　4—车桥

图 2-91 所示为解放 CA1091 型汽车上所用的双向作用筒式减振器。它有三个同心钢筒：防尘罩 21、储油缸筒 20 和工作缸筒 19。防尘罩与活塞杆和用以连接车架的上吊环 26 焊接在一起。工作缸筒装于储油缸筒内，并用螺母 27 通过密封圈 25 和导向座 22 压紧。储油缸筒的下端焊有用以连接车桥的下吊环 10。在减振器工作时，这两个缸筒作为一个整体随车桥而运动。储油缸筒与工作缸筒间形成储油腔，内装减振油液，但不装满，工作缸筒内则充满减振油液。活塞杆 18 穿过工作缸筒和储油缸筒的密封装置而伸入工作缸筒内。在活塞杆的下端用压紧螺母 9 固定着活塞 4。活塞的头部有内外两圈沿圆周均布的轴向通孔，外圈 10 个孔的直径大于内圈 10 个孔的直径。在活塞头部上端面上，有仅能盖住外圈通孔的流通阀 3，用弹簧片 2 压紧，并由流通阀限位座 1 限位。在活塞头部下端面上均匀分布四个小槽，当伸张阀 5 被压紧时，便形成四个缺口，该缺口为常通的缝隙，在压缩或伸张行程中减振油液均可通过此缺口流动。在伸张阀与压紧螺母之间装有调整垫片 8，用以调整伸张阀弹簧 7 的预紧力。在工作缸下端装有支承座圈 11，座圈孔上端面有两个小缺口，与装在它上面的星形补偿阀 15 形成两个缝隙，作为工作腔和储液腔之间的

常通缝隙。补偿阀中央有孔，孔中装着压缩阀杆16，阀杆上部钻有中心孔，且阀杆圆柱面上有两个圆孔与中心孔相通。在压缩阀杆上滑套着压缩阀14，不工作时，压缩阀在压缩阀弹簧13作用下，其上端面紧压在补偿阀15上，内部形成一锥形小空腔。此时油液经阀杆上的中心孔及圆孔只能流到锥形小空腔中，而与储油腔隔绝。支承座圈11上端用翻边法将补偿阀弹簧片17紧压在阀杆16顶端边缘。工作缸的上部装有密封装置和导向座。当活塞杆往复运动时，杆上的油液被密封件刮下，经导向座22上的径向小孔流回储油缸。

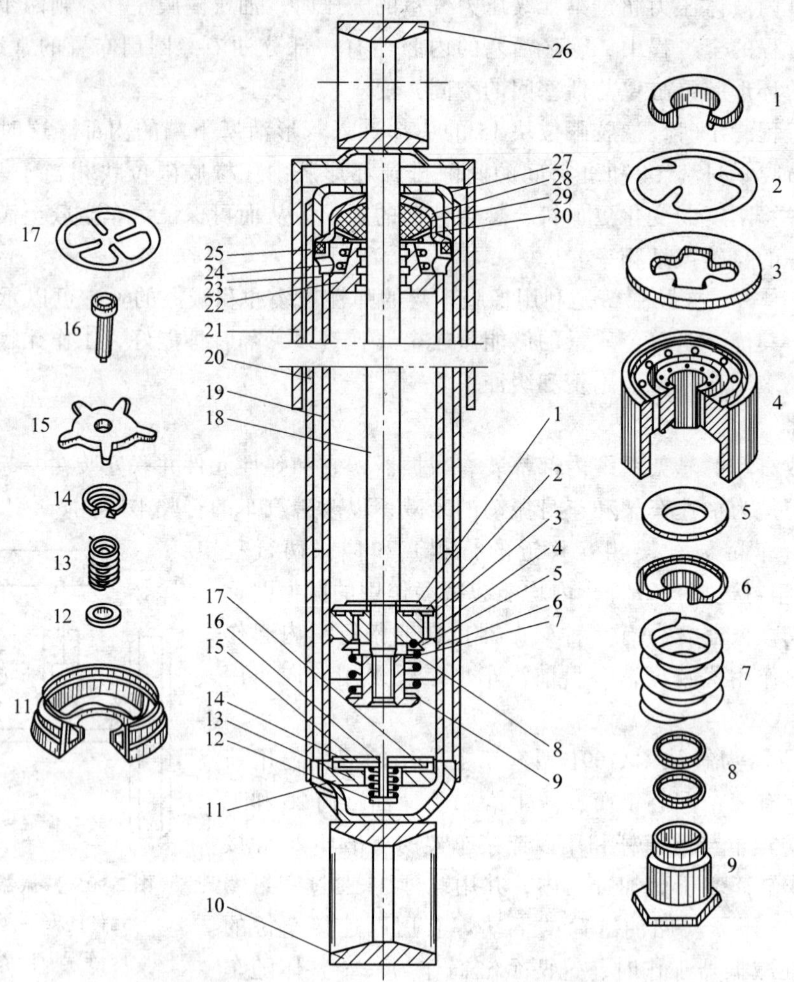

图2-91 解放CA1091型汽车筒式减振器

1—流通阀限位座 2—流通阀弹簧片 3—流通阀 4—活塞 5—伸张阀 6、11—支承座圈 7—伸张阀弹簧 8—调整垫片 9—压紧螺母 10—下吊环 12—压缩阀弹簧座 13—压缩阀弹簧 14—压缩阀 15—补偿阀 16—压缩阀杆 17—补偿阀弹簧片 18—活塞杆 19—工作缸筒 20—储油缸筒 21—防尘罩 22—导向座 23—衬套 24—油封弹簧 25—密封圈 26—上吊环 27—储油缸螺母 28—油封 29—油封盖 30—油封垫圈

六、电控悬架

传统悬架的刚度和阻尼是按经验或优化设计的方法确定的，根据这些参数设计的悬架结构，在汽车行驶过程中，是无法进行调节的，使汽车行驶平顺性和乘坐舒适性受到一定影

响，故称传统悬架为被动悬架。而现代汽车采用的电控悬架的刚度和阻尼特性能根据汽车的行驶条件进行动态自适应调节，使悬架系统始终处于最佳减振状态。电控悬架包括主动悬架和半主动悬架两大类。

1. 主动悬架

主动悬架就是根据汽车的运动状态和路面状况，适时地调节悬架的刚度和阻尼力，使其处于最佳减振状态。它是在被动悬架系统（弹性元件、减振器、导向装置）中附加一个可控制作用力的装置而成。该装置通常由执行机构、测量系统、反馈控制系统和能源系统四部分组成。执行机构的作用是执行控制系统的指令，一般为力发生器或转矩发生器（液压缸、气缸、伺服电动机、电磁铁等测量系统的作用是测量系统各种状态，为控制系统提供依据，包括各种传感器。控制系统的作用是处理数据和发出各种控制指令，其核心部件是电子计算机。能源系统的作用是为以上各部分提供能量）。图 2-92 所示为雪铁龙轿车主动悬架系统。

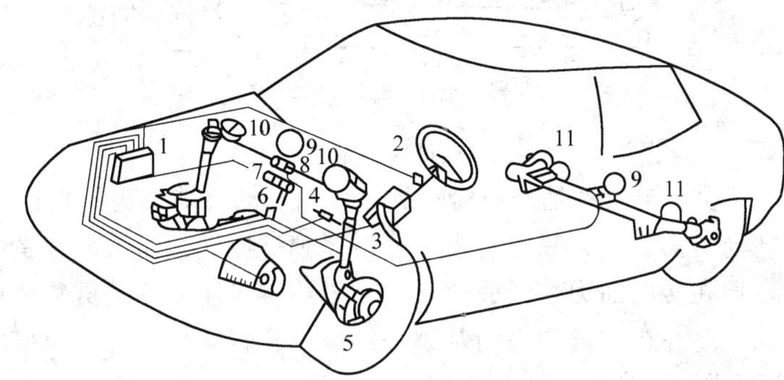

图 2-92 雪铁龙轿车的主动式油气弹簧悬架系统

1—ECU 2—转向盘转角传感器 3—加速度传感器 4—制动压力传感器 5—车速传感器 6—车身位移传感器 7—电磁阀 8—辅助液压阀 9—刚度调节器 10—前油气室 11—后油气室

2. 半主动悬架

半主动悬架不考虑改变悬架的刚度，而只考虑改变悬架的阻尼力，因此半主动悬架是由无动力源且可控的只有阻尼元件组成的悬架。由于半主动悬架结构简单，工作时几乎不消耗车辆动力，而且还能获得与主动悬架相近的性能，故有较好的应用前景。

半主动悬架可以根据路面条件（好路或坏路）和汽车的行驶状态（转弯或制动）等，来调节悬架的阻尼级，使悬架适应外界环境的变化，从而可较大幅度地提高汽车的行驶平顺性和操纵稳定性。

第三节 汽车转向系

一、概述

1. 转向系的功用

汽车在行驶中，经常需要改变行驶方向。并且当汽车直线行驶时，往往转向轮也会受到路面侧向干扰力的作用，自动偏转而改变行驶方向。此时，驾驶员需利用一套机构使转向轮向相反方向偏转，从而使汽车恢复原来的行驶方向。这一套用来改变或恢复汽车行驶方向的专设机构即称为汽车转向系。

2. 转向系类型

按转向能源的不同，转向系可分为机械转向系和动力转向系两大类。

(1) 机械转向系　机械转向系以驾驶员的体力作为转向能源，又称为人力转向系。机械转向系由转向操纵机构、转向器和转向传动机构三大部分组成，其布置如图2-93所示。

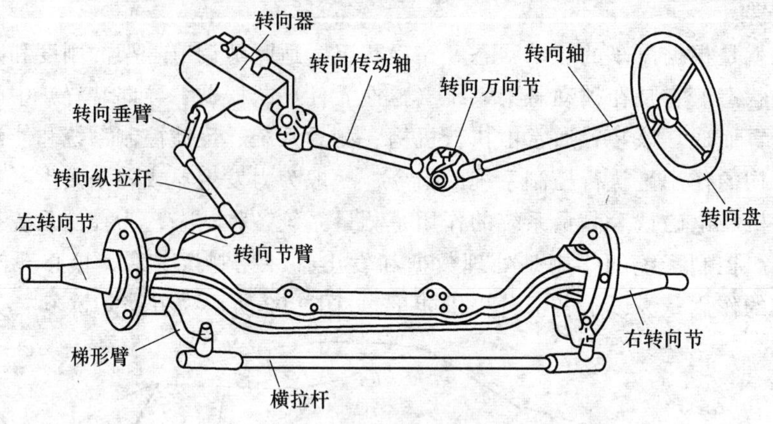

图2-93　机械转向系示意图

(2) 动力转向系　动力转向系是兼用驾驶员体力和发动机动力为转向能源的转向系。在正常情况下，汽车转向所需能量，只有一小部分由驾驶员提供，而大部分是由发动机通过转向加力装置提供的。但在转向加力装置失效时，一般还应当能由驾驶员独力承担汽车转向任务。因此，动力转向系是在机械转向系的基础上加设一套转向加力装置而形成的（图2-94）。

图中转向油罐9、转向油泵10、转向控制阀5和转向动力缸11属于转向加力装置。转向油泵10由发动机驱动，产生高压油液。当驾驶员逆时针转动转向盘1时，转向摇臂7推动转向纵拉杆6后移。纵拉杆的推力作用于转向节臂4，使左转向轮向左偏转，同时依次传到梯形臂3和转向横拉杆12，使右转向轮偏转一定的角度，汽车将向左转向。与此同时，转向纵拉杆还带动转向动力缸11中的滑阀，使转向动力缸11的右腔接通转向油泵10的出油口，右腔接通液面压力为零的转向油罐，于是转向动力缸11的活塞所受向右的液压作用力便经推杆施加在横拉杆12上。这样，驾驶员需要加于转向盘上的转向力矩小得多，减轻了驾驶员的操纵力。

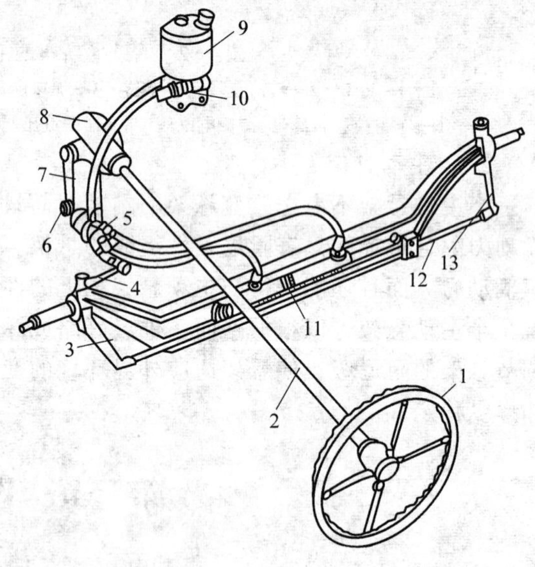

图2-94　动力转向系示意图

1—转向盘　2—转向轴　3、13—梯形臂　4—转向节臂　5—转向控制阀　6—转向纵拉杆　7—转向摇臂　8—机械转向器　9—转向油罐　10—转向油泵　11—转向动力缸　12—转向横拉杆

3．转向中心与转弯半径

为了避免在汽车转向时产生的路面对汽车行驶的附加阻力和轮胎过快磨损，要求转向时所有车轮的轴线都相交于一点，此交点O称为转向中心。即保证所有车轮均作纯滚动，使阻力和轮胎磨损最小。

汽车转向时内转向轮偏转角 β 应当大于外转向轮偏转角 α。在车轮为绝对刚体的假设条件下，角 α 与 β 的理想关系式应是

$$\cot\alpha = \cot\beta + B/L$$

式中 B——两侧主销轴线与地面交点之间的距离，称为轮距；

L——汽车轴距。

由转向中心 O 到外转向轮与地面接触点的距离 R 称为汽车转弯半径。转弯半径愈小，则汽车转向所需场地就愈小，机动性能愈好。由图 2-95 可知，当外转向轮偏转角达到最大值 α_{max} 时，转弯半径最小。最小转弯半径 R_{min} 与 α_{max} 的关系为

$$R_{min} = L/\sin\alpha_{max}$$

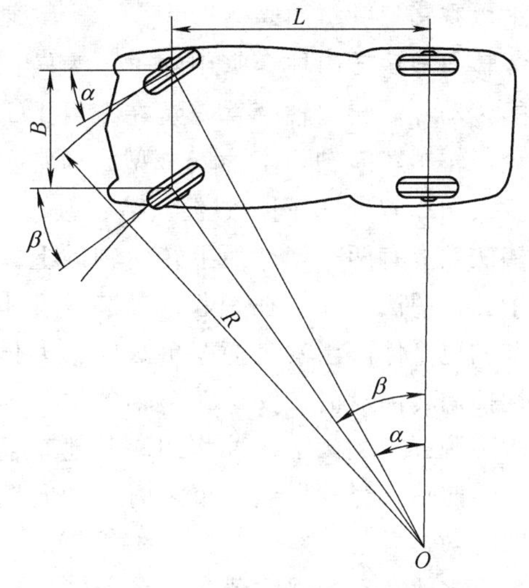

图 2-95 汽车转向示意图

二、机械转向系

汽车转向操纵机构主要由转向盘、转向轴及转向管柱等组成（图 2-96）。转向盘一般用花键和螺母安装在转向轴的上端，其上装有喇叭的按钮。装有司机安全气囊的车型，还安装有安全气囊的一些部件。转向盘由轮缘、轮辐和轮毂组成。轮辐有两根辐条（奥迪 100）、三根辐条（即三辐方向盘如宝来及新型捷达）和

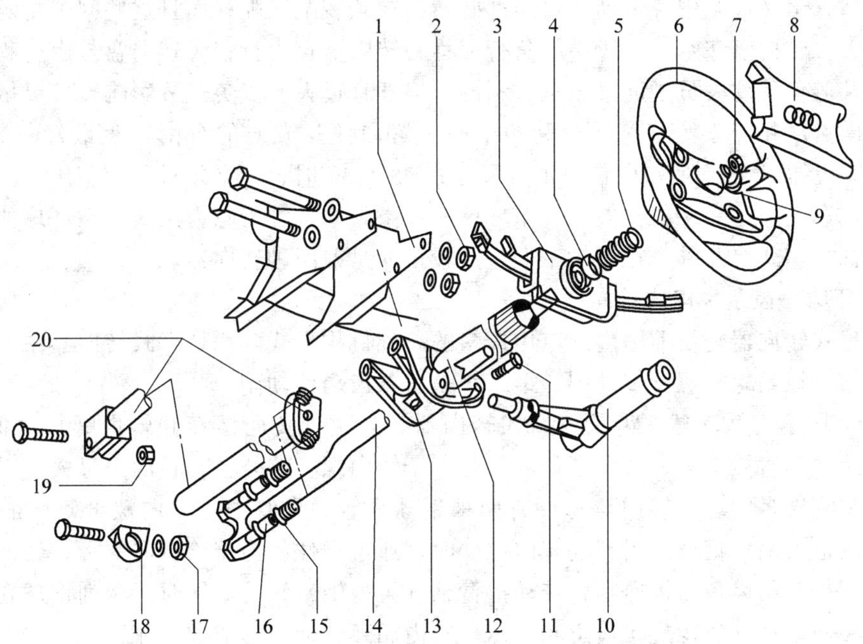

图 2-96 奥迪 100 型轿车转向操纵机构

1—安全支架 2、17、19—自锁螺母 3—转向柱转换器 4—轴承 5—锁止垫圈 6—转向盘 7—螺栓 8—喇叭接触板 9—电线 10—转向角限止器外壳 11—保险螺栓 12—转向柱套管 13—转向柱夹箍 14—安全转向柱 15—橡胶衬套 16—塑料衬套 18—夹箍 20—法兰套管

四根辐条（如捷达前卫）三种。当汽车发生碰撞时，转向盘应能有一定的变形，吸收一部分能量以减轻驾驶员的受伤程度。

转向轴从转向柱套管中穿过，为转向盘和转向器的传动件。转向轴套管安装在车身上，支撑着转向盘。轿车转向轴要求为安全型，通常分为上、下两段（图2-97），中间由过渡法兰连接。上转向轴的下端法兰上有两个销，而下转向轴的上端法兰上有两个孔，两法兰扣合在一起，销装入孔中，上下转向轴构成一体。当发生撞车事故时，人体胸部由于惯性撞向转向盘时，安全转向轴的法兰在冲击力的作用下脱开，起到了缓冲作用。其他车辆采用的非安全转向轴，当发生撞车事故时，转向轴和仪表的支架会让转向轴移动，以防止驾驶员受伤。

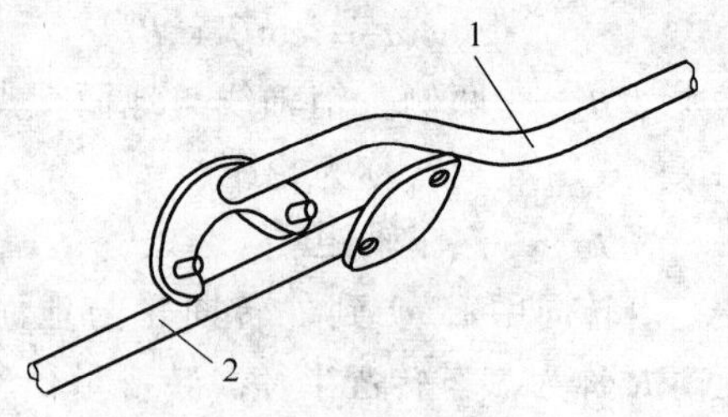

图2-97 安全转向轴
1—上转向轴 2—下转向轴

大多数轿车的转向轴上还安装有点火开关、转向信号开关、刮水器开关等，有的车型的变速杆也安在转向轴内。

三、转向器

转向器的功用是将驾驶员加在转向盘上的转矩放大，并减低转速，获得所要求的摆动速度和角度，进而通过传动机构带动转向轮偏转。

由于在整个转向系中各传动件之间都必然存在着装配间隙，而且这些间隙将随着零件的磨损而增大。转向盘在空转阶段中的角行程称为转向盘自由行程。转向盘自由行程对于缓和路面冲击及避免使驾驶员过度紧张是有利的。但不宜过大，以免过分影响转向灵敏性。一般说来，转向盘从相应于汽车直线行驶的中间位置向任一方向的自由行程最好不超过10°~15°。当零件磨损严重到使转向盘自由行程超过25°~30°时，则必须进行调整。

现代汽车上应用最多的转向器有循环球—齿条齿扇式、齿轮齿条式、循环球曲柄指销式和蜗杆曲柄指销式等几种。在小轿车上应用较多的是前两种转向器。

1. 循环球—齿条齿扇式转向器

循环球式转向器是目前国内外应用最多的一种机构形式。循环球式转向器中一般有两级传动副，第一级是螺杆螺母传动副，第二级是齿条齿扇传动副。

图2-98所示为循环球—齿条齿扇式转向器。为减少转向螺杆和转向螺母之间的摩擦，两者的螺纹并不直接接触，转向螺母的内径大于转向螺杆的外径，转向螺母松套在转向螺杆上，其间装有许多钢球，转向螺母外有两根钢球导管，导管插入转向螺母侧面的一对通孔中，导管内也装满了钢球。当转动转向螺杆时，通过钢球将力传给转向螺母，转向螺母沿轴向移动，螺母上的齿条与齿扇啮合带动摇臂轴（齿扇轴）转动。同时，两列钢球在摩擦力的作用下，在两条独立的螺旋状通道和钢球导管内循环滚动，形成“球流”。

转向螺母上的齿条是倾斜的，齿扇的齿厚也是按线性关系变化，只要摇臂轴（齿扇轴）作轴向移动，即能调整两者的啮合间隙，用以调整转向盘的自由行程（10°~15°）。调整螺钉旋入，则摇臂轴左移，啮合间隙减小；反之摇臂轴右移，啮合间隙增大。

2. 齿轮齿条式转向器

图2-99所示为齿轮齿条式转向器，主要由转向齿条5、转向齿轮4、调整螺栓7、压紧

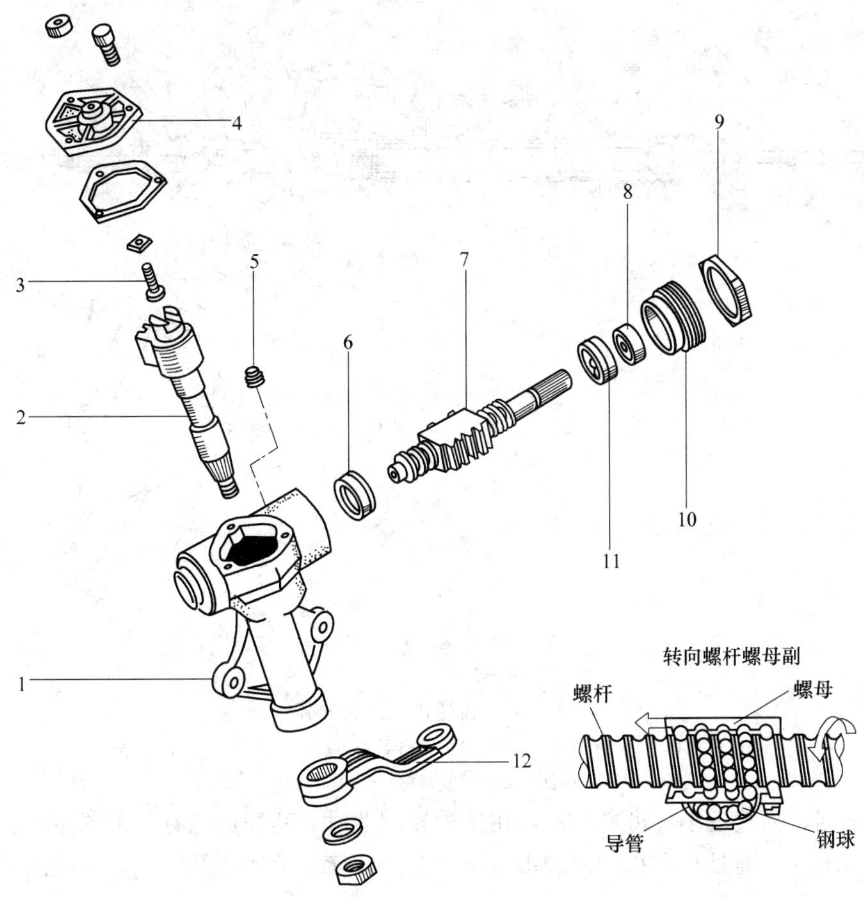

图 2-98　轿车的循环球—齿条齿扇式转向器

1—转向器壳　2—齿扇轴　3—调整螺钉　4—端盖　5—加油螺塞　6、11—轴承　7—转向螺杆　8—油封　9—锁紧螺母　10—轴承调整螺母　12—转向摇臂

弹簧 8、压块 6、转向器壳体 3 等组成。转向齿轮在转向轴下端与转向齿条啮合，当转动转向盘时，转向齿轮转动，转向齿条朝转向盘转动的切向移动。转向齿条的动作通过横拉杆端球头传递到转向节臂上，转向节臂带动转向节，使转向轮偏转，汽车实现转向行驶。

齿轮齿条式转向器的调整螺栓 7 可调整压紧弹簧 8 的预紧力，使压块 6 将转向齿条压靠在转向齿轮上，以保证无间隙啮合。

转向器的输出功率与输入功率之比称为转向器传动效率。在功率由转向轴输入，由转向摇臂输出的情况下求得的传动效率称为正效率，而在传动方向与此相反时求得的效率则称为逆效率。

逆效率很高的转向器很容易将经转向传动机构传来的路面反力传到转向轴和转向盘上，故称为可逆式转向器。可逆式转向器有利于汽车转向结束后转向轮和转向盘自动回正，但也能将坏路对车轮的冲击力传到转向盘，发生“打手”情况。经常在良好路面上行驶的汽车多用可逆式转向器。

逆效率很低的转向器称为不可逆式转向器。

逆效率略高于不可逆式的转向器称为极限可逆式转向器。其反向传力性能介于可逆式和

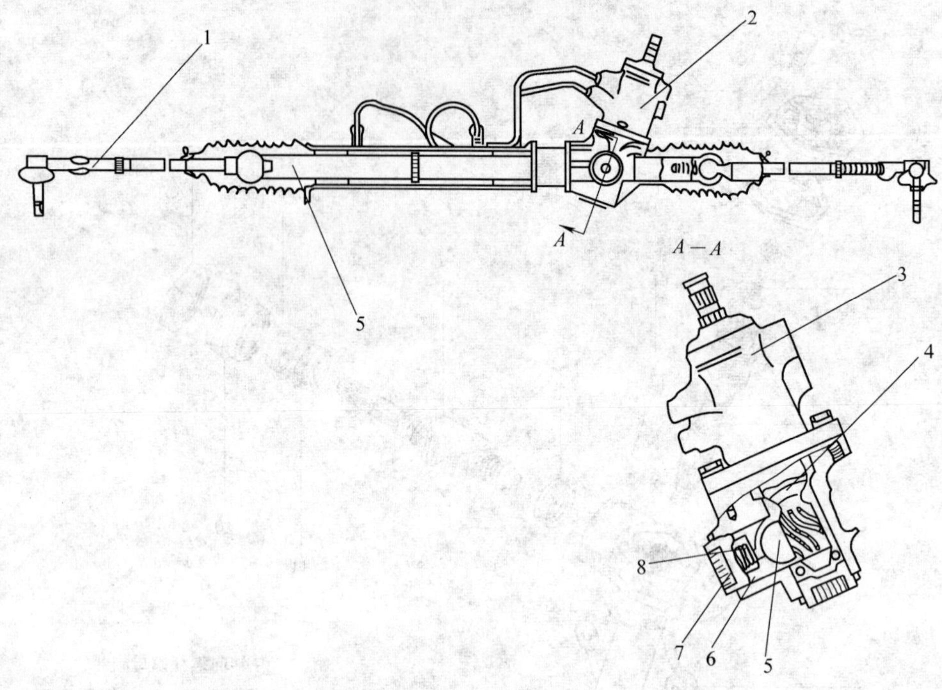

图 2-99 齿轮齿条式转向器

1—横拉杆 2—齿轮式转向器 3—转向器壳体 4—转向齿轮 5—齿条

6—压块 7—调整螺栓 8—压紧弹簧

不可逆式之间，而接近于不可逆式。采用这种转向器时，驾驶员能有一定的路感，转向轮自动回正也可实现，而且只有在路面冲击力很大时，才能部分地传到转向盘。极限可逆式转向器多用于中型以上越野汽车和工矿用自卸汽车。

四、转向传动机构

转向传动机构的功用是将转向器输出的力和运动传到转向桥两侧的转向节，使两侧转向轮偏转，且使两转向轮偏转角按一定关系变化，以保证汽车转向时车轮与地面的相对滑动尽可能小。转向传动机构的组成和布置因转向器位置和转向轮悬架类型而异。

1. 与非独立悬架配用的转向传动机构

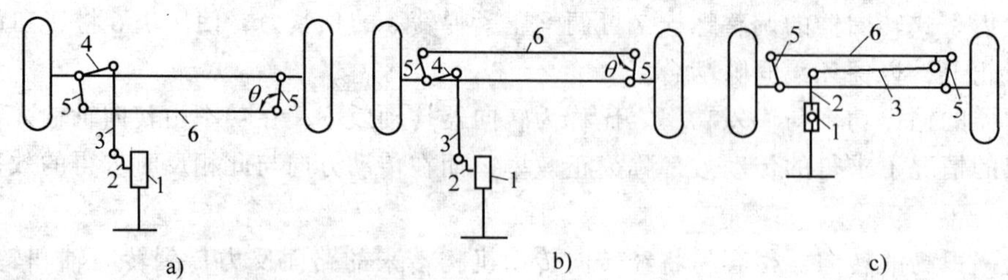

图 2-100 与非独立悬架配用的转向传动机构

1—转向器 2—转向摇臂 3—转向直拉杆 4—转向节臂 5—梯形臂 6—转向横拉杆

与非独立悬架配用的转向传动机构（图 2-100）主要包括转向摇臂 2、转向直拉杆 3、转向节臂 4 和转向梯形。在前桥仅为转向桥时，由转向横拉杆 6 和左、右梯形臂 5 组成的转向梯形一般布置在前桥之后（图 2-100a）；在发动机位置较低或前桥为转向驱动桥时，为避免运动干涉，往往将转向梯形布置在前桥之前。若转向摇臂不是在汽车纵向平面内前后摆动，而是在与道路平行的平面向左右摆动，则可将转向直拉杆 3 横置，并借球头销直接带动转向横拉杆 6，从而推动两侧梯形臂转动（图 2-100c）。

转向摇臂连着转向器和转向直拉杆，同时支撑着转向直拉杆的左侧，使转向直拉杆处在正确的高度以保证转向横拉杆和梯形臂之间有平行关系。转向摇臂小端锥形孔中装有与直拉杆相连接的球头销，大端为锥形带三角形细花键的槽孔，与转向摇臂轴外花键相连接。转向摇臂如图 2-101 所示。

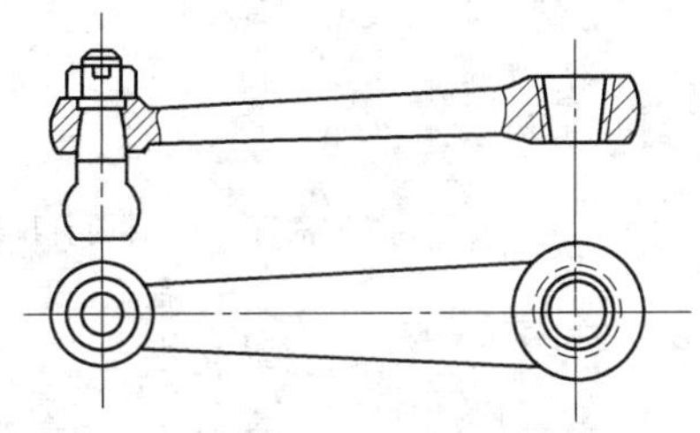

图 2-101　转向摇臂

在转向轮偏转而且因悬架弹性变形而相对于车架跳动时，转向直拉杆与转向摇臂及转向节臂的相对运动都是空间运动。因此，为了不发生运动干涉，三者之间的连接件都为球形铰链。

直拉杆是一段两端扩大的钢管，如图 2-102 所示。为了在转向时车轮有较大的偏转角，直拉杆往往并不是直的，其一端带有球头销，球头销的尾端可用螺母固定于转向节臂的端部。两个球头座 3、5 在压缩弹簧 6 作用下将球头销的球头夹持住。为保证球头与球头座的润滑，可从油嘴 2 注入润滑脂，使其充满直拉杆体端部管腔。拆装时供球头出入的孔口用橡胶防尘垫 9 封盖。压缩弹簧 6 随时补偿球头与球头座的磨损，保证二者间无间隙，并可缓和经车轮和转向节传来的路面冲击。弹簧预紧力可用端部螺塞 8 调节。调好后须用开口销固定螺塞位置。当球头销作用在内球头座上的冲击力超过压缩弹簧预紧力时，弹簧便进一步变形而吸收冲击能量。弹簧变形增量受到限位块 7 自由端的限制，这就可以防止弹簧超载，并保证在弹簧折断的情况下球头销不致从管腔中脱出。

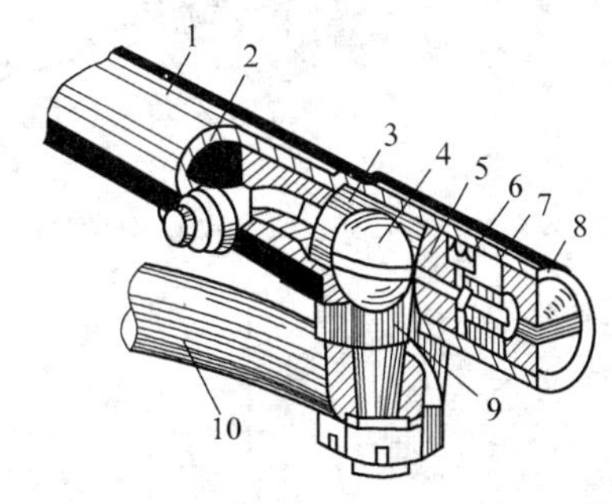

图 2-102　转向直拉杆及接头

1—转向直拉杆　2—油嘴　3、5—球头座　4—球头　6—弹簧　7—限位块　8—螺塞　9—橡胶防尘垫　10—转向节臂

转向横拉杆连接着转向直拉杆和梯形臂。梯形臂用螺栓与转向节相连。转动横拉杆体，即可改变转向横拉杆的总长度，从而调整转向轮前束。

2. 与独立悬架配用的转向传动机构

在独立悬架的汽车上，每个转向轮都需要相对车架作独立运动，因而转向桥必须是断开式的。与此相应，转向传动机构中的转向梯形也必须分成两段（图 2-103a）或三段（图 2-103b），并由转向摇臂直接带动或转向直拉杆带动。

奥迪 100 型轿车转向器安装在前围板上，转向传动机构如图 2-104 所示。左、右转向横拉杆和转向减振器内端通过支架、螺栓固定在转向器的齿条上，转向减振器的外端固定在车身支架上。为防止运动干涉，左、右转向横拉杆的外端用球头和左、右转向节臂连接在一起，转向节臂和转向节焊接在一起。

当汽车转向时，转向齿条横向移动，使左、右横拉杆一个受压、一个受拉，随转向齿条移动。则横拉杆通过球头铰接带动左、右转向节臂及转向节绕主销转动，从而使转向轮偏转

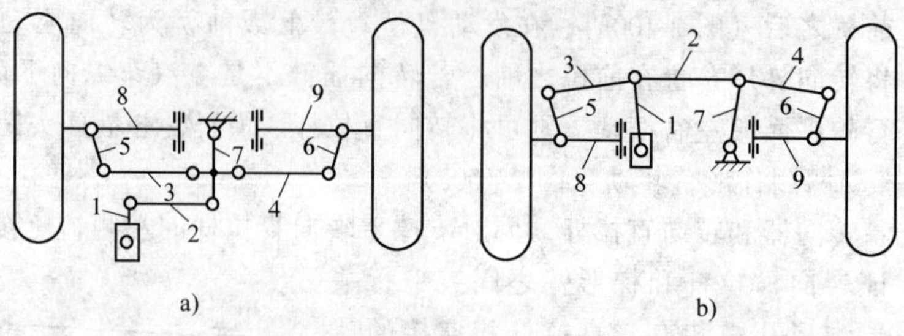

图 2-103　与独立悬架配用的转向传动机构

1—转向摇臂　2—转向直拉杆　3—左转向横拉杆　4—右转向横拉杆　5—左梯形臂　6—右梯形臂　7—摇杆　8—悬架左摆臂　9—悬架右摆臂

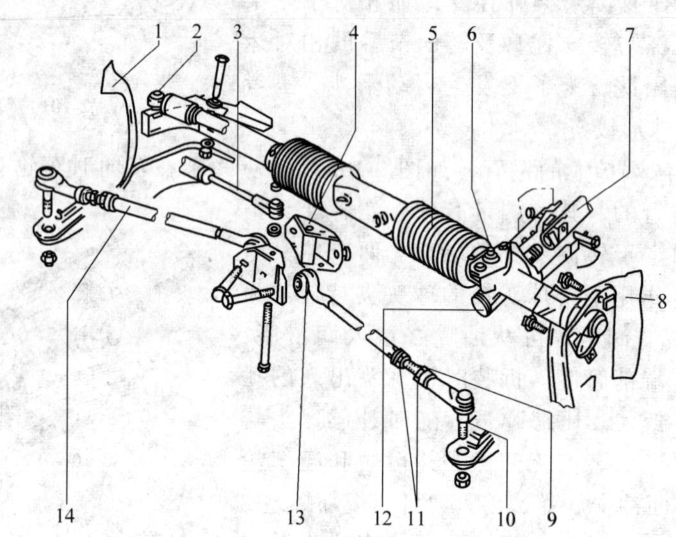

图 2-104　奥迪 100 型轿车转向器及转向传动机构

1—右侧车轮罩　2—螺栓　3—转向减振器　4—支架　5—波纹管　6—调整螺钉　7—法兰套管　8—左侧车轮罩　9—调整拉杆　10—横拉杆球头销　11—调节螺母　12—转向齿轮　13—自锁螺母　14—右转向横拉杆

一定的角度。

五、动力转向系

为克服汽车的转向阻力或减轻驾驶员的劳动强度，汽车上常采用转向加力装置。转向加力装置以发动机输出的动力为能源，在转向时，只有一小部分是驾驶员的体能，大部分是发动机提供的液压能或气压能及电机提供的电能。具有转向加力装置的转向系称为动力转向系。图 2-105 所示为轿车动力转向装置示意图。

由于液压系统工作压力高，故其部件尺寸小，工作时无噪声，滞后时间短，还能吸收来自不平路面的冲击。因此，在各类车上液压转向加力装置应用广泛。图 2-106 所示为与齿轮齿条式转向器配用的动力转向系。

液压转向加力装置根据油液的工作情况分为常压式（见图 2-107）与常流式（见图 2-108）两种。

常流式液压动力转向系结构简单，液压泵寿命长，泄漏较少，消耗功率也较少，因此广

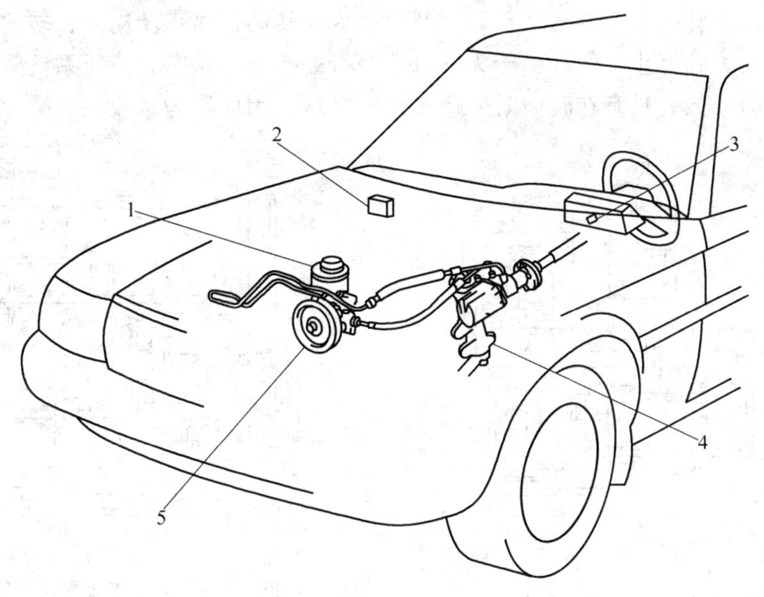

图 2-105　轿车动力转向装置示意图

1—储油罐　2—动力转向电脑　3—速度传感器　4—转向器　5—真空泵

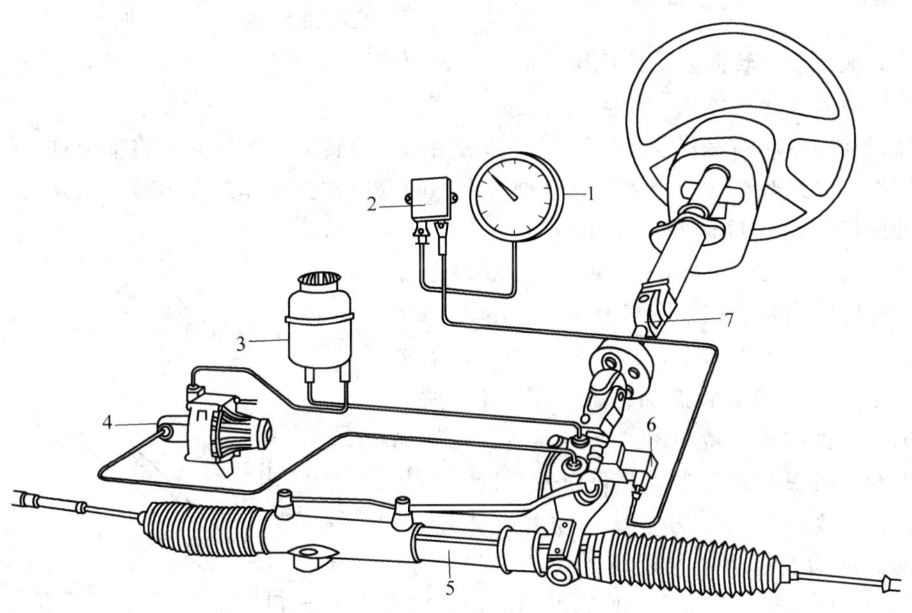

图 2-106　与齿轮齿条式转向器配用的动力转向系

1—车速表　2—电控装置　3—储油罐　4—油泵　5—齿轮齿条式转向器　6—传感器　7—万向节

泛应用于各种汽车。

当汽车直线行驶时，转向控制阀 6 处于图示位置，使得转向动力缸 8 活塞两侧都和低压油路及转向油罐 1 相通，压力相等，转向动力缸不动，液压泵空转，油液处于低压流动状态。当驾驶员转动转向盘，通过机械转向器 7 使转向控制阀 6 处于某一工作位置，此时，转向动力缸 8 活塞一侧与回油管隔绝，与液压泵相通，压力升高（由于地面转向阻力通过转向传动机构传到动力缸的推杆和活塞上形成较大的液压泵输出阻力）；另一侧仍然与回油管路相通，压力较低，转向动力缸活塞移动，产生推力。转向盘停止转动后，转向控制阀回到图示中立位置，动力缸停止工作。由于无论汽车是否处于转向状态，液压系统管路中的油液总是在流动，压力较低，只有在转向时才产生瞬时高压，因此称为常流式。

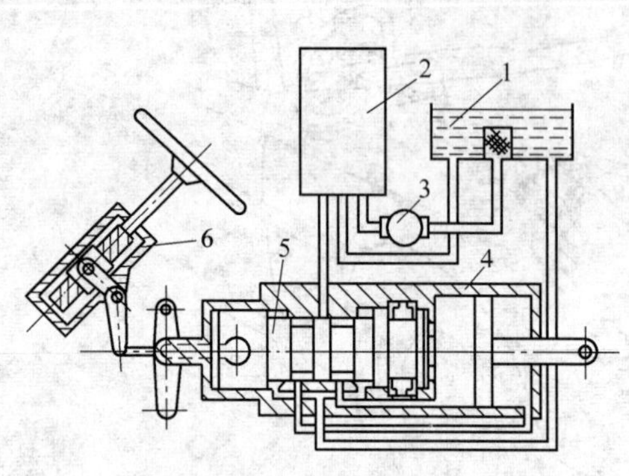

图 2-107 常压式液压动力转向系

1—转向油罐 2—储能器 3—转向液压泵 4—转向动力缸 5—转向控制阀 6—机械转向器

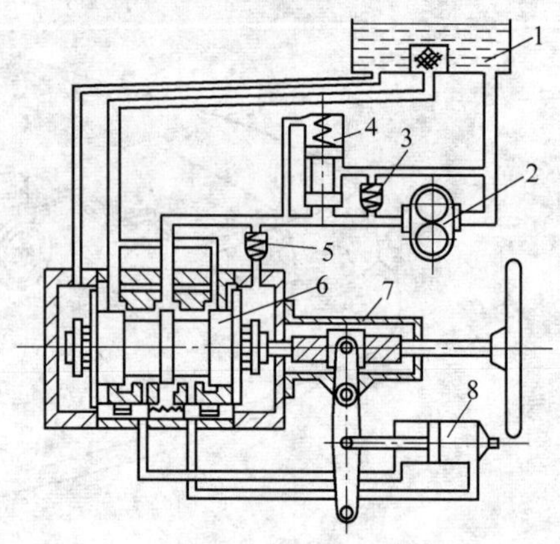

图 2-108 常流式液压动力转向系

1—转向油罐 2—转向液压泵 3—安全阀 4—流量控制阀 5—单向阀 6—转向控制阀 7—机械转向器 8—转向动力缸

常流式液压动力转向系统按机械转向器、转向控制阀、转向动力缸三者的组合及相对位置，分为整体式、半整体式、转向加力器三种。

整体式动力转向系是目前大多数车型都采用的动力转向系统。它是将动力缸、控制阀和机械转向器三者组装在一个壳体内，这种三合一的部件称为整体式动力转向器。

将转向控制阀和机械转向器组合成一个部件，该部件称为半整体式动力转向器。动力缸单独布置。此种动力转向系统在重型车上有所应用。

将机械转向器单独布置，转向控制阀和动力缸组合成一个部件，称为转向加力器。图 2-109 所示为带转向加力器的动力转向系。转向加力器由转向动力缸 6 和转向控制阀 7 组成。转向控制阀一端与带球铰链的接头 8 连接，另一端与动力缸体连接。转向动力缸的活塞杆后端通过球铰链与车架相连。当转动转向盘时，机械转向器 10 带动转向摇臂 9 摆动，一方面由球铰链带动转向直拉杆 5，另一方面也带动转向控制阀 7 中的滑阀，使转向动力缸 6 在液压力作用下与转向摇臂共同对转向直拉杆施力。

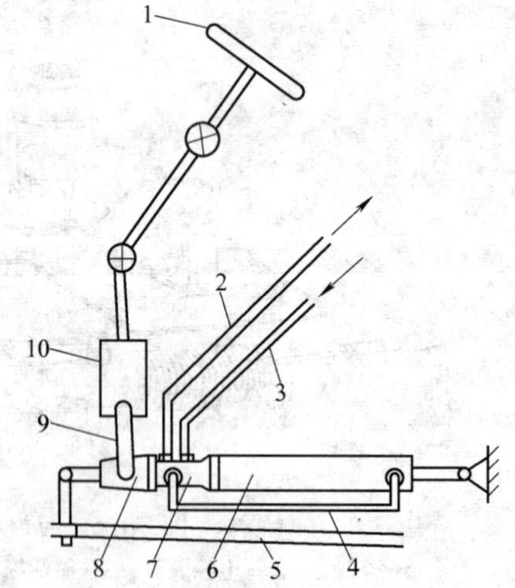

图 2-109 带转向加力器的动力转向系

1—转向盘 2—回油管路 3—进油管路 4—油管 5—转向直拉杆 6—转向动力缸 7—转向控制阀 8—接头 9—转向摇臂 10—机械转向器

六、电子控制动力转向系

电子控制式动力转向系统是一种直接依靠电动机提供辅助转矩的电动助力式转向系统。由于此系统是利用微机控制电动机电流的方向和幅值，因而不需要复杂的控制机构，降低了成本和减轻了质量。电动机、减速机构、转向柱和转向齿轮制成一个整体，系统小型轻量化，易于布置。零件数量少，无泄漏，故障率低。电动机只有在转向时才工作，所以节约能量。因此，电子控制式动力转向系统将是发展趋势。

图 2-110 所示为电子控制式动力转向系统。它通过安装在齿轮齿条式转向器输入轴上的传感器来检测转向盘的转动。当电控单元接收到传感器转动方向和载荷大小时，通过控制供给电动机的电流方向和电流大小，来完成助力作用。

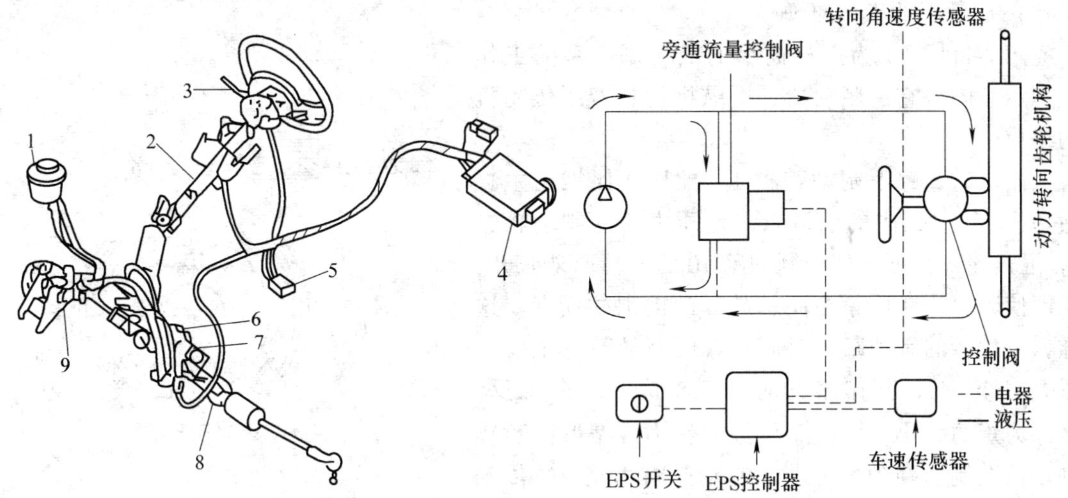

图 2-110 电子控制动力转向系

1—加油箱 2—转向柱 3—转向角速度传感器 4—EPS 控制器 5—转向角速度传感器连接器 6—旁通流量控制阀 7—EPS 控制线圈 8—转向传动机构 9—机油泵

第四节 汽车制动系

一、制动系的功用、组成、类型及工作原理

1. 制动系的功用

制动系的功用是根据需要使行驶中的汽车减速甚至停车，使下坡行驶的汽车的速度保持稳定，以及使已停驶的汽车保持不动。

2. 制动系的组成

一般汽车应包括两套独立的制动系，即行车制动系和驻车制动系。行车制动系是由驾驶员用脚来操纵的，故又称脚制动系。它的功用是使正在行驶中的汽车减速或在最短的距离内停车。驻车制动系是由驾驶员用手来操纵的，故又称手制动系。它的功用是使已经停在各种路面上的汽车驻留原地不动。但是，在紧急情况下，两套制动系统可同时使用，以提高汽车的制动效果。

汽车制动系主要由四部分组成：

1）制动器：产生制动力矩，阻止车轮转动的装置。

2）制动操纵机构：控制制动器工作的机构，如操纵手柄和制动踏板等。

3）制动传动机构：将操纵力传到制动器。

4）制动力的调节机构：用来调节前后车轮制动力的分配。

3. 制动系的类型

按照制动能源不同，制动系还可分为人力制动系（以驾驶员的肌体作为惟一制动能源）、动力制动系（完全靠以发动机的动力转化而成的气压或液压作为制动能源）和伺服制动系（兼用人力和发动机动力作为制动能源）等三种。

按照制动能量的传输方式不同，制动系又可分为机械式、气压式、液压式和电磁式等。

4. 制动系的工作原理

图2-111所示为一种简单的液压制动系的工作原理示意图。它由制动器、操纵机构和液压传动机构组成。

制动时，踩下制动踏板1，推杆2便推动主缸活塞3，使主缸中的油液以一定压力流入制动轮缸6，通过轮缸活塞7使两制动蹄10的上端向外张开，从而使摩擦片9压紧在制动鼓8的内圆柱面上。这样，不旋转的制动蹄就对旋转着的制动鼓产生一个摩擦力矩 M_μ，其作用方向与车轮旋转方向相反。摩擦力矩的大小，取决于轮缸的张力、摩擦因数和制动鼓及制动蹄的尺寸等。制动鼓将力矩 M_μ 传到车轮后，由于车轮与路面间的附着作用，车轮即对路面作用一个向前的周缘力 F_μ，与此同时，路面给车轮作用一个向后的反作用力 F_B，即制动力。制动力 F_B 由车轮经车桥和悬架传递给车架和车身，迫使整个汽车产生一定的减速度。制动力越大，减速度也越大。当松开制动踏板时，制动蹄回位弹簧13即将制动蹄拉回原位，摩擦力矩 M_μ 和制动力 F_B 消失，制动作用即行解除。

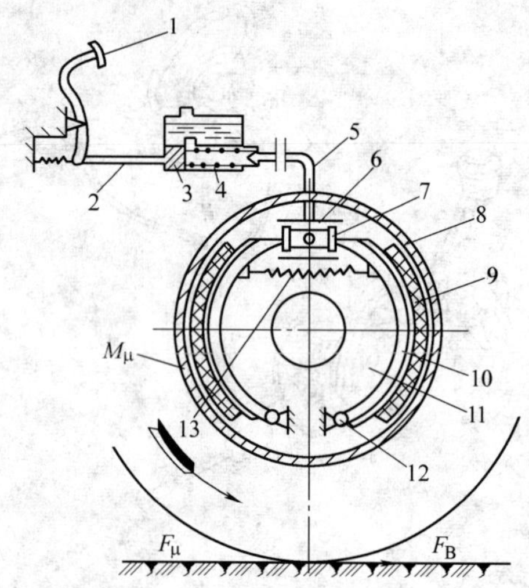

图2-111　制动系工作原理示意图

1—制动踏板　2—推杆　3—主缸活塞　4—制动主缸　5—油管　6—制动轮缸　7—轮缸活塞　8—制动鼓　9—摩擦片　10—制动蹄　11—制动底板　12—支承销　13—制动蹄回位弹簧

二、制动器

制动器是制动系中用以产生阻止车辆运动或运动趋势的力的部件。目前，一般汽车所使用的制动器的制动力矩都来源于固定元件和旋转元件工作表面之间的摩擦，即摩擦式制动器。

摩擦制动器按照制动力矩产生的位置不同，分为车轮制动器和中央制动器；按照摩擦工作表面的不同分为鼓式制动器和盘式制动器。

（一）鼓式制动器

鼓式制动器的摩擦副中的旋转元件是制动鼓，其工作表面是内圆柱面；固定元件是制动蹄。

1. 轮缸式鼓式制动器

轮缸式鼓式制动器制动蹄的张开是由液压机构控制的制动轮缸驱动的。轮缸式鼓式制动器按照其结构与工作特点不同，又分为领从蹄式制动器、双领蹄式与双从蹄式制动器、双向双领蹄式制动器和自增力式制动器。

(1) 领从蹄式制动器　当汽车前进行驶时，制动鼓的旋转方向如图 2-112 中箭头所示。制动时，两制动蹄绕各自的支承点向外旋转张开。制动蹄 12 的旋转方向与制动鼓的旋转方向相同，为领蹄，制动蹄 11 的旋转方向与制动鼓的旋转方向相反，为从蹄。当汽车倒驶制动时，制动蹄 12 变成从蹄，而制动蹄 11 变成领蹄。

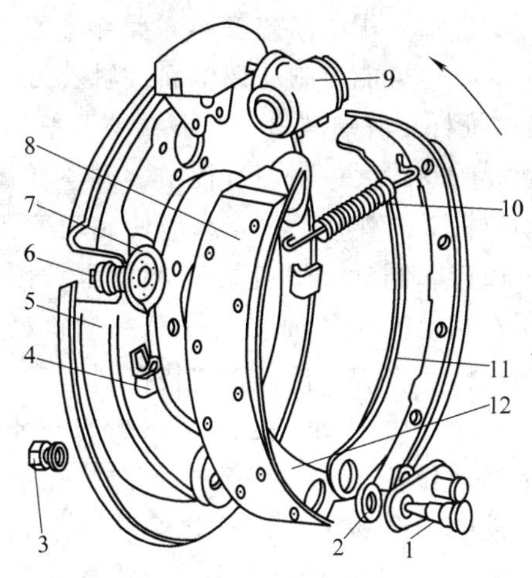

图 2-112　领从蹄式制动器

1—偏心调整螺钉　2—垫圈　3—锁止螺母　4—托架　5—制动底板　6—偏心轮调整螺钉　7—偏心轮　8—摩擦片　9—制动轮缸　10—回位弹簧　11、12—制动蹄

在制动器不工作时，其摩擦片与制动鼓之间应留有适当的间隙，一般为 0.25 ~ 0.5mm。间隙过小。不能保证彻底解除制动，将造成摩擦副的拖磨；间隙过大，会推迟制动器开始起作用的时刻，造成制动不灵，同时也将使制动踏板行程太长，致使驾驶员操作不便。这一间隙可通过转动偏心轮 7 和偏心调整螺钉 1 来调整。如果只因摩擦片磨损而影响制动器工作性能时，仅通过偏心轮 7 进行局部调整即可。如果制动器磨损严重，在更换摩擦片或镗削制动鼓后重新装配或安装时，应进行全面调整。全面调整时除了转动偏心轮 7 外，还需转动偏心调整螺钉 1，即上下同时进行调整。

一汽奥迪 100 型轿车、捷达轿车、前轮驱动的宝来 A4 轿车和上海桑塔纳轿车的后轮制动器都采用了这种领从蹄式制动器。图 2-113 所示为前轮驱动的一汽奥迪 100 型轿车的后轮制动器。旋转元件制动鼓 6 和车轮用螺栓连接在一起，固定元件制动底板 4 上装有制动蹄等零件，并和短轴 3 一起固定在车桥 1 端头凸缘上。

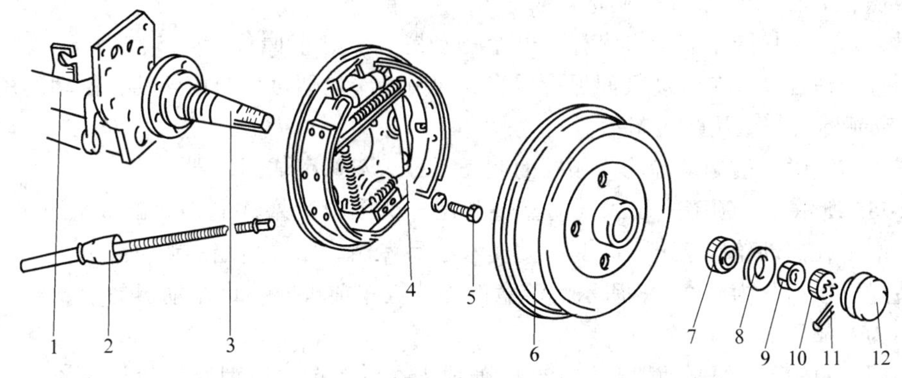

图 2-113　一汽奥迪 100 型轿车后轮制动器

1—车桥　2—手制动软管　3—短轴　4—制动底板　5—螺栓　6—制动鼓　7—车轮外轴承　8—推力轴承　9—螺母　10—蝶形螺母　11—开口销　12—润滑脂盖

制动器的固定部分结构如图 2-114 所示。两个制动蹄 4 下端插在制动底板 10 相应槽内，由上、下两个回位弹簧 5 和 1 将其拉拢，使其上端紧靠在制动轮缸 9 的活塞上。制动蹄通过限位螺钉和限位弹簧使其压靠在制动底板上。制动蹄外圆弧面上铆有制动摩擦片 12。其特

点是制动蹄采用了浮式支承，整个制动蹄可沿支承平面有一定的浮动量，使制动蹄自动定心，保证尽可能与制动鼓全面接触。另外，制动蹄和制动鼓间的间隙可以自动调整。调整楔8装在推杆6右端槽内，其下端与调整弹簧13相连。调整弹簧固定在制动蹄上。如制动蹄和制动鼓的间隙大，制动过程中，调整弹簧13拉动调整楔下移，调整楔上宽下窄，这样使手制动拉杆2向外移动一点，而使制动蹄和制动鼓间的间隙变小。

该行车制动器兼任驻车制动器，因此，在制动器中还加装了驻车制动机械传动机构。手制动拉杆2铆装在制动蹄4上，并能自由摆动。推杆6一端的槽插在手制动拉杆上，另一端槽孔插装在另一制动蹄的凸棱上。连接弹簧7一端钩挂在推杆一侧的孔内，另一端钩挂在制动蹄凸棱的孔内，其位置与推杆6平行，由于连接弹簧7的作用，使推杆拉靠在手制动拉杆2上，手制动拉杆的下端与手制动软轴相连。

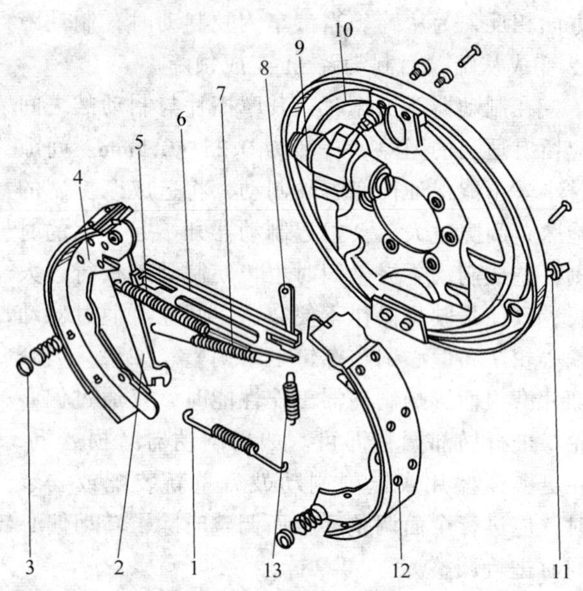

图2-114 一汽奥迪100型轿车后轮制动器固定元件
1—下回位弹簧 2—手制动拉杆 3—弹簧座 4—制动蹄 5—上回位弹簧 6—推杆 7—连接弹簧 8—调整楔 9—制动轮缸 10—制动底板 11—栓塞 12—制动摩擦片 13—调整弹簧

制动时，驾驶员拉动手制动操纵手柄，带动手制动软轴，进而带动手制动拉杆2绕支点向前转动，推动推杆6移动，向外推开一个制动蹄。当这个制动蹄压紧在制动鼓上后，手制动拉杆又绕推杆接触处转动，推动另一个制动蹄也压靠在制动鼓上。这样，两个制动蹄都将制动鼓胀住，而对车轮进行制动。解除制动时，驾驶员松开手制动操纵杆，两个制动蹄在上、下回位弹簧5、1和连接弹簧7的作用下回位，使制动蹄和制动鼓间保持适当的间隙，车轮便可以自由转动，制动作用解除。

(2) 双领蹄式与双从蹄式制动器

在汽车前进时，两制动蹄均为领蹄的制动器称为双领蹄式制动器。

图2-115所示为双领蹄式鼓式制动器零件图，两个单活塞式制动轮缸6上下反向布置。制动蹄一端卡在制动轮缸活塞上，另一端支承于另一制动轮缸后端的调整螺钉上。该制动器的受力情况可以简化为图2-116所示的示意图。在汽车前进时，该制动器的前、后蹄均为领蹄，故称为双领蹄式制动器。

如将图2-115所示的制动器翻转180°，便成为在汽车前进时两蹄均为从蹄的双从蹄式制动器。

(3) 双向双领蹄式制动器　在前进制动和倒车制动时，两制动蹄都为领蹄的制动器为双向双领蹄式制动器。其结构形式与前面叙述的领从蹄式制动器相比，差别就在于制动轮缸的对面又加了一个轮缸，两制动蹄的两端都为浮式支承。

(4) 自增力式制动器　自增力式制动器分单向自增力和双向自增力两种，在结构上只是轮缸中的活塞数目不同而已。自增力式制动器在国产汽车上应用较少。

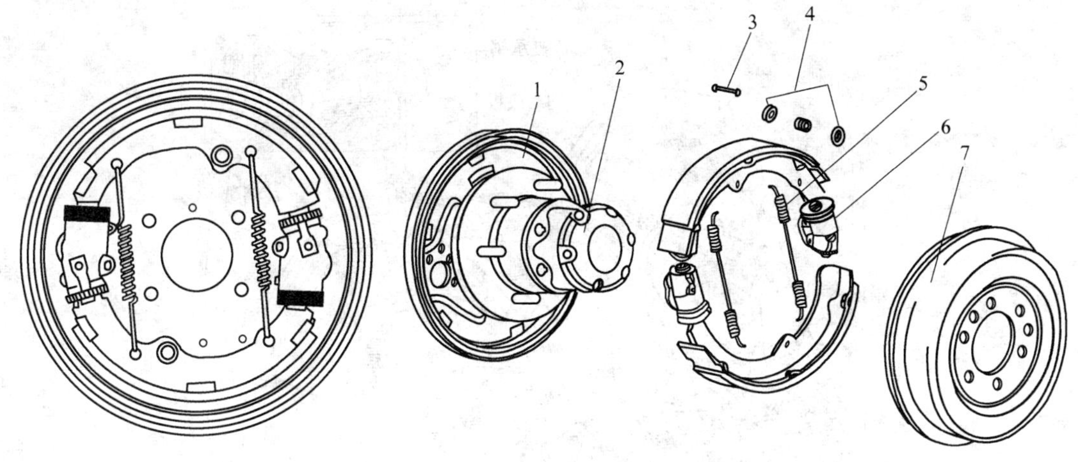

图 2-115 双领蹄式制动器及其零件图

1—制动底板 2—轮毂 3—销 4—制动蹄限位弹簧和卡环 5—回位弹簧 6—制动轮缸 7—制动鼓

2. 凸轮式制动器

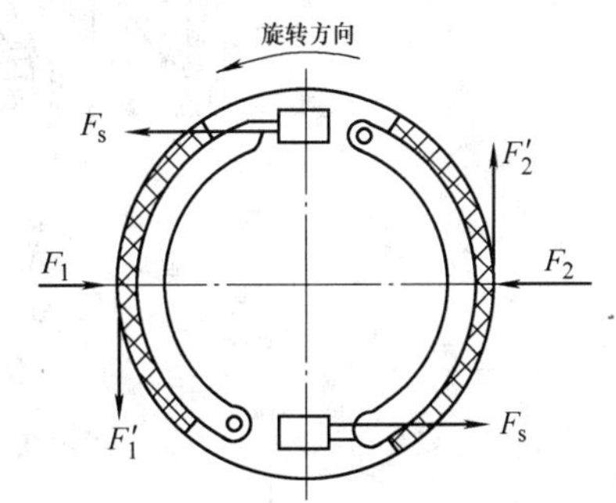

图 2-116 双领蹄式制动蹄受力分析

气压制动系中的制动器大都是采用凸轮促动的，而且多为领从蹄式，如图 2-117 所示。两制动蹄的一端套在偏心支承销上，支承销下面有支承销座，固定在制动底板上。制动蹄的另一端靠制动蹄回位弹簧拉拢并使之紧靠在制动凸轮上。凸轮与凸轮轴制成一体，凸轮轴安装在制动底板的支架内，轴端有花键与制动调整臂内的蜗轮相连。调整臂的另一端则和制动气室的推杆连接叉相连。在制动蹄的外圆弧面上铆有两块石棉摩擦片。不制动时，摩擦片和制动鼓之间留有适当的间隙，使制动鼓能随车轮自由转动。

制动时，压缩空气进入制动气室，通过推杆及连接叉使制动调整臂转动，调整臂带动凸轮轴转动，凸轮迫使两制动蹄张开并压紧在制动鼓上，产生相应的制动作用。当放松制动踏板时，制动气室中的压缩空气排出，膜片在制动蹄回位弹簧作用下回位，并通过推杆、连接叉、制动调整臂带动凸轮轴回位，同时，两制动蹄在回位弹簧作用下，以其上端支承面靠紧于制动凸轮的两侧，制动蹄鼓间保持一定的间隙，制动作用解除。

制动器的间隙可以根据需要进行局部或全面调整。局部调整时，是利用制动调整臂来改变制动凸轮的原始角位置。制动调整臂的结构如图 2-118 所示。在制动调整臂体 8 内，装有调整蜗杆 7 和调整蜗轮 2，两者相互啮合，调整蜗轮以内花键与制动凸轮轴的外花键啮合。在制动调整臂位置不变的情况下，转动蜗杆可通过蜗轮带动凸轮轴转过一角度，从而改变制动凸轮的原始角位置。调整时，将锁止套 4 向内按入，使蜗杆轴 3 的六方头露出，此时即可转动蜗杆轴，每转 60°松开锁止套，锁止套在弹簧 5 的作用下被弹出，与蜗杆轴端的六方头相接合，由锁止螺钉 6 将锁止套的圆周位置固定。

全面调整时，还应同时转动带偏心轴颈的支承销（图 2-117），以改变制动器支承端的间隙。解放 CA1091 型载货汽车制动器间隙的标准值：靠近支承销的一端为 0.20 ~ 0.50mm，靠近制动凸轮的一端为 0.40 ~ 0.70mm。东风 EQ1090E 型汽车制动器间隙的标准值：靠近支承

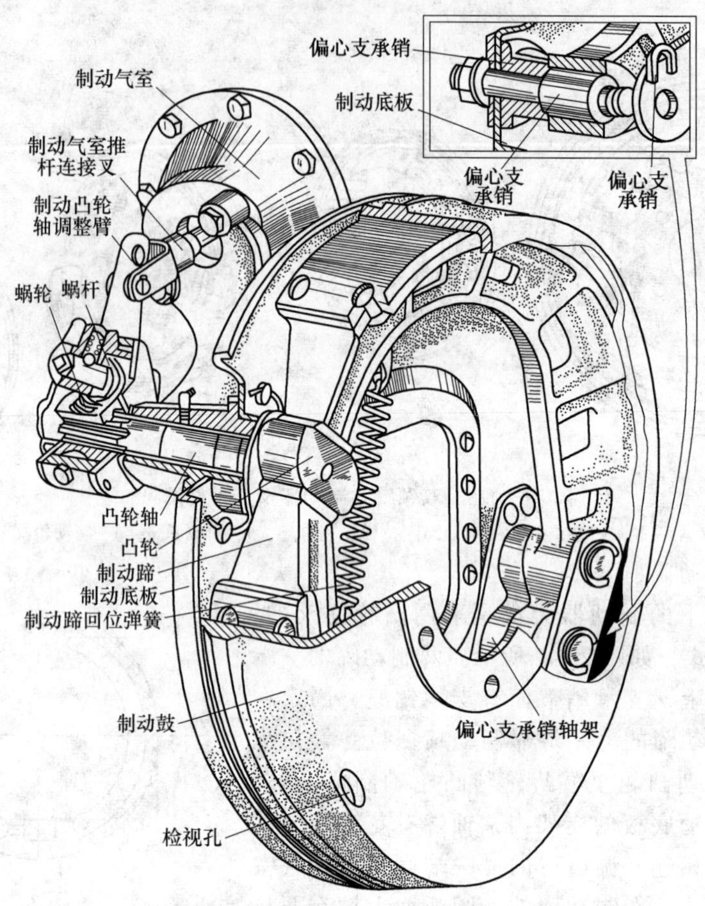

图 2-117 气压式车轮制动器

销的一端为 0.25～0.40mm，靠近制动凸轮的一端为 0.40～0.55mm。

（二）盘式制动器

盘式制动器摩擦副中的旋转元件是惟一以端面工作的金属圆盘，称为制动盘。其固定元件有着多种结构形式。根据固定元件的结构形式不同，盘式制动器大体上可以分为两类，即钳盘式制动器和全盘式制动器。

1. 钳盘式制动器

钳盘式制动器又分为定钳盘式制动器和浮钳盘式制动器两种。

（1）定钳盘式制动器　基本结构如图 2-119 所示。制动盘 5 与车轮相连接，随车轮一起转动。轮缸活塞 3 布置在制动盘两侧的制动钳支架中，活塞的端部粘有摩擦片 2。制动钳用螺栓固定在桥壳或转向节上，既不能旋转，也不能轴向移动。制动时，高压制动液被压入两制动轮缸中，推动轮缸活塞 3，使两个制动摩擦片 2 同时压向制动盘 5，产生制动作用。此时活塞上矩形橡胶密封圈的刃边在活塞摩擦力的作用下，产生弹性变形（图 2-119 中右图），其极限变形量应等于（制动器间隙为设定值时）完全制动所需的活塞行程。解除制动时，活塞在密封圈的弹力作用下回位，直至密封圈变形完全消失为止。此时摩擦片与制动盘之间的间隙即为设定间隙。

（2）浮钳盘式制动器　顾名思义，浮钳盘式制动器的制动钳是浮动的，可以相对于制动盘作轴向移动。其中只在制动盘的内侧设置液压缸。用以驱动内侧制动块，而外侧的制动块则附着在钳体上，制动时随制动钳作轴向移动。图 2-120 所示为浮钳盘式制动器结构示意图。制动时，内侧活塞及摩擦片在液压力 F_1 作用下，向左移动压向制动盘 4。同时，液压的反作用力 F_2 推动制动钳体 1 向右移动，使外侧摩擦片也压靠到制动盘 4 上。导向销 2 上的橡胶衬套不仅能够稍微变形以消除制动器间隙，而且可使导向销免受泥污。解除制动时，橡胶衬套所释放出来的弹性能有助于外侧制动块离开制动盘。活塞密封圈使活塞回位。若制动器产生了过量的间隙，活塞则相对于密封圈滑移，借此实现间隙自动调整。

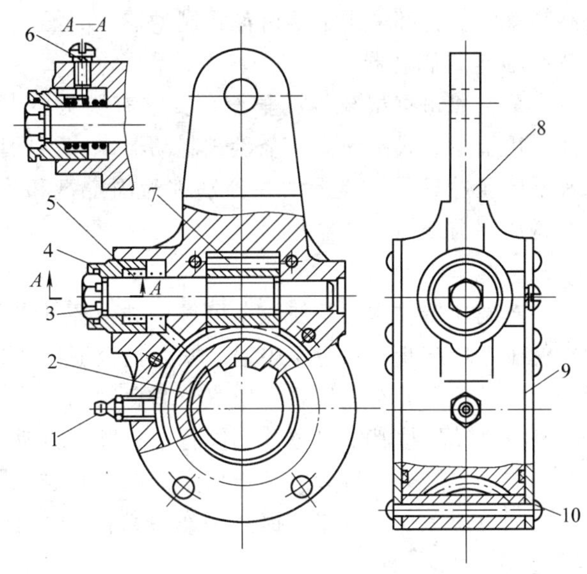

图 2-118　制动调整臂

1—油嘴　2—调整蜗轮　3—蜗杆轴　4—锁止套　5—弹簧　6—锁止螺钉　7—调整蜗杆　8—制动调整臂体　9—盖　10—铆钉

一汽奥迪 A6 轿车、全轮驱动的宝来 A4 轿车及上海帕萨特 B5 轿车的前后轮，以及小红旗系列轿车、捷达系列轿车及上海桑

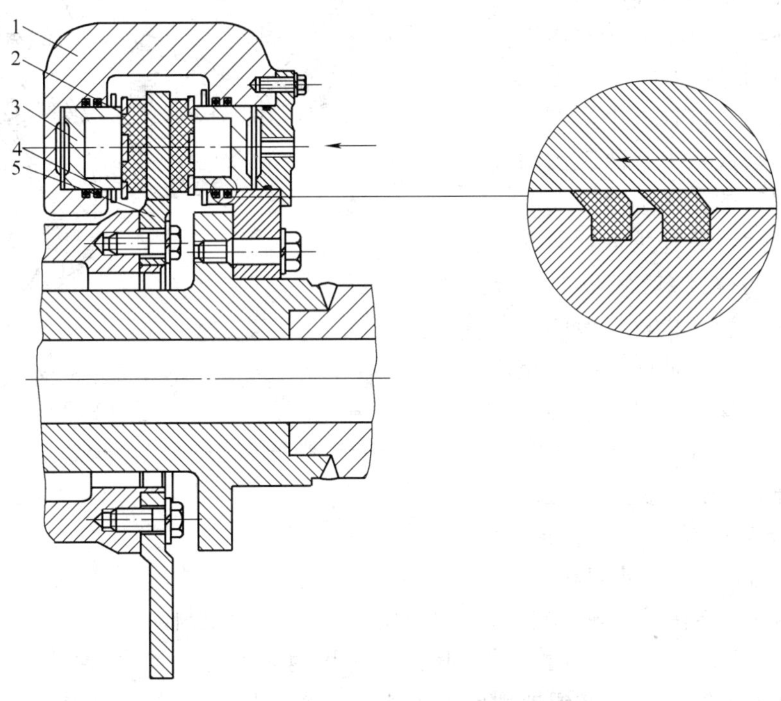

图 2-119　定钳盘式制动器结构简图

1—制动钳支架　2—摩擦片　3—轮缸活塞　4—密封圈　5—制动盘

塔纳轿车的前轮都采用了浮钳盘式制动器。

2. 全盘式制动器

在重型和超重型载货汽车上，要求有更大的制动力，为此采用了全盘式制动器。全盘式制动器摩擦副的固定元件和旋转元件都是圆盘形的，分别称为固定盘和旋转盘。其结构原理与摩擦离合器相似。

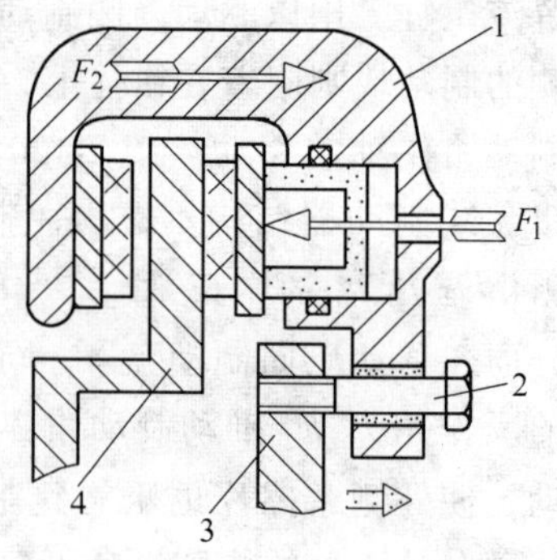

图 2-120 浮钳盘式制动器结构示意图

1—制动钳体 2—导向销 3—制动钳支架 4—制动盘

三、驻车制动器

驻车制动器的作用是使汽车可靠地驻留原地，不致滑溜，便于上坡起步。在行车中遇到紧急情况时，可同时使用行车制动系和驻车制动系，使汽车紧急制动。

驻车制动器按其安装位置不同有中央驻车制动器和车轮驻车制动器之分。后者因其结构紧凑而得到越来越多的应用。如奥迪100型轿车、捷达轿车、黄河JN1181C13型货车等。

图2-121所示为解放CA1092型汽车鼓式驻车制动器及机械式传动装置的结构。它主要由驻车制动操纵杆1、传动杆3、摇臂6、拉杆7、拉臂10、制动蹄11、凸轮12、可调顶杆15、制动鼓16、制动底板17等机件组成。制动鼓通过螺栓与变速器第二轴的凸缘盘紧固在一起，制动底板固定在变速器后端壳体上。两制动蹄下端通过拉簧浮动地支承在可调顶杆上，可调顶杆固定于制动底板上，两制动蹄上端在回位弹簧的作用下紧靠在凸轮的两侧。制动蹄通过压簧轴向固定。凸轮轴支承在制动底板的上部，轴外端与拉臂连接。拉臂的另一端与拉杆相连，拉杆的上端装有球面调整螺母和锁紧螺母，下端与摇臂一端铰接。摇臂中部用销子与变速器壳体连接并作为支点，另一端通过传动杆与操纵杆下端相连。

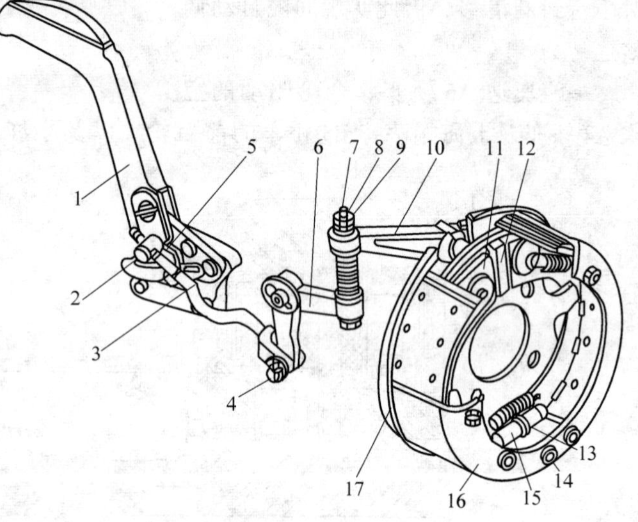

图 2-121 解放CA1092型汽车驻车制动器

1—操纵杆 2—齿板 3、4—传动杆 5—棘爪 6—摇臂 7—拉杆 8、9—锁紧螺母 10—拉臂 11—制动蹄 12—凸轮 13—齿圈 14—密封密 15—可调顶杆 16—制动鼓 17—制动底板

操纵杆下端设有棘爪和齿扇机构。制动时，拉动操纵杆，通过传动杆使摇臂绕支承销顺时针转动，拉杆通过摇臂带动凸轮轴转动，使两制动蹄张开而产生制动，用棘爪和齿扇锁住操纵杆，保持制动状态。解除制动时，需先将操纵杆顺时针转过一个角度使棘爪与齿脱离啮合后，按下棘爪按钮，将操纵杆推到向前的极限位置，两制动蹄在回位弹簧作用下回位，解除制动。制动蹄片与制动鼓的间隙通过可调顶杆和拉杆上的可调螺母进行调整。

四、液压式制动传动装置

1. 液压式制动传动装置的组成及工作原理

图 2-122 所示为一汽奥迪 100 型轿车制动系统示意图。该系统采用真空助力、双回路交叉布置。前轮为盘式制动器，后轮为鼓式制动器。后轮鼓式制动器同时也作为驻车制动系的制动器。制动主缸 4 的后腔与右前轮、左后轮的制动回路 3 相通；制动主缸 4 的前腔与左前轮、右后轮的制动回路 5 相通。

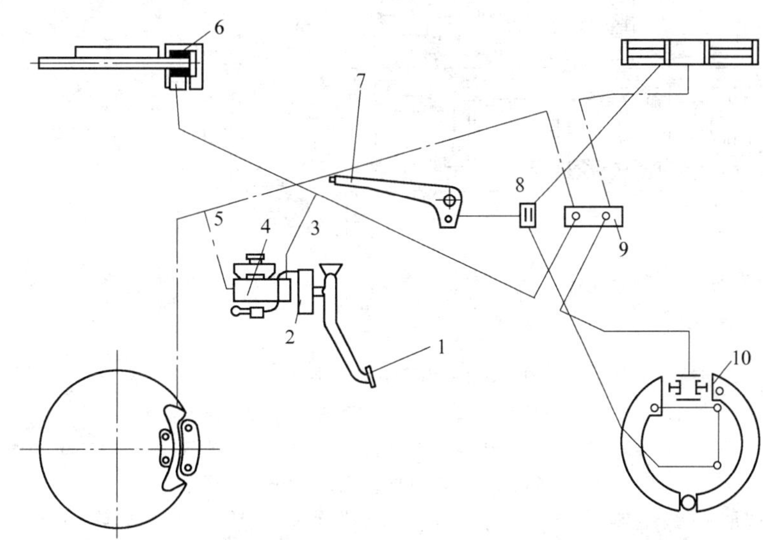

图 2-122 奥迪 100 型轿车制动系统示意图

1—制动踏板 2—真空助力器 3、5—制动回路 4—制动主缸 6—前轮盘式制动器 7—手制动操纵杆 8—手制动操纵缆绳 9—感载比例阀 10—后轮鼓式制动器

制动时，驾驶员踩下制动踏板 1，踏板力经真空助力器 2 放大后，作用在制动主缸 4 上，制动主缸将制动液加压后，分别输送到两个制动回路，使制动器产生制动作用。

这种液压传动对角线双回路制动系统能保证在任一个回路出现故障时，仍能得到总制动效能的 50%。此外，这种制动系结构简单，并且直行时紧急制动的稳定性好。

要施行手制动时，只要用手向后拉手制动操纵杆 7 到位为止，并通过自锁机构锁住。在此过程中，由手制动操纵杆带动手制动操纵缆绳 8，缆绳牵引制动软轴，再由软轴带动制动器里的拉杆，使两个后轮制动器中的两个制动蹄向外张开，使制动鼓产生制动作用。解除制动时，先用手指压下制动操纵杆头部按钮来解除锁止作用，然后向前推动手制动操纵杆直到不能移动为止。

2. 液压式制动传动装置的主要部件

(1) 制动主缸　制动主缸的作用是将踏板力转变成液压力。现代汽车的行车制动系都必须采用双回路制动系，因此液压制动系都采用串联双腔式制动主缸，如图 2-123 所示。缸体 11 内装有两个活塞 3 和 9，将主缸内腔分为两个工作腔 12 和 17。第一工作腔 17 既与右前轮盘式制动器液压缸相通，还经感载比例阀与左后轮鼓式制动器轮缸相通。第二工作腔 12 也有两条通路，分别通往左前轮盘式制动器液压缸和经感载比例阀通往右后轮鼓式制动器轮缸。每套管路和工作腔又分别通过补偿孔 18 和回油孔 19 与储油罐（图中未画出）相通。第二活塞 9 两端均承受弹簧力，但左弹簧张力小于右弹簧张力，故主缸不工作时，第二活塞由右端弹簧保持在正确的初始位置，使补偿孔和进油孔与缸内相通。第一活塞3在左端弹簧作用下，压靠在套1上，使其处于补偿孔18和回油孔19之间的位置。密封套2用来防止主缸漏油。此外，每个活塞上都装有密封圈，以便两腔建立油压并保证密封。

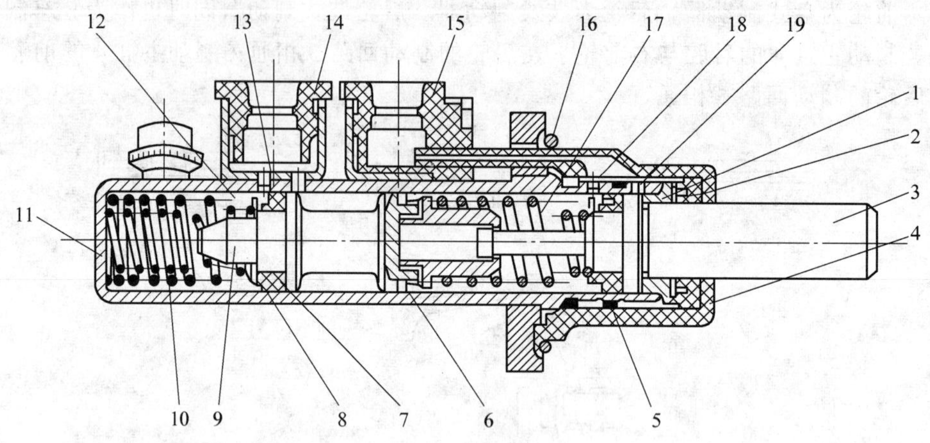

图2-123　串联式双腔制动主缸

1—套　2—密封套　3—第一活塞　4—盖　5—防动圈　6、13—密封圈　7—垫片　8—挡片　9—第二活塞　10—弹簧　11—缸体　12—第二工作腔　14、15—进油孔　16—定位圈　17—第一工作腔　18—补偿孔　19—回油孔

制动时，驾驶员踩下制动踏板，真空助力器推动第一活塞3向左移动，在其密封圈遮住补偿孔18后，第一工作腔17的油压开始升高。油液一方面通过腔内出油孔（图中未画出）进入右前左后制动管路，一方面又对第二活塞9产生推力，在此推力及活塞3左端弹簧力的共同作用下，第二活塞9也向左移动，这样第二工作腔12也产生了压力，推开腔内出油阀（图中未画出），油液进入左前右后制动管路，于是两制动管路对汽车施行制动。

解除制动时，驾驶员松开制动踏板，活塞在弹簧作用下回位，液压油自轮缸（或液压缸）和管路中流回制动主缸。

双回路液压制动系统中，一套管路损坏漏油时，另一套管路仍能工作，只是所需的踏板行程要加大而已。

(2) 制动轮缸　制动轮缸的功用是将液体压力转变为制动蹄张开的机械推力。制动轮缸有单活塞式和双活塞式两种。图2-124为一汽奥迪100型轿车后制动器轮缸分解图。在缸体6内装有两个活塞2，凸圆头螺钉3将制动轮缸固定在制动底板上，制动轮缸位于两个制动蹄之间。制动时，来自制动主缸的制动液经油管接头和进油孔进入两活塞之间的油腔，将活塞向外推开，通过顶块9推动制动蹄。放气螺塞螺栓5的作用是为了排出制动管路及轮缸中的气体，以保证制动灵敏可靠。

(3) 真空助力器　真空助力器是利用真空能（负气压能）对制动踏板进行助力的装置，直接操纵用踏板机构对其进行控制。一汽奥迪100型轿车制动系统真空助力器的外形如图2-125所示，通过螺栓将其固定在驾驶室仪表板下方。其结构与工作原理如图2-126所示。真空助力器主要由真空伺服气室和控制阀两部分组成。真空伺服气室由前、后壳体1和19组成，其间夹装有伺服气室膜片20，将伺服气室分成前、后两腔。前腔经真空单向阀通向发动机进气歧管（即真空源），后腔膜片座8和毂筒中装有控制阀6，控制阀由空气阀10和真

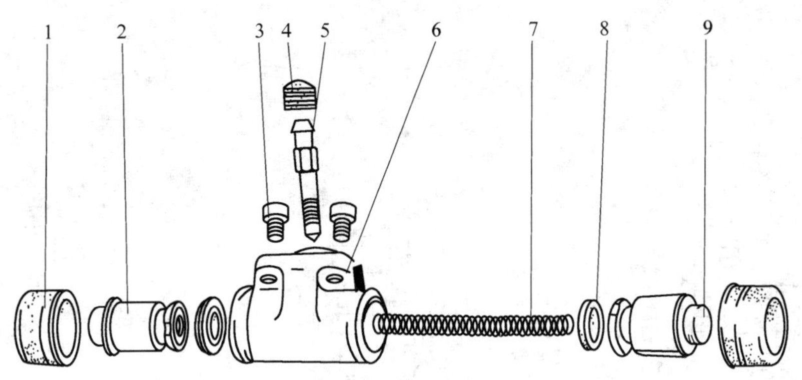

图 2-124　一汽奥迪 100 型轿车后制动器轮缸

1—防尘罩　2—活塞　3—凸圆头螺钉　4—护帽　5—放气螺塞螺栓　6—缸体
7—弹簧　8—密封圈　9—顶块

空阀 9 组成，空气阀与控制阀推杆 12 固装在一起，控制阀推杆借调整叉 13 与制动踏板机构连接。外界空气经过滤环 11 和毛毡过滤环 14 滤清后进入伺服气室后腔。伺服气室膜片座 8 上有通道 *A* 和 *B*，通道 *A* 用于连通伺服气室前腔和控制阀，通道 *B* 用来连通伺服气室后腔和控制阀。膜片座的前端装有制动主缸推杆 2，其间有传递脚感的橡胶反作用盘 7。橡胶反作用盘为两面受力的盘：右面要承受控制阀推杆 12、空气阀 10 及膜片座 8 的推力；左面要承受制动主缸推杆 2 传来的主缸液压的反作用力。

真空助力器不工作时（见图 2-126b），空气阀 10 和控制阀推杆 12 在控制阀推杆回位弹簧 15 的作用下，离开橡胶反作用盘 7，处于右端极限位置，并使真空阀 9 离开膜片座 8 上的阀座，即真空阀处于开启状态。而真空阀 9 又被阀门弹簧 16 压紧在空气阀 10 上，即空气阀处于关闭状态。此时，伺服气室的前后两腔互相连通，并与大气隔绝。在发动机工作时，两腔内都产生一定的真空度。

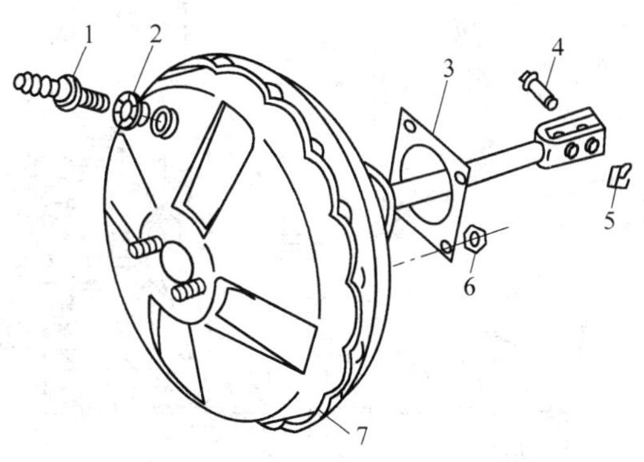

图 2-125　一汽奥迪 100 型轿车真空助力器

1—真空管接头　2—密封圈　3—垫片
4—销　5—锁片　6—螺母　7—本体

制动时（见图 2-126c），踩下制动踏板，来自踏板机构的控制力推动控制阀推杆 12 和控制阀柱塞 18 向前移动，首先消除柱塞与橡胶反作用盘 7 之间的间隙后，再继续推动制动主缸推杆 2，主缸内的制动液以一定压力流入制动轮缸，此力为驾驶员踏板所给。与此同时，在阀门弹簧 16 的作用下，真空阀 9 也随之向前移动，直到压靠在膜片座 8 的阀座上，从而使通道 *A* 与通道 *B* 隔绝，即伺服气室的后腔同前腔（真空源）隔绝。进而空气阀 10 离开真空阀 9 而开启，空气经过滤环 11、毛毡过滤环 14、空气阀的开口和通道 *B* 充入伺服气室后腔。随着空气的进入，在伺服气室膜片的两侧出现压力差而产生推力，此推力通过膜片座 8、橡胶反作用盘 7 推动制动主缸推杆 2 向前移动，此力为压力差所供给。此时，制动主缸推杆 2 上的作用力应为踏板力和伺服气室反作用盘推力的总和，但后者较前者大很多，使制动主缸输出的压力成倍地增高。

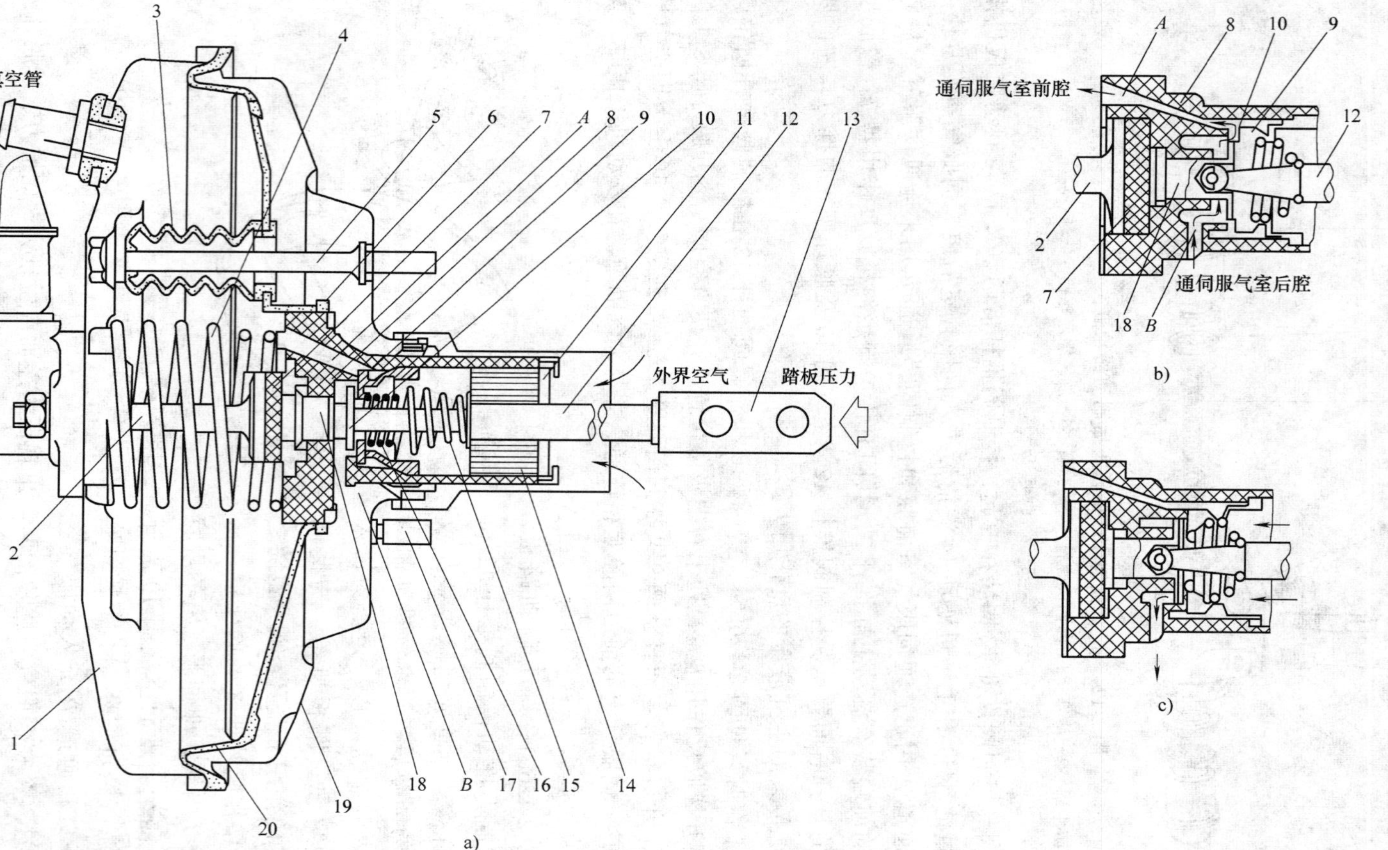

图 2-126 真空助力器结构示意图

a）结构示意图 b）未踩制动踏板时 c）踩下制动踏板时

1—伺服气室前壳体 2—制动主缸推杆 3—导向螺栓密封圈 4—膜片回位弹簧 5—导向螺栓 6—控制阀 7—橡胶反作用盘 8—膜片座 9—真空阀 10—空气阀 11—过滤环 12—控制阀推杆 13—调整叉 14—毛毡过滤环 15—控制阀推杆回位弹簧 16—阀门弹簧 17—螺栓 18—控制阀柱塞 19—伺服气室后壳体 20—伺服气室膜片

解除制动时，控制阀推杆回位弹簧 15 即将控制阀推杆 12 和空气阀 10 推向右移，使真空阀 9 离开膜片座 8 上的阀座，真空阀开启，伺服气室前、后两腔相通，均为真空状态。膜片座和膜片在膜片回位弹簧 4 的作用下回位，制动主缸即解除制动作用。

若真空助力器失效或真空管路无真空度时，控制阀推杆 12 将通过空气阀 10 直接推动膜片座和制动主缸推杆 2 移动，使制动主缸产生制动压力，但加在踏板上的力要增大。

(4) 制动踏板自由行程的调整　不制动时，推杆的球头与活塞之间应保持一定间隙，以保证活塞能够在回位弹簧作用下退回极限位置，使活塞和皮碗不致堵住旁通孔和补偿孔。制动时首先需消除这一间隙，相应的踏板行程 h 为制动踏板的自由行程。此自由行程可通过调节推杆的长度来调整。车型不同自由行程也不同。丰田轿车制动踏板自由行程的范围大致为 3 ~ 6mm。图 2-127 所示为轿车的调节机构示意图。

五、气压式制动传动装置

1. 气压式制动传动装置组成及工作原理

气压式制动传动装置是利用压缩空气的压力将其转变为机械推力，使车轮产生制动作用的装置（图 2-128）。

为使制动更可靠，目前汽车上几乎都采用双回路制动系统。图 2-129 所示为解放 CA1091 型汽车的双回路气压制动系统示意图。由发动机驱动的空气压缩机 1 将压缩空气经单向阀 3 首先输入湿储气筒 5。湿储气筒上装有安全阀 7、取气阀 4 和油水放出阀 6，压缩空气在湿储气筒内冷却并进行油水分离后，分别经两个单向阀 8 进入储气筒 15 的前、后腔。储气筒的前腔与串联双腔式制动阀 16 的上腔相连，以控制后轮制动；储气筒的后腔与制动阀 16 的下腔相连，以控制前轮制动。储气筒两腔的气压还经三通管分别通向双指针空气压力表 19 中的两个传感器。空气

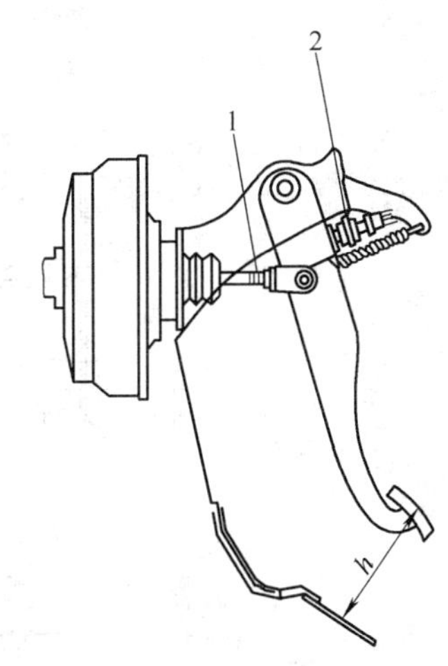

图 2-127　轿车调节机构示意图

1—推杆　2—限位螺钉

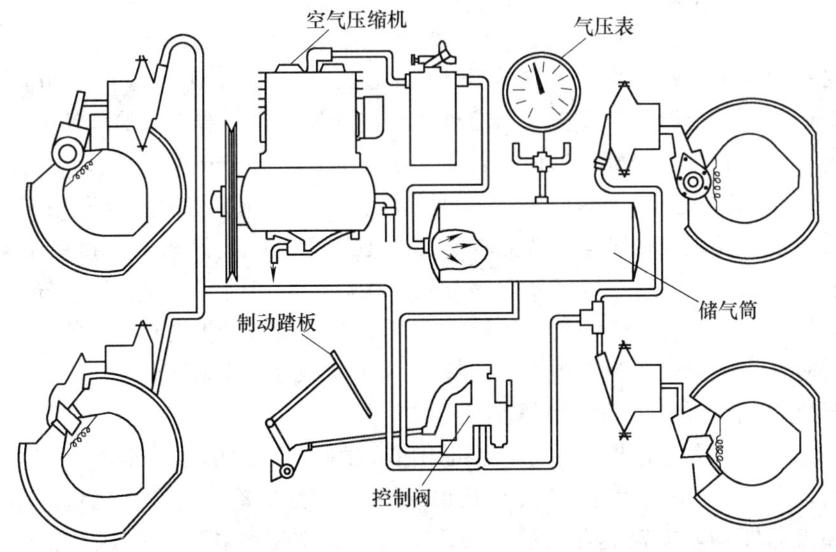

图 2-128　气压制动系统示意图

压力表上指针指示储气筒前腔的气压，下指针指示后腔的气压。前制动管路同时还接通挂车制动控制阀9，将由湿储气筒5通向挂车的通路切断。由于挂车采用放气制动，所以当湿储气筒通往挂车通路切断时，挂车也同时被制动。

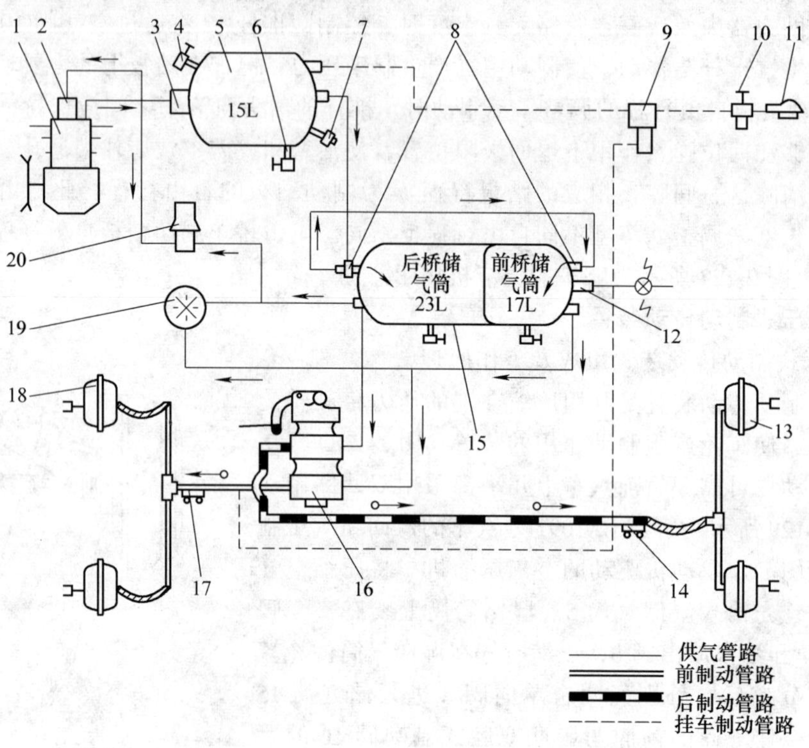

图 2-129 解放 CA1091 型汽车制动系统示意图

1—空气压缩机 2—卸荷阀 3、8—单向阀 4—取气阀 5—湿储气筒 6—油水放出阀 7—安全阀 9—挂车制动控制阀 10—分离开关 11—连接头 12—气压过低报警开关 13—后轮制动气室 14、17—制动灯开关 15—储气筒 16—串联双腔式制动阀 18—前轮制动气室 19—双指针空气压力表 20—气压调节阀

储气筒中的气压在正常情况下应不超过0.8MPa。超过时，气压调节阀20起作用，使空气压缩机卸荷空转。当调节阀或空气压缩机卸荷装置失效时，装在湿储气筒上的安全阀7可将储气筒内气压控制在0.85MPa以内。若储气筒内的气压低于0.45MPa时，气压过低报警开关12触点闭合，接通电路，报警灯亮，同时蜂鸣器发出声响，此时应立即停车，排除故障。

驾驶员通过踏板机构操纵串联双腔式制动阀16，踩下制动踏板时，拉动制动阀的拉臂，使储气筒前、后腔的压缩空气穿过制动阀分别进入后轮制动气室和前轮制动气室，促动制动器产生制动作用。同时，前制动管路的压缩空气还进入挂车制动控制阀，使挂车制动。当放松制动踏板时，串联双腔式制动阀16使制动气室通大气以解除制动。

2. 气压式制动传动装置的主要部件

(1) 空气压缩机及调压阀　空气压缩机用以产生制动所用的压缩空气。其结构有单缸式和双缸式两种。图2-130所示为东风EQ1090E型汽车单缸风冷式空气压缩机，由发动机通过风扇带轮和V带驱动。支架上有三道滑槽，可通过调整螺栓移动空气压缩机的位置，来调整皮带的松紧度。

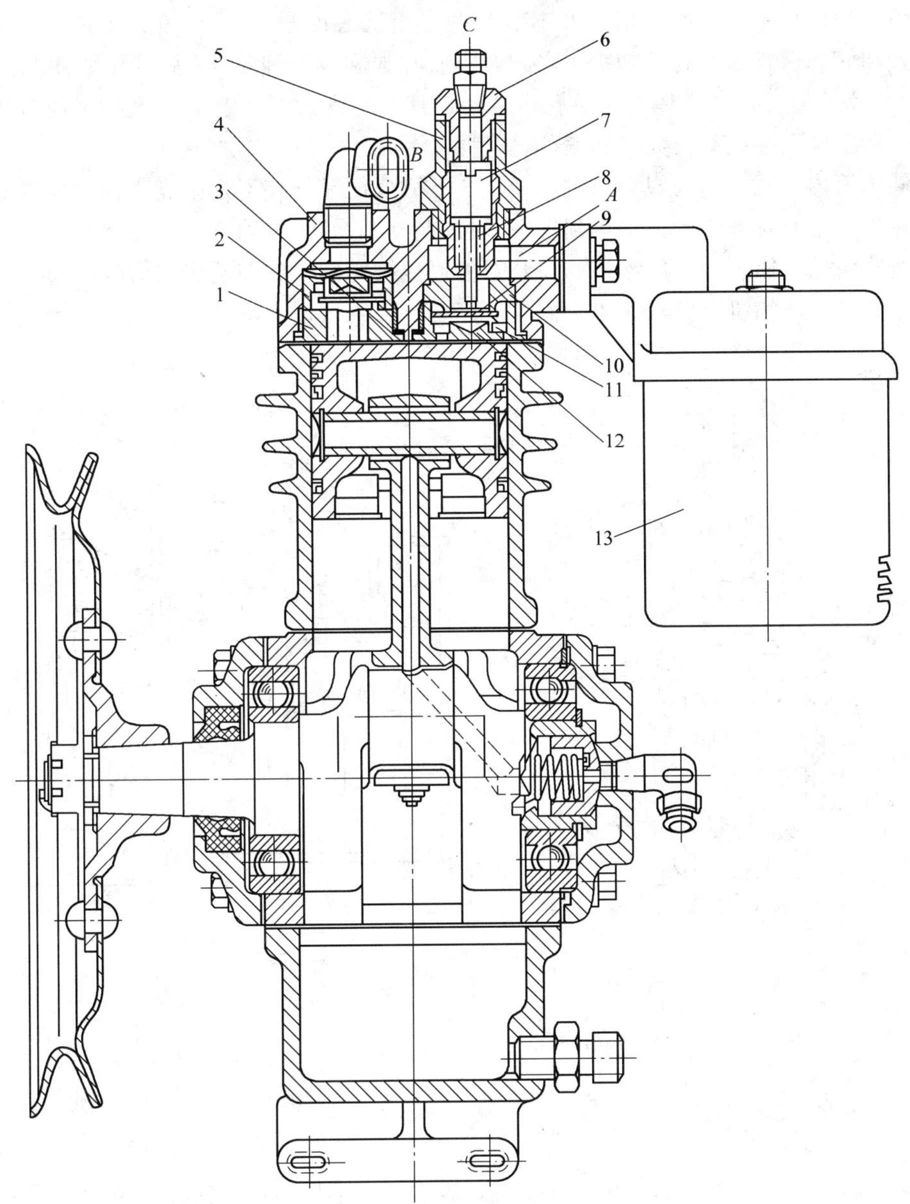

图 2-130　东风 EQ1090E 型汽车单缸风冷式空气压缩机

1—排气阀座　2—排气阀门导向座　3—排气阀门　4—气缸盖　5—卸荷装置壳体　6—定位塞　7—卸荷柱塞　8—柱塞弹簧　9—进气阀门　10—进气阀座　11—进气阀弹簧　12—进气阀门导向座　13—进气滤清器

A—进气口　*B*—排气口　*C*—调压阀控制压力输入口

发动机工作时，空气压缩机曲轴随之转动，带动活塞作上下往复运动。当活塞下移时，在气缸内真空度作用下，进气阀门 9 开启，外界空气经进气滤清器13自进气口 *A* 和进气阀门 9 被吸入气缸。活塞上行时，气缸内空气被压缩，压力升高，顶开排气阀门 3 经排气口 *B* 充入储气筒。

在空气压缩机进气阀门 9 的上方设置有卸荷装置，它是由调压阀进行控制的。调压阀的结构如图 2-131 所示。调压阀壳体 10 上装有两个带滤芯的管接头 7、9，分别与空气压缩机卸荷装置和储气筒相通。壳体和盖 1 之间装有膜片 5 和调压弹簧 4，膜片中心用螺纹固连着空心管 6。空心管可以在壳体的中央孔内滑动，其间有密封圈，上部的侧面有径向孔与轴向孔相通。调压阀下部装有与大气相通的排气阀 8。

当储气筒内气压未达到规定值时，膜片 5 下方气压较低，不足以克服调压弹簧 4 的预紧力，膜片连同空心管被调压弹簧压到下极限位置，空心管下端面紧压着排气阀，并将它推离阀座。此时由储气筒至空气压缩机卸荷装置的通路被隔断，卸荷装置与大气相通，卸荷装置不起作用，空气压缩机对储气筒正常充气。

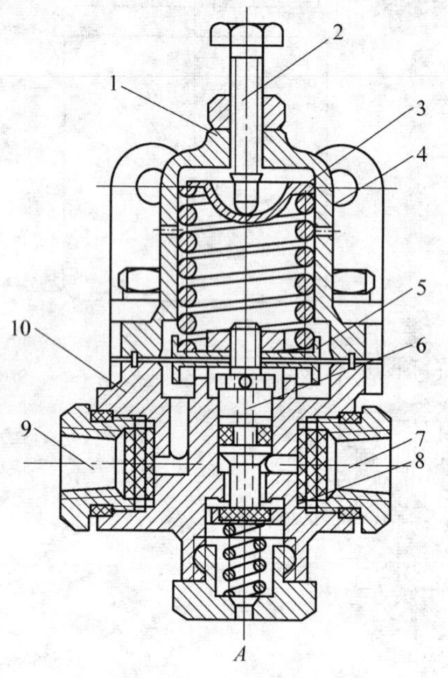

图 2-131 调压阀

1—盖 2—调压螺钉 3—弹簧座 4—调压弹簧 5—膜片 6—空心管 7—接卸荷装置管接头 8—排气阀 9—接储气筒管接头 10—壳体 A—排气口

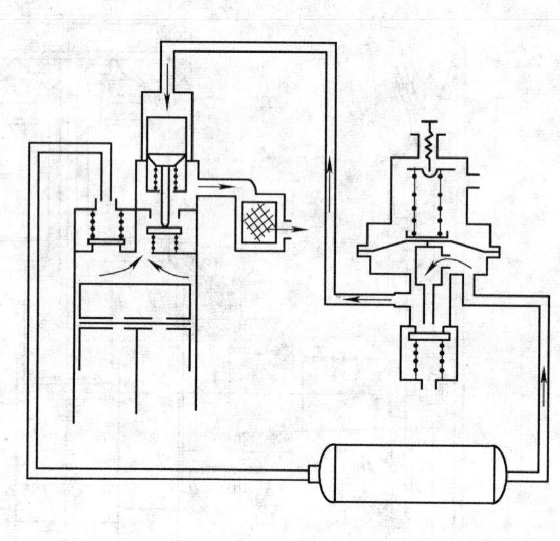

图 2-132 空气压缩机卸荷装置与调压阀工作原理示意图

当储气筒气压升高到 0.70～0.74MPa 时，膜片下方气压作用力便克服调压弹簧 4 的预紧力而推动膜片 5 上拱，空心管 6 和排气阀 8 也随之上移，直到排气阀压靠在阀座上，切断空气压缩机卸荷室与大气的通路，并且空心管下端面也离开排气阀，而出现一相应间隙。此时，卸荷室经空心管 6 的径向孔、轴向孔与储气筒相通，压缩空气进入卸荷室，迫使卸荷柱塞克服弹簧预紧力而下移，将空气压缩机进气阀门压下，使之保持在开启位置不动（图 2-132）。这样，空气压缩机便卸荷空转，不产生压缩空气。当储气筒气压降到 0.56～0.60MPa 时，在调压弹簧 4 的作用下，调压阀的膜片、空心管、排气阀又下移到图 2-131 所示的位置，空气压缩机卸荷室的压缩空气经调压阀排气口 *A* 排入大气。卸荷柱塞在弹簧作用下向上回位，于是空气压缩机恢复向储气筒充气。

（2）双回路压力保护阀　在气压式制动系统中，来自空气压缩机的压缩空气可经多回路压力保护阀分别向各回路的储气筒充气和向其他用气设备供气，当有一回路损坏漏气时，压力保护阀能保证其余完好回路继续工作。同时，系统中也有两管路对同一用气装置供气的情况。为防止两管路气压不等、互相充气而影响用气装置的工作，常采用双回路压力保护阀。

(3) 双通单向阀　图 2-133 所示为双通单向阀结构及工作原理示意图。该阀阀体中部开有一矩形主通气孔 5，两侧开有对称布置的两圆形辅助通气孔 6、7，其间距稍大于橡胶阀 3 的宽度。橡胶阀可在阀体内轴向自由移动。当进气口 *A* 处气压高于进气口 *B* 处气压时，在气压差作用下，橡胶阀 3 处于左极限位置，将进气口 *B* 及辅助通气孔 7 封住，由进气口 *A* 进入的压缩空气经主通气孔 5 和辅助通气孔 6 进入中间接头管道 *D*。由于进气口 *B* 被封住，因而可防止高压气源向低压气源充气。若进气口 *B* 处气压高于进气口 *A* 处气压，则情况正好相反。若两进气口 *A* 和 *B* 处的气压相等时，则橡胶阀 3 处于中间位置，两侧气源分别通过辅助通气孔 6 和 7 同时向用气管路供气，不过这种现象极少出现。

(4) 制动阀　制动阀为汽车气压制动系的主要控制装置，用以控制由储气筒进入制动气室或挂车制动阀的压缩空气量。

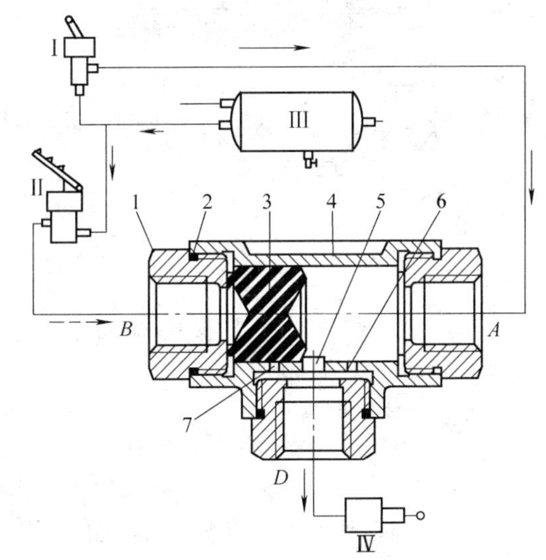

图 2-133　双通单向阀结构及工作原理示意图

1—管接头　2—密封圈　3—橡胶阀　4—阀体

5—主通气孔　6、7—辅助通气孔

Ⅰ—驻车制动阀和控制管路　Ⅱ—行车制动阀和控制管路

Ⅲ—储气筒　Ⅳ—用气管路（如挂车制动阀等）

制动阀的结构形式很多，工作原理类似。其结构随汽车制动系回路不同，分单腔式、双腔式和三腔式。双腔式又可分为串联式和并联式，而三腔式多为并联式。

解放 CA1092 型汽车的串联双腔活塞式制动阀如图 2-134 所示。它由上盖 6、上阀体 7、中阀体 10 和下阀体 13 等用螺钉相连而成，各连接件之间装有密封垫。下阀体上的通气孔 A_2 和 B_2 分别接前桥储气筒和前桥制动气室；中阀体上的通气孔 A_1 和 B_1 分别接后桥储气筒和后桥制动气室。上下活塞与壳体间装有密封圈。下活塞由大小两个活塞套装在一起，其中下腔小活塞总成 12 相对于下腔大活塞 2 能进行向下单独运动。下腔阀门 14 滑套在装有密封圈的下阀体 13 的中心孔中，上腔阀门 11 滑套在下腔小活塞上端的中空芯管上，其外圆装有密封隔套。

制动时，踩下制动踏板，拉臂 17 顺时针转动，通过滚轮 3、推杆 4 压缩平衡弹簧 5，并推动上腔活塞 8 向下移动，首先消除上腔活塞 8 下端与上腔阀门 11 间的排气间隙，而后推开上腔阀门 11（参见图 2-135a）。此时，从储气筒前腔来的压缩空气经进气口 A_1、上阀门与中阀体 10 上的阀座间形成的进气间隙进入 *G* 腔，并经出气口 B_1 进入后制动气室，使后轮制动。同时，进入 *G* 腔的压缩空气经通气孔 *F* 进入下腔大活塞 2 及下腔小活塞总成 12 的上方，并使其向下移动，消除下腔小活塞总成 12 芯管下端与上腔阀门 11 间的排气间隙，而后推开下腔阀门 14。此时，从储气筒后腔来的压缩空气经进气口 A_2、下腔阀门 14 与下阀体 13 上的阀座间形成的进气间隙进入 *H* 腔，并经出气口 B_2 充入前制动气室，使前轮制动。

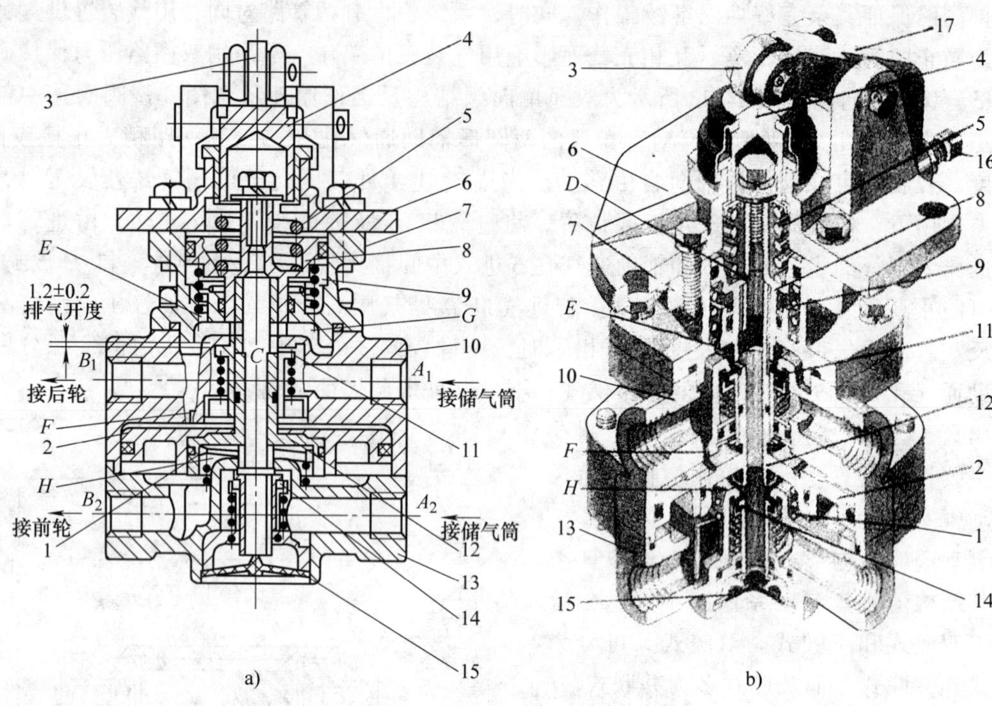

图 2-134 解放 CA1092 型汽车制动阀

1—下腔小活塞回位弹簧 2—下腔大活塞 3—滚轮 4—推杆 5—平衡弹簧 6—上盖 7—上阀体 8—上腔活塞 9—上腔活塞回位弹簧 10—中阀体 11—上腔阀门 12—下腔小活塞总成 13—下阀体 14—下腔阀门 15—防尘片 16—调整螺钉 17—拉臂

A_1、A_2—进气口 B_1、B_2—出气口 C—排气口 D—上腔排气孔 E、F—通气孔 H、G—腔

当要维持制动状态时（参见图 2-135b），制动踏板保持在某一位置不动，压缩空气除了进入 G 腔，同时还经通气孔 E 进入上腔活塞 8 的下方，并推动上腔活塞 8 上移。当回位弹簧 9 的张力与 G 腔中的气压作用力之和与平衡弹簧 5 的压紧力相平衡，回位弹簧 1 的张力与

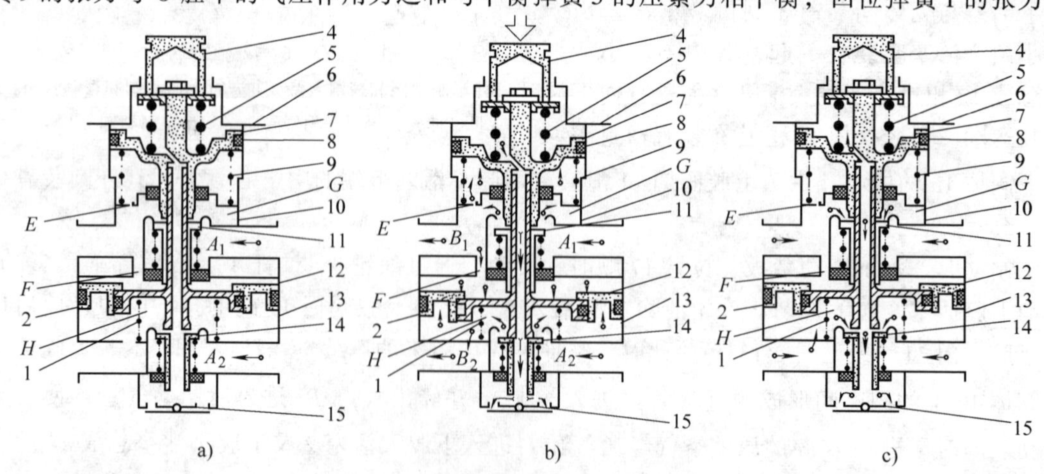

图 2-135 解放 CA1092 型汽车制动阀工作情况示意图

a）初始时 b）制动时 c）解除制动时

（图注同图 2-134）

H 腔中的气压作用力之和与下腔活塞上方的气压作用力相平衡时，制动阀将保持上腔阀门 11 和下腔阀门 14 均关闭，G 和 H 腔中的气压保持稳定状态，即所谓制动阀的平衡位置。

若需加强制动，驾驶员继续踩下踏板一定行程之后，此时上腔阀门 11 和下腔阀门 14 又重新开启，使中阀体 10 的 G 腔和下阀体 13 的 H 腔以及制动气室进一步充气，直到上面述及的平衡状态重新出现。在此新的平衡状态下，制动气室所保持的稳定压力比以前更高，平衡弹簧 5 的压缩量和踏板力也比以前更大，制动阀将处于一个新的制动强度增加的平衡状态。

松开制动踏板时（参见图 2-135c），拉臂 17 复位，平衡弹簧恢复到原来装配长度，上腔活塞 8 受上腔活塞回位弹簧 9 的作用而上移，上腔阀门 11 在其回位弹簧的作用下随之上移，直到与中阀体 10 上的阀座接触，关闭储气筒与后制动气室的通路，上腔活塞 8 继续上移，其下端与上腔阀门 11 之间形成排气间隙。后制动气室的压缩空气经 B_1 口、G 腔排气间隙、下腔小活塞总成 12 上端芯管上的径向孔、芯管内孔至制动阀最下端排气口 C 排入大气。同时，下腔大活塞 2 及下腔小活塞总成 12 在下腔小活塞回位弹簧 1 的作用下上移，下腔阀门 14 在其回位弹簧的作用下也随之上移，直到与下阀体 13 上的阀座接触，关闭储气筒与前制动气室的通路，下腔小活塞总成 12 继续上移，其下端与下腔阀门 14 之间形成排气间隙，前制动气室的压缩空气经 B_2 口、H 腔排气间隙、下腔小活塞总成 12 至制动阀最下端排气口 C 排入大气。制动作用即被解除。

当前制动管路损坏漏气时，制动阀上腔仍能按上述方式工作，因此后制动器仍能起到制动作用。当后制动管路损坏漏气时，由于下腔活塞上方建立不起控制气压而无法动作，上腔平衡弹簧 5 将通过上腔活塞 8 直接推动下腔小活塞总成 12 相对于下腔大活塞 2 下移，推开下腔阀门 14 使前制动器起作用。

为了消除上腔活塞 8 与上腔阀门 11 间的排气间隙（图示 1.2mm ± 0.2mm）所踩下的制动踏板行程，称为制动踏板自由行程。行程调整螺钉 16 是用来调整排气间隙的，出厂时已调整好，使用中不要任意拧动。

(5) 继动阀（加速阀）及快放阀　对于轴距较长的载货汽车，制动阀距制动气室较远，如果制动气室的充气与放气都要经过制动阀，则将使制动的产生与解除过于迟缓，不利于汽车的及时制动和制动过后的及时加速。为此，不少汽车在制动阀与制动气室之间装有继动阀与快放阀，使制动气室内的气压更快地建立与撤除。

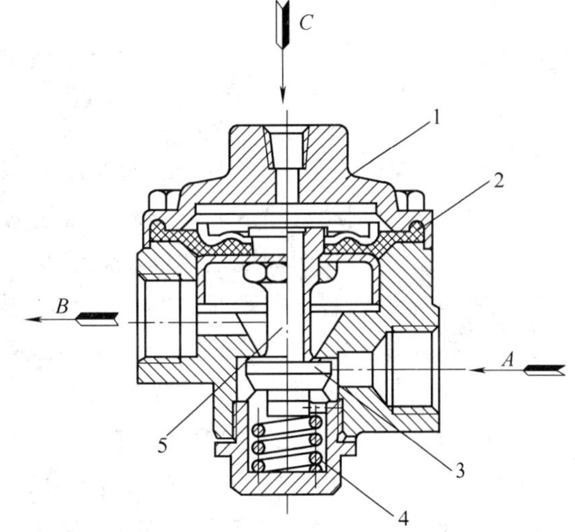

图 2-136　继动阀（加速阀）
1—阀体　2—膜片　3—阀门　4—阀门弹簧
5—芯管
A—进气口　B—出气口　C—控制气压输入口

图 2-136 所示为膜片式继动阀。它安装在储气筒和制动气室之间。进气口 A 接储气筒，出气口 B 接制动气室，孔口 C 与制动阀的出气口相通。

制动时，踩下制动踏板，压缩空气由制动阀 C 口充入膜片 2 上方的气室，推动膜片 2 及芯管 5 向下移动，并将阀门 3 推离阀座，即进气阀开启，于是储气筒内的压缩空气直接由

进气口 A 和出气口 B 充入制动气室，不必流经制动阀，这样就缩短了制动气室的充气管路，加速了充气过程，因此继动阀也称为加速阀。

放松制动踏板时，C 口经制动阀与大气相通，膜片 2 在其下方气压作用下，带动芯管 5 上移，阀门 3 在阀门弹簧 4 的作用下紧靠在阀座上，即进气阀关闭。芯管 5 继续上移，使其下端面离开阀门 3，即排气阀开启。于是，制动气室的压缩空气便经芯管 5 和 C 口流向制动阀，并经制动阀的排气口排入大气。

由于继动阀具有平衡膜片和平衡气室的作用，所以只要输入的制动压力是渐进变化的，则继动阀对本身输出压力的控制也是渐进的。

图 2-137 所示为膜片式快放阀的结构及工作原理。它装在制动阀与制动气室的管路中靠近制动气室处。

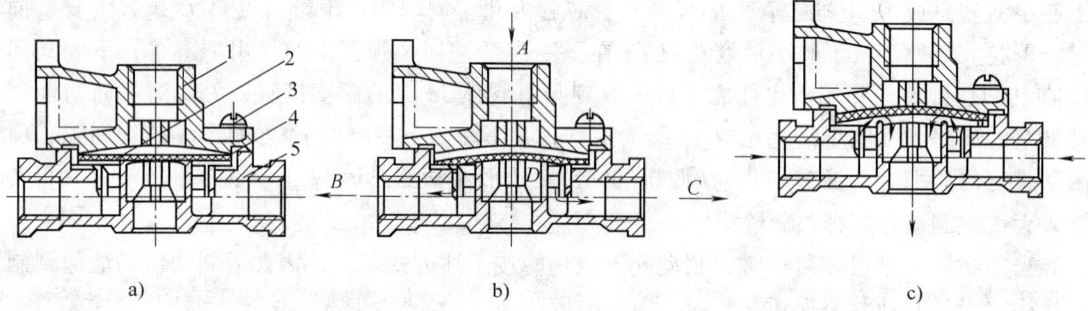

图 2-137 膜片式快放阀

a）行驶状态 b）制动进气状态 c）解除制动排气状态

1—上壳体 2—膜片 3—紧固螺钉 4—密封垫 5—下壳体

A—接气源 B、C—接制动气室 D—排气口

制动时，由制动阀输送来的压缩空气进入 A 口后（图 2-137b），推动膜片 2 将排气口 D 切断，同时压下膜片四周使之弯曲，压缩空气沿下壳体 5 的径向沟槽，经 B、C 口分别通往左、右制动气室。解除制动时，制动气室的压缩空气经 B、C 口流回（图 2-137c），将膜片 2 顶起，关闭进气口 A，打开排气口 D，压缩空气直接从排气口 D 排入大气，毋需迂回流经制动阀。

（6）制动气室 图 2-138 所示为膜片式制动气室。在外壳 3 和盖 2 之间，通过卡箍 7 夹装有橡胶膜片 1，推杆 5 与膜片支承盘焊接，弹簧 4 将推杆、支承盘连同膜片推到图示左极限位置。推杆的右端借连接叉 6 与制动调整臂相连。膜片 1 将制动气室分成两腔。左腔有通气孔与制动阀输出管路相通，右腔经通气孔与大气相通。

踩下制动踏板时，制动阀输出的压缩空气自通气孔进入制动气室左腔，气压克服弹簧 4 的作用力，推动膜片 1 向右拱曲并使推杆 5 右移，使制动调整臂及制动凸轮转动而实现制动。放松制动踏板时，左腔的压缩空气经制动阀的排气口排入大气。推杆和膜片在弹簧 4 的作用下恢复原位，制动作用解除。

六、制动防抱死系统

汽车电子控制防抱死制动系统（ABS——Anti—Lock Brake System），是汽车上的一种主动安全装置。其作用是在汽车制动时，防止车轮抱死拖滑，以提高汽车制动过程中的方向稳定性、转向控制能力和缩短制动距离，使汽车制动更为安全有效。

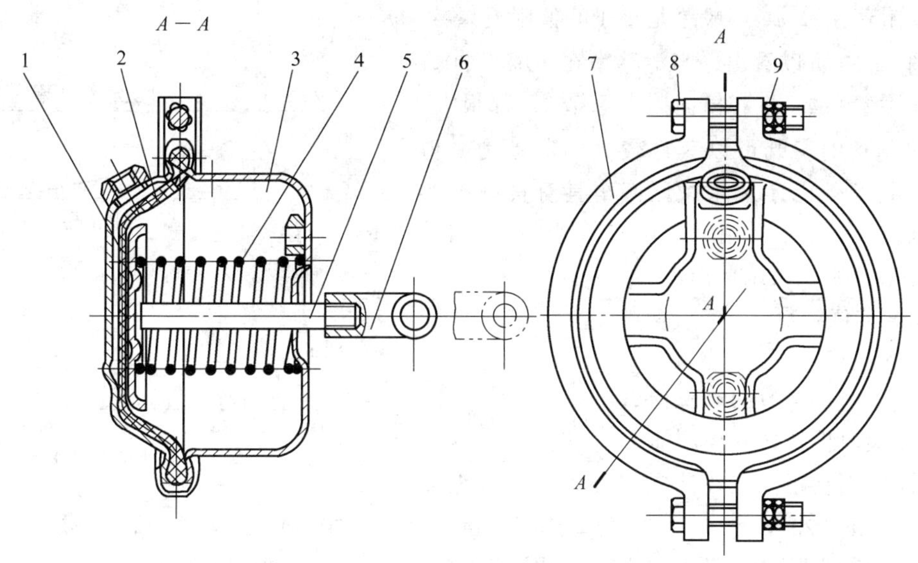

图 2-138 膜片式制动气室

1—膜片 2—盖 3—外壳 4—弹簧 5—推杆 6—连接叉 7—卡箍 8—螺栓 9—螺母

1. 车轮滑移率与附着系数的关系

所谓滑移，是指车速和车轮速度之间出现的差异。在制动时，随着制动系压力的增加，车轮滚动成分越来越小，滑移成分越来越大。当车轮制动器抱死时，车轮已不再转动，而是在地面上作完全滑移。

为了表征滑移成分所占比例的多少，常用滑移率 S 表示

$$S = \frac{v - v_w}{v} \times 100\% = \frac{v - r\omega}{v} \times 100\%$$

式中 S——车轮滑移率；

v——车速（车轮中心纵向速度）(m/s)；

v_w——车轮速度（车轮瞬时圆周速度，$v_w = r\omega$）(m/s)；

r——车轮半径（m）；

ω——车轮转动角速度（rad/s）。

车轮在路面上纯滚动时，$v = v_w$，车轮滑移率 $S = 0$；车轮抱死在地面上纯滑动时，$v_w = 0$，车轮滑移率 $S = 100\%$；车轮在路面上边滚动边滑动时，$v > v_w$，车轮滑移率 $0 < S < 100\%$。车轮滑移率越大，说明车轮在运动中滑动的成分所占的比例越大。

车轮滑移率的大小对车轮与地面间附着系数有很大影响。图 2-139 给出了干燥硬实路面上附着系数与滑移率的关系。图中实线为制动时纵向附着系数和车轮滑移率的一般关系，虚线为横向附着系数和车轮滑移率的一般关系。

通常，当滑移率 S 由 0～10%增大时，纵向附着系数 φ_x 迅速增大。当滑移率处于 10%～30%的范围时，附着系数有最大值（图 2-139 中显示滑移率在 20%时，纵向附着系数最大）。该最大值称为峰值附着系数，用 φ_P 表示，此时与其相对应的车轮滑移率称为峰值附着系数滑移率，用 S_P 表示。由图中可以看出，当滑移率继续增大时，附着系数逐渐减小。当车轮抱死时，即完全滑动时的附着系数，一般称为滑动附着系数，用 φ_S 表示。车轮抱死

时的滑动附着系数 φ_S 一般总是小于峰值附着系数 φ_P。

由图 2-139 可以看出，当滑移率在 10% ~ 30% 时，纵向附着系数 φ_x 和横向附着系数 φ_y 都很大，在此区间制动时，既可以获得较大的制动力，得到良好的制动效能，又能保证汽车具有良好的操纵性能。ABS 系统的功用就是在汽车制动时，自动地将滑移率控制在该区域内。

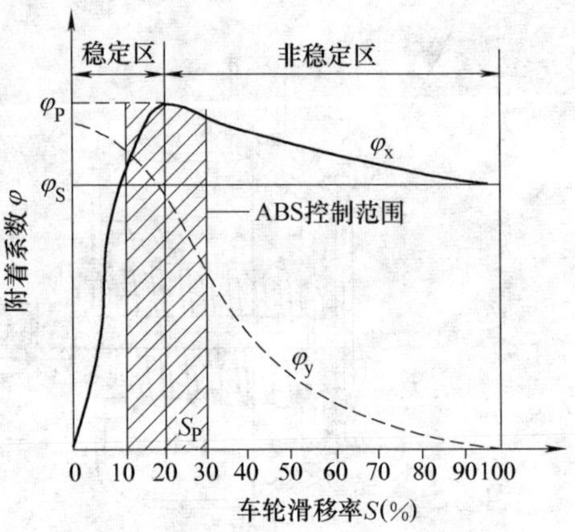

图 2-139 干燥硬实路面上附着系数与滑移率的一般关系

φ—附着系数 φ_x—纵向附着系数 φ_y—横向附着系数 S—车轮滑移率 φ_P—峰值附着系数 S_P—峰值附着系数时的滑移率 φ_S—车轮抱死时纵向滑动附着系数

2.ABS 的优缺点

ABS 的优点是：

1）制动时保持方向稳定性。

2）制动时保持转向控制能力。

3）缩短制动距离，在冰雪路面上，可以缩短制动距离 10% ~ 20%。

4）减少轮胎磨损，延长轮胎的使用寿命 6% ~ 10%。

5）减轻驾驶员的紧张情绪。

6）提高汽车行驶的平均速度大约 15%。

但 ABS 仍然存在着一些缺点和局限性：

1）ABS 不能提供超越车轮与路面所能承受的制动效果。

2）ABS 性能的好坏受整车制动系统状况的影响。

3）ABS 不能取代驾驶员的制动，只能在驾驶员制动时，帮助其达到较好的制动效果。

4）在平滑的干路面上制动，熟练驾驶员制动的制动距离可能比 ABS 工作时制动距离要短，这主要是由于 ABS 允许滑移率降低到 10%左右。

5）松散的砂土和积雪较深的路面制动，车轮抱死制动要比 ABS 工作时的制动距离短。因为在这些路面上车轮制动抱死时，其表面物质如积雪会被铲起并堆在车轮前面，形成一种阻力，使制动距离变短。而在装有 ABS 的汽车上，由于车轮不会抱死，反而没有这种效果，所以在装备 ABS 的汽车上，一般在仪表盘上装有一个开关，以便在这种路面上行驶时关闭 ABS，使其不起作用。

3.ABS 系统的组成及工作原理

图 2-140 所示为都市先锋轿车的 ABS 系统。该系统采用德国戴维斯公司生产的 MK20-I 型 ABS。它是将液压控制单元、泵电动机和电控单元（ECU）组合在一起，形成一个总成，如图 2-141 所示。

采用 MK20-I 型 ABS 的汽车一般采用液压对角线双回路制动系统，其布置如图 2-142 所示。制动主缸的前腔与右前轮、左后轮的制动回路相通，制动主缸的后腔与左前轮、右后轮的制动回路相通，两个制动回路呈交叉型对角线布置。

都市先锋轿车 ABS 的工作原理是：车轮转速传感器信号传给电控单元（ECU），电控单元通过运算，计算出车轮的速度、滑移率、汽车减速度，并根据不同车轮的不同工作状态，通过比较分析和判定，对液压调节器发出控制指令，控制制动力的大小，使滑移率保持在规

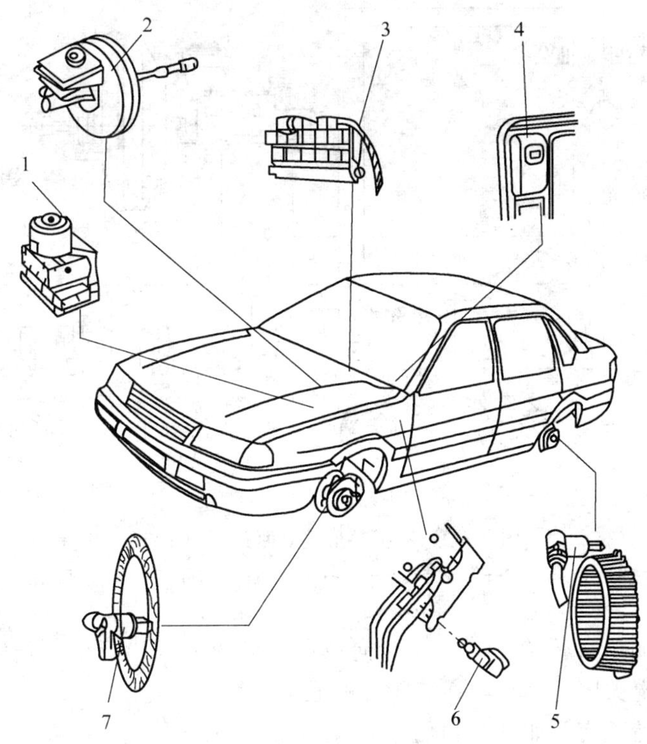

图 2-140 都市先锋轿车 ABS 的组成及布置

1—ABS 控制器 2—总泵及助力器 3—自诊断接口 4—ABS 警报灯
5—后轮轮速传感器 6—制动灯开关 7—前轮轮速传感器

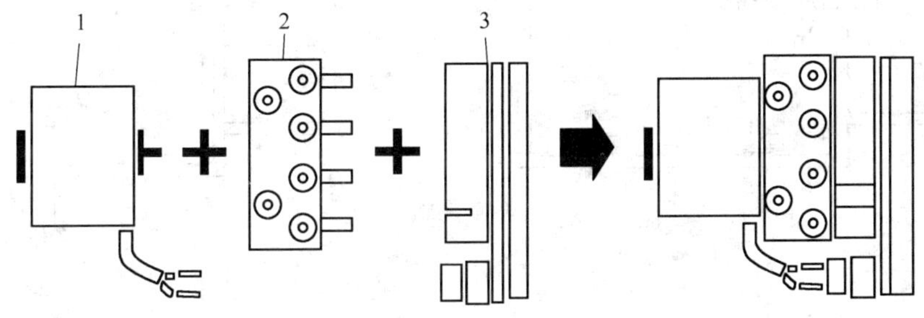

图 2-141 电子控制和液压调节器

1—泵电动机 2—液压控制单元 3—电子控制单元（ECU）

定的范围内。

下面以一个车轮为例介绍 ABS 的工作原理，其工作过程可以分为制动压力上升阶段、制动压力保持阶段和制动压力减小阶段。

(1) 制动压力上升阶段 为了取得最佳的制动效果，当车轮达到预定转速后，应再次进入增压状态。ECU 发出指令到液压调节器，使常开电磁阀断电打开，常闭电磁阀断电关闭，让制动主缸中的制动液进入制动轮缸，轮缸内制动压力增加，汽车开始减速，如图 2-143 所示。

(2) 制动压力保持阶段 随着制动压力的增加，车轮出现将要抱死的趋势，车轮速度传

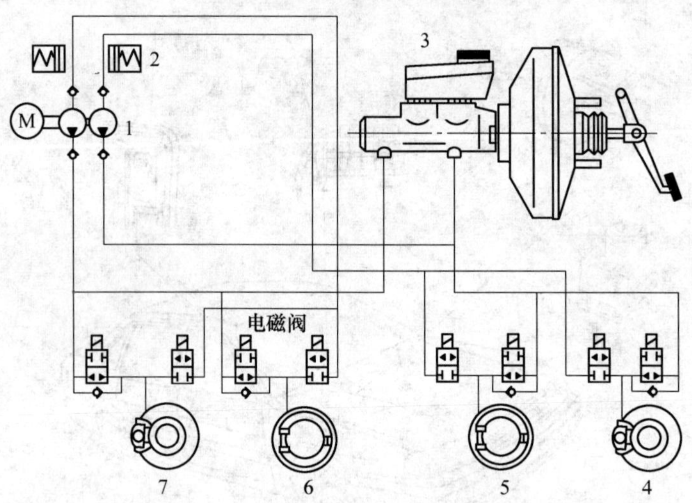

图 2-142 液压对角线双回路制动系统

1—液压泵 2—储液器 3—总泵/助力器 4—右前轮 5—左后轮

6—右后轮 7—左前轮

感器把车轮将抱死的信号传给 ECU、ECU 向液压控制单元发出指令，使常开电磁阀通电断开，常闭电磁阀断电关闭，制动液通往轮缸的通道被切断，轮缸在常开电磁阀和常闭电磁阀之间，制动压力保持不变，如图 2-144 所示。

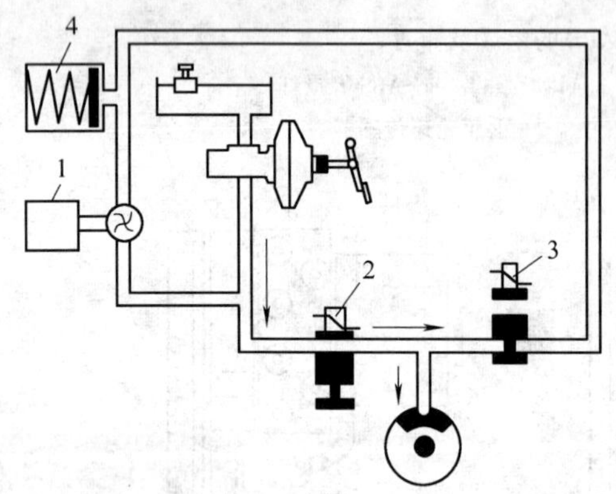

图 2-143 车轮增压过程

1—泵电动机 2—常开电磁阀

3—常闭电磁阀 4—低压蓄能器

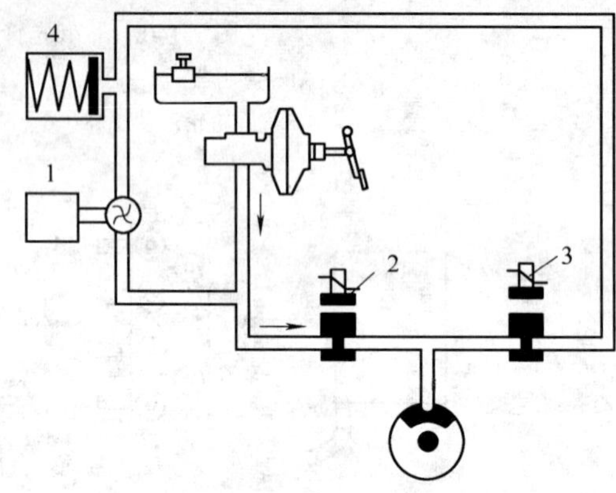

图 2-144 车轮保压过程

1—泵电动机 2—常开电磁阀

3—常闭电磁阀 4—低压蓄能器

(3) 制动压力下降阶段 如果在制动轮缸内制动压力被隔绝后，车轮滑移率逐步增加，将要超出 ABS 工作范围（一般滑移率在 8% ~ 35%之间），这时需要降低轮缸内的压力，使车轮滑移率减小。ECU 使常开电磁阀通电断开，常闭电磁阀通电开启，制动液从轮缸进入低压蓄能器。同时，泵电动机把多余的制动液泵回制动主缸。如图 2-145 所示。

都市先锋轿车 ABS 不断重复上述保压、减压和增压的控制循环过程。这种控制循环一般每秒钟进行 3 ~ 4 次。由于存在这种控制循环，造成制动踏板的振动。当制动液从制动主缸进入制动轮缸时，制动踏板下降；当制动液从低压蓄能器被抽回到制动主缸时，制动踏板上升。这种制动踏板的反复振动是正常的。

七、汽车驱动防滑转系统

汽车驱动防滑转系统（Acceleration Slip Regulation）简称 ASR，是通过调节驱动车轮的牵引力实现对驱动车轮滑转的控制，因此也称为牵引力（或驱动力）控制系统（Traction Control System），简称 TCS。ASR 和 ABS 都是控制车轮“打滑”的，但 ABS 是防止制动时车轮抱死在路面上滑移，而 ASR 则是防止驱动时车轮在路面上原地不动地滑转，而从控制车轮与路面的滑移率来看，ABS 与 ASR 采用了相同的技术。从某种意义上说，ASR 是 ABS 的完善和补充。ASR 可独立设立，但大多数则与 ABS 组合在一起，常用 ABS/ASR 表示，统称为防滑控制系统。

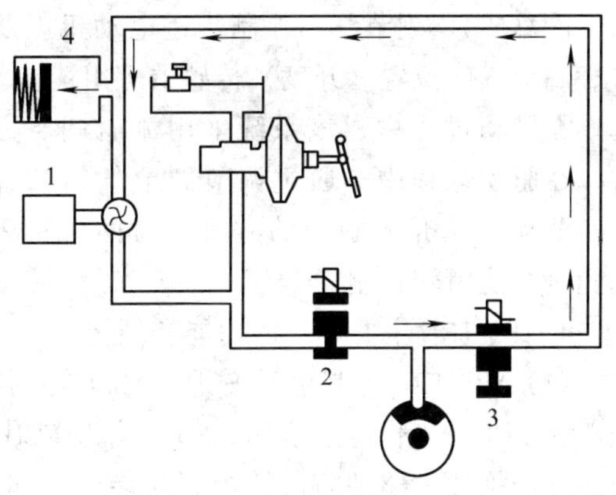

图 2-145 车轮减压过程

1—泵电动机 2—常开电磁阀 3—常闭电磁阀 4—低压蓄能器

1.ASR 的作用

ASR 的作用是防止驱动时车轮滑转并将滑移率控制在 10%～20%的目标值范围以内。

具体作用是：

1）汽车起步、行驶中驱动轮可提供最佳驱动力，与无 ASR 相比，提高了汽车的动力性，特别是在附着系数较小的路面上，起步、加速性能和爬坡能力较佳。

2）能保持汽车的方向稳定性和前轮驱动汽车的转向控制能力。

3）减轻了轮胎的磨损与减少了发动机油耗。

2.ASR 的控制方式

（1）对发动机输出转矩进行控制　可以通过调节燃油喷油量，如减小或中断供油；调节点火时间，如减小点火提前角或停止点火；或调节进气量，如调节节气门开度和辅助空气装置等来实现。

上述三种手段中，从加速圆滑和燃烧完全、减少污染角度看，调整进气量（如调整节气门开度）最好。但调整节气门开度反应速度较慢。

（2）对驱动轮进行制动控制　这种方法是对发生滑转的驱动轮直接加以制动（增加车轮制动分泵的压力）。该方式反应时间最短，一般都作为调整进气量（如调整节气门开度）、改变发动机输出转矩方式的补充。

（3）对可变锁止差速器进行控制　这是一种电子控制可变锁止差速器，有的称之为限滑差速器（LSD）控制。如图 2-146 所示，它在差速器向车轮输出端的多片离合器片上，可以使锁止程度逐渐变化，锁止范围可从 0 变化到 100%，即从基本锁止到完全锁止。控制压力来自高压蓄能器的高压油液。

（4）对发动机与驱动轮之间的转矩进行控制　这种控制方法包括对离合器和变速器等进行控制，实用中多是通过控制变速器的换挡特性改变传动比来实现。

3. 汽车电控驱动防滑转系统的组成和原理

该系统主要由轮速传感器、ABS/TRC 控制单元 ECU、ABS 执行器（制动压力调节器）、

TRC制动执行器（包括隔离电磁阀总成和制动供能总成）、副节气门控制步进电动机以及主、副节气门位置（开度）传感器等组成。

在制动过程中，该系统采用流通调压方式，在驱动过程中，通过调节副节气门的开度和驱动车轮介入制动的方式，对两后轮驱动轮进行防滑转控制。

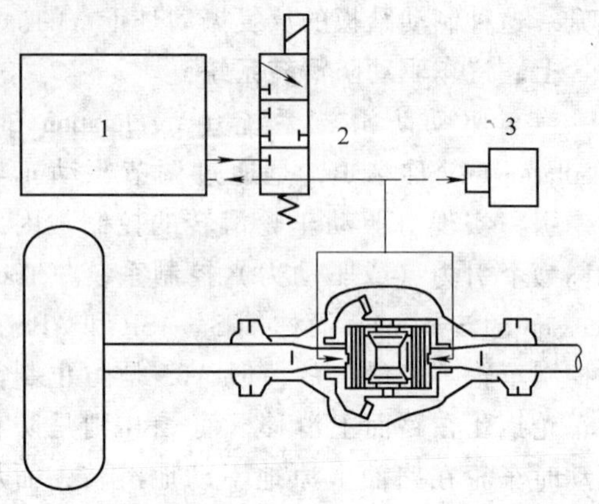

图2-146 差速器锁止控制

1—高压蓄能器 2—电磁阀 3—压力传感器

4.ABS/TRC主要部件的功能和结构

(1) ABS/TRC控制单元ECU ABS/TRC控制单元ECU（未作特别说明，都简化为ECU）集制动防抱死和驱动防滑转控制功能于一体，接受各轮速传感器输入的信号，还接收制动总泵储液室中液位开关、TRC制动供能总成中压力开关送入的监控信号及发动机和变速器ECU送入的主、副节气门位置（开度）等信号，经过计算处理，形成相应的控制指令。主要控制对象是制动压力调节器中的四个调压电磁阀和电动回液泵、TRC制动执行器中的三个隔离电磁阀和电动供液泵，以及副节气门步进电动机等，通过这些执行器动作，来实现制动防抱死和驱动防滑转功能。

ECU还定期对系统中的主要电器部件进行检测，对系统状态进行监控。若系统出现故障，会自动停止ABS或TRC工作，同时警示灯亮，以提示驾驶员注意，并将故障信息存入存储器，进行自诊断时通过代码形式显示各种故障。

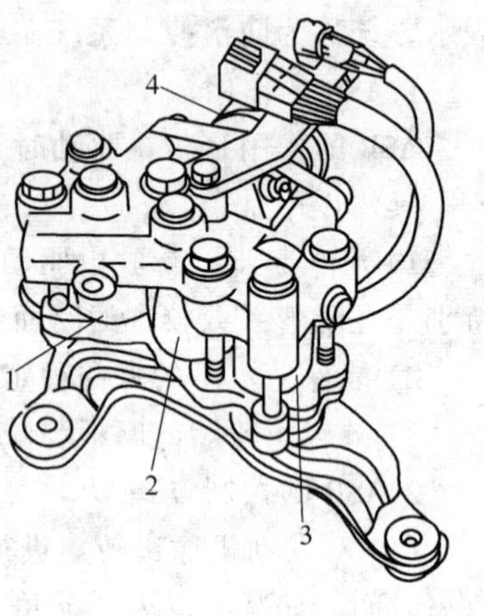

(2) TRC制动执行器 TRC制动执行器主要由TRC隔离电磁阀总成和TRC制动供能总成组成。

图2-147 TRC隔离电磁阀总成

1—储液器隔离电磁阀 2—高压蓄能器隔离电磁阀 3—制动总泵隔离电磁阀 4—压力开关（或压力传感器）

TRC隔离电磁阀总成如图2-147所示。主要由三个二位二通隔离电磁阀组成，即制动总泵隔离电磁阀、高压蓄能器隔离电磁阀和储液器隔离电磁阀。该装置通过管路与制动总泵、制动压力调节器、TRC制动供能总成相连（参见2-151图）。

在驱动防滑转未介入时，三个隔离电磁阀均不通电。此时，制动总泵隔离电磁阀处于通流状态，将制动总泵至制动压力调节器中后轮调压电磁阀的制动液液路沟通；高压蓄能器隔离电磁阀处于关断状态，将TRC制动供能器总成至制动压力调节器中后轮调压电磁阀的制动液液路封闭；储液器隔离电磁阀也处于关断状态，将制动压力调节器中后轮调压电磁阀、储液器至制动总泵的制动液液路封闭。

在TRC工作过程中，三个隔离电磁阀在ECU的控制下全部通电。此时，制动总泵隔离电磁阀处于关断状态，以防止制动液流回制动总泵；高压蓄能器隔离电磁阀处于流通状态，将高压蓄能器升压后的制动液通过电磁阀送到后轮制动分泵；储液器隔离电磁阀也处于通流状态，以便能将储液器及制动分泵中的制动液送回至制动总泵中。

TRC制动供能总成主要由电动供液泵、高压蓄能器和压力开关（压力传感器）组成，如图2-148所示。它通过管路与制动总泵和TRC隔离电磁阀总成相连（参见2-151图）。电动供液泵为一个电动机驱动的柱塞泵，它将制动液从总泵储液室中泵入高压蓄能器，使高压蓄能器中制动液压力升高并保持在一定范围内，以便为驱动防滑转制动介入时提供可靠的制动能源。

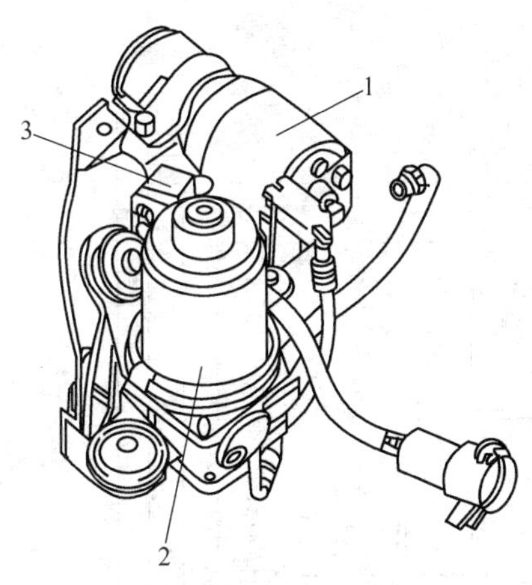

图2-148 TRC制动供能总成
1—高压蓄能器 2—泵电动机
3—TRC泵电动机继电器

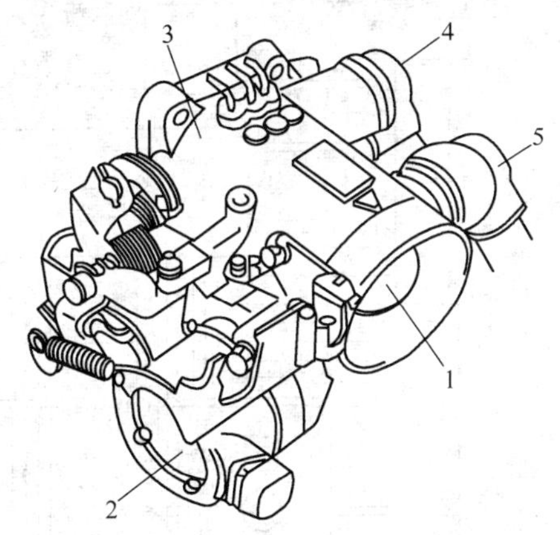

图2-149 节气门总成图
1—副节气门 2—步进电动机 3—节气门体
4—主节气门位置（开度）传感器 5—副节气门位置传感器

压力开关（或压力传感器）安装在TRC隔离电磁阀总成旁（参见图2-151所示），它的开关信号送入ECU后，用来控制TRC电动供液泵是否运转。

(3) 副节气门装置 在发动机节气门上主节气门的前方，设置一个副节气门（或称为辅助节气门），如图2-149所示。该装置的主要作用，是在驱动防滑转控制过程中调节副节气门的开度，调整发动机的进气量，达到控制发动机输出转矩的目的。

副节气门是由步进电动机根据ABS/TRC ECU的指令进行控制的。在步进电动机旋转轴的末端固有一个齿轮（主动齿轮），步进电动机旋转时由该齿轮带动副节气门轴末端的扇形齿轮旋转，以此来控制副节气门的开度。在TRC不工作时，步进电动机不通电，副节气门处于完全打开位置，此时发动机的进气量由驾驶员通过节气门踏板操纵主节气门进行控制；

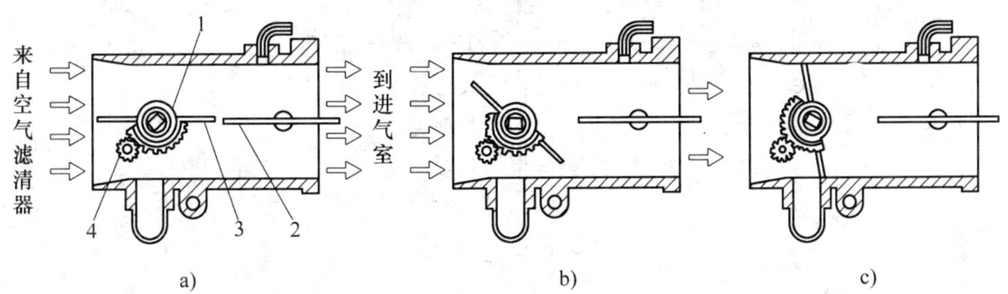

图2-150 副节气门的各种位置
a) 全开位置 b) 50%开启位置 c) 全闭位置
1—扇形齿轮 2—主节气门 3—副节气门 4—主动齿轮

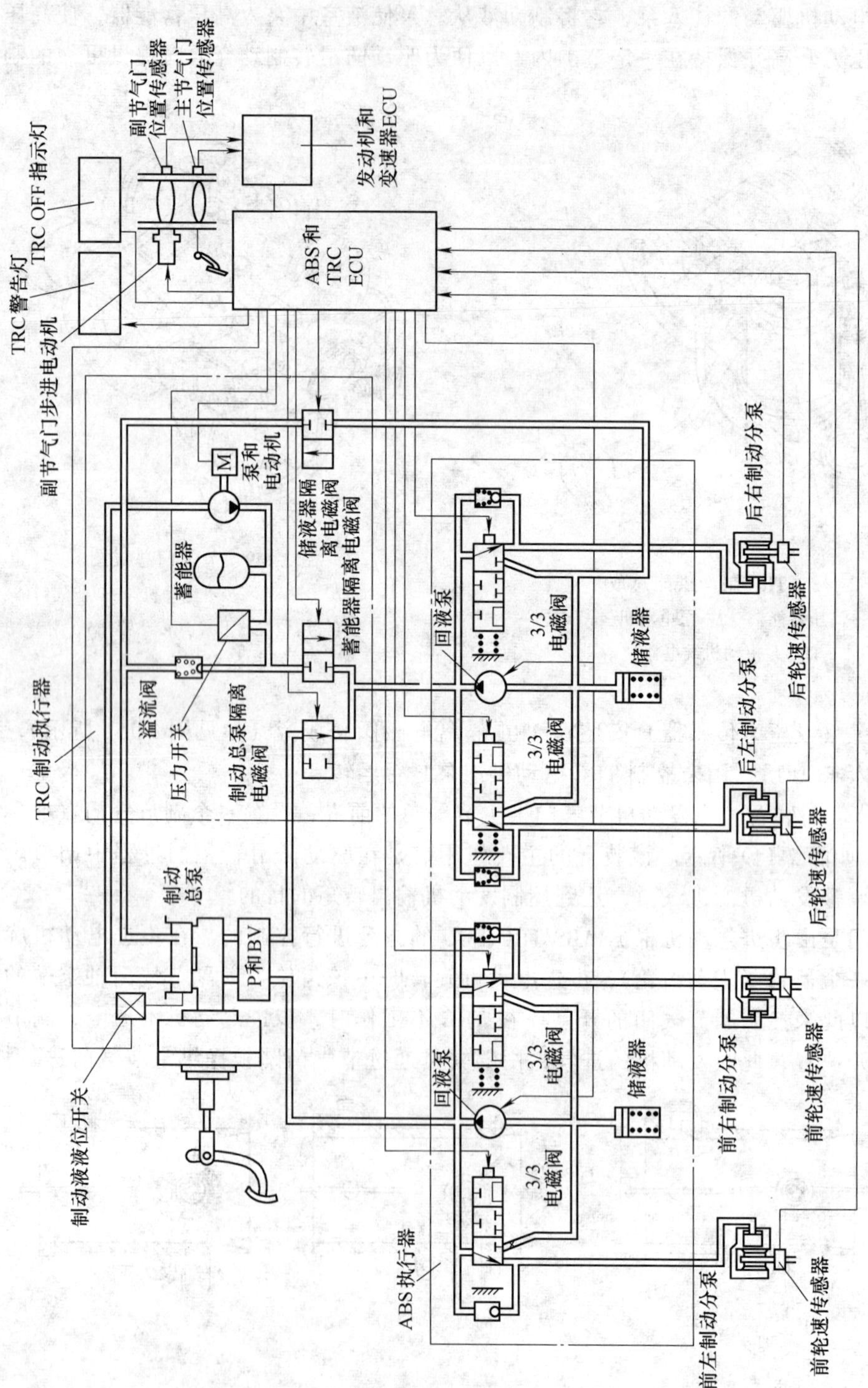

图 2-151　凌志 LS400 ABS/TRC 液压系统

在 TRC 工作时，副节气门的开度由步进电动机根据 ABS/TRC ECU 的指令进行控制，使副节气门处于开启一半至全闭位置，实现进气量的自动调整，如图 2-150 所示。

在节气门体上设有主、副节气门位置（开度）传感器，其感测的信号先输入发动机和变速器 ECU，又由发动机和变速器 ECU 将主、副节气门位置信号送到 ABS/TRC ECU。

5.ABS/TRC 的工作原理

图 2-151 所示为凌志 LS400 ABS/TRC 液压系统。在 ABS/TRC 系统未进行制动防抱死和驱动防滑转控制时，制动压力调节器和 TRC 隔离电磁阀总成中的各个电磁阀均不通电，各电磁阀处于图 2-151 所示的状态；制动总泵至各车轮制动分泵的制动液液路都处于沟通状态；高压蓄能器中制动液的压力保持在一定范围内；控制副节气门的步进电动机不通电，副节气门保持在全开位置。

在汽车起步、加速及运行过程中，ECU 根据轮速传感器输入的信号，判定驱动轮（后轮）的滑移率超过门限值时，就进入防滑转控制过程：首先 ECU 使控制副节气门的步进电动机通电运转，将副节气门开度减小，减少进入发动机的进气量，使发动机输出转矩减小；当 ECU 判定需要对驱动轮进行制动介入时，将使 TRC 隔离电磁阀总成中的三个隔离电磁阀通电，使制动总泵隔离电磁阀处于关断状态，储液器隔离电磁阀和蓄能器隔离电磁阀处于通流状态，此时，高压蓄能器中被加压的制动液会通过高压蓄能器隔离电磁阀、后轮三位三通调压电磁阀，进入后轮制动分泵，后轮制动分泵的制动压力随之增大。在驱动防滑转制动介入过程中，ECU 通过独立地控制两个后轮调压电磁阀的电流值，对两后轮制动分泵的压力进行增大、保压和减小的循环控制，以防止驱动滑转并使驱动轮的滑移率保持在规定的范围内。注意：在此时的压力调节过程中，增压时进入制动分泵的制动液，不是来自制动总泵，而是来自高压蓄能器中被加压后的制动液；减压时从制动分泵流出的制动液不是流回储液器，而是经调压电磁阀、储液器隔离电磁阀，流回制动总泵的储液器，此时 ABS 电动回液泵并不工作。另外，TRC 工作时，当压力开关检测到高压蓄能器中液压下降到一定值时，ECU 会接通供液泵电动机电路，使供液泵运转，将高压蓄能器中液压升至正常值。

第三章

汽车车身与附属电器

第一节　汽车典型车身

汽车车身是驾驶员工作及运载乘客和货物的场所。车身应能隔离汽车行驶时的振动、噪声、废气以及恶劣气候的影响，为驾驶员提供良好的驾驶操作条件，并保证完好无损地运载货物且装卸方便。车身结构和设备还应保证行车安全和减轻事故后果。

车身的外部形状应能减小风阻系数，提高汽车的动力性、燃油经济性和行驶稳定性，改善发动机的冷却条件，保证车身内部通风良好。

此外，车身还应具有优雅的雕塑形体、装饰件和内部覆饰以及赏心悦目的色彩。

一、轿车车身

轿车车身可分为承载式车身和非承载式车身。为了省去笨重的车架而使汽车轻量化，绝大多数轿车车身都采用承载式结构，如图 3-1 所示。该车身没有明显的骨架，是由外部覆盖件和内部板件焊合而成的。

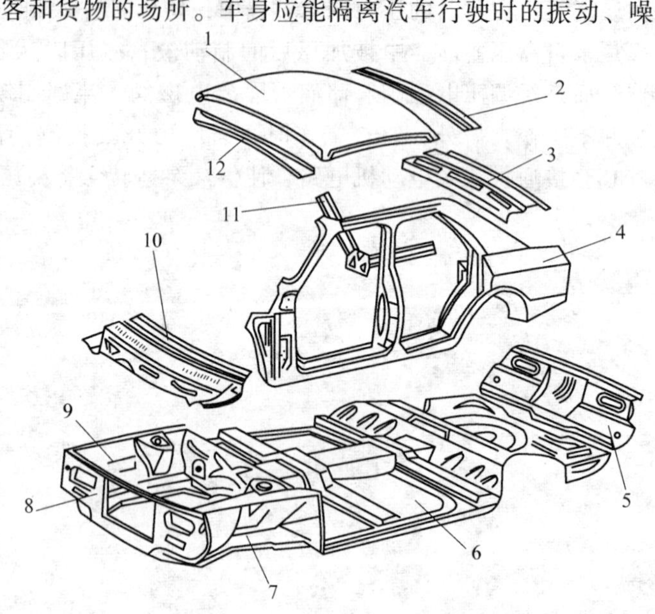

图 3-1　典型的承载式轿车车身壳体

1—顶盖　2—后窗框上横梁　3—后围上盖板　4—侧门框总成　5—后围板　6—地板总成　7—前纵梁　8—散热器固定框　9—前挡泥板　10—前围上盖板　11—加强肋　12—前风窗框上横梁

现代轿车的承载式车身壳体前部都有副车架，其上安装发动机、传动系、前悬架和前轮，组合成便于装配和维修的整体。副车架与承载式车身前部的下面用弹性橡胶垫连接，以减轻振动和冲击，提高车身的乘坐舒适性。

非承载式车身的前钣制件不是焊接在车身壳体上，而是用螺栓连接并安装在其车架上，因此前面比较薄弱。但是为了提高乘坐舒适性，高级轿车仍多采用非承载式车身，如图 3-2 所示。

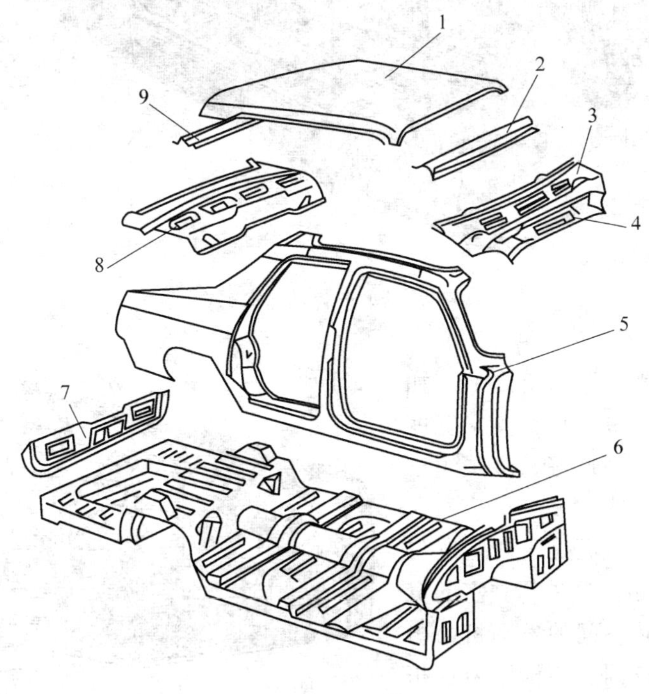

图 3-2　非承载式轿车车身壳体

1—顶盖　2—前窗框上横梁　3—前围上盖板　4—前围内盖板
5—侧门框总成　6—地板总成　7—后围板　8—后围上盖板
9—后窗框上横梁

二、客车车身

客车车身一般都有完整的骨架。现在常用的是半承载式客车车身结构和承载式客车车身结构。

半承载式客车车身结构如图 3-3 所示，通常在客车专用底盘上将车架用若干悬臂梁加宽并与车身侧壁刚性连接，使车身骨架也分担车架的一部分载荷。许多国产大、中型客车车身均采用这种结构形式。

图 3-4 所示为承载式客车车身底架结构，是高度较大（约 500mm）的桁架结构，因而车身两侧地板上能够布置座席，而座席下方的空间可用作行李箱，故适用于大型长途客车。整体承载式车身结构的特点是所有的车身壳体构件都参与承载，使车身质量最小而强度和刚度最大。

三、货车驾驶室和车箱

1. 货车驾驶室

货车驾驶室由外部覆盖件和内部钣件相互焊接而成，再通过弹性悬置与车架连接，可以减轻驾驶室振动和车架歪扭变形对驾驶室的影响。货车驾驶室可分为三种结构类型，如图 3-

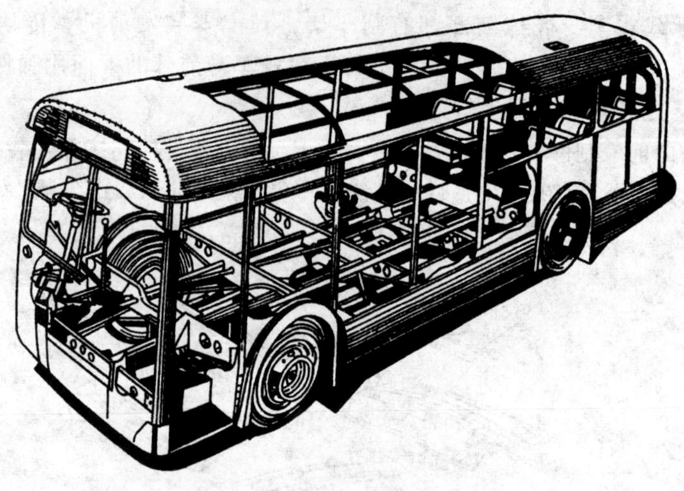

图 3-3 半承载式客车车身

5 所示。

(1) 长头式 处于发动机之后，如图 3-5a 所示。这种驾驶室的高度、宽度都较小，结构紧凑，刚性好，多采用三点式支撑。

(2) 平头式 发动机处于两侧座位之间，如图 3-5b 所示。这种驾驶室的宽度比长头式大，但是中间的发动机高出底板，占用了一定空间，结构紧凑性稍差，刚性较差，多采用四点式支撑。

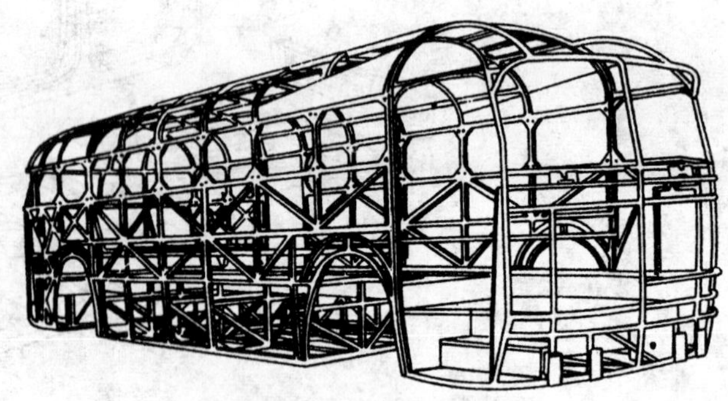

图 3-4 承载式客车车身底架

(3) 发动机位于座位之下的平头式

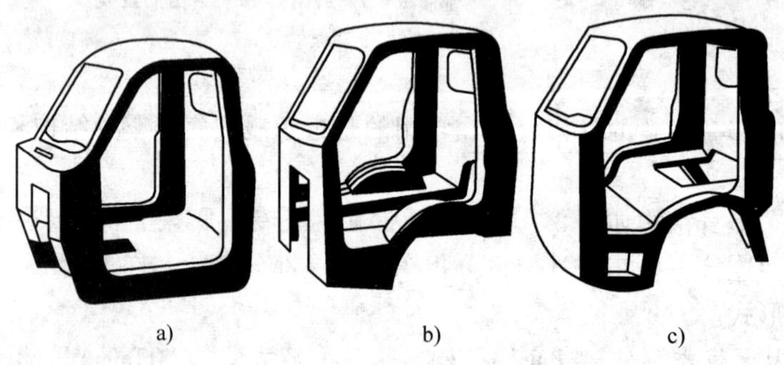

图 3-5 货车驾驶室的结构类型

如图 3-5c 所示。这种驾驶室比上一种驾驶室结构完整，刚性较好，内部空间大，但是驾驶室高度也较大，一般采用三点式或四点式支撑。适用于向前倾翻的驾驶室，目前重型货车多采用。

2. 货车车箱

(1) 栏板式货箱 普通栏板式货箱如图 3-6 所示。栏板分为三面开和一面开两种类型。

三面开车箱的左右边板和后板用多个铰链安装在底板上，并用栓杆和栓钩互相扣紧。一面开车箱又称低底板车箱，仅后板可打开，一般用于轻型货车。普通栏板式货箱常用木结构、钢结构和钢木结构三种。

(2) 专用货箱 装有闭式货箱的货车如图 3-7a 所示，通常用来运输日用百货、食品等易污损物品。某些运输易腐食品的闭式货箱用绝热材料包垫并设有制冷设备。

粉状货物（主要是粮食、水泥）罐式汽车如图 3-7b 所示。装货时，将气密罐顶部打开的盖子与仓库的漏斗对准，以使粉状或粒状货物注入罐内。自卸汽车的货箱如图 3-7c 所示，适于运输砂土、矿石类货物，汽车备有液压举倾机构，以使货箱倾斜成卸货必需的角度。

图 3-6 装有普通栏板式货箱的载货汽车

a) 三面开木货箱 b) 三面开钢木货箱

c) 一面开全钢货箱

四、汽车车身自动水平调整系统

汽车车身自动水平调整系统是借助安装在后桥上的水平调整系统，使汽车车身后部负荷由最小直到最大都能够将车身保持在相同的水平位置上，从而改善汽车的通过性能以及行驶的舒适性。其作用有以下几点：

1) 使汽车的离地间隙不随载荷的增大而减小。当汽车加载后，自动水平调整系统起作用，使后倾车身又回到水平位置，从而保证了汽车最小离地间隙不会被损坏，进而保证了汽车的通过性。

2) 使汽车前照灯保持正常的位置。也就是不会因汽车加载后，后车身下降，前照灯光线抬高，从而影响光强度和光照面积。

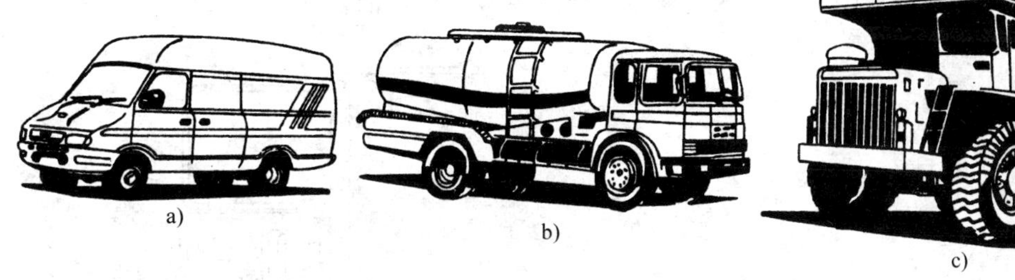

图 3-7 装有专用货箱的汽车

a) 闭式货箱货车 b) 气力吹卸式散装水泥罐车 c) 自卸汽车

3) 保证转向和行驶状态不受损。不会因重心后移使前轮的附着力减小而使转向盘发飘、行驶跑偏。

4) 保持后桥弹簧的全部行程。如果没有此系统，当汽车加载到最大载荷时，会使后桥减振弹簧压缩到最小收缩状态而造成减振作用失效。

5) 使后桥主悬架柔软，故汽车的行驶舒适性较好。装有自动水平调整系统的汽车，后桥的载荷不仅依靠钢板弹簧支撑，而且还靠两个气囊（弹力储能器）来支撑，这不但消除了车身的振动，而且大大降低了内部的噪声，从而提高了汽车行驶的平顺性和舒适性。

车身自动水平调整系统一般应用在轿车上，可分为两种：电调节和液压调节。液压调节结构较简单，维修方便，故使用较广泛。

图3-8所示就是应用在轿车上常见的液压调节的车身自动水平调整系统。该系统主要由高压液压泵1，油罐6，水平调整阀3，左、右弹力储能器，左、右弹簧液压缸等组成。

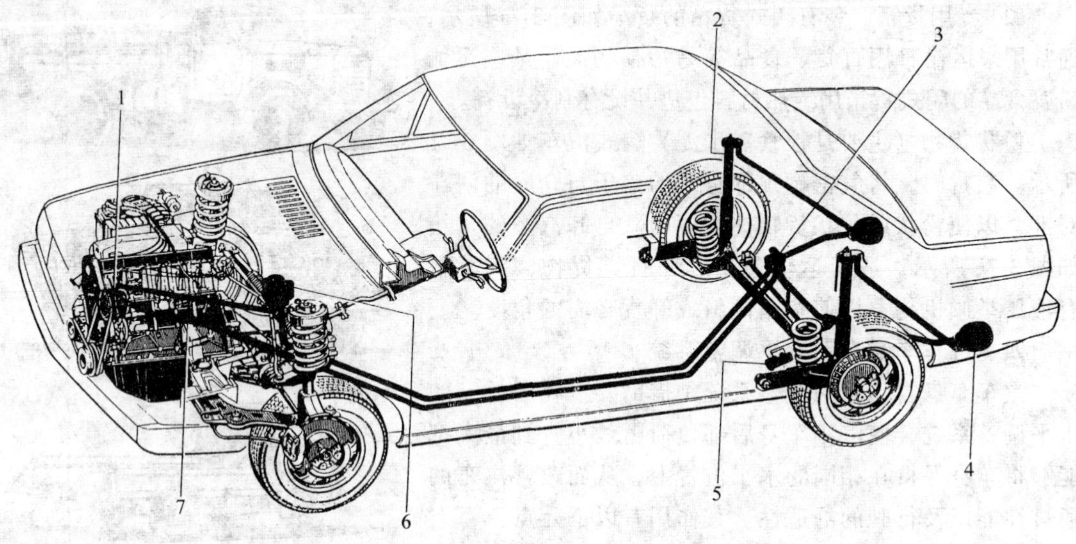

图3-8 车身自动水平调整系统布置图

1—高压液压泵 2—弹簧液压缸 3—水平调整阀 4—弹力储能器 5—制动力调整器 6—油罐 7—缓冲软管

高压液压泵与发动机装在一起，用V带驱动。弹簧液压缸安装在后桥减振器的位置上。水平调整阀固定在车身上，并通过一个杠杆和一个连接杆受后桥控制。它是车身自动水平调整系统的核心元件，水平调整阀根据轿车后部载荷大小（即通过测量车身位置）来改变高压液压泵泵来的压力油的流向，从而达到使车身保持在水平位置的目的。

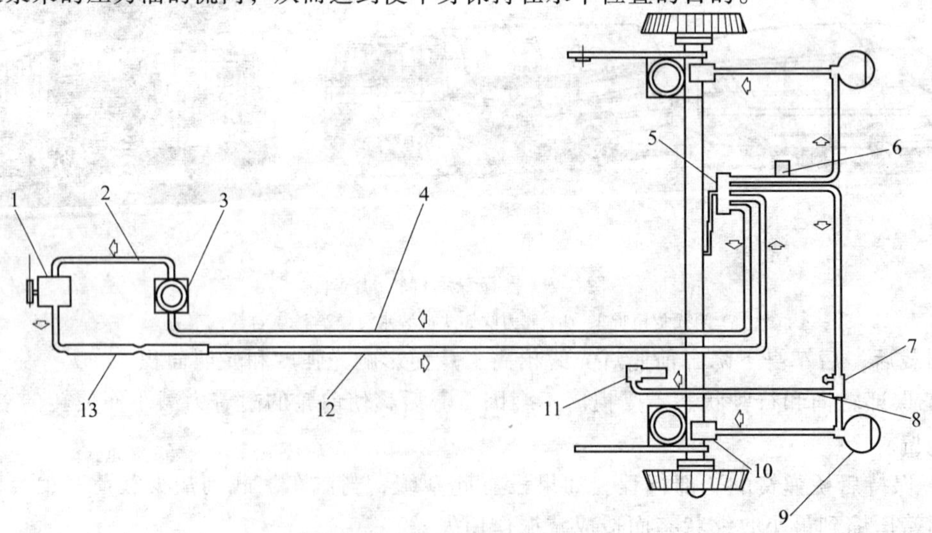

图3-9 油路循环路线示意图

1—高压液压泵 2—吸油管 3—油罐 4—回油管 5—水平调整阀 6—储能器油管 7—分配阀代减压螺钉 8—控制油管 9—储能器 10—弹簧液压缸 11—制动力调整器 12—高压油管 13—弹性软管

1. 油路循环路线及工作原理

油路循环如图 3-9 所示。工作时，压力油从高压液压泵 1 流出，经过弹性软管 13 和高压油管 12 至水平调整阀 5；再从水平调整阀经回油管 4 到油罐 3，或者经储能器油管 6 进入弹簧液压缸 10。

如果轿车后部受力，水平调整阀立即中断到液压缸一段的油路循环。高压油从水平调整阀进入左、右弹力储能器，左、右弹簧液压缸和制动力调整器。由于压力的提高而推动弹簧液压缸增高，使下降的后车身又回到水平位置，同时水平调整阀至液压缸的油路循环重新恢复。

2. 水平调整阀的工作原理及车身水平的自动调整过程

水平调整阀结构如图 3-10 所示。回转滑阀 3 左端通过花键与阀杆垂直连接，阀杆经连接杆与后桥相连，随车身上下运动而带动回转滑阀转动，改变压力油的流向。回转滑阀上有两个控制槽 a 和 b，它的转动使控制槽 a、b 接通或断开与回油管的通路。水平调整阀右侧的弹簧压力可以调整，从而调整了进入弹力储能器的高压油油压。减压孔 2 的作用是降低从控制槽 a 流出的高压油的油压。定量杆 1 是用来确定由溢流孔回流到油罐的流量。

汽车车身由水平调整阀自动水平调整的过程如下。

(1) 车身处于无加载的水平状态　轿车车身处于无加载水平状态位置时，高压油管经过水平调整阀的回转滑阀的控制槽 *a* 与回油管相通。单向阀和限压阀此时关闭，限压阀要保持弹力储能器的最小压力，汽车车身水平调整系统功能的优劣与该压力的大小密切相关。

这时由高压液压泵流出的压力油经高压油管、水平调整阀、回油管流回油罐。

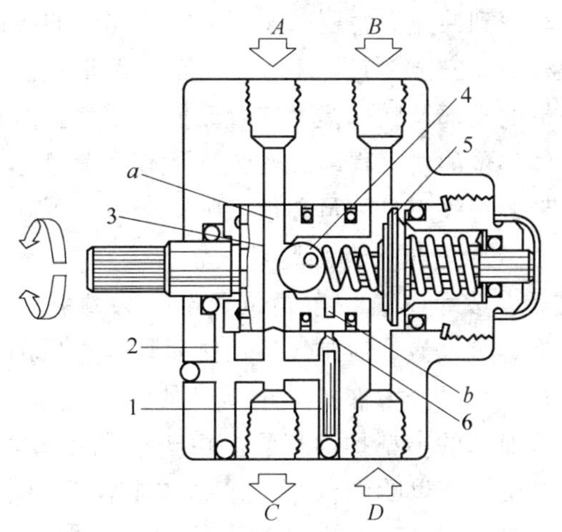

图 3-10　水平调整阀

1—定量杆　2—减压孔　3—回转滑阀　4—单向阀　5—限压阀　6—溢流孔　*a*、*b*—控制槽

A—来自高压液压泵的油　*B*—来自左弹力储能器的油　*C*—流向液压缸　*D*—来自右弹力储能器的油

(2) 汽车后部加载　当轿车后部加载后，后车身下沉，水平调整阀的阀杆带动回转滑阀向里旋转。当阀处于“上调”位置时，回转滑阀上的控制槽 *a* 将回油管关闭，油压不断上升，克服单向阀和限压阀的弹簧力打开单向阀和限压阀。由于高压油油压的作用，抬高汽车的后部，直到车身重新回到水平位置。回转滑阀的阀杆又带动阀芯旋转到水平位置，回转滑阀的控制槽 *a* 重新将回油管接通，压力油直接回到油罐。这时，单向阀关闭，限压阀由于弹力储能器的油压较高而打开。

在加载过程中，高压油从高压液压泵经高压油管、水平调整阀进入弹力储能器和弹簧液压缸。

(3) 汽车处于水平状态加载后　汽车处于水平状态加载后，在水平调整阀的作用下，高压油管经过回转滑阀的控制槽 *a* 又与回油管接通，压力油流入回油管，进入油罐。此时单向阀关闭，而限压阀由弹力储能器的较高压力打开。

从高压液压泵出来的高压压力油经高压油管、水平调整阀、回油管流回油罐。

(4) 汽车卸载　汽车后部卸载时，车身上升，水平调整阀阀杆带动回转滑阀阀芯向“下调”位置转动。当回转滑阀阀芯处于“下调”位置时，由阀芯上控制槽 a 打开回油管，高压油流入回油管。与此同时，控制槽 b 起作用，它打开溢流阀，高压油从弹簧液压缸和弹力储能器中流出，经溢流孔流入回油管。此时汽车后部下降，直至回转阀达到“水平位置”，车身也下降到水平位置。

这个过程的油路循环是：一路是高压油从弹簧液压缸与弹力储能器流出，经水平调整阀的溢流阀、回油管回到油罐；另一路是高压油从高压液压泵流出，经高压油管、水平调整阀、回油管回到油罐。

第二节　安全防护及防盗装置

一、安全气囊

1. 安全气囊的作用

安全气囊（Supplemental Restraint System，SRS）也称辅助乘员保护系统。它是一种当汽车遭到冲撞而急剧减速时能很快膨胀的缓冲垫，可以保护车内乘员不致撞到车箱内部，是一种被动安全装置。轿车发生正面严重碰撞事故时，安全气囊系统协同三点式安全带对前排乘员的头部及胸部提供有效保护。发生侧面碰撞时，侧面安全气囊可减轻乘员处于碰撞区域身体部位的伤害程度。安全气囊仅是轿车被动安全系统中的一个组成部分，绝不能取代安全带，行驶中，乘员必须佩戴安全带，否则，发生事故时，安全气囊将不能发挥其保护作用。

2. 安全气囊的类型

安全气囊按布置位置可分为驾驶员侧气囊、乘客侧气囊、后排气囊、侧面气囊、顶部气囊等；按大小可分为保护整个上身的大型气囊和主要保护面部的小型护面气囊。由于欧洲车普遍使用安全带，所以欧洲汽车多采用成本较低的小型护面气囊。美国汽车则针对未使用安全带设计，采用了大型气囊。目前汽车上配置的气囊数量有增多的趋势，一汽集团生产的奥迪A6可选装8个安全气囊。

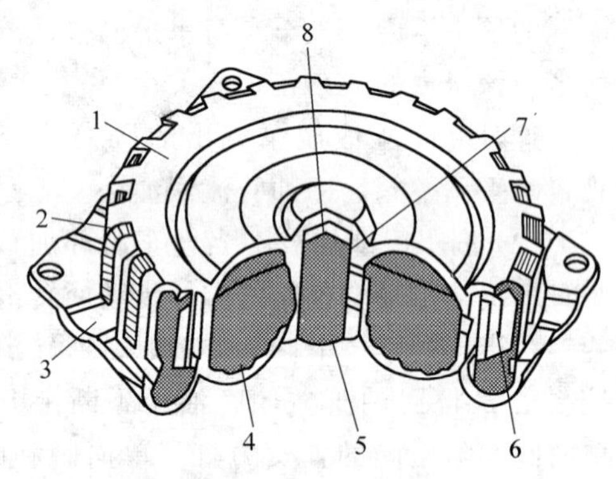

图3-11　气体发生器
1—上盖　2—充气孔　3—下盖　4—充气剂　5—点火器药筒　6—金属滤网　7—电热丝　8—引爆炸药

3. 安全气囊的组成及工作原理

安全气囊系统主要由传感器、气囊组件和控制单元等组成。

传感器按其功能可分为碰撞传感器和安全传感器两种。碰撞传感器负责检测碰撞的激烈程度，碰撞至一定程度时，传感器便会动作，接通搭铁回路；安全传感器防止因碰撞传感器短路而造成误膨开。

气囊组件主要由点火器、气体发生器、气囊、饰盖和底板组成。驾驶员侧气囊组件位于转向盘中心处，乘员侧气囊组件位于仪表板右侧杂物箱上方。气体发生器如图3-11所示，直接装在气囊下方，其中心装有引燃器和点火剂，周围是填充气体发生剂的燃烧室，燃烧产生的大量气体由冷却层降温，继而经由过滤层控制流动，进入气囊。其作用是在点火器引燃点火剂时可在极短时间内（0.05s）产生大量气体（氮气）向气囊充气，使气囊膨开呈球形，以对人体起缓冲作用。氮气由气体发生剂（常用叠氮化钠）燃烧产生。

点火器外包铝箔，其结构如图 3-12 所示，主要包括引爆炸药、引药和引出导线等。引出导线与气囊连接器插头连接，连接器中设有短路片，当拔下连接器插头或插头与连接器未完全结合时，短路片将两根引出导线短路，防止因静电或误导电将电热丝接通而造成气囊误膨开。只有当控制单元发出指令时，电热丝电路才接通，电热丝迅速红热引爆引药，引爆炸药瞬间爆炸产生热量，药筒内温度和压力急剧升高并冲破药筒，使充气剂受热分解释放氮气充入气囊。

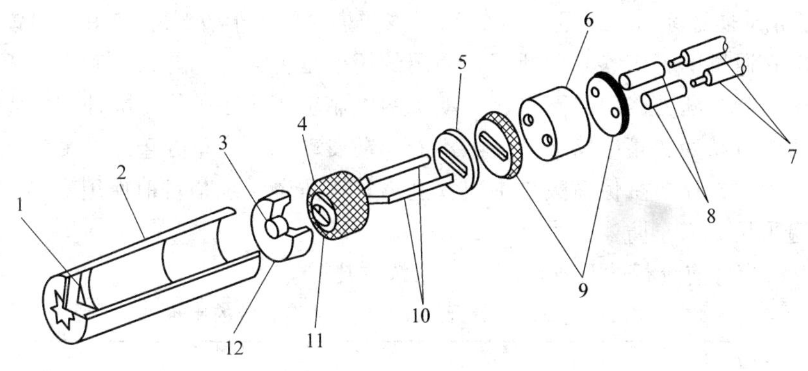

图 3-12　点火器分解图

1—引爆炸药　2—药筒　3—引药　4—电热丝　5—陶瓷片　6—永久磁铁
7—引出导线　8—绝缘套管　9—绝缘垫片　10—电极　11—电热头　12—药托

控制单元 ECU 主要由 SRS 逻辑模块、信息处理电路、备用电源电路、保护电路和稳压电路等组成。安全传感器一般与 SRS ECU 一起被制作在 SRS 控制组件中，其结构见图 3-13 所示。

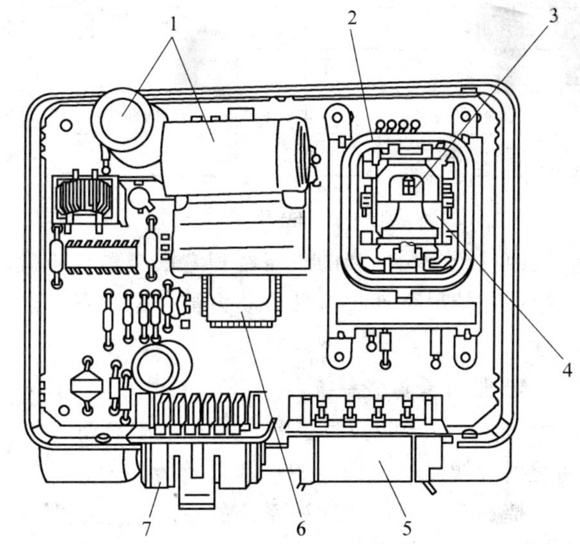

图 3-13　SRS 控制组件的内部结构

1—能量储存装置（电容）　2—安全传感器总成　3—传感器触点
4—传感器平衡块　5—四端子连接器　6—逻辑模块
7—SRS ECU 连接器

二、电控防盗系统

（一）电控防盗系统的类型与功用

电控防盗系统是目前高档的防盗系统，按功能分为四类：

(1) 安装电控中央门锁和报警装置的防盗系统　该系统安装电控中央门锁和报警装置，利用电控中央门锁和防盗报警装置联合防盗。当盗贼非法打开车门、行李箱门、发动机盖，强行进入车内，企图起动车辆时，报警装置（喇叭、转向指示灯、前照灯）鸣叫、闪亮以吓唬盗贼。这种防盗系统安全性能较差，必须增强防盗性能。

(2) 有电控中央门锁和红外线监控的防盗系统　该系统装有电控中央门锁、红外线监视系统。它由布置在车辆（内部）周围的一组红外线传感器构成一道无形帘幕，以监视在防盗系统起动之后是否有移动物体进入车内。这种防盗系统安全性高，可靠性也比较强。但由于要布置多个红外线发射接收装置，其成本较高。

(3) 装有电控中央门锁、超声波传感器、倾斜传感器监控的防盗系统　该系统装有电控中央门锁、超声波传感器、倾斜传感器、振动传感器等监控系统。该系统一般都要增加相应的遥控系统（以决定起动/解除防盗系统）和报警系统（以使在发生危险时能及时发出报警信号），因此成本较高，用户使用不便，而且由于传感器灵敏度难于准确设定，所以容易误报警或漏报警，安全性较差，其报警信号对环境也构成一定的污染。

(4) 电子止动防盗系统（防盗点火锁）　该防盗系统不但安装电控中央门锁，还安装电子止动系统。它通过电子应答来判断用户使用的钥匙是否合法，并以此确定是否允许发动机控制单元工作。若钥匙密码信号不符，发动机的控制单元无法工作，立即切断点火、喷油电路、供油电路、自动变速箱电路，使盗贼不能起动发动机，汽车处于完全瘫痪状态，同时灯光闪烁，警笛大作，让窃贼惊慌失措、狼狈逃窜。该防盗系统是目前使用最多，也是世界上高级轿车普遍采用的汽车防盗技术。

表3-1所示为目前流行的几种汽车防盗系统的比较。

表3-1　目前较流行的几种汽车防盗系统的比较

防盗系统 \ 性能比较	整车安全性	用户友好性	报警系统	遥控系统	发动机控制	成本
防盗点火锁	高	好	（根据需要）	不需	需要	低
红外线监视	高	差	需要	需要	（根据需要）	高
超声波监视	低	差	需要	需要	不需	中
振动监视	低	差	需要	需要	不需	中
倾斜监视	低	差	需要	需要	不需	中
遥控防盗	低	差	需要	需要	不需	中

(二) 防盗系统的组成及工作原理

西门子公司生产的防盗器和“铁将军”防盗器是一种车辆止动系统，能阻止汽车在没有被授权的情况下通过自己的动力被开走。下面以捷达轿车防盗系统为例，说明其组成及工作原理。

1. 西门子防盗系统

(1) 西门子防盗系统的组成及工作原理　西门子防盗系统主要由防盗器控制单元、接收和发射天线、带送码器的钥匙以及传递信息的线束等组成，如图3-14所示。

捷达轿车西门子防盗系统的点火钥匙内部安装一个送码器，送码器内存储有密码。当点火钥匙插入钥匙芯并将其旋至点火开关打开位置时，嵌在点火锁芯上的接收和发射天线马上受到防盗器控制单元的驱动，建立起一个电磁场；受这个电磁场的激励，送码器才可以开始工作。

当点火开关一打开，防盗器控制单元即通过接收和发射天线向送码器输出一个固定长度的随机数，这是一个询问过程；转发器的响应也是一个数，这个数由送码器根据从防盗器控制单元收到的随机数和其自身存储的密码经过特定计算而得出的一个数，并将这个数与从送码器收到的数进行比较，两者如果吻合，防盗器控制单元才认为这把钥匙中的送码器是合法的。如果钥匙中没有送码器或者送码器的信号太弱，防盗器控制单元将在2s内重复进行询问过程，直至收到送码器的响应信号；若2s内一直没有收到送码器的响应信号，防盗器控制单元将向发动机控制单元发出不允许起动的信号。如果钥匙中送码器非法，其响应信号也必然被防盗器控制单元认为不正确，防盗器控制单元同样会向发动机控制单元发出不允许起动的信号。

在与送码器之间进行询问/应答过程的同时，防盗器控制单元与发动机控制单元之间也存在着通信过程。在点火开关打开后，发动机控制单元发出一个唤醒信号及一内含发动机控制单元识别码的请求信号给防盗器控制单元；只有发动机控制单元识别码及送码器响应信号均与防盗控制器单元内存的有关信号相吻合，发动机控制单元才会收到防盗器单元发出的允许起动信号，这之后，防盗系统停止工作，发动机控制单元按照正常程序工作。

为提高安全性，在允许发动机控制单元起动之后，若点火开关一直保持接通，则在一定时间内，防盗器控制单元会再次与送码器进行询问/应答过程，并以此回答发动机控制单元的下一次请求信号。

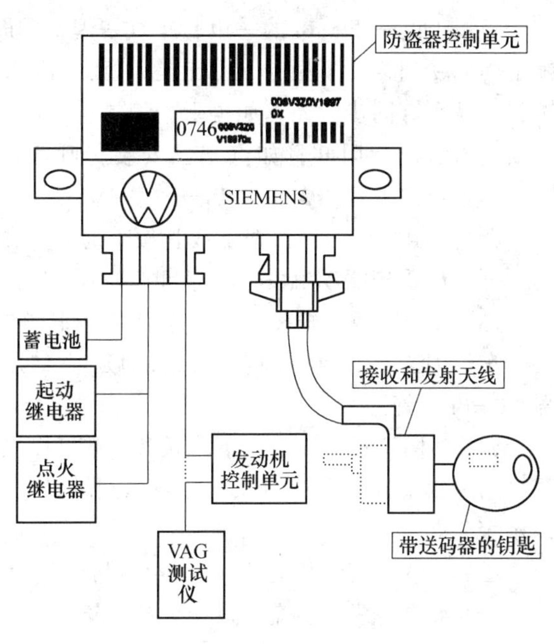

图3-14　西门子防盗系统的组成

(2) 钥匙的匹配　只有使用被装于汽车上的防盗器控制单元匹配过的认可钥匙，发动机才能起动；匹配汽车钥匙时，总是需要把全部钥匙同时与防盗器控制单元匹配；如果需要重新配钥匙或者增配钥匙，也必须匹配汽车的全部钥匙；如果用户遗失一把合法的钥匙，为了安全起见，必须到维修站去，把其他所有合法钥匙用V.A.G 1552（V.A.G1551）重新进行一次匹配。这样做可以使丢失在外的钥匙变为非法钥匙，不能起动发动机。

(3) 更换防盗器控制单元　更换防盗器控制单元的时候，所有钥匙及发动机管理系统码均需被新的控制单元重新记忆，原来配制的钥匙在这个新的配制过程中全部失效。防盗器控制单元的更换方法与更换钥匙的方法相同，也必须使用V.A.G 1551或V.A.G 1552来完成。

(4) 更换发动机控制单元　更换发动机控制单元时，防盗器控制单元必须记忆新的ECU码，防盗器控制单元已生效的钥匙表在这一程序中不再被更改。

更换过程如下：

1）连接测试仪，接通点火开关。

2）输入地址码25，起动防盗器控制单元与测试仪间的通信。

3）输入功能11，键入PIN码，进行安全登录。如果找不到用于登录的PIN，可以向大众公司授权的人索取。

4）输入功能10，选择块00开始配制程序。

5）确认清除旧的 ECU 码。

新的 ECU 码在下次点火时将被记忆，更换完毕。

2. 铁将军遥控汽车防盗系统

铁将军遥控汽车防盗系统在生产过程上采用电脑自动插件、ICT 电脑测试技术。其功能如下：

（1）防误报警　铁将军遥控器上符号代表的意义如图 3-15 所示。

短按 1 键一下，Bi 的一声，车灯一闪，同时锁门，发动机锁定。如受到第一下振动（可能是无意），喇叭只发出短 Bi 五声警示，车灯同步闪光；如再受到第二次振动，喇叭立即转为间歇报警，以示阻吓；如汽车已安装传呼叫器，汽车被触发时，车主身边的呼叫器也会 Bi—Bi 作响。

（2）吓阻防盗　连按两下或长按 1 键 1s，在 Bi 闪后车灯再闪一下。如受到振动触发，警报喇叭鸣叫 15s，发动机锁定。

（3）静音警戒　短按 3 键，车灯闪一下。如受到第一次触发，车灯闪 5s；如再受到触发，自动延时 15s，车主身边呼叫器 Bi—Bi 报警。

（4）环保警示　连按两下或长按 3 键 1s，车灯闪一下。如受到第一次触发，车灯闪 5s；如再受到触发，喇叭短 Bi 响 15s 以示警告。

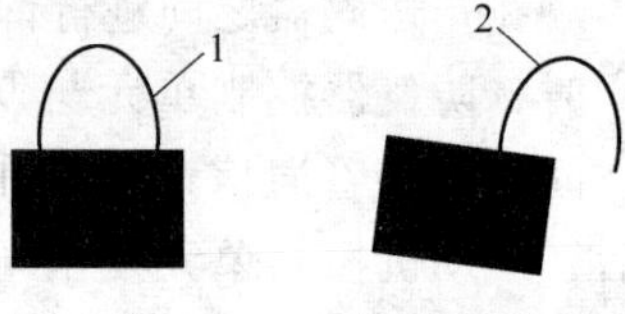

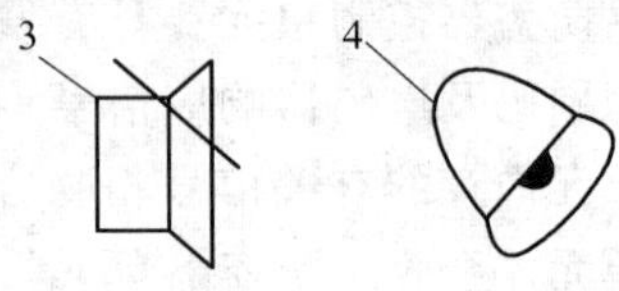

图 3-15　铁将军遥控器上键号代表的意义

1—闭锁　2—开锁

3—静音　4—喇叭

（5）紧急报警　防盗警戒中，车门打开、ACC·ON 状态和踩行车制动，均令喇叭长鸣。

（6）解除警戒　防盗警戒中，按 2 键，Bi、Bi 两声，车灯闪两下。静音防盗警戒中，按 2 键，车灯闪两下，解除防盗设定。

（7）自动回复防盗（防误解除）　车主会因无意误触造成解除防盗，当 25s 内车门未打开或启动，防盗系统视作误解除，会自动回复有防盗状态。

（8）自动提示开启防盗（程式选择）　当汽车停驶，车主关门离开后 10s，防盗系统会发出滴—滴—滴三声，提醒车主开启防盗系统。

（9）自动投入防盗（程式选择）　当汽车停驶，车主关门 1min 后，防盗系统会自动投入，而门不上锁，从而避免有时由于车主大意而造成重大损失。

（10）遥控开启行李箱　汽车停驶或警戒中，长按 2 键 3.5s，后盖行李箱自动打开，方便搬运行李。

（11）抗拷贝滚动跳码（选择机型）　采用美国 Microchip 公司的滚动跳码技术，拥有长达 66 位加密种子（若每天每秒不断按发遥控器，都需要 28 年才有机会复合密码），使任何复制和破密企图化为泡影。

（12）中控门锁自动化　汽车行驶 15s 后踩行车制动，中控门锁自动锁门确保行车安全。当停车熄火后，门锁自动打开。行驶中，按 1 键，中控门锁闭锁；按 2 键，中控门锁开锁。

（13）声光寻车　任何状态下，按一下 4 键，喇叭鸣叫 2s，车灯闪亮。

（14）紧急求救　任何状态下，长按 4 键 1.5s，喇叭鸣叫 30s，车灯同步闪光。再按任何键停止。

（15）防抢劫　汽车行驶中遇悍匪强行抢劫，车主只要按 2s3 键，此时车灯急闪；再按 4

键一下，15s 后喇叭大鸣，继而熄火，强迫停车。

(16) 车门未关开启防盗提示　当投入防盗后，出现 Bi、Bi、Bi 三声，提示车门未关好，车主必须查看，关好后再开启防盗。

(17) 路边暂停车灯警示　行驶中，为了乘客上、下车安全，当打开车门时，两边车灯立即闪烁，提醒后方来车注意，避免发生意外。

(18) 触发记忆　防盗状态中，车辆被触发过，当解除防盗打开车门时，喇叭鸣叫一声，提醒车主注意周围有无碰撞。

(19) 紧急解除　防盗状态中，若因遗失遥控手机，急需解除防盗，车主必须使用车钥匙打开车门，此时防盗喇叭大鸣。再将车钥匙转至 ACC 位置，踩住行车制动，连续按三下紧急解除按钮（此按钮必须安装于十分隐秘的地方），防盗系统暂停，必须使用遥控器 2 键才能将防盗系统复原。

(20) LED 记忆防盗受袭程度　正常：闪两下；恶意袭击：闪三下；车门被打开过：连

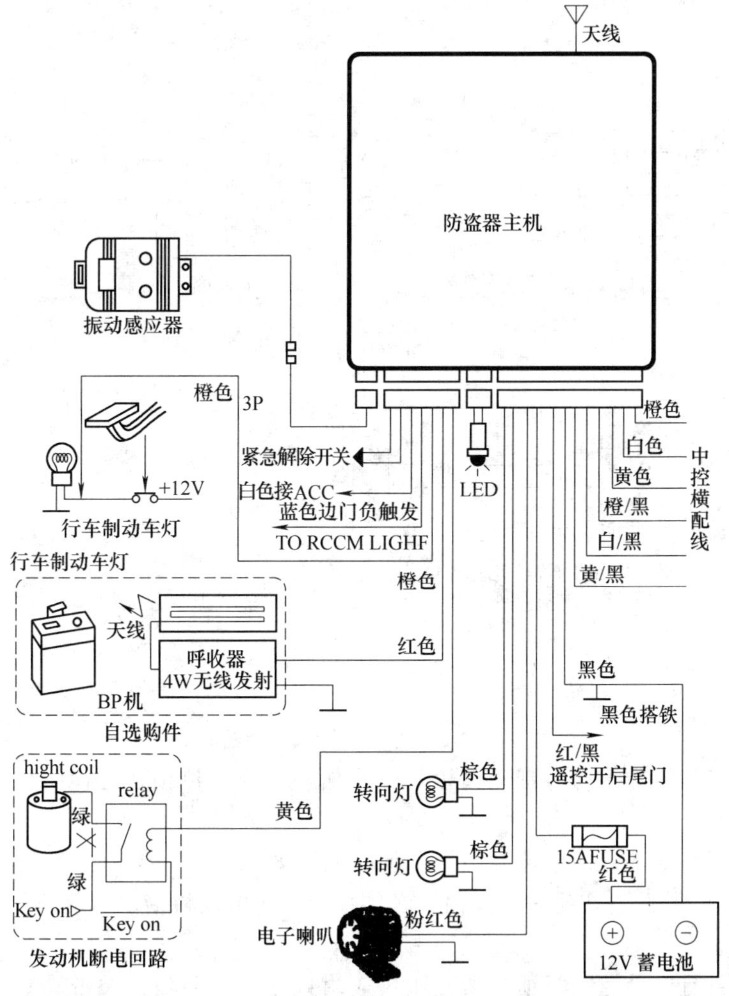

图 3-16　主机安装线路图

续不停闪烁；紧急解除防盗：长亮不灭。

图 3-16 所示为铁将军遥控汽车防盗系统电路图。主机系统安装位置应在仪表板下方或前方座位隐秘处，事先找好主机欲固定的地方。然后再找出欲连接的地方接线，如 ACC、转向灯、制动灯、室内灯、电源等。当主机安装完毕后，再将振动感应器固定在车上，然后视车辆的大小，所需敏感度的不同，适当加以调整（出厂前均已适中调整完毕，如非必需，请勿再调）。振动感应器安装时，尽量贴车体或仪表板附近。

除此之外，该防盗系统还装有电控中央门锁。图 3-17 所示为遥控汽车防盗系统的中控锁配线图。

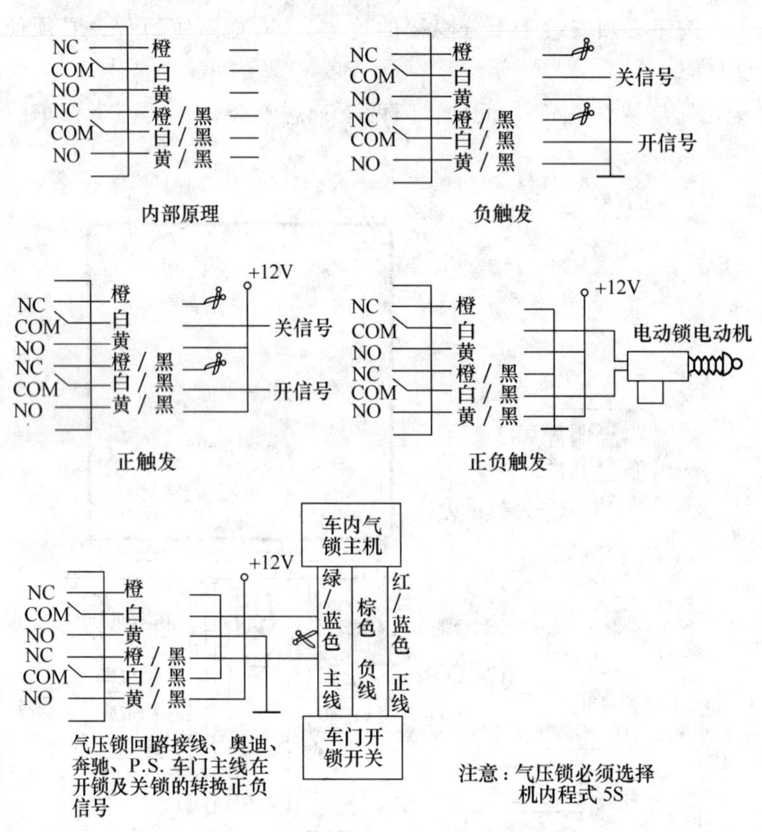

图 3-17 中控锁配线说明图

1）旧型车车门锁均无动力带动门锁。建议加装一套中控锁，方便防盗器搭配（图 3-17 负触发）。

2）新型车原车配备有中央控制门锁，但是驾驶座门内仅仅只有一个开关带动其他三个门作用开关门锁。因此，在驾驶座门内，必须加装一个电动机借以带动门闩拉杆及开关（图 3-17 正负触发）。

3）原车配备有中央控制门锁，驾驶座仪表附近有一个踏板开关带动触发其他四个门同时作用开关门锁。因此，只要判别是正触发或负触发型，就可以按图 3-17 进行选配。

4）原车配备有气压控制中央门锁（图 3-17 气压锁回路接线）。如奥迪 AUD1100、奔驰车系等。

第三节 照明与信号系统

为了保证汽车行驶安全，汽车上都装有多种照明设备和灯光信号系统。这个系统主要包括照明与标识信号两大部分。另外，在汽车上，除了标识灯的光信号外，还有声音信号，如峰鸣器、语音、电喇叭等。

一、汽车照明灯

1. 前照灯

前照灯装于汽车头部两侧，用于夜间行车道路的照明。前照灯又可分为两灯制和四灯制。四灯制由只有远光的Ⅰ型灯和既有远光又有近光的Ⅱ型灯组合而成。在四灯制中，远光灯不论单独亮，还是和近光灯同时亮，都符合规定。

前照灯灯泡有充气灯泡、卤钨灯泡和新型高压（20kV）放电氙灯等几种类型。夜间行驶的汽车在交会时，由于前照灯的亮度较强，会引起对方驾驶员眩目。所谓眩目，是指人的眼睛突然受强光照射时，由于视觉神经受刺激而失去对眼睛的控制，本能地闭上眼睛或看不清暗处物体的生理现象，这种现象很容易引起交通事故。因此，各国对前照灯的配光作出不同的要求。为了防眩目，前照灯的灯泡一般采用双灯丝结构，一根为远光灯丝，另一根为近光灯丝。远光灯丝功率较大，位于反射镜焦点处；近光灯丝功率较小，位于焦点上方或前方。远光灯丝点亮时，光束照亮较远的路面；近光灯丝点亮时，光束照亮较近的路面。

2. 雾灯

雾灯有前雾灯和后雾灯两种。前雾灯装于汽车前部比前照灯稍低的位置，用于在雨雾天气行车时照明道路；为保证雾天高速行驶的汽车向后方车辆或行人提供本车位置信息，交通管理部门规定，运行车辆在车辆后部加装功率较大的后雾灯，以降低交通事故发生率。雾灯的光色规定为光波较长的黄色、橙色或红色。

3. 牌照灯

牌照灯装于汽车尾部的牌照上方，用于夜间照亮汽车牌照。

4. 仪表灯

仪表灯装于汽车仪表板上，用于仪表照明，以便于驾驶员获取行车信息和进行正确操作，其数量根据仪表设计布置而定。

5. 顶灯

顶灯装于驾驶室或车厢顶部，用于车内照明。

6. 工作灯

车上一般只装工作灯插座，配带导线及移动式灯具，用于为排除汽车故障或检修提供照明。

二、信号装置

1. 转向灯

转向灯一般有四只或六只，装在汽车前后或侧面，用于在汽车转弯时发出明暗交替的闪光信号，使前后车辆、行人、交警了解其行驶方向。闪光信号由闪光继电器控制产生，目前常用的是性能稳定、可靠度高的晶体管式闪光器。转向结束时，应立即关闭转向灯。

2. 危险报警灯

危险报警灯与转向灯共用。当车辆出现故障或遇特殊情况时，按下危险警报开关，全部转向灯同时闪亮，提醒其他车辆及人员避让。

3. 示宽灯

示宽灯（前小灯）装于汽车前后两侧边缘，白色，用于标示汽车夜间行驶或停车时的宽度轮廓。

4. 尾灯

尾灯装于汽车尾部，左右各一只，红色。用于在夜间行驶时向后面的车辆或行人提供位置信息。

5. 制动灯

制动灯装于汽车后面，用于当汽车制动或减速停车时，向车后发出灯光信号，以警示随后车辆及行人。一般与尾灯共用灯泡（双丝灯）。

制动灯是与汽车制动系同步工作的，它通常由制动灯开关控制。气压制动系统的制动信号通常由安装在制动系管路中或制动阀上的制动灯开关控制；液压制动系统的制动灯一般由与制动踏板直接连动的机械行程开关控制，也有采用安装在制动回路上的液压式开关来控制。

6. 倒车灯

倒车灯装于汽车尾部，左右各一只，白色。用于照亮车后路面，并警告车后的车辆和行人，表示该车正在倒车，提高倒车时的安全性。倒车灯由装在变速箱上的倒车灯开关控制，当变速杆拨至倒车档时，倒车信号开关将倒车信号电路接通，倒车灯点亮。

7. 倒车雷达系统

倒车雷达系统在倒车时起到辅助报警作用，使安全性大大提高。当驾驶员挂入倒挡后，倒车雷达侦测器进入自我检测。当自我检测通过后，就开始检测汽车后部障碍物。如风神Ⅱ号轿车装备的倒车雷达系统，可检测到汽车后部50cm处物体表面积为25cm^{2}以上的障碍物，就会发出报警声，以提醒驾驶员注意。

8. 喇叭

喇叭的作用是警告其他车辆驾驶员和行人注意安全。有气喇叭和电喇叭两种。电喇叭具有操作方便、声音悦耳等优点，被广泛应用。

第四节　汽车暖风空调装置

为了给车内提供适宜的温度和及时补充新鲜空气，提高乘坐舒适性，现代汽车大都装备有暖风装置和车用空调。汽车用空调是暖风装置和制冷装置一起构成的，有人单独把制冷装置称为空调设备。现在轿车上大都装有通风、暖风、制冷联合装置。

汽车空调的功能是可调节车内温度、湿度（只有高级豪华汽车采用的冷暖一体化空调器，才能对车内的湿度进行适量调节）、空气流动以及过滤净化车内空气。

一、暖风装置

暖风装置的作用是在冬季寒冷的气候条件下对车内进行加热升温。奥迪100型轿车的暖风装置如图3-18所示。发动机高温冷却液被部分引入暖风散热器，鼓风机将外部空气吸入并流经暖风散热器被加热，热空气被送入车内取暖并可对车窗除霜。

通过调节暖风散热器内的冷却液循环量及调节鼓风机转速来增减外部空气的吸入量，就可以控制暖风装置的加热量，调节车内温度。

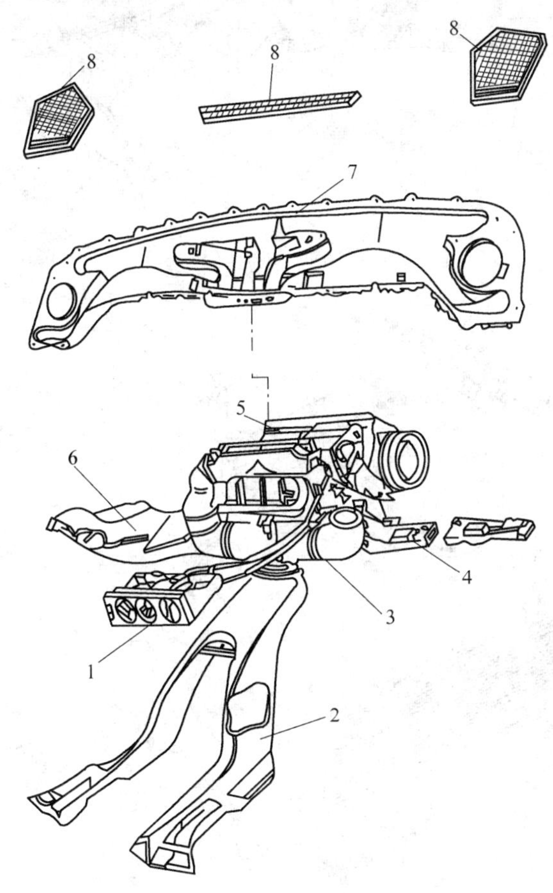

图 3-18　奥迪 100 型轿车暖风装置

1—操纵机构总成　2—后暖风　3—环形风道

4、6—吹脚风道　5—加热器总成

7—除霜风道　8—除霜喷嘴

二、通风装置

轿车通风装置的功能是在鼓风机的作用下，将车外新鲜空气经进口鼓入系统，经由空气过滤后流经制冷装置的蒸发器和暖风装置的散热器。系统的控制器可根据温度指令控制分配箱内部各个活门的开度，分别调节经由蒸发器和散热器的空气流量，然后将冷热空气混合，以获得温度适宜的气流，再经由出风口送入车内。在冬季还可将热空气经由出风口吹向风窗除箱。

三、制冷装置

上海桑塔纳轿车的制冷装置结构如图 3-19 所示。空调压缩机 10 由发动机驱动，其上装有电磁离合器，可根据实际状态接通或切断空调压缩机，从而保证按设定温度来调节制冷能力。还可用变容量空压机和带温度传感器的膨胀阀调节其节流开度，以改变制冷剂的喷雾量来改变制冷能力而实现温度控制。

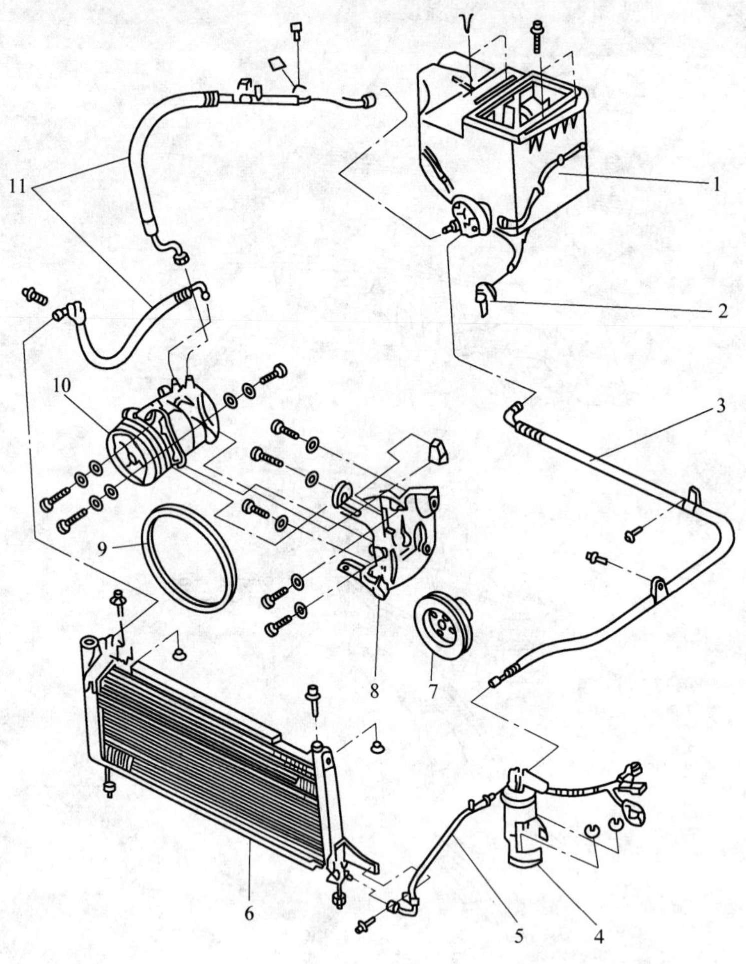

图 3-19　上海桑塔纳轿车制冷装置

1—蒸发器　2—蒸发器溢水管橡胶管　3、5、11—空调软管
4—储液罐　6—冷凝器　7—带轮　8—空调压缩机支架
9—传动带　10—空调压缩机

第五节　车身内部附属装置

为了使驾驶员随时观察与掌握汽车各系统的工作状态，在驾驶室仪表板上装有各种指示仪表和指示灯，主要包括机油压力表、水温表、燃油表（油量表）、电流表、转向指示灯等，如图 3-20 所示。

一、仪表

1. 机油压力表

机油压力表用来指示发动机机油压力的大小，以便了解发动机润滑系工作是否正常。它

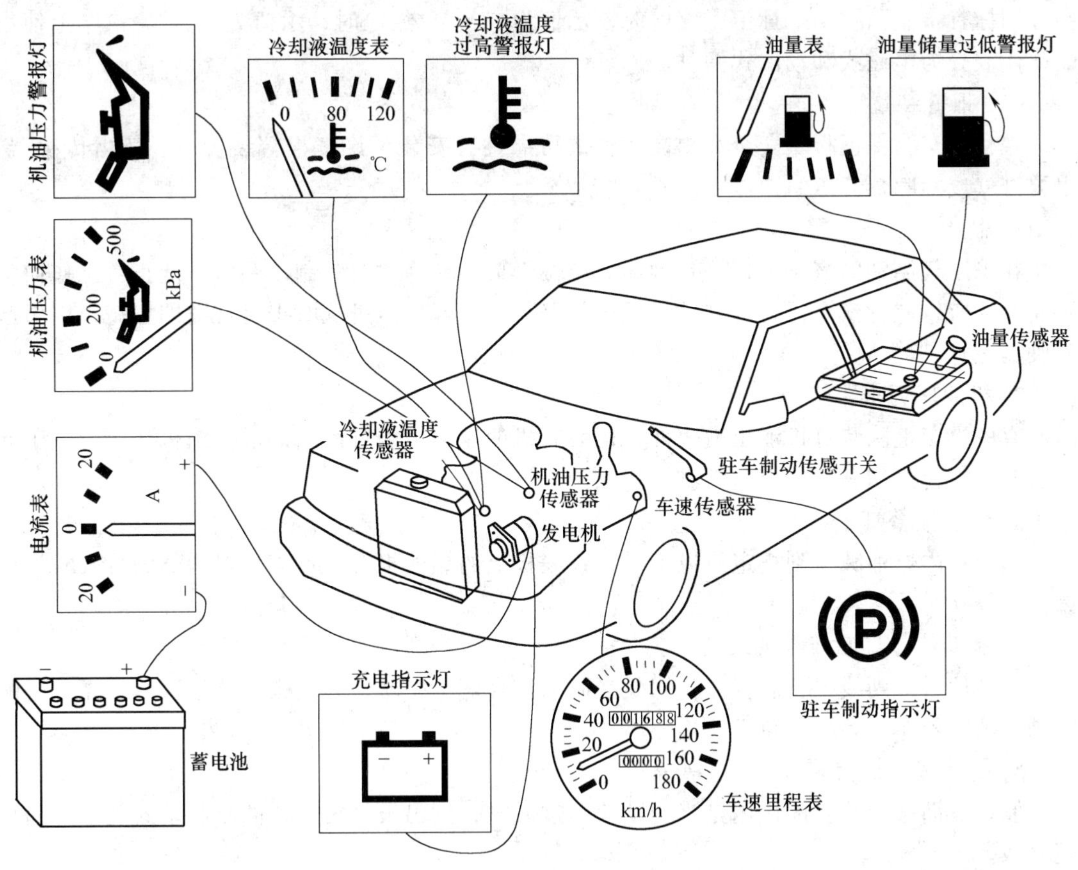

图 3-20 汽车组合仪表

由装在发动机主油道上的机油压力传感器和仪表板上的机油压力指示表组成。常用的机油压力表有双金属片式、电磁式和动磁式三种。其中以双金属片式机油压力表应用最为广泛。

2．水温表

水温表用来指示发动机内部冷却水温度。它由装在气缸盖水套中的温度传感器和装在仪表板上的水温指示表组成。其形式有双金属片式和电磁式两种。

3．燃油表（油量表）

燃油表用来指示燃油箱内燃油的储存量。它由装在燃油箱内的传感器和装在仪表板上的燃油指示表组成。燃油指示表有电磁式、动磁式和双金属片式，近年来还出现了新型的电子燃油表，传感器均为可变电阻式。

4．车速里程表

车速里程表是用来指示汽车行驶速度和累计行驶里程数的仪表。它由车速表和里程表两部分组成。

5．发动机转速表

发动机转速表用来指示发动机运转速度。常用的有机械式和电子式两种。

6．电流表

电流表串接在蓄电池充电电路中，主要用来指示蓄电池充、放电电流值，同时还可通过它检视电源系统的工作是否正常。电流表通常为双向工作方式，表盘中间的示值为“0”，两侧分别标有“+”、“-”标记，充电时，示值为“+”，放电时，示值为“-”。汽车上使用的电流表分为电磁式和动磁式两种。

二、报警装置

现代汽车为保证行车安全和提高车辆的可靠性，安装了许多报警装置。一般由传感器、报警灯（或蜂鸣器）等组成。

1. 制动系低压报警灯

在采用气制动的汽车上，一旦制动气压低于最小允许值时，制动系将不能正常工作而危及安全。所以此种汽车需装备制动系低压报警装置，当气压过低时报警灯随即点亮，以引起驾驶员注意。

2. 机油压力报警灯

有些汽车上除装有机油压力表外，还装有机油压力报警灯。当润滑系统机油压力低于允许值时，报警灯即亮，以引起驾驶员注意。

3. 燃油报警灯

当油箱内燃油减少到规定值以下时，仪表板上的燃油报警灯点亮，提醒驾驶员及时加注燃油。

4. 制动信号灯断线报警装置

制动信号灯断线报警装置的作用是当制动信号灯不亮时，仪表板上的报警灯点亮，提醒驾驶员及时停车检查，以免发生追尾事故。

5. 制动液面报警装置

制动液面报警装置的作用是当制动液面过低时，发出报警信号，防止制动效能下降而出现事故。

6. 空气滤清器滤芯报警装置

空气滤清器滤芯报警装置的作用是当空气滤清器滤芯发生堵塞时，报警灯点亮起到警告作用。

三、电动座椅

1. 作用

为了提高驾驶员和乘客的舒适性，许多轿车安装了电动座椅（又称自动座椅），即用电动机操作的座椅。座椅调节的目的就是使驾驶员和乘员乘坐舒适。通过调节还可以变动坐姿，减轻乘员长时间乘车的疲劳。

座椅的调节正向多功能化发展，使座椅的安全性、舒适性、操作性日益提高。电动座椅的种类很多，还可以有不同的组合方式。如具有八种调节功能的电动座椅，其动作方式有座椅的前后调节、上下调节、座位前部的上下调节、靠背的倾斜调节、侧背支撑调节、腰椎支撑调节以及靠枕上下、前后调节。除上述调节功能之外，有些电动座椅还具有座椅位置的记忆及调出功能。

电动座椅前后方向的调节量一般为100~160mm，座位前部与后部的调节量为30~50mm。全程移动所需时间为8~10s。下面以可记忆电动座椅为例，介绍其组成及工作原理。

2. 可记忆电动座椅的主要组成元件的结构及作用

其组成主要包括控制元件和调整元件两大类。

控制元件布置在车门扶手上、驾驶员座椅下及附加继电器板上。可发出对驾驶员座椅位置的调节、记忆及调出指令，并对系统起保护作用。其组成元件主要有控制按键、熔丝、车门接触开关、电源继电器。

控制按键包括机械调节按键和记忆与调出按键。机械调节按键可控制座椅的位置调整。记忆与调出按键可控制座椅位置的记忆与调出。在附加继电器板上设有三路熔丝，即30A普通熔丝、5A普通熔丝及20A热敏熔丝。车门接触开关设在驾驶员侧车门处，以便调出功能在关上车门10min后失效。电源继电器位于驾驶员座椅下，是一个具有5个触点的电磁开关。通过记忆与调出按键中的“ON/OFF”键，接通或断开记忆与调出功能。

调整元件集中布置在驾驶员座椅下，执行控制元件发出的指令，完成驾驶员座椅位置的调节、记忆及调出功能。其组成元件主要有控制单元、反馈信号电位计、座椅调整电动机、座椅调整支撑及导向元件。

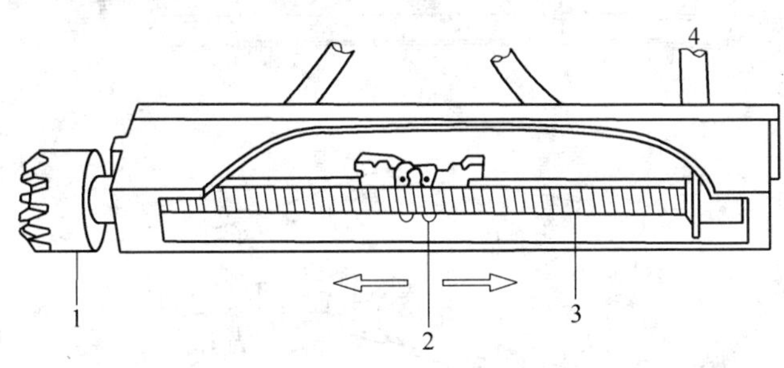

图3-21 反馈信号电位计

1—驱动齿轮 2—滑块 3—心轴 4—接线端

控制单元是一个25针的微型电脑，可接收并分析处理各种控制信号及反馈信号，发出记忆及调出指令。

座椅调整电动机各自带有一个滑动电阻，即反馈信号电位计，如图3-21所示。它由驱动齿轮、心轴及滑块组成。调整电动机驱动齿轮转动，从而带动心轴转动，滑块在心轴上作左右滑移，电阻值通过接线端输出并反馈控制单元。与其他调节方向不同，进行靠背倾度调节时，调整电动机通过行星齿轮机构驱动反馈信号电位计工作。

座椅调整电动机受控制单元控制，各自实现一种座椅调整方向并各自带有一个反馈信号电位计。

座椅调整支撑及导向元件的结构特点、作用与普通电动座椅相同。其高度调整支撑及导向元件（见图3-22）由支撑元件和驱动轴组成。调整时，蜗杆轴在电动机驱动下，带动蜗轮转动，从而将心轴旋入或旋出。座椅纵向调整机构支撑及导向元件（见图3-23）包括刚性蜗杆驱动轴、两个反向安装的蜗轮和两条带有齿条的导轨，进行座椅纵向调整时，调整电动机通过一个刚性蜗杆驱动轴驱动两个蜗轮与导轨上的齿条啮合，从而带动座椅前后移动。图3-24所示为靠背倾度调整机构支撑及导向元件，调整电动机带动两端调整齿轮转动，两端调整齿轮由连杆相联动。

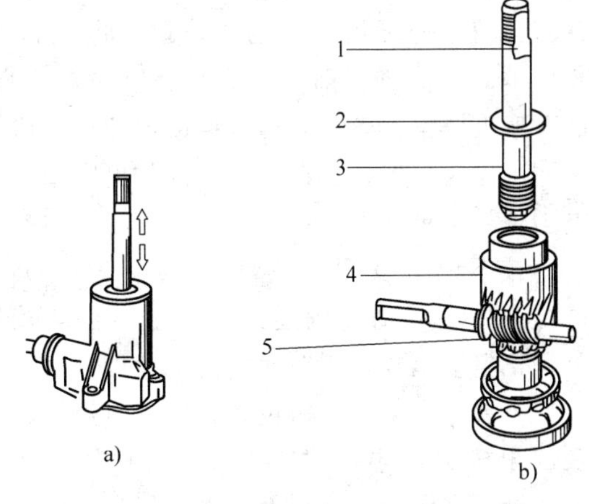

图3-22 高度调整支撑及导向元件

a）调整支撑 b）导向元件

1—平面 2—止推垫片 3—心轴 4—蜗轮

5—挠性驱动蜗杆轴

3. 可记忆电动座椅的工作原理

可记忆电动座椅的调节方式为：座椅前高

调节、座椅后高调节、座椅纵向及总高调节、座椅靠背倾度调节。

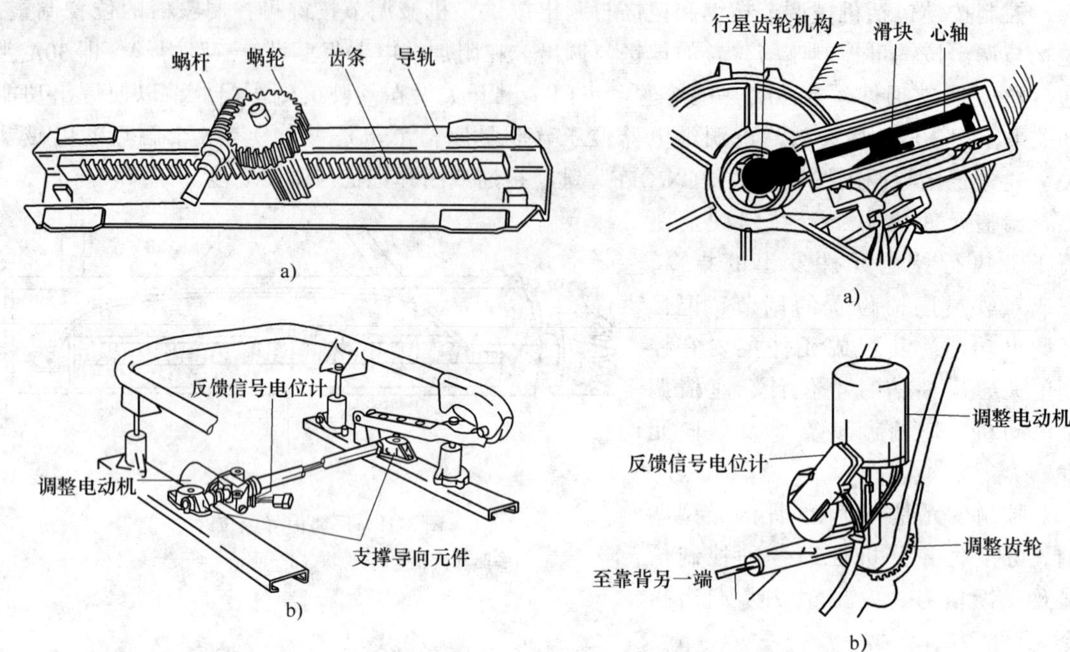

图 3-23　纵向调整支撑及导向元件

a）纵向调整元件　b）总体布置

图 3-24　靠背倾度调整支撑及导向元件

a）调整支撑　b）总体布置

通过操纵控制按键，可选择某一调节方式及记忆位置，并实现调整、记忆及调出功能。

如图 3-25 所示，调节时，将机械调节按键 3 调至调节位置，接通机械调节回路。控制单元 2 接受机械调节按键 3 传来的控制信号，并将此信号分配给相应的座椅调节电动机 1，相应地对座椅进行前高、后高、纵向、总高、靠背倾度调整。各方向信号反馈电位计对应于不同的座椅位置，各自呈现不同的电阻值，该电阻值被记录在控制单元内。

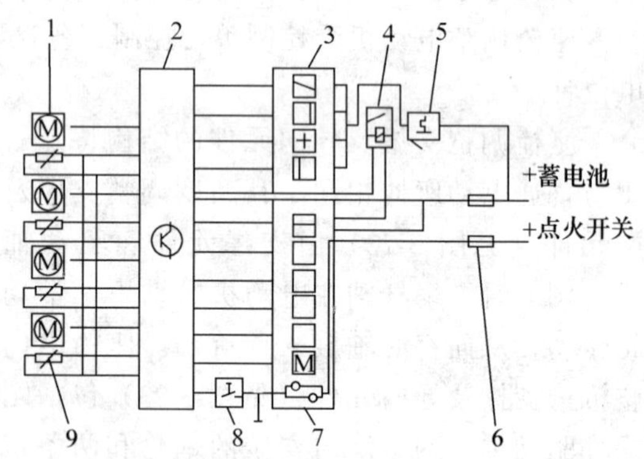

图 3-25　可记忆电动座椅工作原理图

1—座椅调整电动机　2—控制单元　3—机械调节按键　4—电源继电器　5—热敏熔丝　6—普通熔丝　7—记忆及调出按键　8—车门接触开关　9—反馈信号电位计

按下记忆及调出按键 7 中的“ON/OFF”键至“ON”位置，则通过电源继电器 4 接通可记忆电动座椅控制单元的记忆及调出功能。

若要存入某一座椅位置，可同时按下记忆及调出按键 7 中的“Memory”键和某一位置键，即可完成记忆（包括再次记忆）。

当要调出座椅记忆位置时，可按下该位置键，控制单元 2 接收控制信号，各方向调整电动机的反馈信号电位计 9 将与座椅位置相对应的电阻值反馈给控制单元，控制单元将此值与预先存入的阻值（与存入的座椅位置相对应）相比较，当两值相差大于 200Ω 时，控制单元起动该方向的调整电动机，进行座椅调整。一旦调整起来，控制单元便切断经电源继电器的供电回路。

可记忆电动座椅的调整按下列顺序进行；纵向调整→靠背倾度调整→高度调整。

这种设计可防止电压不足的蓄电池完全无电。

4. 常见故障诊断与排除

电动座椅常见故障有：完全不动作或某个方向不能工作。

电动座椅完全不动作的主要原因有：熔断器断路：线路断路：座椅开关有故障等。可以首先检查熔断器是否断路；若熔断器良好，则应检查线路连接是否正常；最后检查开关。对于有存储功能的电动座椅系统，还应检查控制单元（ECU）的电源电路和搭铁线是否正常，若开关、线路等都正常，应检查控制单元。

电动座椅某个方向不能工作的主要原因：该方向对应的电动机损坏，开关、连接导线断路。可以先检查线路是否正常，再检查开关和电动机。

第四章

汽车的使用

第一节　汽车使用性能及评价指标

汽车整车的主要使用性能有：动力性、燃料经济性、制动性、操纵稳定性、行驶平顺性以及通过性。

一、汽车的动力性

汽车的动力性就是指汽车直线行驶在良好路面上所能达到的平均行驶速度。它是汽车最基本、最重要的性能。汽车运输效率的高低主要取决于汽车的动力性。动力性能好，汽车就会具有较高的行驶速度、较好的加速能力和上坡能力。提高汽车平均行驶速度，就会提高汽车的运输效率。

汽车的平均行驶速度是汽车动力性的总指标。从这一观点出发，汽车的动力性指标主要应由汽车的最高车速、汽车的加速时间和汽车的最大爬坡度这三个方面的指标来评定。

1. 汽车的最高车速

汽车的最高车速是指汽车满载在水平良好的混凝土或沥青路面上所能达到的最高行驶速度。此时发动机的节气门全开，变速器应挂入最高挡。

汽车的最高车速用符号 u_{amax} 来表示，单位为 km/h。一般轿车最高车速为 120～200km/h，客车最高车速为 90～130km/h。货车的最高车速为 80～110km/h。

2. 汽车的加速能力

汽车的加速时间表示汽车的加速能力。汽车的加速时间用符号 t 表示，单位为 s。可分为原地起步加速时间与超车加速时间两种。

原地起步加速时间是指汽车由低挡起步，并以最大的加速强度逐步换至最高挡，达到某一距离或车速所需的时间。

超车加速时间是指用高挡由某一较低车速全力加速至某一高速所需的时间。因为超车时汽车与被超车辆并行，容易发生交通事故，所以，超车加速能力强，并行行驶时间短，行驶就安全。加速时间对平均行驶车速影响很大，尤其是轿车，对加速时间很重视。

3. 汽车的最大爬坡度

汽车的上坡能力是用满载时汽车在良好路面上的最大爬坡度来表示的。爬坡度可用角度 α 表示；也常用每百米水平距离内坡道的升高 h 与百米之比值 i 来表示。最大爬坡度为 α_{max} 或 i_{max}。

最大爬坡度是指汽车满载时，用变速器最低挡位在坚硬路面上等速行驶所能克服的最大道路坡度。各种车辆爬坡能力不同。越野汽车要在坏路或无路条件下行驶，因而爬坡能力是一个很重要的指标，它的最大爬坡度要求达到60%即30°左右或更高。货车在各种路面上行驶，要求具有足够的爬坡能力，一般最大爬坡度在30%即16.5°左右。轿车主要行驶在良好路面上，车速高，加速快，不要求它的爬坡能力，但实际上它的低挡加速能力大，所以爬坡能力也强。

此外，为了维持道路上各种车辆能畅通行驶，要求各种车辆在常见的坡道上，它们的动力性相差不能太悬殊。使各种车辆在通常条件下的爬坡能力接近，有利于交通的畅通。

影响汽车动力性的主要因素有发动机特性、传动系参数、汽车总质量和使用因素等。

发动机特性中的外特性对动力性影响很大，尤其是转矩特性。低速发动机，其转矩变化较大，适应负荷变化的能力强，但高速行驶时汽车动力性差。高速发动机，其转矩变化较小，适应负荷变化的能力差，但选择了合适的传动系后，可以使汽车在任意挡位的全部速度变化范围内均有良好加速性。

传动系参数主要涉及主减速器传动比、变速器挡数和传动比。

汽车总质量应向轻质化方向发展，因为质量越小阻力越小，动力性就越好。

使用因素方面要注意定期进行技术保养与调整，以及进行正确的驾驶操作。

二、汽车的燃料经济性

汽车的燃料经济性是指汽车以最少的燃料消耗完成单位运输工作量的能力，或指单位行程的燃料消耗量。有的国家则用单位燃料消耗量的汽车行驶里程来评价。

汽车燃料经济性的评价指标有：

(1) 等速行驶百公里燃油消耗量　它是指汽车在额定载荷下，以最高挡在水平良好路面上等速行驶100km的燃油消耗量，其单位为L/100km。我们把各个速度下的等速百公里燃油消耗量标注在以行驶速度为横坐标，百公里燃油消耗量为纵坐标的图上，即可得到等速百公里燃油消耗量曲线（图4-1），用它来评价汽车的燃油经济性。

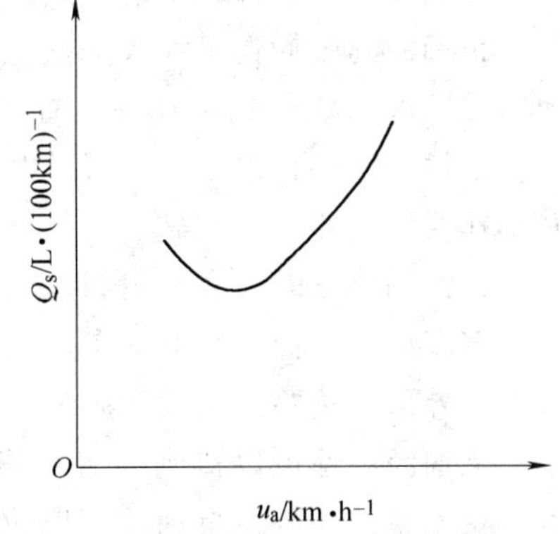

图4-1　汽车等速百公里燃油消耗量曲线

(2) 循环工况行驶百公里燃油消耗量　由于等速行驶工况没有全面反映汽车的实际运行情况，特别是在市区行驶中频繁出现的加速、减速、怠速停车等行驶工况。因此，制定一些典型的循环行驶试验工况来模拟实际汽车运行状况，并以其百公里燃油消耗量来评定相应行驶工况的燃油经济性。我国制定了货车与客车的路上行驶循环工况，货车为6工况，1.075km循环（图4-2a）；客车为城市4工况，0.70km循环（图4-2b）。

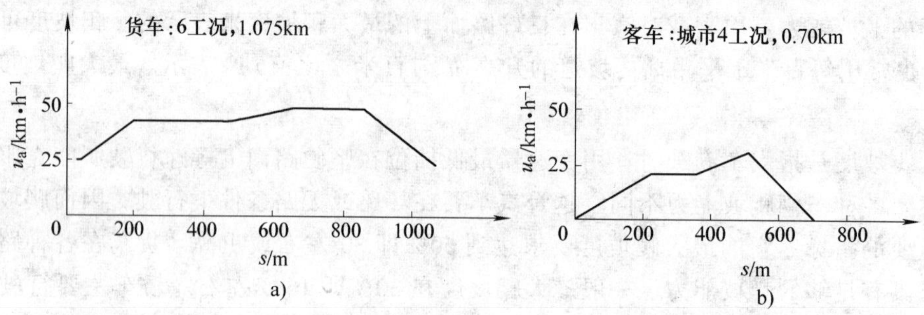

图4-2 我国汽车燃油经济性的行驶循环工况

我国规定以等速行驶百公里燃油消耗量和最高挡全节气门加速行驶500m的加速油耗作为单项评价指标，以循环工况行驶百公里燃油消耗量作为综合评价指标。

汽车的燃料经济性是汽车的主要性能之一。在汽车运输成本中，燃料消耗费用占20%~30%。提高燃料的经济性，不仅是提高汽车运输经济效益的需要，而且是当前世界性节能和节省资源的需要。因此，必须对影响燃油经济性的有关因素进行研究。

影响汽车燃油经济性的因素主要有两个方面：汽车使用方面和汽车结构方面。

在使用方面，影响燃油经济性的主要因素为保持汽车完好的技术状况与正确的驾驶操作。汽车的调整与保养会影响到发动机的性能与汽车行驶阻力，对百公里油耗有相当影响，所以，正确的技术维护与调整，对改善汽车燃油经济性有很大影响。首先对发动机要保持良好的技术状况，对供油系进行维护与检查，防止漏油，清除滤清器中的沉淀及杂质。空气滤清器不畅通时，油耗将增加3%左右。要保持发动机冷却系的正常温度，冷却水温度过低会使燃油消耗量增加。当冷却水量过高时，充气系数降低。正确地维护和检查点火系，保持火花塞的清洁及正确的电极间隙和断电器触点间隙。

在汽车底盘方面，要加强对各总成的维护与调整。汽车的前轮定位、制动器的间隙调整、轮胎气压、各部轴承的预紧度，都会对汽车的运动阻力有很大影响。

正确的驾驶操作可大大降低汽车的燃料消耗量。在其他条件相同时，由于做到经济合理地驾驶，可以减少油耗10%左右。合理的驾驶操作首先应该正确选用行车速度，采用中速行驶是最经济的，汽车中速行驶时燃油消耗量最低，其次要尽可能用高挡行驶。另外，换挡时动作要快，要迅速准确。

在使用汽车时，合理组织运输，减少空车往返，也能提高燃油经济性。

汽车结构方面，影响汽车燃油经济性的因素主要有汽车尺寸和质量、发动机、传动系以及汽车外形与轮胎。尺寸和质量大，滚动阻力、空气阻力、油耗提高。发动机压缩比大，汽车的燃油经济性可以得到改善，柴油发动机燃油经济性好。此外，采用电子计算机控制技术，将使燃油经济性得到进一步的提高。

传动系效率愈高，则损失于传动系的能量愈少，因而燃油经济性也愈好。变速器的挡数愈多、传动比愈小，则汽车的燃油经济性愈好。

汽车外形采用流线型，轮胎采用子午线轮胎，燃油经济性较好。

三、汽车的制动性

汽车的制动性是指汽车行驶时能在短距离内停车且维持行驶方向的稳定性和在下长坡时能维持一定车速的能力。制动性是汽车的主要性能之一，是汽车安全行驶的保证，直接关系到人民生命财产的安全。改善汽车的制动性始终是汽车设计、制造和使用维修部门的重要任务。

汽车的制动性主要有下列三方面的评价指标：

(1) 制动效能　制动效能是指汽车迅速减速直至停车的能力。即在良好路面上，汽车以一定的初速度制动到停车的制动距离或制动时汽车的减速度。它是制动性能最基本的评价指标。而评价制动效能的指标是制动距离和制动减速度。

(2) 制动效能的恒定性　制动效能的恒定性主要指抗热衰退性，即汽车在高速行驶或下长坡连续制动时制动效能的稳定程度。汽车的制动过程实际上是把汽车行驶的动能通过制动器吸收转换为热能的过程。制动器自身温度升高以后，制动力矩下降，制动减速度减小，制动距离增大，称之为制动器的热衰退。

制动效能降低的程度用热衰退率表示。

此外，涉水行驶后，制动器还存在水衰退问题。

(3) 制动时汽车方向的稳定性　制动时汽车方向的稳定性是指制动时汽车按给定路径行驶的能力。常用抵抗跑偏、侧滑和失去转向的能力来评价。它对交通安全影响极大。

制动跑偏是指制动时汽车偏驶，但后轮沿前轮的轨迹运动。

侧滑是指制动时汽车一轴或双轴发生横向滑动，前、后轮轨迹不重合。

失去转向能力是指在前轮抱死拖滑时，地面不能给转向轮侧向力，汽车将失去转向能力，同时将偏离原来的路径。

四、汽车的操纵稳定性

汽车的操纵稳定性包含互相联系的两个部分，即操纵性和稳定性。操纵性是指汽车能够确切地响应驾驶员转向指令的能力；稳定性是指汽车受到外界干扰（路面扰动或突然受到阵风扰动）时保持稳定行驶的能力。两者很难截然分开，故统称为操纵稳定性。汽车的操纵稳定性不仅影响到汽车驾驶的操纵方便程度，而且也直接影响汽车的安全行驶、汽车的动力性及驾驶员的劳动强度。

汽车操纵稳定性的评价指标主要有：汽车的纵向和横向稳定性（翻倒和侧滑）、汽车的转向特性以及转向轮的摆振和稳定效应。

五、汽车的行驶平顺性

汽车的平顺性就是保持汽车在行驶过程中，乘员所处的振动环境具有一定的舒适度的性能。对于载货汽车还包括保持货物完好的性能。汽车是一个振动系统，路面不平等因素会引起行驶中汽车的振动。所以只有保持振动环境的舒适性，才能保证驾驶员在复杂的行驶和操纵条件下具有良好的心理状态和准确灵敏的反应，才能保证乘员在乘坐中及到达目的地后，具有良好的身体和心理状态。同时，振动所引起的附加动载荷将加速有关零件的磨损，缩短汽车的使用寿命。车轮载荷的波动还将影响到地面与轮胎之间的附着性能，因而关系到汽车的操纵稳定性。

由于平顺性主要是根据乘坐者的舒适程度来评价的，所以又称为乘坐舒适性。它是现代高速度、高效率汽车的一个重要性能。

汽车的平顺性可用图 4-3 所示的汽车振动系统框图来分析。

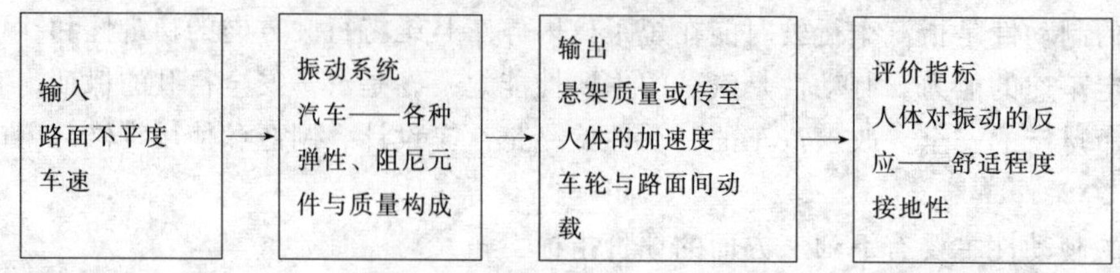

图 4-3 汽车振动系统框图

对于汽车平顺性的评价，目前许多国家都是参照 ISO2631《人承受全身振动的评价指南》来对汽车振动环境，也就是汽车平顺性进行评价的。国际标准 ISO2631 的核心内容是用加速度的均方根值（*rms*）给出了在 1 ~ 80Hz 振动频率范围内人体对各不同方向振动的三个不同的界限。

1．“疲劳—工效降低界限”

这是一组不同承受时间下的频率与加速度均方根值的界限曲线，如图 4-4 所示。这个界限与保持工作效率有关。当驾驶员承受的振动强度在此界限之内时，能准确灵活地反应，正常地进行驾驶。当超过这个界限值，就意味着疲劳和工作效率降低。

由此界限曲线可见，人对振动最敏感的频率，在垂直方向是 4 ~ 8Hz，在水平方向（纵向、横向）是 2Hz 以下。即在上述频率范围内，人体能承受的加速度均方根值最低。

2．暴露极限（健康及安全极限）

该界限大约是人的痛感阈限的一半。当人体承受的振动强度在这个极限之内，将保持健康和安全。越过此界限就意味着不安全和有害于健康。通常把此极限作为人体可以承受的振动量的上限。该界限曲线同“疲劳—工效降低界限”曲线完全相同，只是把相应的振动强度增大一倍（增加 6dB）。

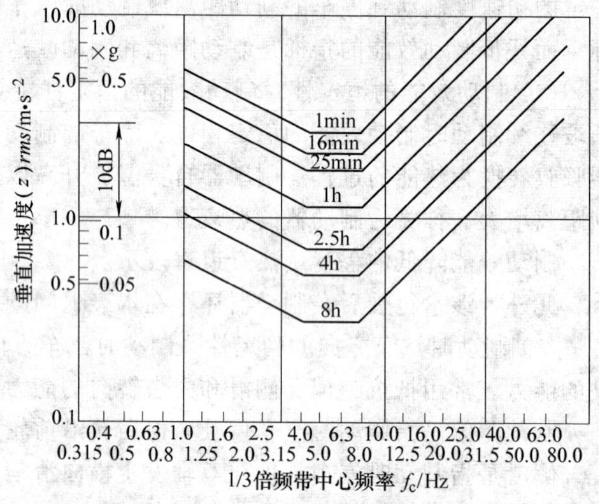

a)

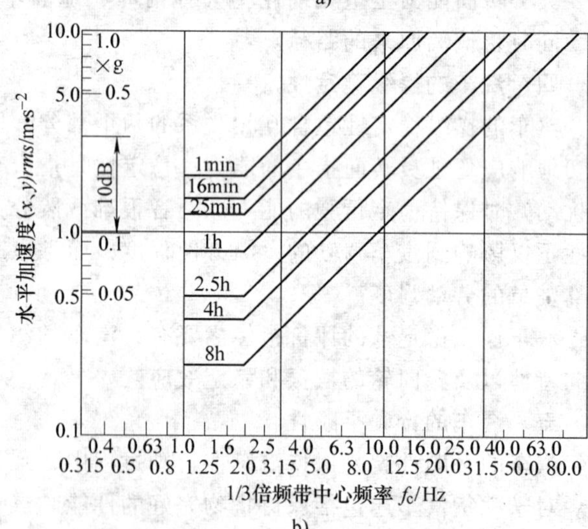

b)

图 4-4 ISO2631“疲劳—工效降低界限”

a）垂直方向（*z*） b）水平方向（*x*—纵向、*y*—横向）

3．舒适降低界限

此界限与保持舒适有关。在这个界限之内，人体对承受的振动环境感觉良好，能顺利完成吃、读、写等动作。该界限曲线也同“疲劳—工效降低界限”曲线完全相同，只是把相应的振动强度降低“疲劳—工效降低界限”的 3.15 倍。

平顺性的评价方法根据国际标准 ISO2631 的推荐有两种，即 1/3 倍频带分别评价方法和总加权值法。

六、汽车的通过性

汽车的通过性是指汽车在一定载质量下能以足够高的平均车速通过各种坏路及无路地带和克服各种障碍物的能力。

汽车在松软路面上行驶时，车轮与地面之间的附着力要比在硬质路面上的附着力小得多，所以遇到的滚动阻力要比在硬路面上的大得多，因此汽车的驱动与附着条件常得不到满足，从而降低了汽车的通过能力。

表征汽车通过性能的主要参数有汽车通过性的几何参数（图 4-5）及支承与牵引系数。

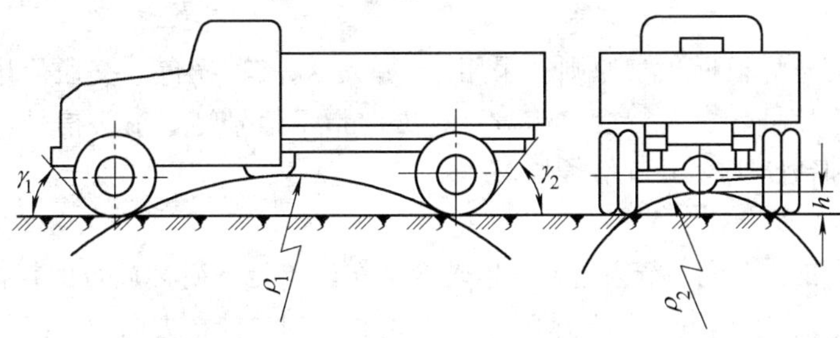

图 4-5　汽车的通过性几何参数

1. 最小离地间隙 c

最小离地间隙是指汽车和地面非接触件与地表面之间的最小距离。它表征了汽车越过石块、树桩之类障碍物的能力。汽车的前桥、飞轮壳、变速器壳、消声器、后桥的主减速器外壳等，通常有较小的离地间隙。

2. 纵向通过半径 ρ

它是在汽车主视图上作出的，通过两轮之间底盘的最低点并与两轮相切的圆的半径愈小，汽车的通过性愈好。

3. 横向通过半径 ρ_1

它是在汽车的左视图上作出的，通过左右轮之间底盘的最低点并与两轮相切的圆之半径。它表示汽车通过小丘及凸起路面的能力。

4. 接近角 α 与离去角 β

自汽车前端突出点向前轮引切线与路面之间的夹角称为接近角 α。它表示汽车接近障碍物时不发生碰撞的可能性。α 角应尽量大，以减少“触头失效”。自汽车后端突出点向后轮引切线与路面之间的夹角称为离去角 β。β 角应尽量大，以减少“托尾失效”。

5. 最小转弯半径 R_H

汽车转弯时，当转向盘转到极限位置时，外侧前轮所滚过的轮迹中心至转向中心的距离称为最小转弯半径，它表征了汽车通过狭窄弯曲地带或绕过障碍物的能力。

6. 车轮半径 r

汽车克服垂直障碍物的能力与车轮半径 r 有关。

第二节　交通法规及职业道德

一、交通法规

交通法规是国家行政机关依法制定的有关交通管理方面的条例、规定、办法和技术标准的总称。交通法规属于国家行政法的范畴，它包括：车辆及驾驶员的管理、全民交通安全宣传教育、道路的占用和管理以及交通违章处罚和交通事故处理等具体规定。

二、交通信号

交通信号是对车辆、行人发出前进、停止或者转弯的特定信号。它可以合理地限制和科学地组织车流，减少相互间的干扰和妨碍，提高道路通行能力，保障安全和畅通。交通信号分为交通信号灯、交通标志、交通标线和交通警察的指挥。

1. 交通信号灯

我国的交通信号灯根据光学原则，采用红、黄、绿三种光色。交通信号灯分为：机动车信号灯、非机动车信号灯、人行横道信号灯、方向指示信号灯（箭头信号灯）、车道信号灯、闪光警告信号灯和铁路平交道口信号灯。

(1) 机动车信号灯

1) 绿灯亮时，准许车辆、行人通行，但转弯的车辆不得妨碍被放行的直行的车辆和行人通行，如图4-6所示。遇有方向指示信号灯（箭头信号灯）时，应按方向指示信号灯的规定行驶。

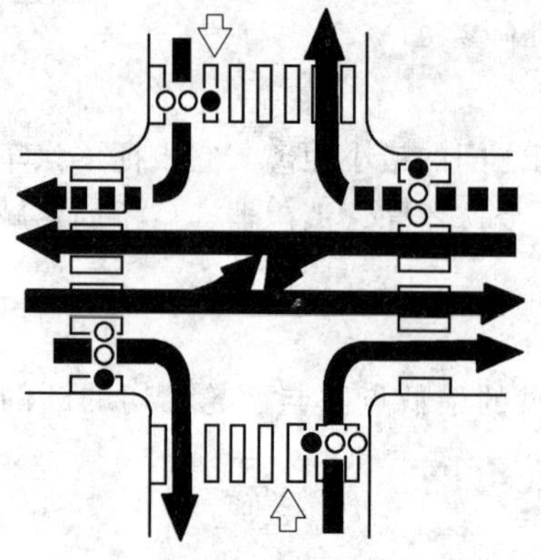

图4-6　绿灯通行示意图

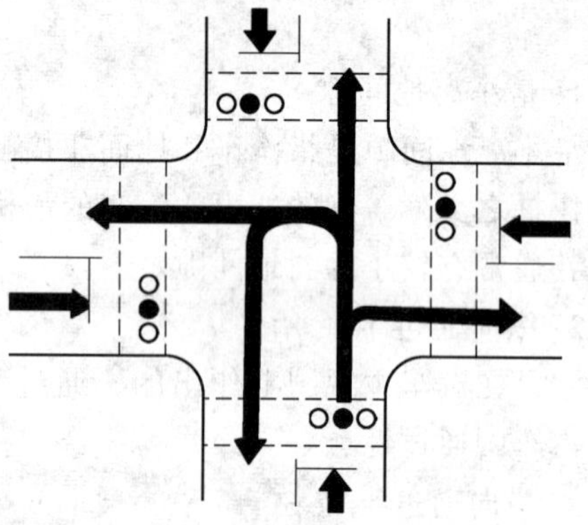

图4-7　黄灯通行示意图

2) 黄灯亮时，不准车辆、行人通行，但已越过停止线的车辆和已进入人行横道的行人，可以继续通行。右转弯车辆和T形路口右边无横道的直行车辆，在不妨碍被放行车辆和行人通行情况下可以通行，如图4-7所示。

3) 红灯亮时，不准车辆、行人通行。右转弯车辆在不妨碍被放行车辆和行人通行的情况下可以通行，如图4-8所示。

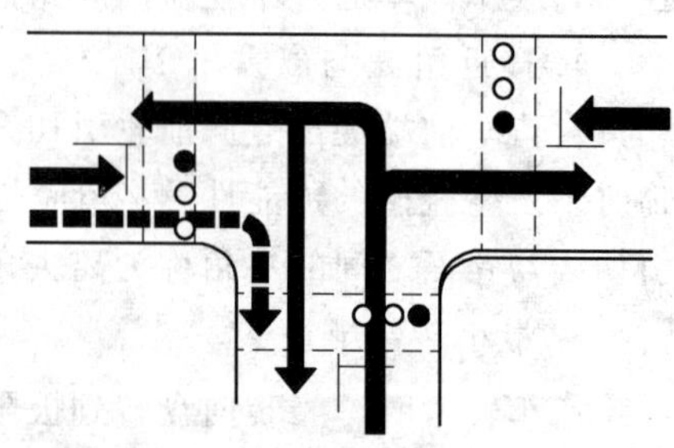

图4-8　红灯停止通行示意图

(2) 闪光警告信号灯　持续闪烁的黄灯为闪光警

告信号灯，提示车辆、行人须在确保安全的原则下通行。

(3) 车道信号灯　车道信号灯分为绿色箭头灯和红色叉形灯。绿色箭头灯亮时，准许本车道车辆按指示方向通行，如图 4-9 所示；红色叉形灯或红色箭头灯亮时，禁止本车道车辆通行。

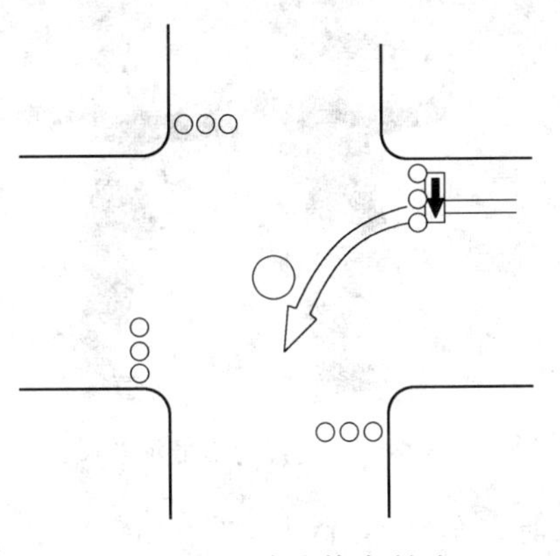

图 4-9　准许按箭头所示方向通行示意图

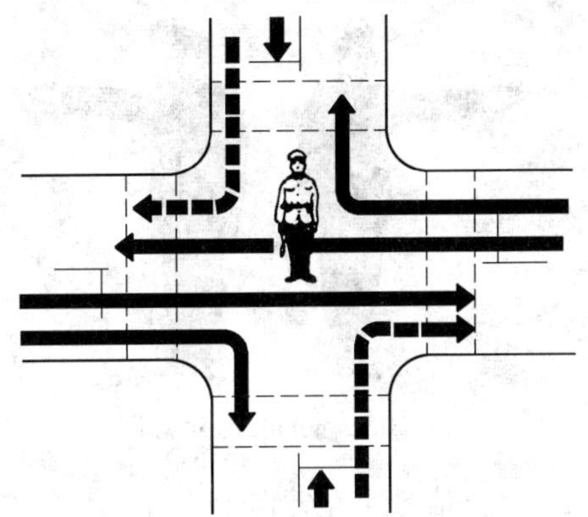

图 4-10　指挥棒直行信号

2. 交通警察的指挥

(1) 交通指挥棒信号

1) 直行信号。右手持棒举臂向右平伸，然后向左曲臂放下，准许左、右两方直行的车辆通行，各方右转弯车辆在不妨碍被放行车辆行驶的情况下，准许通行，如图 4-10 所示。

2) 左转弯信号。右手持棒举臂向前平伸，准许左方的车辆左转弯和直行的车辆通行；左臂同时向右前方摆动时，准许车辆左小转弯；各方右转弯的车辆，在不妨碍被放行车辆通行的情况下，准许通行，如图 4-11 所示。

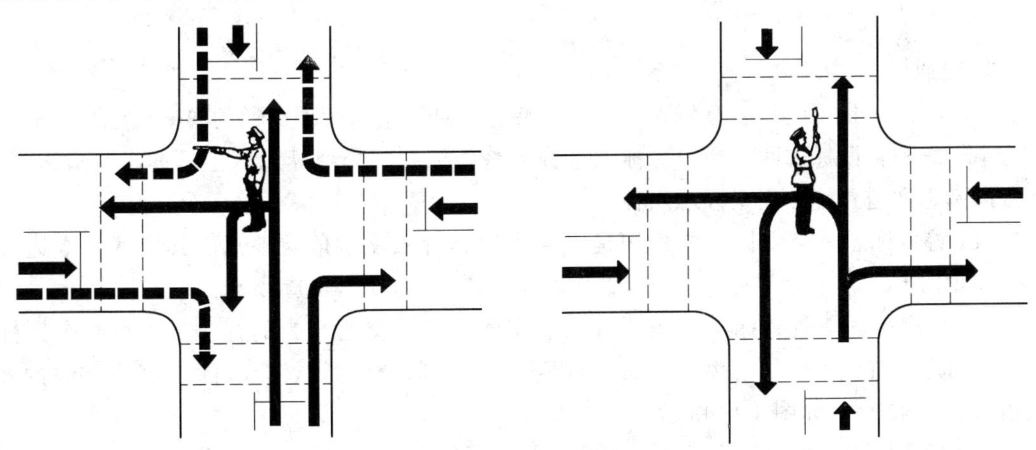

图 4-11　指挥棒左转弯信号

图 4-12　指挥棒停止信号

3) 停止信号。右手持棒曲臂向上直伸，不准各方车辆通行，但已越过停止线的，可以继续通行，如图 4-12 所示。

(2) 手势信号

1) 直行信号。右（左）臂向右（左）平伸，手掌向前，准许左、右两方直行的车辆通行；各方右转弯的车辆在不妨碍被放行车辆通行的情况下，可以通行，如图 4-13 所示。

2）左转弯信号。右臂向前平伸、手掌向前，准许左方的左转弯和直行的车辆通行；左臂同时向右前方摆动时，准许车辆左小转弯；各方右转弯的车辆，在不妨碍被放行车辆通行的情况下可以通行，如图 4-14 所示。

图 4-13　直行信号示意图

图 4-14　左转弯信号示意图

3）停止信号。左臂向上直伸，手掌向前，不准前方车辆通行，如图 4-15 所示。右臂同时向左前方摆动时，车辆须靠边停车，如图 4-16 所示。

图 4-15　停止信号示意图

图 4-16　靠边停止示意图

3. 交通标志

交通标志是指用图形、符号和文字传递特定信息，用以管理交通的安全设施。交通标志分为主标志和辅助标志两大类。主标志又分为警告标志、禁令标志、指示标志、指路标志、旅游区标志和道路施工安全标志六种。

(1) 警告标志　警告标志的作用是警告车辆、行人注意危险地点。其形状为等边三角形、顶角向上，颜色为黄底、黑边、黑图案，共 30 种，如图 4-17 所示。

(2) 禁令标志　禁令标志是禁止或限制车辆、行人交通行为的标志。颜色除个别标志外，为白底、红圈、红杠、黑色图案，图案压杠。形状分为圆形、八角形、顶角向下的等边三角形。共 42 种，如图 4-18 所示。

(3) 指示标志　指示标志是指示车辆、行人通行的标志。其形状为圆形、长方形和正方形，颜色为蓝底、白图案，共 22 种，如图 4-19 所示。

(4) 指路标志　指路标志是传递道路方向、地点、距离信息的标志。其形状除地点识别标志外，为长方形和正方形。一般道路的指路标志，其颜色为蓝底、白色图案，高速公路的指路标志，其颜色为绿底、白图案共 31 种，如图 4-20 所示。

(5) 辅助标志　辅助标志是设在主标志下，对主标志起辅助说明作用的标志。其形状为

图 4-17 部分警告标志

1—十字交叉路口标志 2—T 型交叉路口标志 3—环形交叉路口标志 4—向右急转弯路标志 5—连续弯路标志 6—陡坡标志 7—右侧变窄标志 8—注意行人标志 9—易滑标志 10—堤坝路标志 11—隧道标志 12—驼峰桥标志 13—无人看守铁路道口标志 14—施工标志 15—注意危险标志

长方形。颜色为白底、黑字、黑边框，如图 4-21 所示。

三、交通标线

交通标线是由各种路面标线、箭头、文字、立面标记、凸起路标和路边线轮廓等所构成的交通安全设施。它的作用是管制和引导交通。其颜色除个别外，一般为白色或黄色，如图 4-22 所示。

四、车辆行驶的一般规定

1) 各种车辆需靠道路右边行驶，起步前应察看周围有无障碍，鸣号起步；转弯时应“减速、鸣号、靠右行”，左转弯应转大弯，不得随意转小弯。

2) 机动车在行驶中若发现车辆、行人横过马路，或行经人行横道时，需减速慢行，礼让行车。

3) 通过交叉路口时，应在 50～100m 以内减速，用方向信号灯表示行进方向；夜间换前照灯为小光灯。要提高警惕，做到“一慢、二看、三通过”，严禁争道抢行。

4) 在划有快车道、慢车道、非机动车道三种线的道路上，小型汽车、摩托车在快车道行驶，非机动车在非机动车道行驶。机动车在交叉路口转弯时，转弯以前的距离应在 50～100m 以内，高速车右转弯应驶入慢车道，低速车左转弯应驶入快车道。

5) 在划有快车、慢车两种车道线的道路上，机动车在快车道行驶，非机动车在慢车道行驶；快慢不分的车道，机动车在中间行驶，非机动车靠右侧行驶。

图 4-18 部分禁令标志

1—禁止通行 2—禁止驶入 3—禁止机动车通行 4—禁止非机动车通行
5—禁止兽力车通行 6—禁止骑自行车下坡 7—禁止行人通行 8—禁止向左转弯
9—禁止掉头 10—禁止超车 11—禁止车辆临时或长时间停放 12—禁止鸣喇叭
13—限制高度 14—限制速度 15—停车检查 16—减速让行

6）机动车通过市区时，严禁使用高音喇叭；其他专用车的警报器，只准在执行任务时使用。

7）各种车辆上坡时不得曲线行驶，下坡时不得熄火滑行。

8）同方向行驶的车辆，前后两车间的距离在公路上应保持 30m 以上，在市区应保持 20m 以上，在繁华地区应保持 5m 以上，在冰雪道路上应保持 50m 以上。

9）用汽车拖拉损坏了的机动车辆，只准拖拉一辆，被拖拉的车辆必须转向灵敏、制动有效，夜间有照明设备，并由正式驾驶员操作。摩托车不准拖拉车辆和被其他车辆拖拉。

10）各种车辆制动器、转向器以及各种灯光，如遇中途发生故障，必须修复后方准行驶。

五、让车、会车与超车

1. 让车

1）非机动车让机动车，大型汽车让小型汽车，低速车让高速车，无轨电车让有轨电车，

图 4-19 部分指示标志

1—直行和向左转弯 2—靠右侧道路行驶 3—立交直行和左转弯行驶 4—单行路标志（直行） 5—专用车道标志（机动车道） 6—专用车道标志（非机动车道） 7—步行标志 8—鸣喇叭标志 9—允许掉头标志 10—最低限速标志 11—车道行驶方向标志 12—人行横道标志

空车让重车，拖拉机让汽车，教练车让其他车辆，转弯车让直行车，支线车让干线车。

2）下坡车让上坡车，下坡车已至中途而上坡车未上坡时，则上坡车让下坡车。

3）各种车辆必须让执行任务的消防车、警备车、救护车及工程抢险车。

2. 会车

机动车会车要做到礼让“三先”（先让、先慢、先停），选择适当地点靠边通过。夜间会车时，须距对面来车 150m 以外互闭前照灯，改用小光灯，不得使用防雾灯。在桥梁附近会车时，应让先到车通过。

3. 超车

1）机动车超车时，距前车 20～30m 就应先鸣号，夜间用断续灯光示意；待前车让路后，只准从左边超越，超越后在不影响被超车通行情况下，超过前车 20m 以外才能驶入正常行驶路线，不允许急驶入或急停车，不允许强行超车。前车应主动减速礼让，不得无故不让。让后车超越时，应主动靠右边缓行，并发出让车手势，在确保安全的条件下，让其超越。

2）超车必须在对方来车 150m 以外，从前车左方超越。如前车正在超越其他车辆或前有路障物，或前车已发出转弯信号，则严禁超车。

3）在设有警告标志、禁止超车标志以及视线不良的地方，严禁超车。

六、驾驶员职业道德

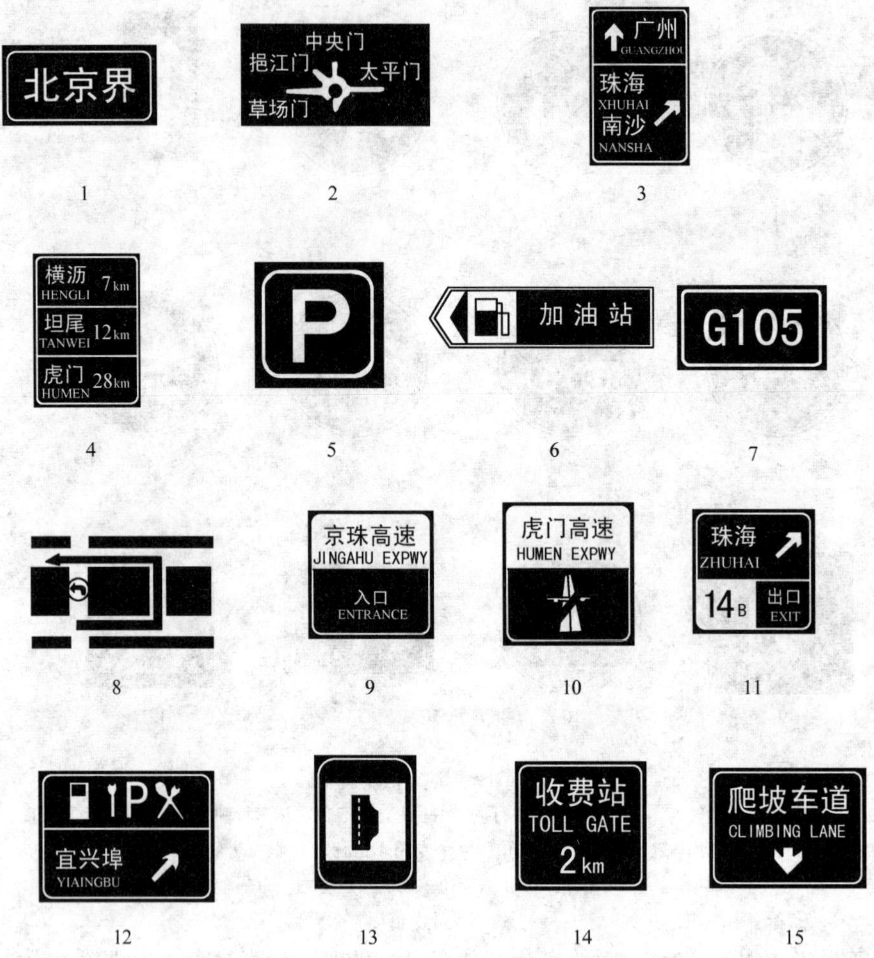

图4-20 部分指路标志

1—行政区划分界标志 2—环行交叉路口标志 3—地点方向标志 4—地点距离标志 5—停车场标志 6—地点识别标志 7—国道编号标志 8—绕行标志 9—高速公路入口标志 10—高速公路终点标志 11—高速公路出口预告标志 12—高速公路服务区预告标志 13—高速公路紧急停车带标志 14—高速公路收费站预告标志 15—爬坡车道标志

1. 驾驶员职业道德的含义

驾驶员职业道德是调整驾驶员职业活动中驾驶员与他人、社会的行为规范的总和。这种行业行为规范是用善恶标准来评价的，依靠社会舆论、内心信念和传统习惯来维持的。它包括驾驶员与旅客、用户和货主、同事、领导等一系列关系的总和。

2. 驾驶员职业道德的基本内容

(1) 文明服务、尊客爱货 驾驶员的职责是运用汽车这种交通运输工具，实现人和物的空间转移。能否安全、及时、经济地实现这种转移，除了转移过程中必需的物质技术条件以外，关键取决于驾驶员的职业责任感、职业技能的高低，以及为用户文明服务、尊客爱货的道德观念和高尚的职业道德。驾驶员的劳动过程是对旅客、货主服务的过程。我们提倡热情文明服务，要求驾驶员树立良好的驾驶作风，关心旅客，态度和蔼，安全、平稳、舒适、正

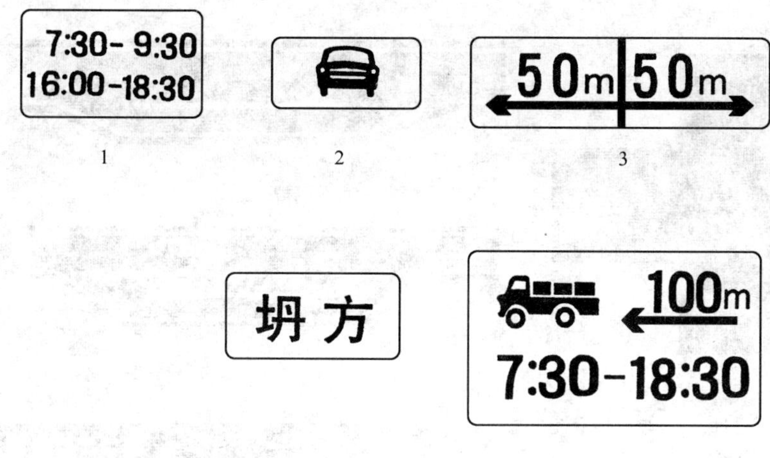

图 4-21　辅助标志

1—表示时间　2—表示车辆种类　3—表示区域或距离　4—表示警告、禁令理由　5—组合辅助标志

点为旅客服务；“用户至上”要求驾驶员装裁货物要小心稳妥，爱护国家、集体、私人财产，为用户着想，避免和减少货损货差；“优质服务”要求驾驶员关心、尊重、理解用户和货主，以主动、热情、周到、耐心的服务态度和整洁、安全、经济、优美舒适的服务环境，实现高质量的服务目标。

(2) 文明行车、安全正点　驾驶员的生产活动是在点多、线长、复杂多变的道路运输环境中进行的，驾驶员的职责是确保旅客安全、货物完好无损地送到目的地。文明行车主要是指驾驶员在行车过程中，对待旅客、行人和会车、超车等活动中表现出来的态度和作风。行车中遇交叉路口、繁华地段，驾驶员要减速行驶；当发生交通事故或其他堵车情况时，应自觉按秩序排队，不得强行，或把车停在来车道中，造成新的堵车；让车时要减速，转弯时应减速靠右行驶。及时正点是衡量驾驶员工作质量的主要标准。

(3) 遵纪守法、廉洁奉公　遵纪守法，要求驾驶员遵守有关交通法规。驾驶员的职业活动，不仅需要高度的职业责任感和工作热情，需要良好的职业技能，而且必须有严格的纪律来保证。驾驶工作独立性强，社会联系广，在市场经济、竞争机制客观条件下，一旦对自己放松要求，就有可能出现种种损害消费者利益，损害国家、集体利益的违法乱纪现象。因此，驾驶员要努力提高遵纪守法的自觉性，加强思想建设和法制教育，做遵纪守法、廉洁奉公的模范。

(4) 顾全大局、团结协作　汽车驾驶员顾全大局是指服从调度指挥，不计较路线好坏、路途近远，安全地把旅客、货物送到目的地。在行驶中处处以客、货及安全行驶为目的，不盲目开快车，牢记宁停三分不抢一秒的原则。在集体行车时，不抢前落后。

交通法规是汽车正常运行的重要保证。驾驶员必须顾全大局，自觉遵守交通法规，在任何情况下都不得违反。如严禁酒后驾车，转弯须减速、鸣笛、靠右行等。驾驶员即使在无人监督的情况下，也要杜绝侥幸心理，做到安全行车。

驾驶员团结协作是职业道德的一个行为规范。众多的汽车在道路上行驶，难免要出现这样那样的问题，例如遇到事故，要帮助拦车救护伤员，被拦车辆不管你有何种困难，都得先

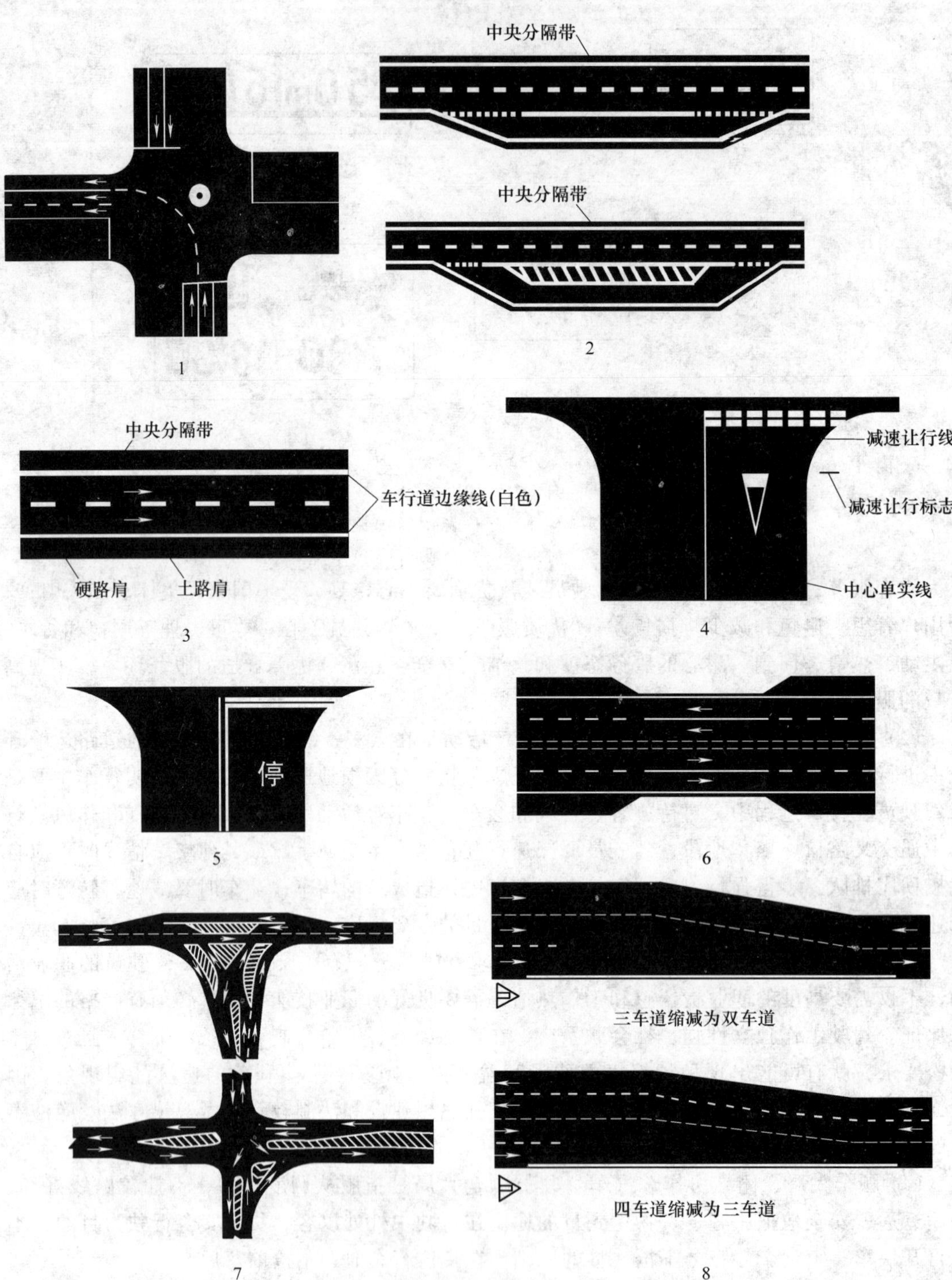

图 4-22 部分交通标线

1—左转弯导向线 2—港湾式停靠站标线 3—车行道边缘线 4—减速让行线 5—停车让行线 6—禁止变换车道线 7—导流线 8—车行道宽度渐变段标线

救伤员，以减少不必要的流血伤亡。汽车行驶中出现故障，其他过路驾驶员要尽自己的力量，提供工具、技术等方面的帮助。

第三节　汽车驾驶技术简介

汽车驾驶是汽车在驾驶人员的操纵下，发挥其功能，以适应各种道路、交通条件的技术性很强的操作。

汽车的各种操纵装置、仪表、指示灯、警告灯和附加装置，一般设在驾驶员手脚和视线所触及的范围内，各类车型上述装置的功能与操作方法基本相同。

一、正确的驾驶姿势

正确的驾驶姿势能减轻驾驶员的疲劳程度，便于运用各种驾驶操纵装置，便于观察仪表和道路，从而确保正确、灵活、敏捷、安全、持久地进行驾驶操作。

正确的驾驶姿势应为：身体对正转向盘坐稳，根据驾驶员的身高调整好座椅和靠背的位置；胸部稍挺，两手分别握持转向盘边缘的左右两侧；两眼向前平视，余光注意两旁，两膝自然分开，两脚分别放在离合器踏板和节气门踏板上，并保持思想集中和操作自如的姿势。

二、发动机的起动与停熄

发动机起动可分为低温起动（机温低于5℃）、常温起动（机温高于5℃）和热车起动（机温高于40℃）。

1. 发动机起动

(1) 低温起动

1) 关闭百叶窗，用热水或蒸汽预热发动机。向发动机散热器内加注沸水，使发动机温度上升。如气温过低，可开启发动机放水开关，随放随加沸水，使发动机温度上升至30～40℃。

2) 拉出阻风门拉钮，接通点火开关。

3) 左脚踏下离合器踏板，右脚轻踏节气门踏板（1/3～1/2行程），继续向右转动点火开关开启起动机。发动机起动后，迅速松开点火开关，轻踏节气门踏板，并视情况调节阻风门开度。

4) 进一步轻踏节气门踏板，适当提高发动机转速，使发动机继续升温，试探性地慢慢松抬离合器踏板，使变速器内的润滑油溶化，待发动机运转正常，完全抬起离合器踏板，推回阻风门拉钮，水温达50℃以上时，可挂挡起步。

注意：使用起动机时，每次使用不得超过5s，再次使用须停15s以上。若感到蓄电池容量不足时，不可勉强使用起动机起动，应使用手摇起动。

(2) 常温起动和热车起动　不用关闭百叶窗和预热发动机，其他操作和低温起动发动机相同。

2. 发动机的停熄

汽油发动机的停熄，将点火开关关闭即可，此时应察看电流表指针情况，判断电路是否切断。在关闭点火开关之前，不可猛踏节气门踏板“轰车”，以减少发动机磨损，节约燃料。发动机停熄后，要切断电源总开关。

柴油发动机停熄时，应先以怠速运转几分钟，使机件均匀冷却，然后关闭排气制动器，即可停熄。设有发动机停止按钮的柴油汽车，只要拉出此按钮，使进入气缸的空气被切断，发动机便立即停熄，然后再将按钮推回即可。

三、汽车的起步

汽车从静止状态到开始行驶的过程，称为起步。

1. 操作内容及顺序

在检查车辆上下和四周情况后，按规定动作进入驾驶室，正确起动发动机，保持正确驾驶姿势，观察各仪表工作正常后，按下列步骤完成起步过程：

1）踩下离合器踏板，将变速器操纵杆挂入起步挡（一、二挡）。

2）开左转向灯、鸣喇叭，观察汽车前后、上下，并先右后左观察后视镜，确认是否有妨碍起步的情况。

3）左手握转向盘，右手握住驻车制动器，操纵杆稍向后拉动，姆指按下按钮准备松放。

4）左脚松抬离合器踏板，右脚同时适量地踏下节气门踏板，右手适时松放驻车制动器手柄，使汽车平稳运行。

2. 要求与注意事项

1）操作程序要规范，车辆起步迅速平稳，无闯动、不震抖。要适量加油：油量过少或过迟，发动机易熄火；油量过多（踏板量过大）造成发动机高速空转，车身闯动。

2）掌握好离合器踏板“两快两慢一停”的松抬方法和离合器踏板、节气门踏板、驻车制动器的协调配合。开始松抬离合器踏板时要快，听到发动机声音发闷转速下降时（刚至接触点处）变慢，并轻踏节气门踏板，以略提高发动机转速；待汽车似动非动时，稍作停顿，再慢抬离合器踏板，同时松放驻车制动器手柄，适当地踏节气门踏板，使车辆平稳起步；当车辆完全获得发动机动力后（离合器完全接合），迅速抬起离合器踏板。

3）汽车起步后，应靠道路右边行驶，看清车辆左右及后方有无超越的汽车或其他非机动车辆，确认安全后再加速驶入行驶车道。

4）起步时，如感到动力不足或发动机将要熄火时，应立即踏下离合器踏板，同时适量踏下节气门踏板，待怠速运转正常后再重新起步。

5）训练中如操作不当造成发动机熄火时，必须将变速杆换入空挡位置，并拉紧驻车制动器手柄，再重新起动发动机。

四、转向盘的使用

(1) 转向盘的握法　两手分别握稳转向盘的左右两侧，四指由外向内握，姆指在内沿盘缘自然伸直。一般左手握在相当于时钟 9、10 时之间的位置，右手握在 3、4 时之间位置。驾驶小汽车常采用 9 时 15 分与 10 时 10 分的握法，如图 4-23 所示。

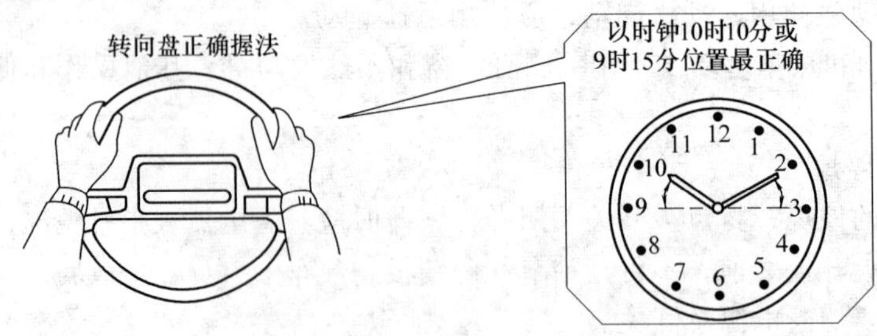

图 4-23　转向盘正确握法

（2）转弯时转向盘的转动方式　以右转弯为例：一般是以左手为主、右手为辅两手转动转向盘，左手推送，右手顺势拉动；连续快速转向时，可两手交替操作；右手拉至时钟5～6时位置时放开，待左手推至2时左右时，腾出的右手经左手腕上面握住10～11时位置拉动转向盘，左手放开下移至6～7时，换向继续推送，如图4-24所示。

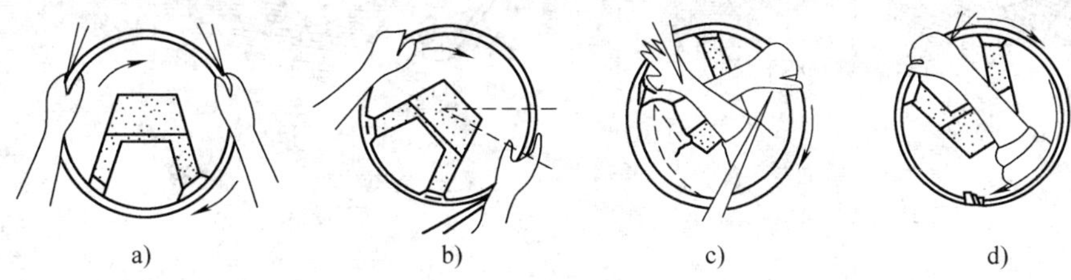

图4-24　转向盘转动方式

a）准备右转　b）左手推、右手拉　c）连续快速转向　d）右手操作

（3）不同道路上转向盘的转动方式　不同道路上握转向盘的用力应不同，稳握而不握死。修正方向用力要轻柔，用力转向时身体不得大幅度摆动，转向盘转动的角度与速度，要与转弯的角度与车辆行驶的速度相适应。避免双手同时脱离转向盘或交叉着双手同时长时间地握着转向盘。车轮不动时，不得转动转向盘，以免损坏转向传动机件与轮胎。

五、换挡

变速器的前进挡设有低速挡、中速挡和高速挡。低速挡可以增大驱动力矩，用于汽车起步、爬坡、通过坏路等；中速挡用于过桥、转弯、会车、通过较差路段等；高速挡用于好路段，长时间维持汽车以较高车速行驶。变速器的倒挡用于汽车向后行驶。

驾驶员在行车中需要根据道路及交通环境的情况及时换用合适的挡位。如车辆由起步到正常行驶是升速过程，变速器由低速挡逐级换入高速挡，称为加挡；车辆爬坡或通过坏路段，用高速挡难以提供足够动力时，变速器需由高速挡换入低速挡，称为减挡。

1. 加挡的操作

1）迅速踏下离合器踏板，同时抬起节气门踏板，将变速杆脱入空挡，如图4-25a所示。

2）随即松抬离合器踏板，如图4-25b所示。

3）空挡稍停，迅速踏下离合器踏板，将变速杆换入高一级挡位，如图4-25c所示。

4）再次松抬离合器踏板，同时平稳地踩下节气门踏板，使汽车在较高车速下继续前进，如图4-25d所示。

2. 减挡的操作

1）踩下离合器踏板的同时，抬起节气门踏板，把变速杆脱入空挡，如图4-26a所示。

2）随即松抬离合器踏板，紧跟着踏一下节气门踏板（加空油），使发动机转速升高，如图4-26b所示。

3）松抬节气门踏板的同时，迅速踏下离合器踏板，将变速杆换入低一级挡位，如图4-26c所示。

4）再次松抬离合器踏板，同时平稳地踩下节气门踏板，使车辆继续前进，如图4-26d所示。

3. 换挡的要求及注意事项

1）要求操作程序规范，换挡及时，动作层次清楚、连贯、迅速、正确，不得发生齿轮

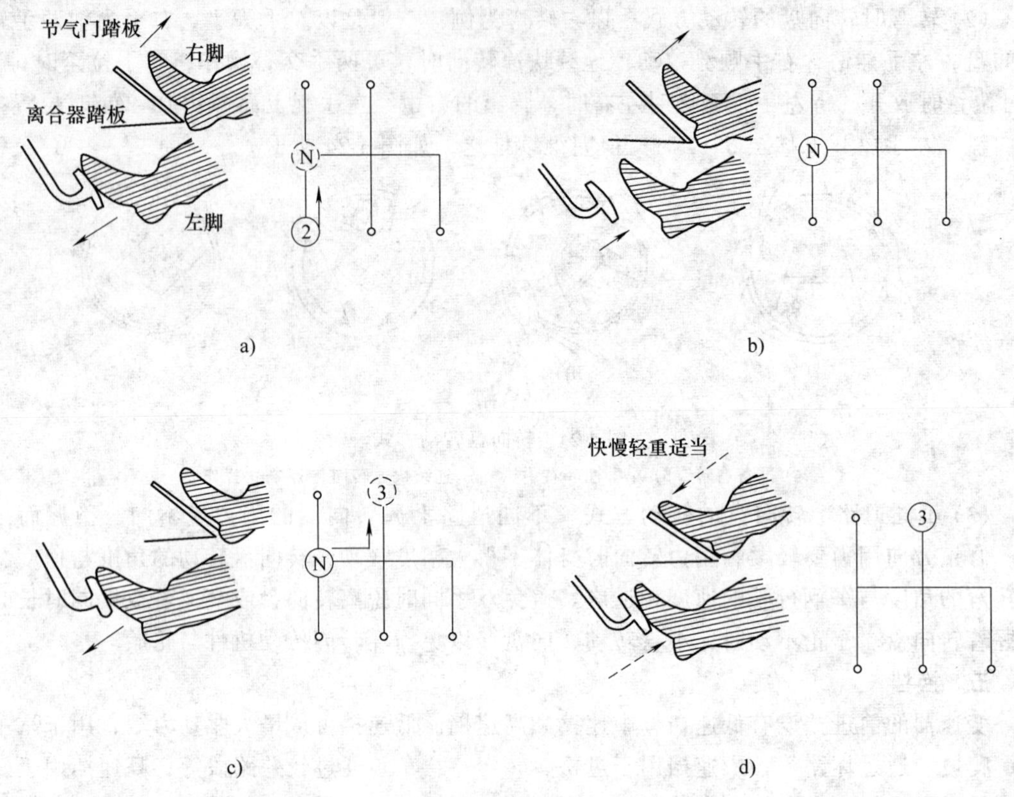

图 4-25 加挡操作

碰撞发响和车辆震动及拖滞现象。有同步器的变速器仍应采用“两次离合法”操作，不得一脚离合器直接换挡。

2) 注意加挡中的“空挡稍停”时间与减挡中“加空油”的大小，应视道路的情况、挡位的高低、车速的大小而定。

3) 欲换倒挡时，应待汽车停稳后方能进行。

4) 注意离合器踏板、节气门踏板、变速杆三者间的协调配合。脱挡后在空挡位置不要来回晃动变速杆，操纵中眼睛不要俯视变速杆。

5) 挂错挡或挂不进挡时，应选正确挡位快速补加空油后重新挂入。

六、制动与停车

汽车行驶中受道路和交通环境的影响，据具体情况操纵汽车减速或停车，要合理运用制动。

(一) 制动

制动按情况可分为预见性制动和紧急制动两种。

1. 预见性制动

驾驶员在汽车行驶中，根据已发现的行人和车辆、道路与环境的变化，预计到可能出现难以通过的障碍和危险时，思想和技术上提前做好准备，有计划、有目的地减速或停车，称为预见性制动。预计性制动的目的在于控制车速，减少行驶中停车次数，增强汽车行驶连续性和平稳性。

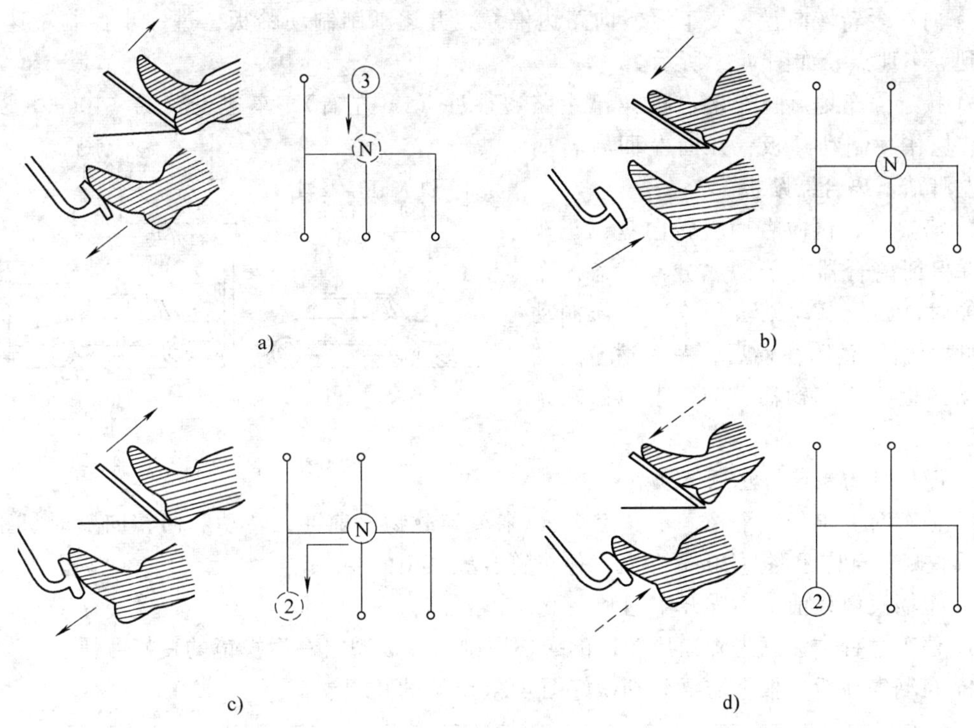

图 4-26　减挡操作

预见性制动的操作方法：

1）先松抬节气门踏板，不踩离合器踏板，利用发动机的牵阻作用来降低车速。

2）视情况的需要持续或间歇地轻踏制动踏板，使车速降低至能适应安全通行的要求或停车。

3）“以滑代刹”也是常采用的一种方法。

2．紧急制动

汽车行驶中遇到突发的危险情况，采取紧急措施，使汽车在最短距离内迅速停住，称为紧急制动。

紧急制动的操作方法：双手紧握转向盘，两眼向前看，果断抬起节气门踏板，迅速用力踏下制动踏板并踏下离合器踏板，必要时，同时拉紧驻车制动器，使汽车迅速停住。

3．制动的意义和注意事项

1）正确有效的制动是安全的保证。

2）紧急制动时，汽车零部件有较大损害、轮胎磨损严重，而且往往使汽车难以控制。一般只有在危急情况时才可使用。

3）液压制动汽车的制动踏板“第二脚”制动力更大。

（二）停车

1．停车的操作方法

1）观察前方及右侧慢车道的交通情况并开启右转向灯。观察右后视镜，确认无影响停车的交通情况后，据车速和距停车点的远近，适时松抬节气门踏板，并轻踏制动踏板降低车速，如图 4-27 所示。

2）向右缓转转向盘，使车缓慢向路边停靠，并逐渐踏制动踏板，进一步控制车速，使车达到停车地点，如图4-27所示。

3）接近停车地点且车辆右前角已距路边很近（1m左右）、车速也较低（10km/h以下）时，“稳住”制动踏板，并向左回转转向盘，左脚踏下离合器踏板。

4）必要时，再向右回转转向盘调正车轮，并保证离合器处于彻底分离状态。车辆将停时，放松制动踏板稍许（气压制动式略见放气），消除惯性后，及时适量地踏下制动踏板，使车辆稳、准、正地停在预定位置。

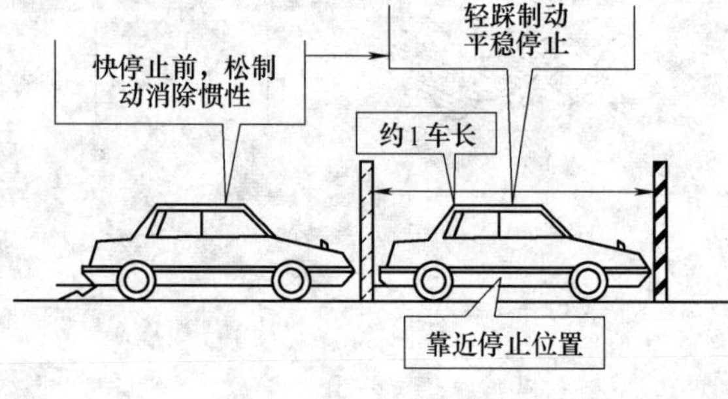

图4-27　停车方法示意图

2. 停车时的要求与注意事项

1）停车时要求降速平稳，不“点头”，乘员与载物不前冲，转动和回转向盘时机正确，停车后右侧车身应距路边30cm左右，停车符合稳、正的要求。

2）车辆没停稳前，不准开车门和上下人。

3）停车过程中注意先降速后转向的操作原则，养成观察右后视镜的良好习惯。

4）车辆停住后，根据需要分别做好图4-28所示的几项事情。

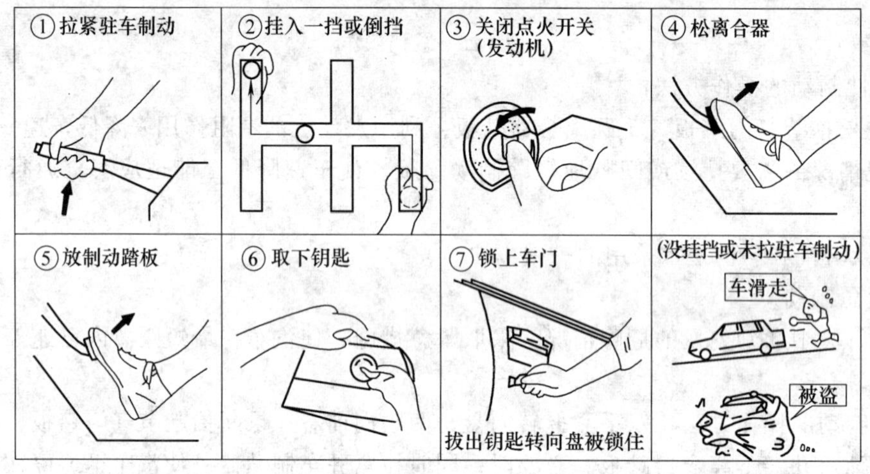

图4-28　停车后的操作示意图

七、倒车

当汽车前进行驶不能至所需要的位置时，就需要倒车。倒车时，一是视线受限；二是后轮成了前导，前轮变为后跟，发生“转向情况变异”；三是驾驶操作的位置、姿势、动作发生了变化，使倒车的操作没有前进时顺手、方便和灵活。所以，在倒车姿势、目标的选择、操作方法、注意事项上有其客观规律。

1. 倒车的驾驶姿势与倒车目标的选择

根据汽车的外廓、装载的宽度和高度、交通环境、道路的视线条件等选择倒车姿势和相应的倒车目标。

(1) 注视后窗倒车　左手握转向盘上缘，上身向右侧转，下身微斜，右臂依托在靠背上端，头转向后窗，两眼注视后方目标。一般是选择场地库门或停靠位置的建筑物、树木等为目标，依据车箱后挡板中心线或车箱后角与选定目标之间的距离进行倒车，如图 4-29 所示。

图 4-29 倒车操作示意图

(2) 注视侧方倒车 右手握转向盘上端，左手打开车门扶在车门窗框下沿或内扶手上，上体向左斜伸出驾驶室向左转头，向后注视目标。一般是选择能见到的场地或车库的边缘为目标。依据后轮、车箱边缘或车箱后角与所选目标接近的情况进行倒车。

(3) 注视后视镜进行倒车 两手握好转向盘，身体端坐驾驶室中，两眼通过后视镜注视目标。一般是在道路右侧右转弯倒车时使用，常选右侧后视镜中出现的路沿、树木等的影像为目标。依据车身的边缘或右后轮的影像与所选目标影像之间的空隙进行倒车。

2. 倒车的操作方法

1) 首先观察了解车后的道路与环境情况，确知倒车的稳妥范围方可进行倒车。

2) 根据实际情况采取相应的姿势，选好目标，然后将变速杆桂入倒挡，用同前进挡起步一样的操作顺序进行倒车起步。

3) 转向盘的运用与前进时一样。

4) 转弯倒车时，应采用“慢行车，快转向”的操作方法，同时注意车前车后的情况，尤其是倒车绕过障碍物时要特别注意前外侧的车轮（翼子板）撞压（刮碰）障碍物等类似事故发生。

3. 倒车的要求和注意事项

1) 倒车行驶中要稳住节气门踏板，控制车速，不可忽快忽慢，既要防止因乏力熄火，又要避免因倒车过猛而发生危险。

2) 在危险地段倒车时，应将车头对着危险地段，车尾朝向安全地段，前行或后倒中注意留有余地。

3) 倒车如有人指挥，必须注意与指挥人员密切配合，既要听从指挥，又要有自己的估计判断，但绝不可自以为是。指挥人员不宜在车后倒退行走，应在车的安全一侧，重点照看汽车右侧后方，照顾前方，确保安全。

4) 倒车时，要随时做好制动停车的准备。如感到有危险，应立即停车，弄清情况后再倒车。

八、应用驾驶

应用驾驶是基本驾驶动作的综合练习，因此要胆大心细地认真操作。

1. 行车一般要求

1) 行车速度要根据车型、道路、气候、视线等情况来确定。在良好的道路上，通常用高速挡保持经济车速行驶。遇有警告标志、通过繁华的街道城镇或道路不好、视线不良等情况，应减速行驶。

2）行车距离应根据车速、道路、视线及制动器的技术状况而定，一般不小于50m。在街道和繁华地方行驶，当车速慢时，车间距可适当缩小。

3）对于行驶路线，在平坦道路上如对方没有来车，可选择在路中间；如路面高低不平，可选择较平坦的地方通过，但不能影响对方来车。

2. 一般情况的判断处理

正确判断行人、车辆和牲畜的动态，从中找出规律妥善处理，是保证安全行车的重要因素。

1）下列情况下应提高警惕，随时做好制动准备，注意行人可能突然横穿马路的情况：雨后路面积水，行人怕泥水溅身；刮风天行人为躲尘土；大人小孩分走公路两侧，汽车驶近时感到不安全；汽车通过集镇、村庄、道口时，行人看不到来车；赶牲畜的人只顾牲畜不管来车等，都应减速通过。

2）在下列情况下，行人不易听清鸣笛声：雨天行车时行人撑着雨伞、穿着雨衣；冬季寒冷，行人用帽耳盖住耳朵等，均不易听到鸣笛声，应再次鸣笛使其让路后，再行通过。

3）骑车技术不熟练摇摇晃晃和带人带货的自行车，随时都有摔倒的可能，汽车不要紧靠他们，应减低车速，时刻做好停车准备。

4）遇到骡、马或其他成群的牲畜行动缓慢，要提前鸣笛，切勿抢道。接近牲畜时，不要鸣笛和猛轰油门，防止牲畜惊跑，应减低车速缓慢通过。

5）在弯道、窄路上遇自行车　马车时，切勿抢道，以防碰撞，应主动先停、先让，必要时下车帮助推车。

3. 公路调头

汽车在公路调头时，一定不要妨碍其他车辆通行，认真观察周围情况，防止发生事故。

汽车在公路上调头时，可能要进行几次前进、后退，才能把车头调过180°。

1）前进。用低速靠边行，当车头接近调头地点时，迅速把转向盘向另一边回转到底，将汽车驶向路的另一边，待前轮接近路边时，迅速回转转向盘并停车。

2）后倒。从车门或车窗观察后倒路线情况，起步后迅速转动转向盘（需要车尾往哪边去，就往那一边转动），待后轮接近路边时，迅速回转转向盘并停车。

如果进行一次进退还不能调过头来，可按上述方法多做几次前进、后退操作，如图4-30所示。此外，还可采用制动方法控制车速，以利回转转向盘。

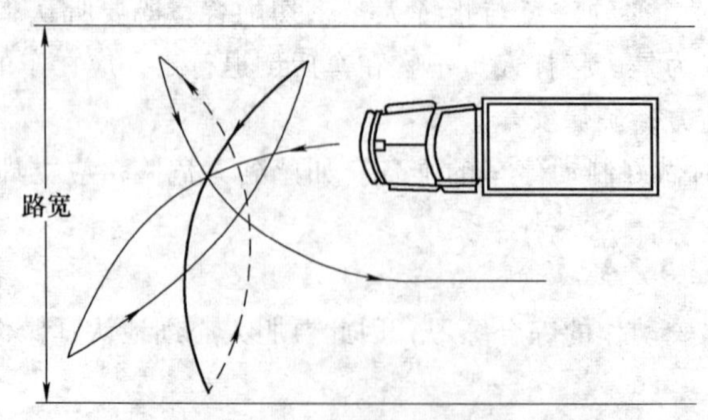

图4-30　汽车调头示意图

3）注意事项

a. 车未开动前不要旋转转向盘，防止损坏转向机构。

b. 在倾斜路段调头时，停车、起步应用手制动配合，以防滑溜。

c. 在危险地段调头时，车头应朝向险方，以利观察情况，并注意不要挂错挡位，以防意外。

d. 调头时各车轮与路边的距离是不等的，因此判断时以先接近路边的车轮为准。在有建筑物的地区调头时，应注意保险杠和车箱与建筑物之间的距离。

4. 坡道起步和停车

(1) 上坡起步　上坡起步与平路起步的操作方法基本相同，不同之点是：手制动手柄要在离合器踏板抬至半联动位置（发动机声音改变、车抖）时慢慢松开，同时紧踏节气门踏板，汽车就能平稳地起步。手制动杆松得过晚，容易造成发动机熄火；松得过早，则会使汽车向后溜。当汽车向后溜时，应立即制动，待汽车停住后重新起步，不允许在汽车后溜时强行起步，以免损坏传动机件。

(2) 坡道停车　坡道停车与平路停车的要领基本一样，但应注意：

1）选择路面较宽的地段停车。

2）停车熄火后，一定要把变速杆挂入一挡或低挡，同时拉紧手制动杆。

3）必要时用三角木或石头塞住车轮，以防溜车。

5. 坡道换挡

(1) 上坡减挡　上坡减挡与平路减挡操作基本相同，只是减挡时机要适当提前，减挡动作要迅速，必要时可越级减挡。

(2) 下坡减挡　减挡前用脚制动减慢车速，加大空油，运用两脚离合器，将变速杆挂入所需的挡位。

(3) 上坡加挡　上坡加挡时，冲车时间要适当长些，加挡动作要敏捷，要紧跟节气门。此时若发动机动力不足时应重新减挡。

6. 通过凹凸路

1）通过凹凸路时，必须有耐心，应保持正确的驾驶姿势，上身稍贴靠背，两手握好转向盘，尽量不使身体随车跳动而影响驾驶操作，造成节气门不稳，失去对车辆的正常控制。在凹凸路上行驶时，转向盘运用要灵活，注意观察路面和选择路线，尽量减少车辆的跳动。发现障碍及时减速，根据障碍物的情况慢速通过。

2）通过连续的小凸凹路和“搓板”路时，适当减低车速，稳住节气门，匀速行驶。通过较浅的凹凸路时，可采取斜进、斜出（即左右前轮先后越过）的方法。

3）通过凹形障碍的方法：①用间歇制动驶近沟沿，如图 4-31a 所示；②利用惯性使前轮溜下，如图 4-31b 所示；③加油使前轮上沟，如图 4-31c 所示；④抬起节气门踏板使后轮溜下；⑤加油使后轮上沟。

4）通过凸形障碍的方法：①当前轮接近障碍时加油；②待前轮驶上障碍后，抬起节气门踏板使前轮溜下，如图 4-32a 所示；③加油使后轮驶上障碍，如图 4-32b 所示；④抬起节气门踏板，使后轮溜下，如图 4-32c 所示。

7. 雨雾中驾驶

在雨、雾中行车时，由于视线不良，因此应注意：

1）大雾中行车应开雾灯，勤按喇叭，警告行人和来车，降低车速，缓慢行驶。

2）雨中行车，一定要保护好运载物资。

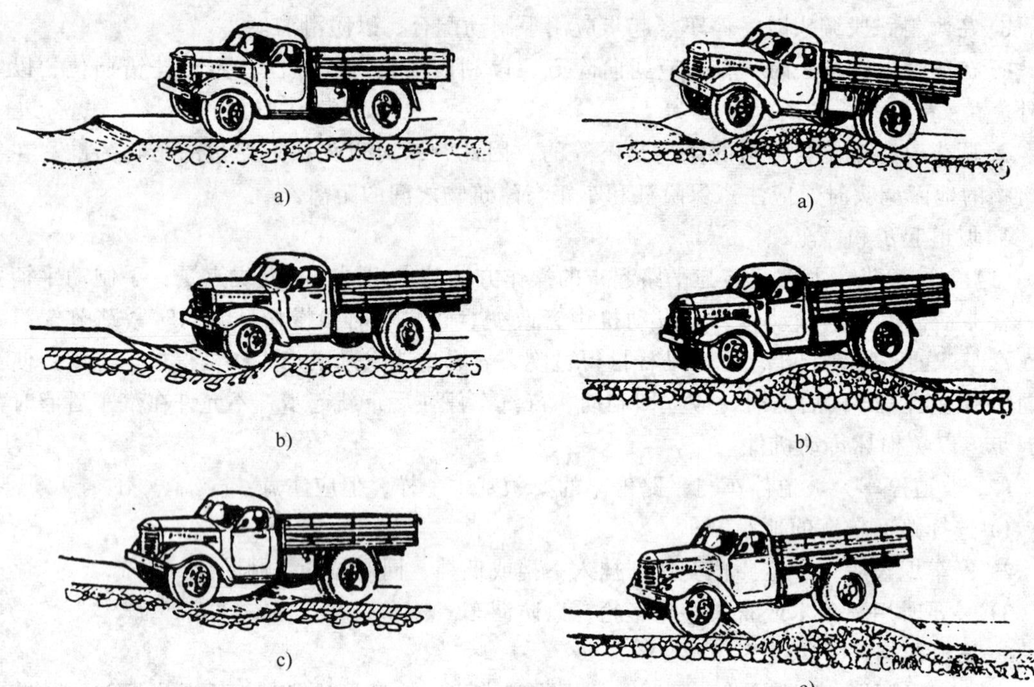

图 4-31 汽车通过凹形障碍

图 4-32 汽车通过凸形障碍

3）大雨时或久雨后，道路容易崩塌，应注意路基情况，选择好路面停车。

4）途中停车时，应开小灯和尾灯，以警告来车，避免碰撞。

8. 冰雪路驾驶

结冰路面使汽车附着能力变差，车轮容易空转和滑溜，制动效能降低；积雪道路增加车滚动阻力。因此，冰雪路面均给行车带来一定困难。

（1）起步　由于冰雪路面上汽车的附着力很低，在装设防滑链的情况下，起步时要少加油，缓抬离合器，以减少驱动轮上的驱动力，防止车轮滑转。

若上述方法无效，可在驱动轮下铺垫砂土、灰草、炉渣等物，或用锹镐把驱动轮下面及前方路面刨出沟槽，以增加附着力。

如果轮胎已冻结在雪地上，起步时应先用镐刨开，以防损坏传动机件。起步后，不要急于加速，应先用低速行驶一段距离，待传动装置、行走机构各部分润滑脂的润滑效能正常后再提高车速。

（2）行驶速度　在冰雪路面行车要保持均匀的行驶速度，要避免车辆剧烈振动，以防机件断裂损坏。需要提高车速时，应逐级缓和地踏下节气门踏板，不要加速太急，以防驱动轮转速突然增加而空转。

冰雪道路上汽车的附着系数小、制动距离长，如果车速高，则制动距离更长。因此，为保证行车安全，在冰雪路面上行驶应适当控制车速。

（3）转向　冰雪路面上行车容易产生侧滑。因此，转向盘的操纵不要过急。转弯时，在不妨碍对方车辆行驶的前提下，转弯半径要大些，不要急转猛拐。

(4) 会车与超车　在冰雪路面上会车时，应选宽平地点，交会路线不要太靠路边，注意两车的横向间距。倘若相遇地段不宜会车，可由一方后退让路，决不可硬挤会车。右侧处于安全地位的车辆不要争道抢行。

在冰雪路面上行车时，原则上不超车。若必须超车时，一定要选择宽敞平坦的地段，并得到前车同意，决不可强行超车。

(5) 滑行　冰雪路面上不要盲目滑行，应注意路面、坡长、弯道等具体情况。条件确实适合滑行时，要关闭百叶窗，随时注意水温变化。

(6) 制动　冰雪路面上利用脚制动减速或停车容易发生侧滑，应尽量避免。要善于利用发动机牵引阻力的作用，灵活地运用手制动。必须使用脚制动时，一定要间歇地、缓慢地制动，不要一脚踏死。

若遇到紧急情况，注意不要猛踩制动踏板。当车身有滑溜感觉时，应稍微放松制动踏板，多次反复踏下，直至停车。当发现车头或车尾侧滑时，一方面要稍松抬制动踏板。另一方面要顺着车头侧滑的方向微转转向盘，以免侧滑加剧。此外，由于冰雪路面上制动距离较长，应加大与前车的安全距离。

第五章 汽车的维护与修理

第一节　汽车技术状况

一、汽车技术状况的变化

汽车技术状况的好坏一般用汽车使用性能指标、汽车装备的完善程度以及车辆外部完好状况来进行综合评价。汽车技术状况变坏出现的外观症状，其中主要有：

1）汽车的最高行驶车速降低。

2）汽车的加速时间和加速距离延长。

3）汽车的最大爬坡能力下降。

4）汽车的燃料消耗量明显增加。

5）汽车制动距离过长、失灵或跑偏。

6）汽车转向沉重、不灵敏。

7）汽车有害气体成分排放量增加。

8）汽车在行驶中出现噪声、振抖或异常响声。

9）汽车运行中因技术故障而停歇的时间增加。

二、影响汽车技术状况变化的主要因素

引起汽车技术状况变坏的原因很多，但最主要的原因是零件的磨损。磨损的结果往往使零件失去原有的尺寸和几何形状，从而破坏了原来的配合性质，使静配合松动，动配合的间隙增大，造成润滑条件变坏，加快磨损速度。如发动机的气缸与活塞环磨损后，导致密封不严，气缸内压力下降，可燃混合气和燃烧气体窜入曲轴箱的量增加，造成发动机功率下降和燃料、机油消耗量增加。

影响汽车零件磨损的因素很多，必须作全面分析，才能有效地采取降低零件磨损速度的技术措施。

1. 零件结构和制造工艺方面的影响

零件的结构、材料、制动工艺和装配质量，对磨损速度有着决定性的影响。特别是结构上的不合理，常常是加速零件局部磨损、变形和损坏的主要原因。如汽车连杆大头与杆身轴心线不对称，引起曲轴连杆轴颈上应力分布不均匀，致使轴颈的磨损也不均匀。

2. 燃料和润滑油品质的影响

(1) 汽油品质的影响　评定汽油品质的指标主要有：馏分温度、辛烷值和含硫量。

汽油的终点馏分温度（馏出馏分90%～95%时的温度）越高，对发动机的磨损越大。

辛烷值表示燃料的抗爆性能。压缩比较高的发动机，必须选用辛烷值较高的汽油，否则会引起发动机发生爆燃，还会使气缸内润滑条件变坏，加剧磨损。

汽油的含硫量对发动机的磨损影响很大。汽油中的各种硫化物在燃烧后生成二氧化硫，当发动机低温起动时，废气中的水蒸气在气缸壁上凝结成水后，与二氧化硫生成亚硫酸，会加剧磨损。

(2) 润滑油品质的影响　润滑油的品质主要表现为粘度、油性和抗氧性能。

润滑油粘度的高低，直接影响到润滑油的流动性。粘度高，润滑油流动困难，不易快速到达摩擦表面，会加速发动机的磨损。粘度过低，会使润滑系的油压过低，造成润滑油供给不足，同样会加剧零件的磨损。

润滑油的油性是指润滑油在零件表面上的吸附能力。提高润滑油的油性，可以大大降低发动机的磨损。当润滑油中含有水和其他机械杂质时，将使油性变坏，降低其吸附能力，加剧摩擦表面的磨损。

润滑油的抗氧性能直接影响润滑油的使用寿命。抗氧性能低的润滑油，在使用过程中容易变质，形成糊状物、胶质沉积物和积炭。糊状物粘附在活塞环上，会降低其活动性，甚至会引起活塞环卡住，使气缸壁刮伤。沉积物会影响润滑油在油管、油道及机油滤清器中的通过能力，破坏润滑系的正常工作。积炭覆盖在燃烧室和活塞顶部，会使零件过热，给发动机产生爆燃提供条件，加剧零件的磨损。

3. 运行条件

(1) 气温的影响　气温过高时，发动机的冷却状况变坏，容易造成发动机过热。气温过高还会使润滑油的粘度降低，供油压力减小，使润滑油的抗氧性下降，润滑油早期变质，降低润滑作用。这些都会加剧发动机的磨损。同时在高温条件下，发动机容易产生早燃和爆燃，使曲柄连杆机构的磨损加剧。

气温过低时，润滑油的粘度增大，润滑作用降低，也会增加发动机的磨损，特别是使发动机的起动磨损加剧。

(2) 道路条件的影响　汽车在良好的道路上行驶时，行驶阻力低，汽车的行驶速度可以充分地发挥出来，既可以达到节油的效果，又可降低汽车的磨损程度。

汽车在条件差的道路上行驶时，由于路面凸凹不平，线路弯曲起伏，增加了汽车的行驶阻力，降低了平均技术速度，同时换挡和制动次数的增加，振动的幅度和强度的加大，这一切都会加剧汽车各零部件的磨损。

4. 汽车使用的合理制度

(1) 驾驶操作方法的影响　正确的驾驶操作方法，能降低汽车零件的磨损，延长汽车各部件的使用寿命。如冷摇慢转、预热升温、轻踏缓抬、均匀加速、及时换档、中速行驶、正确滑行、掌握温度和正确选择线路等。

(2) 载质量的影响　载质量的大小，直接影响汽车各零件的磨损。汽车超载后，发动机经常处于高负荷的情况下工作，会造成冷却系的冷却液温度和曲轴箱内的机油温度过高，使发动机的磨损加剧。过大的载质量，相应地也增加了底盘的负荷，使各部零件的磨损量增加。装载不均，还会导致底盘的不均匀磨损，甚至使个别部件过早损坏。

(3) 行驶速度的影响　每一种发动机在设计时，都有一个耗油量最少的经济转速。汽车以相应的速度行驶，既可节油，又能减轻零件的磨损。但从运输生产的总体效益着眼，实际运行的车速，往往要超过经济车速。若发动机经常处于较高转速下工作，就会增加零件的磨损，同时也增加了油耗。

5. 维修质量的影响

在汽车使用过程中，坚持做到高质量的定期维修，及时排除故障，不仅能保持汽车良好的技术性能，而且能减少各部零件的磨损，延长汽车的使用寿命。

三、汽车技术状况等级划分

按照中华人民共和国交通部颁布的《汽车运输业车辆技术管理规定》，汽车技术状况按下列条件划分：

1. 一级，完好车

一级车的标准有三条：

1）汽车技术性能良好，各项主要技术指标符合定额要求。

2）汽车行驶里程必须是在其相应定额大修间隔里程的2/3以内。如第一次大修间隔里程为18×10^4km，第二次大修间隔里程定额为12×10^4km，则处于第一次大修间隔里程定额12×10^4km以内，第二次大修间隔里程定额8×10^4km以内的汽车可作为一级车。

3）汽车状况良好，能随时参加运输生产。

以上三条凡有一项达不到要求的汽车，不能定为一级汽车。

2. 二级，基本完好车

汽车主要技术性能和状况或行驶里程低于完好车的要求，但符合GB7258—1997《机动车运行安全技术条件》的规定，能随时参加运输。

二级车的含义是汽车的各项指标虽达不到一级汽车的要求，但仍符合GB7258—1997的要求。

3. 三级，需修车

送大修前最后一次二级维护后的汽车和正在大修或待更新尚在行驶的汽车。

三级车的含义是：

1）凡技术状况和性能较差，不再计划做二级维护作业，即将送大修，但仍在行驶的汽车。

2）正在大修的汽车。

3）技术状况和性能变坏，预计近期更新，但仍在行驶的汽车。

4. 四级，停驶车

预计在短期内不能修复或无修复价值的汽车。

四级车的含义是指已不能行驶，短期内不能修复或无修复价值，但又尚未报废的汽车。

汽车技术等级评定后，要综合计算本单位全部车辆的平均技术等级

$$车辆平均技术等级=\frac{(1\times 一级车数)+(2\times 二级车数)}{各级车数总和}+\frac{(3\times 三级车数)+(4\times 四级车数)}{各级车数总和}$$

车辆平均技术等级是汽车运输企业的主要技术、经济定额指标之一。它标志着企业全部汽车的平均技术状况，体现了企业对车辆的技术管理水平、汽车装备的素质情况。运行车辆的技术等级评定后，其结果应归入《汽车技术档案》中。

第二节　汽车的维护

一、汽车维护制度的意义

汽车维护制度是指进行汽车维护工作所采取的技术、组织措施的各项规定的总称。

建立汽车维护制度的目的：

1）使汽车经常处于完好状态，能随时出车，提高汽车的使用效率。

2）使汽车在行驶中不致中途损坏，并由此而危及行车安全。

3）使燃料、润滑油、零件及轮胎达到最低消耗。

4）使噪声及对环境的污染减少。

5）使汽车及各总成的大修间隔里程可以延长。

二、汽车维护的类型及内容

根据作业周期，汽车维护可分为定期维护和非定期维护两类。

定期维护又分为日常维护、一级维护、二级维护。

非定期维护可分为换季维护和走合维护。

1. 日常维护

日常维护为日常性作业，由驾驶员负责执行。作业主要内容包括清洁、补给和安全检查。做到坚持三检（出车前、行驶中、收车回场检查）、保持四清（机油滤清器、空气滤清器、燃油滤清器和蓄电池清洁）、防止四漏（漏水、漏气、漏油、漏电）以及保持车容整洁。

2. 一级维护

一级维护由专业维修工负责执行。作业主要内容除日常维护作业内容外，以润滑、紧固为主，并检查有关制动、操纵等安全部件。

3. 二级维护

作业内容除一级维护作业内容外，以检查、调整为主，并拆检轮胎，进行轮胎换位。

汽车二级维护前应进行检测诊断和技术鉴定，根据鉴定结果确定是否需要结合二级维护同时进行附加作业或小修。

二级维护的间隔里程一般是一级维护间隔里程的4～5倍。

4. 季节维护

季节维护不单独进行，一般在夏、冬季节到来之前结合相近的二级维护，按需要增加以下作业内容：

1）在夏季，可增加清洗水套和散热器污垢、清洗发动机润滑系和底盘各总成，并按标

准加注夏季使用的润滑油。清洗燃料系并更换夏季燃料、调节供给部件。调节蓄电池电解液的密度，校正发电机调节器的调整数据，清洁触点，调整火花塞间隙及分电器断电触点间隙。采取防暑降温措施。

2) 在冬季，可增加换用冬季用的润滑油及润滑脂。清洗燃料系（严防管路中有小冻结），换用冬季燃料，调整供给部件。调整蓄电池电解液的密度，调整发电机调节器、分电器触点间隙及火花塞间隙。采取防寒、防冻措施。北方地区采用防冻液或添加剂，未加防冻液的汽车在室外停车时，应放净冷却水。定期检查排气消声器和三元催化转换器，特别是三元催化转换器随正常使用会逐渐堵塞，通气面积减少，冬季排气中水滞留后冻结，车辆无法起动。

5. 走合期维护

新车和修复车的走合期一般为1000～1500km，期满后应进行一次走合维护。该维护一般由制造商指定的维修厂负责完成。作业内容为清洁、检查、紧固和润滑工作。更换发动机机油，更换机油滤清器，检查调整发电机传动带张紧度。检查发动机、变速器、驱动桥的泄漏情况。检查发动机冷却液量、制动液量、风窗玻璃洗涤器液面等。检查转向系统转向器、转向球头、传动轴、前后悬架、轮胎气压、制动性能。拆卸限速器。

汽车维护必须根据汽车制造商使用维修手册规定的行驶里程或间隔时间，定期强制进行。各级维护作业的内容和周期必须根据汽车的结构性能、使用条件、故障规律、配件质量及经济效益等情况综合考虑确定。随着运行条件的变化，新工艺、新技术的应用，汽车维护作业的内容和周期经技术咨询后可做适当调整。

第三节　汽车的修理

一、汽车修理的基本知识

(一) 零件损坏的原因

汽车零件所处的工作环境不同，损坏的原因也各不相同。认真分析汽车零件损坏的现象、原因，不但可以更快、更好地维修汽车，也可延长汽车的使用寿命。

造成汽车零件损坏的原因主要可分为以下几种：

1. 磨损

零件摩擦表面的金属在相对运动过程中不断损失的现象称为磨损，它包括物理的、化学的、机械的、冶金的综合作用。对于一个表面的磨损，可能是由于单独的磨损机理造成的，也可能是由于综合的磨损机理造成的。磨损的发生将造成汽车零件形状、尺寸及表面性质的变化，使零件的工作性能逐渐降低，甚至失效。

2. 腐蚀

金属零件的腐蚀是指表面与周围介质起化学或电化学作用而发生的表面破坏现象。腐蚀损伤总是从金属表面开始，然后或快或慢地往里深入，并使表面的外形发生变化，出现不规则形状的凹坑、斑点等破坏区域。

3. 穴蚀

在液体冲击作用下，因气泡反复聚集、破裂产生局部冲击高压、局部低压，对零件表面形成反复冲击载荷，从而在零件表面形成金属剥落而出现针状孔洞的现象。

穴蚀常发生在和液体经常接触的零件上，如湿缸套外壁、水泵零件、液压泵等。

4. 断裂

断裂包括裂纹和折断。这是一种最危险的零件破坏形式，往往会造成严重的机械事故。

断裂可分为突然断裂和疲劳断裂。它是由零件加工时某部位出现应力集中、残余应力或者零件在工作中承受交变载荷或超载等原因造成的。

5. 变形

变形是指零件在工作过程中，由于受力的作用而使其尺寸和形状发生改变的现象。变形分弹性变形和塑性变形两种。

(二) 汽车出现故障的类型

汽车故障是指汽车部分地或完全地丧失了汽车原设计功能的现象。按造成后果的严重程度，汽车故障可分为以下几种：

1. 轻微故障

轻微故障是指一般不会导致汽车停驶或性能下降，不需更换零件，用随车工具在短时间内能排除的故障。如点火系高压线掉线，气门脚响，车轮个别螺母松动，点火时刻不正确，怠速过高等。

2. 一般故障

一般故障是指使汽车停驶或性能下降，但一般不能导致主要零部件、总成严重损坏，并可用更换易损备件和用随车工具在较短时间内排除的故障。如风扇传动带断裂，滤清器堵塞，个别传感器损坏等。

3. 严重故障

严重故障是指可能导致主要零部件、总成严重损坏，且不能用更换易损备件和用随车工具在较短时间内排除的故障。如后桥壳出现裂纹、转向轮摆动、制动跑偏、发动机拉缸、抱轴、烧瓦等。

4. 致命故障

致命故障是指危及汽车行驶安全，引起主要总成报废，可能造成车毁人亡的恶性重大事故。如转向节臂断裂、制动管路破裂、操纵失灵、连杆螺栓断裂、活塞碎裂等。

(三) 汽车修理制度

汽车修理是汽车所有零件及总成修理的总称。按照不同的修理对象和不同的作业范围，可分为以下几种：

1. 汽车大修

汽车大修是指新车或经过大修后的汽车在行驶一定里程（或时间）后，经检测诊断和技术鉴定，用修理或更换任何零部件的方法恢复其完好技术状况，使之完全或接近完全恢复汽车技术性能的恢复性修理。

2. 汽车小修

汽车小修是用修理或更换个别零件的方法，保证或恢复汽车工作能力的运行性修理。其目的主要是消除汽车在运行中或维护作业中发生的临时故障或局部隐患。

3. 总成大修

总成大修是指汽车主要总成经过一定使用里程（或时间）后，用修理或更换总成中任何零部件的方法，使之恢复其完好技术状况的恢复性修理。

4. 零件修理

零件修理是指对因磨损、腐蚀、变形等而不能继续使用的零件，采用各种加工工艺恢复其使用性能的有关修理作业。

(四) 汽车修理的基本方法

1. 就车修理法

就车修理法是指从车上拆下的零件、合件、总成凡能修复的，经修复后仍装回原车，不与其他汽车互换的修理方法。这种修理方法，由于各总成、合件、零件的修复所需时间不等，会影响汽车总装的连续进行，因此，汽车停车修理的时间长，生产效率低。适用于承修车型种类多、生产量不大的小型汽车修理企业。

2. 总成互换修理法

此种方法是指除车架和车身经修复仍装回原车外，其余需修的总成、合件、零件均换用储备件，而替换下来的总成、合件、零件修复后送入备品库作为储备件的修理方法。这种修理方法，减少了因修理总成、合件、零件所耽搁的时间，保证了总装的连续性，大大地缩短了停车修理时间，提高了生产效率，有利于组织流水作业。适用于车型少、生产量大、配件储备充足的大、中型汽车修理企业。

(五) 汽车零件的修理方法

1. 机械加工

机械加工是零件修理中最常用的方法，其中之一的修理尺寸法，就是将零件机械加工至修理尺寸。汽车上许多零件具有修理尺寸，如气缸、曲轴等。如果一个零件加工至修理尺寸，则与其配合的零件也必须有修理尺寸，以便使这两个配合件之间具有标准间隙。附加零件法主要用于磨损较大的零件，是将零件磨损的工作面加工至可以安装附加补套的尺寸。如轴承孔、气门座孔等。零件局部更换法是从零件上除去磨损的部分，再制造这一部分的新品，并使其与零件留下部分焊接在一起。如一些零件球面的修理。

2. 浇铸

有些轴瓦或衬套内壁的耐磨合金磨损后，先除去已磨损的合金，浇上新合金，再将浇铸了合金的零件加工至标准尺寸或修理尺寸。如曲轴轴承、连杆轴承等的修理。

3. 堆焊

轴类零件磨损后可以用堆焊的方法修复。其特点是堆焊层厚，连接强度高，耐磨，热影响小。如堆焊曲轴、凸轮轴等。

4. 电镀

电镀是一种常用的修复法，其中镀铬用得最多。它除能增加金属表面的耐磨性外，还可以将零件的表面修复到标准尺寸。镀铬具有硬度高、耐热、耐腐蚀、耐磨损的特点，特别适用于修复磨损量不大的零件，如活塞销、曲轴颈、气门杆等。

5. 粘补

粘结胶补的修理方法是利用化学粘结剂与零件之间的粘合作用，粘结零件的裂纹、孔洞等缺陷。常用的有环氧树脂和酚醛树脂粘结剂。

6. 校正

许多零件在使用中会产生弯曲、扭曲和翘曲，在修复中都需要校正。常用的校正方法有压力校正和火焰校正两种。

压力校正一般采用室温冷校。有些汽车凸轮轴、曲轴、连杆、前梁是球墨铸铁制造的，由于塑性差，不宜采用冷压校正，否则容易折断。

二、汽车主要零件或总成的检修

(一) 气缸体和气缸盖的修理

1. 气缸体和气缸盖的检查和修理

气缸体和气缸盖常见的损坏是出现裂纹。在冬季，缸体、缸盖由于冷却水结冰而冻裂，在过热时，突加冷却水也会使其炸裂。

对缸体、缸盖裂纹的检查方法，一般用水压法和染色渗透剂检查法。

水压法即用水压机把水注入水套，在 0.2 ~ 0.4MPa 的压力下保持一定时间（约 5min），若某处有水珠出现，即该处有裂纹。染色渗透剂法是一种比较简单的方法。先将缸体、缸盖洗净，然后把渗透剂喷在被检查部位，若渗透剂渗入内部，说明该部位存在裂纹。

气缸体、气缸盖的裂纹一般采用环氧树脂粘结。环氧树脂有优良的力学性能，具有耐热、防水、防腐蚀、耐酸碱的特点。但缺点是不耐高温、不耐冲击，经高温处理后的缸体要重新粘结。

裂纹的另外一种修理方法是螺钉填补法。即在裂纹两端各钻一孔，在两孔之间顺着裂纹钻一排孔，并使孔与孔之间重叠 1/3 孔径，且均攻出螺纹，然后将铰好螺纹的纯铜杆拧入（外留 1 ~ 1.5mm），用小锤轻轻敲打，再用锉刀修平。必要时可用锡钎焊，以防渗漏。

气缸盖还会发生翘曲或拱曲变形。

气缸体、气缸盖平面，可放在平板上检验或用钢直尺和塞尺检查，一般要求平面度公差每 50mm 长为 0.05mm；局部凹陷在每 50mm 长度内不大于 0.025mm。

气缸体平面局部凸起可用油石推磨或用细锉修平，也可用机械加工方法修复（当缸盖厚度比原标准厚度小 2mm 时，应更换）。对于气缸盖的翘曲，可加温后在压床上校正。

2. 气缸的检查修理

气缸的磨损是不均匀的，沿气缸轴线方向磨成上大下小的不规则锥形。在活塞环不接触的气缸上口，由于没有磨损而形成台阶。气缸沿圆周方向磨损也不均匀，形成不规则的椭圆形，最大磨损区通常在活塞侧压力较大的一侧。由于第一缸和最后一缸预热缓慢，因而这两缸磨损较大。

气缸的磨损是发动机大修的依据。当气缸磨损严重后，曲轴、凸轮轴和气门等零件也会接近修理尺寸。这时发动机动力显著下降，油耗增加，起动困难，已经不能可靠地使用。

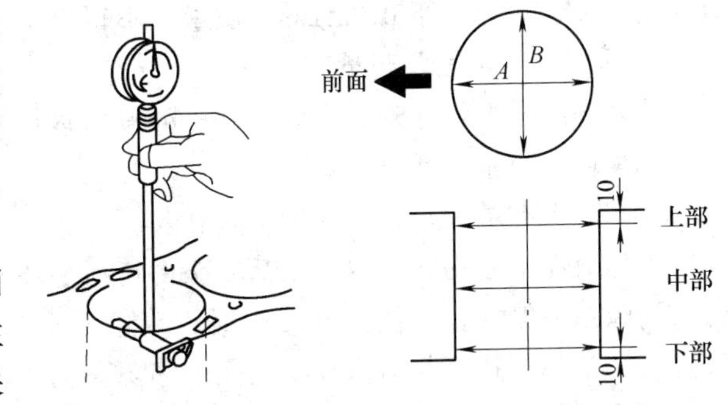

图 5-1　气缸内径测量部位示意图

气缸测量时用适当量程量缸表按图 5-1 所示部位和要求进行测量。测量的主要目的是测圆度和圆柱度。圆度误差采用两点法测量，用同一截面不同方向上直径差值之半作为圆度误差。圆柱度误差也是用两点法测量，数值是被测气缸截面上所测得的最大最小直径差值之半。一般圆度误差，对汽油机为 0.05mm，柴油机为 0.0675mm；圆柱度误差，对汽油机为 0.2mm，柴油机为

0.25mm。若误差超过上述数值，则需进行镗缸修理。以磨损量最大的气缸为准，确定修理尺寸。

气缸的镗削按修理尺寸进行。修理尺寸一般分六级，是在气缸直径标准尺寸的基础上，每加大 0.25mm 为一级，逐级递增至 1.50mm。一般 +0.25mm、+0.50mm、+1.00mm 为常用。

气缸修理尺寸选择方法是先算出磨损最大的气缸直径，再加上机械加工余量的数值（直径加工余量一般为 0.10~0.20mm），然后选取与此数值相适应的一级修理尺寸。例如，一台发动机磨损最大的一个缸的最大直径为 82.49mm，加工余量为 0.20mm，则（82.49+0.20）mm=82.69mm，而其标准直径是 81.88mm，第二级修理尺寸是 82.38mm，第三级、第四级修理尺寸分别为 82.63mm、82.88mm。可以看出，82.69mm 已经超过第三级修理尺寸，因此，镗缸修理尺寸应选第四级 82.88mm。

（二）活塞和连杆组的修理

1. 活塞的磨损和选配

活塞环槽在工作中最易磨损。因为活塞是高速往复运动件，同时气体压力作用其上，活塞环对环槽单位面积的压力很大，因此第一道环槽较其他环槽磨损更严重，且磨损部位主要是下平面。

活塞的选配应按气缸修理尺寸决定。桑塔纳发动机活塞尺寸如表 5-1 所示。

表 5-1 桑塔纳发动机活塞尺寸

（单位：mm）

直径 \ 发动机类型	桑塔纳 1.6L	桑塔纳 1.8L
标准值	79.48	80.98
加大 0.25	79.73	81.23
加大 0.50	79.78	81.48
加大 1.00	80.48	81.98

测量活塞直径时，应使用千分尺，在与活塞销孔成直角处，即油环槽的下面进行测量。

发动机上应使用同一厂生产的成组的活塞，应使材料、性能、质量及尺寸一致。同一组活塞的直径差不得大于 0.025mm，质量差不得大于 3%。

2. 活塞环的选配及测量

活塞环除标准尺寸外，也同活塞一样有修理尺寸。大修发动机时，应按照气缸的修理级别，选配同一级别的活塞环。

活塞环具有端隙、背隙和侧隙，在装配过程中都应进行检查。检查端隙时，应先将活塞环平正地放在待配的气缸内，用活塞头部将活塞环推至气缸的未磨损处，用塞尺测量其开口处的间隙。一般气缸直径为 100mm 时，端隙为 0.25~0.45mm。背隙是指活塞与活塞环装入气缸后，活塞环背部与活塞环槽之间的间隙。为了测量方便，通常以槽深与环厚之差表示，一般活塞环低于岸边 0~0.35mm。侧隙是指活塞环与槽平面（槽内的上下面）的间隙。

3. 活塞销的修理选配

发动机大修时，一般更换新的活塞销。应选择标准尺寸的活塞销，以便给小修留有更换的余地。一般活塞销的修理尺寸为 +0.04mm、+0.08mm、+0.12mm、+0.16mm。

活塞销与活塞销座孔应正确配合，在常温下应有微量过盈（0.0025～0.0075mm）；当活塞处于80℃左右时，有微量间隙，活塞销能在座孔中转动。一般活塞与活塞销的装配用热装法。将活塞放入水中加热，当水沸腾后，将活塞取出，立即将活塞销插入孔内。标致发动机活塞销与座孔有极微小的间隙，用手稍一用力即可推入。

活塞销与衬套配合时，在常温下应有0.005～0.01mm的间隙，接触面积应在75%以上。松紧度与接触面积在运动中是互相联系、互相影响的两个方面，只有同时满足两项技术要求，才会减少磨损、减少撞击和不出现异响。

4. 连杆弯扭的检查校正

连杆弯曲、扭转的检验在连杆校正器上进行，如图5-2和图5-3所示。每100mm长最大弯曲不得大于0.05mm，每100mm长最大扭曲不得大于0.15mm。如果超过最大值，应更换或校正连杆。

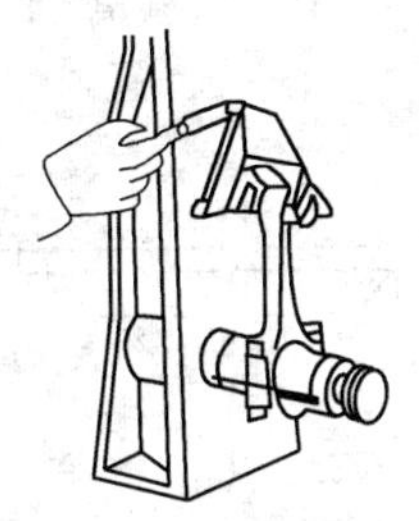
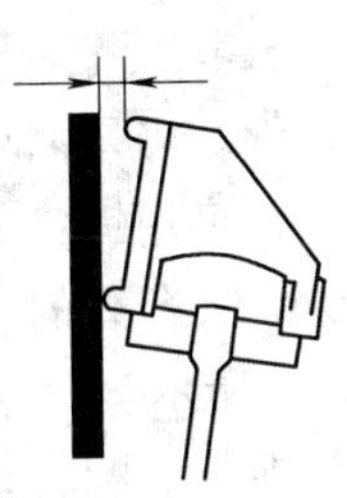

图5-2　检查连杆是否弯曲

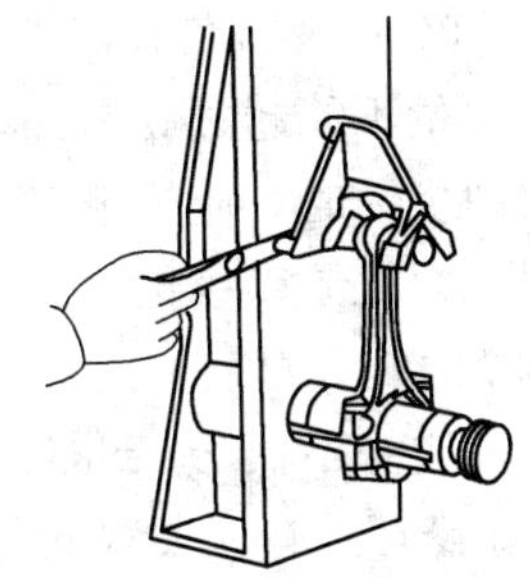
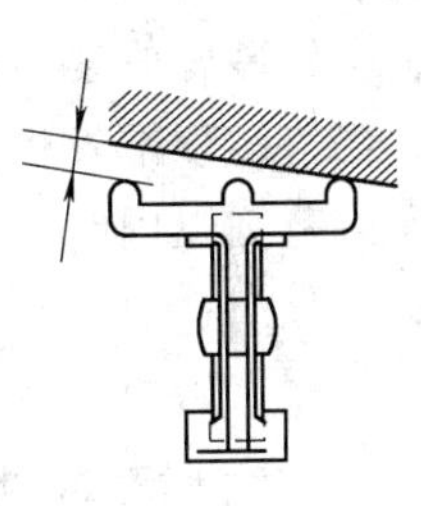

图5-3　检查连杆是否扭曲

（三）曲轴的检查和修理

1. 曲轴轴颈的磨损规律

曲轴轴颈的磨损是不均匀的，主要表现为轴颈的失圆与锥体。连杆轴颈失圆，磨损的最大部位是在各轴颈的内侧面上，即靠近曲轴中心线的一侧。主轴颈失圆，它的最大磨损部位是在靠近连杆轴颈的一侧。

2. 曲轴的弯扭检验

曲轴弯曲的检验，一般是在V形块上进行，如图5-4所示。百分表的摆差不得超过0.06mm。

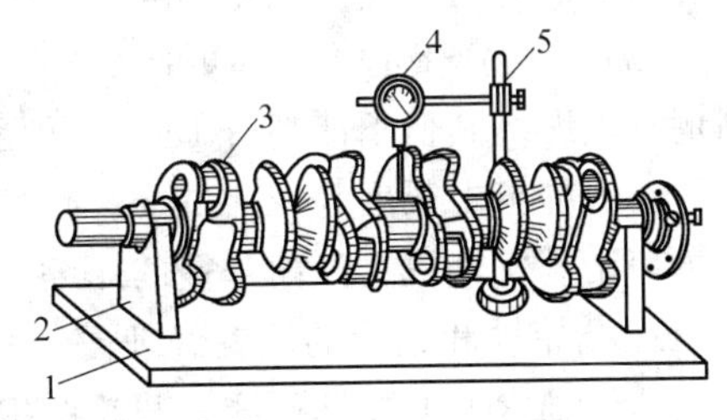

图5-4　曲轴的弯曲检查

1—平板　2—V形块　3—曲轴

4—百分表　5—百分表架

3. 曲轴的修理

曲轴轴颈和连杆轴颈的圆度和圆柱度误差是衡量曲轴是否需要磨削的重要依据。圆度和圆柱度一般用外径千分尺在轴颈的同一截面上进行多点测量，最大直径与最小直径之差的1/2，即为圆度误差。两端测得的直径差的1/2即为圆柱度误差。一般直径在80mm以下的轴颈圆度及圆柱度误差为0.0125mm，直径80mm以上的为0.020mm。如曲轴各道轴颈圆度及圆柱度均未超差而仅有轻微的擦伤、起槽（出现沟痕）、毛糙、疤痕和烧蚀等情况，可用长条细砂布进行光磨。对于圆度和圆柱度超差的，须按加一级修理尺寸进行磨削修整。轴颈的修理尺寸分16级，每一级尺寸缩小量为0.125mm，但最大缩小量不得超过2mm。

(四) 配气机构的修理

1. 气门组零件的修理

(1) 气门的检查和修理　气门常见的损坏形式是气门杆弯曲、气门头部烧蚀、气门工作面损伤等。

气门的检查分弯曲检查、磨损检查和长度检查。弯曲检查如图5-5所示，表针摆差不应超过0.05mm。

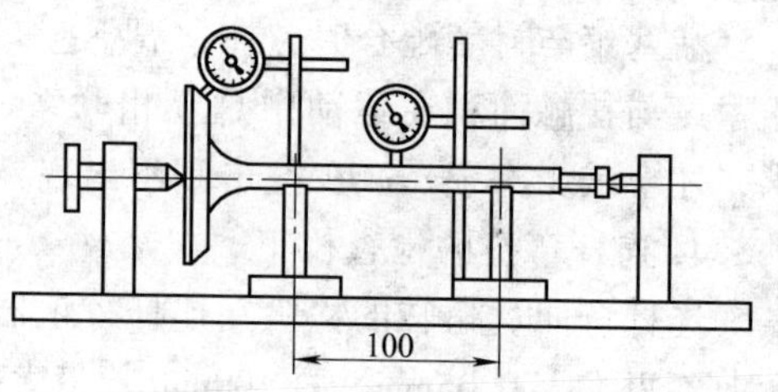

图5-5　气门的弯曲检查

检查气门杆磨损情况时，要对其进行多点测量，杆身与杆末端未磨损部分相差不能大于0.05mm，也不能有明显的阶梯形。

气门杆长度应在允许尺寸范围之内。如切诺基进气门杆为122.47~122.85mm，排气门杆为122.85~123.24mm。当气门杆尾端磨损不平时，可用砂轮修复，但磨削量不能超过0.5mm。

当气门顶部发生裂纹和烧蚀时，应予报废，更换新件。当弯曲度在允许范围以内时，可用压力机予以校正。气门磨损后，可用镀铬的方法将气门杆修复到标准尺寸。对气门工作面的修复可用光磨的方法。但光磨后应使气门头部边缘不低于0.5mm，如图5-6所示。

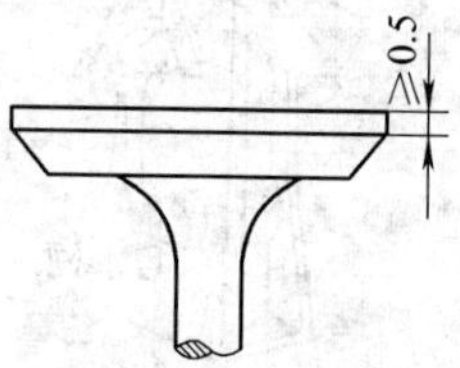

图5-6　气门柱形部分的厚度

(2) 气门导管的检查和修理　首先要检查气门杆与导管的配合情况。将气门提起至气缸平面15mm左右，把百分表架固定于气缸盖上，百分表杆顶在气门顶部边缘处，来回推动气门，百分表指针差值即为两者的配合间隙。桑塔纳发动机气门的配合间隙为0.02~0.04mm。切诺基发动机气门与导管的配合间隙为0.02~0.07mm。

气门导管与气门杆的配合超过使用限度时，应更换新导管。新导管的内径与气门杆的尺寸应相适应，其外径与导孔的配合应有一定的过盈，过盈量一般为0.03~0.07mm，新导管一般要比旧导管粗0.01~0.02mm。若过盈量较大，可用热装法。例如标致发动机更换气门导管时，需对气缸盖加热至100℃，方可进行更换。

(3) 气门弹簧的检验和更换　气门弹簧应检验其垂直度、自由长度和弹力。用90°角尺测量垂直度，其值不能超过1mm；用游标高度尺测量弹簧的自由长度。对于切诺基发动机，气门弹簧的自由长度为46.22mm。测量弹力可用压力机或台秤，其值应符合该发动机要求。对于切诺基发动机，气门弹簧的压缩力为294~392N，伸张弹力为911~980N。

2. 凸轮轴和轴承的检查修理

凸轮轴常见的损坏形式是凸轮磨损、轴颈磨损或擦伤、轴弯曲、轴向间隙大以及键槽磨损。

(1) 凸轮的检验　首先检查是否有裂纹或擦伤；其次进行凸轮磨损的检查，即测量凸轮的升程，工具为千分尺。如果凸轮高度低于允许值，则应该更换凸轮轴。对于切诺基发动机，凸轮升程为6.73mm。测量凸轮高度如图5-7所示。

(2) 凸轮轴弯曲的检验和修理　把凸轮轴置于两个V形块上，以两端轴颈为支点，用百分表检查各中间轴颈的摆差，如图5-8所示。若最大弯曲超过0.025mm（即百分表读数总值为0.050mm）时，应进行冷压校正。冷压可以在压力机上或利用千斤顶等进行校直，方法与校正曲轴相同。

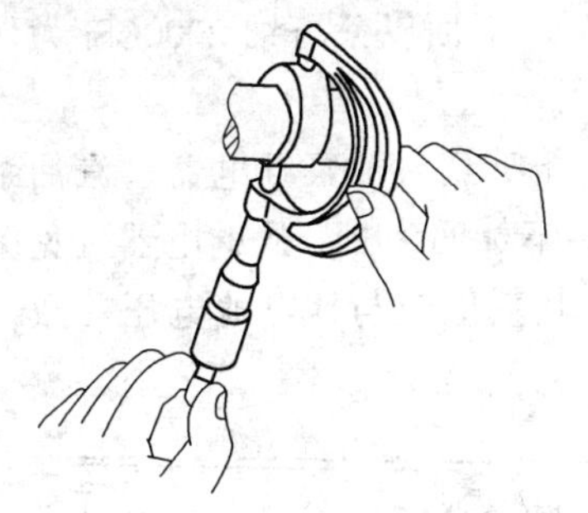

图 5-7 测量凸轮的高度

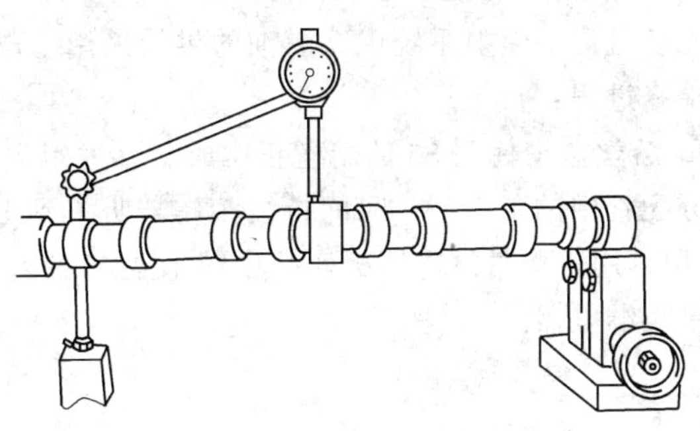

图 5-8 凸轮轴弯曲检测

3. 气门间隙的调整

发动机工作时，气门杆经常热胀冷缩，所以在气门杆端或摇臂之间，必须预留间隙。但是由于机构零件的磨损，此间隙会发生变化。若间隙过大，会使气门有效升程减少，引起充气不足、排气不畅，并伴有气门敲击声；若间隙过小，会使气门关闭不严，造成漏气，易使气门和气门座烧蚀。广州标致和桑塔纳汽车的气门间隙如表 5-2 所示。

表 5-2 气门间隙 （单位：mm）

车型	热发动机		冷发动机	
	进气门	排气门	进气门	排气门
广州标致	0.10	0.25	0.15	0.30
桑塔纳	0.25 ± 0.05	0.45 ± 0.05	0.20 ± 0.05	0.40 ± 0.05

气门间隙调整一般有逐缸调整法和两次调整法。逐缸调整法要先找到一缸压缩行程上止点，调整一缸的进排气门，然后摇转曲轴，按点火次序调整下一缸气门，依次类推，逐缸调整完毕。两次调整法一般可按照“双排不进”的原则。如四缸发动机，先找到一缸活塞压缩上止点，然后按点火次序，遵循“双排不进”原则，一缸两个气门全调，二缸调排气门，四缸不调，三缸调进气门；再将曲轴转一圈找到四缸活塞压缩上止点，反方向调四缸两个气门，三缸调排气门，一缸不调，二缸调进气门。

4. 液压挺柱的检修

现代轿车发动机的配气机构中都采用液压挺柱，气门间隙由它实现自动调整。液压挺柱中的柱塞和液压缸是一对精密偶件，其配合间隙不超过 0.005mm。若间隙过大，工作时会从间隙渗漏出油，使气门开度不足，这时发动机工作中会发出气门挺柱响声。

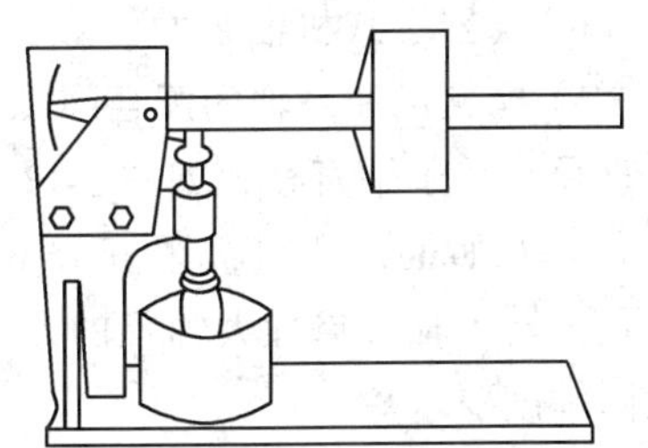

图 5-9 液压挺柱的降漏试验

检查液压挺柱的密封性时，先将挺柱浸在汽油中反复推拉，使挺柱内空气排净，然后放在试验台上，在柱塞上施加 200N 压力，使其在滑下 2mm 左右后，测量它每下滑 1mm 的时间，如图 5-9 所示。在 20℃的条件下，其标准值为 7 ~ 50s/mm。如果测得的值低于标准值，说明密封性差，应更换液压挺柱。

此外，在维修中还应检查挺柱顶部的磨损情况。如果磨损严重，需进行更换。挺柱与挺柱孔的配合间隙超过 0.1mm，应更换挺柱总成。

(五) 电动汽油泵的检修

发动机汽油喷射系统中，燃油的供给采用了电动汽油泵。下面以桑塔纳 2000GSi 为例说明其检修过程：

1) 熔丝盒中标明 S5 的熔丝正常时，接通点火开关，应能听到汽油泵继电器、汽油泵和燃油分配管中的工作声，时间持续 2s。若听不到工作声，拆下标明为 2 号的继电器（见图 5-10)，用万用表测量继电器板座孔中端子 4/86 的对地电压，其数值应与蓄电池电压一致，否则应更换继电器。

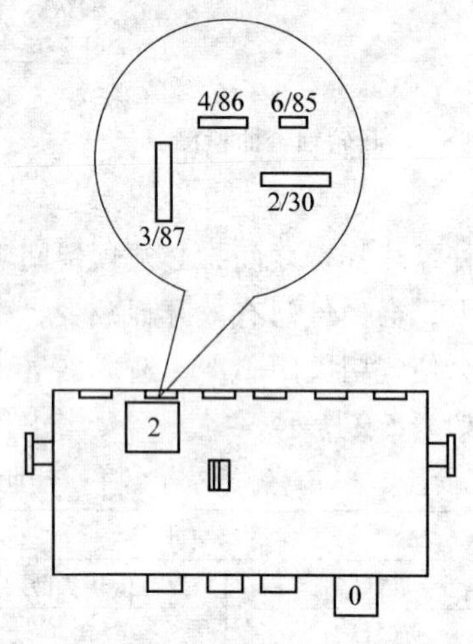

图 5-10 继电器及插口位置

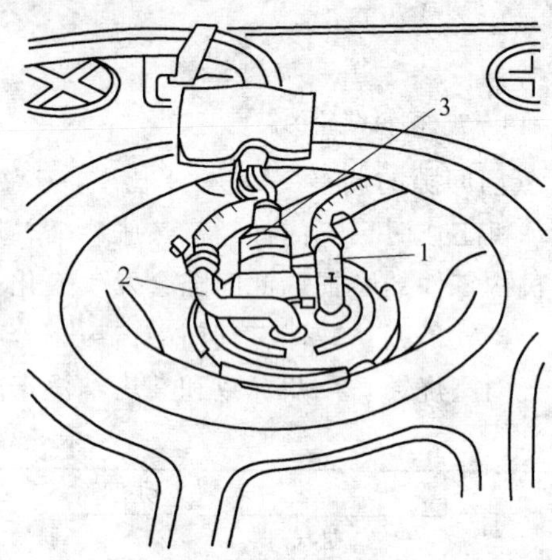

图 5-11 检查插头端子电压

1—输油管 2—回油管 3—油泵线束插头

2) 如继电器工作正常，可拔下汽油箱密封法兰（见图 5-11）上的油泵线束插头 3，将点火开关转到点火起动位置，插头的 1 和 3 号端子间的电压应与蓄电池的电压一致。若没有电压，则说明线路开路。

3) 若电压正常，用万用电表检查密封法兰上的线束插座至油泵的线束是否开路，如图 5-12 所示。

4) 若线束无故障，则属油泵故障，应更换油泵。

(六) 转子式机油泵的检修

1) 检测机油泵轴的配合间隙。测量机油泵壳体轴孔直径和转子轴直径，如图 5-13 所示。一般配合间隙不大于 0.1mm，磨损极限 0.15mm。超差后，可采取铰孔、转子轴镀铬加大轴径的办法修复，但是必须保证同轴度要求。

2) 检测内外转子齿顶的啮合间隙，如图 5-14 所示。一般为 0.03 ~ 0.05mm，使用极限为 0.25mm，超差后，应同时更新内外转子。

3) 检测转子端面与泵壳（泵盖平面）端之间的间隙，如图 5-15 所示。一般在 0.02 ~ 0.10mm 范围内。磨损极限不大于 0.12mm。超差后，可采取减少垫片

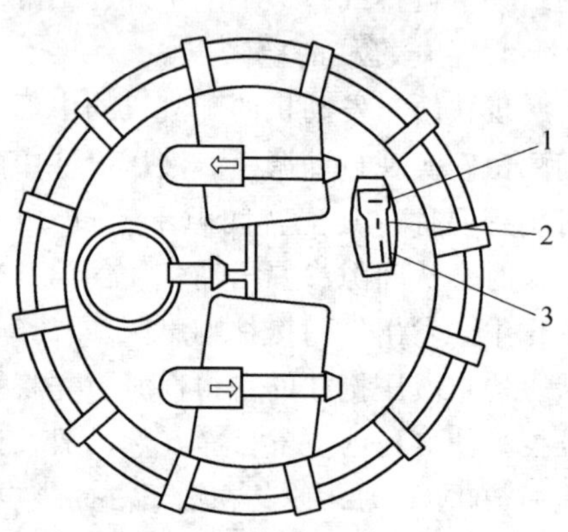

图 5-12 检查密封法兰与油泵之间是否开路

1—插头触点 1 2—插头触点 2 3—插头触点 3

厚度、修磨机油泵壳体端面和更新转子等办法修复。修复后的间隙为0.02~0.05mm。

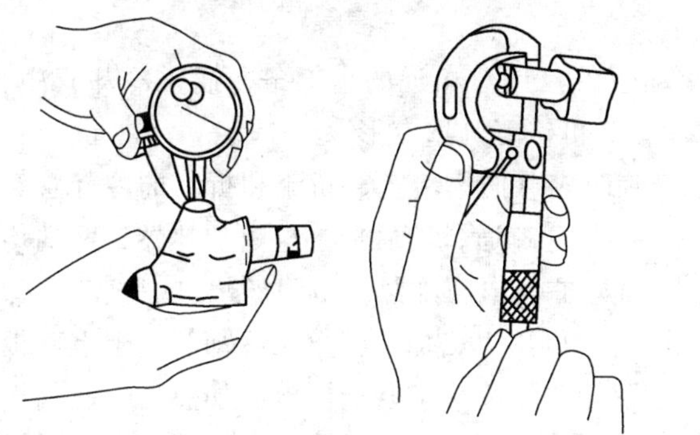

图5-13　测量并计算油泵轴的间隙

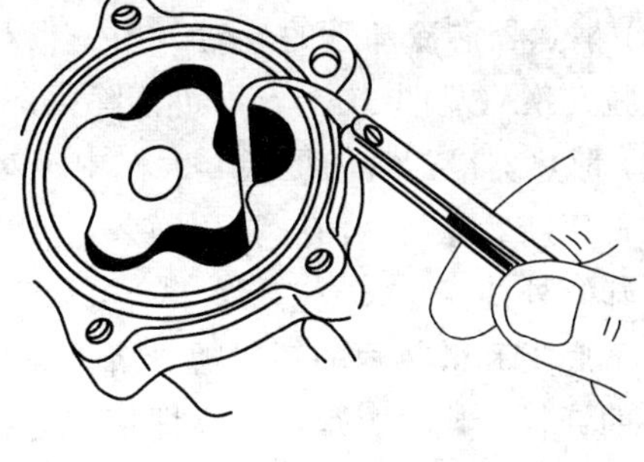

图5-14　内外转子最大啮合间隙的测量

4）检测外转子（从动转子）外圆与机油泵壳体内孔的配合间隙，如图5-16所示。一般允许在0.02~0.10mm范围内。磨损极限允许不大于0.2mm。超差后，可用转子外圆镀铬的办法恢复精度，或成对更新转子副。

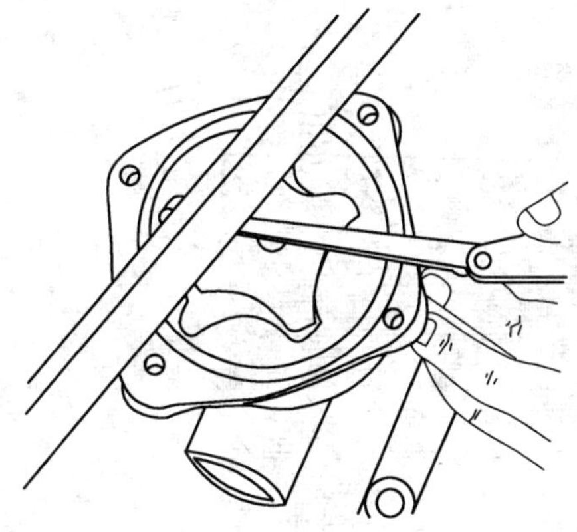

图5-15　端面间隙的检查

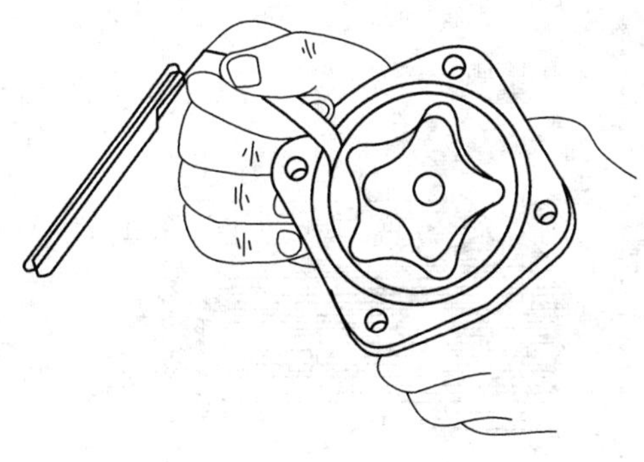

图5-16　外转子与泵壳内圆间隙检查

（七）散热器的检修

(1) 散热器的检验　主要用水压试验法和气压试验法。检验的内容为试压检漏，找出漏水部位。

气压试验法如图5-17所示。先用膨胀式橡胶塞封堵散热器的进、出水口，装上进气管，然后将散热器置于水槽中，再向散热器中充气，如有漏洞，会有气泡冒出。

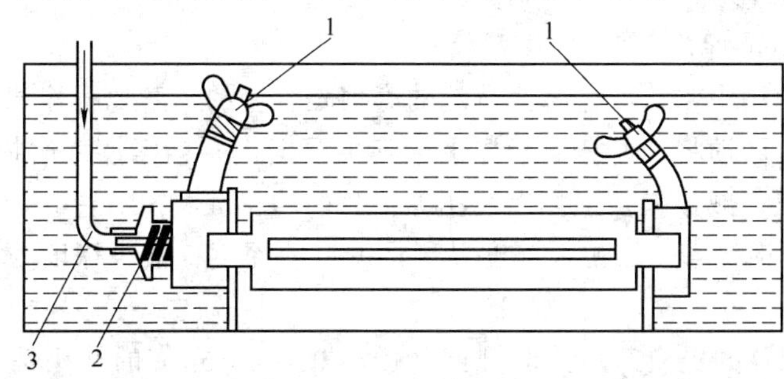

图5-17　散热器气压试验法

1—带圆片的钩环　2—散热器储水室　3—进气管

(2) 上、下储水箱的焊补　储水箱局部出现少量腐蚀针孔时，可用烙铁在此局部热镀一层钎料，作为暂时性修补。

(3) 散热器芯冷却管的疏通　用一根与冷却管内孔尺寸相近的扁铜条，插入冷却管中，来回抽拉几次（见图5-18），即可清除内部水垢，又可修复管壁变形。

(4) 散热器冷却管的更换　大修中，对于因临时应急掐瘪堵塞、断流和折断的冷却管必须拆除换用新管。拆换时，先用通条对要更换的冷却管疏通，然后换上电阻加热器，两端均露出冷却管外30~40mm，接通24V电源，约1min左右，电阻加热器电阻丝烧红。这时冷却管与上下底板和散热片的钎料随之熔化。与此同时，可用火焰加热器熔化冷却管与上下底板连接处的钎料，使之脱焊后，立即切断电源，趁热用手钳将冷却管连同电阻加热器一起抽出来，如图5-19所示。待冷却管冷却后，再将电阻加热器抽出。对中间折断的冷却管，可用上述方法从两端抽出。换入新管时，须将外表面浸镀一层钎料。用烙铁熔融上、下底板孔中的钎料，用布擦净，使孔宽敞。直立散热器芯，将新冷却管借助以通条插入散热器芯内，串通全长后将通条抽出，修整和扩冲两端管口，再插入电阻加热器，通电熔合。最后，用熔铁将上、下底板与冷却管两端焊牢。

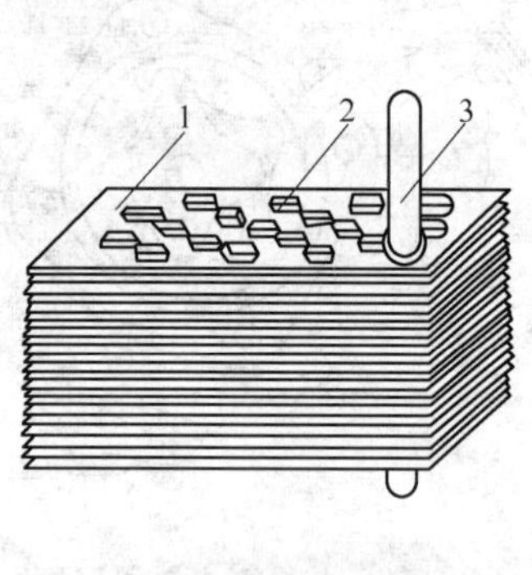

图5-18　使用通条疏通冷却管
1—散热片　2—冷却管　3—通条

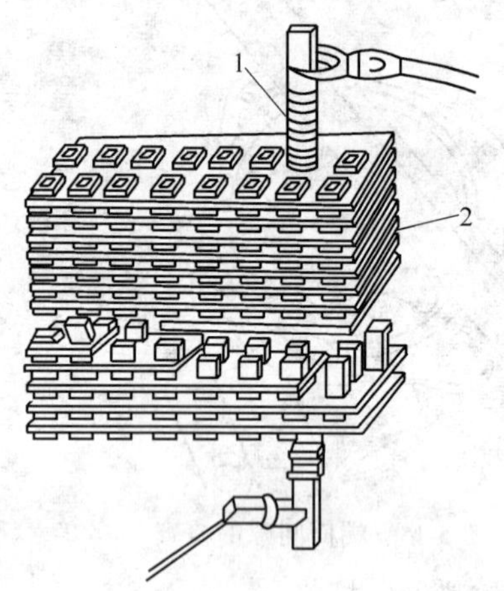

图5-19　电阻加热器
1—电阻加热器　2—散热器

如果上、下储水室壁有塌陷或散热片有倒伏变形，可用专用工具进行整形。

（八）离合器的检修

1. 离合器从动盘的检修

离合器在正常使用中，从动盘摩擦衬片的磨损是缓慢的，若离合器调整和使用不当，长期打滑，则摩擦衬片磨损将加剧，甚至烧焦。其主要损伤有：摩擦片磨损变薄或铆钉松动，摩擦片被油污、烧焦，减振弹簧损坏以及花键轴套内的花键磨损。

(1) 从动盘的磨损检查　用游标深度尺测量铆钉的深度，最小深度为0.3mm，超过极限值则应更换摩擦片。

(2) 从动盘摩擦片的更换　用比旧铆钉直径小0.4~0.5mm的钻头钻出铆钉头，然后轻轻地冲出旧铆钉。换用新摩擦片的直径、厚度应符合原车规定，两片应同时更换，两片厚度差不应超过0.50mm。先在摩擦片上钻出与钢片各孔相应的孔和埋头坑，然后两片边缘对正，用夹具夹牢，穿入铆钉，用专用工具铆紧。新摩擦片的表面距铆钉头的距离应为1.20～1.50mm。

2. 离合器主动部件的检修

(1) 飞轮摆差的检查　用带架的百分表检查飞轮的摆差，如图5-20所示。最大摆差量应为0.2mm。若摆差量过大，应修理飞轮。

(2) 压盘的检查　检查压盘是否有过度烧蚀、不平或沟痕。对于轻度的不平或烧蚀，可进行光磨；如有严重的沟痕，引起离合器工作时发抖，则必须予以更换。

(3) 压紧弹簧的检查　膜片弹簧因经受长久负荷作用而疲劳，造成变形、折断和弹性减弱，从而影响动力的传递。如弹簧弯曲变形，必须加以修正；弹簧若已折断，则必须予以更换。检查时，用游标尺测量膜片弹簧磨损的深度和宽度，如图5-21所示。磨损的极限值为：深度0.6mm、宽度5mm，超过极限值应更换离合器盖或膜片。

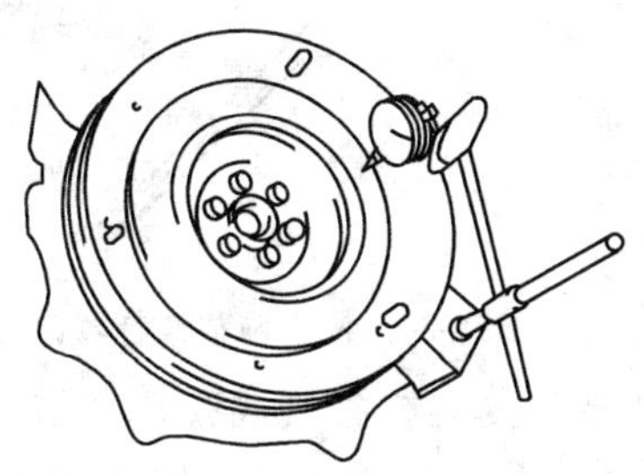

图5-20　检查飞轮的摆差量

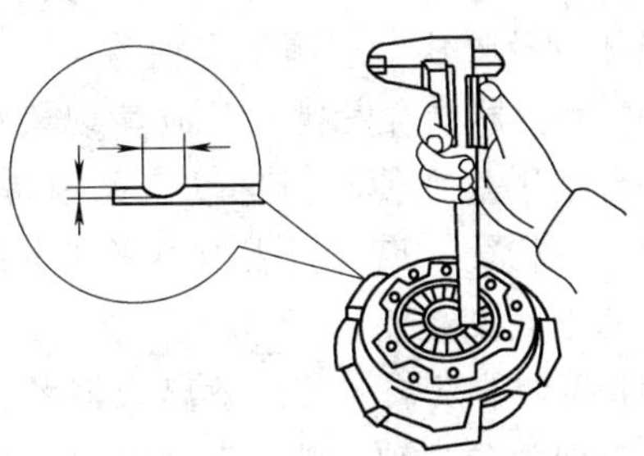

图5-21　测量膜片弹簧磨损的深度和宽度

3. 离合器的装配与调整

安装离合器片时，用专用工具插入离合器片齿槽，使离合器片齿槽中心与导向轴承中心对正，并使从动盘轴套较短的一端朝向飞轮一侧；然后，装上离合器盖，按规定力矩分三次拧紧各螺栓。桑塔纳型汽车的扭紧力矩为22N·m。

膜片弹簧使用过久易出现弯曲，必要时进行检查和调整。检查时，要求弹簧片小端均在同一平面上，弯曲变形不得超过0.5mm。检查方法如图5-22所示，如弯曲变形过大则应调整弹簧。调整时用专用工具，把弹簧弯曲到正确的对准位置。如图5-23所示。

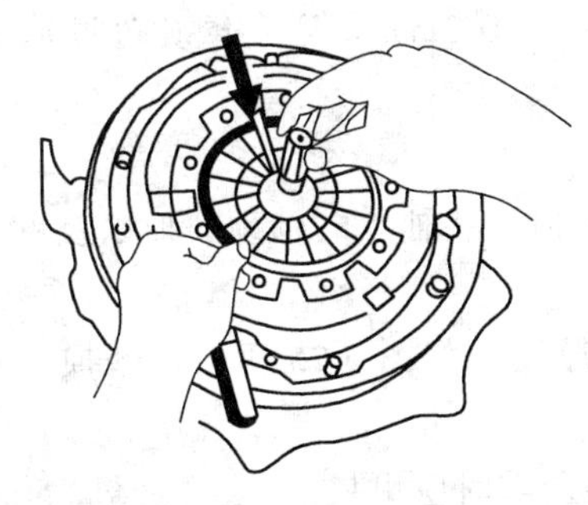

图5-22　检查膜片弹簧

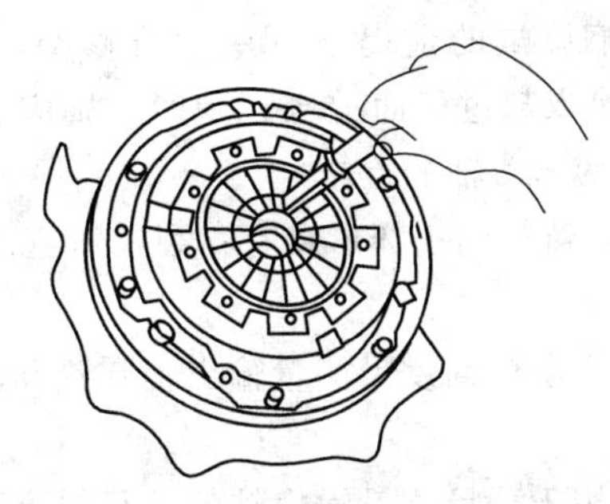

图5-23　调整膜片弹簧

离合器装好后，要检查和调整踏板高度和踏板自由行程。一般踏板高度为130~140mm，自由行程为5~15mm。自由行程的调整如图5-24所示。先松开锁紧螺母，转动推杆，直到踏板自由行程达到规定值为止，再拧紧锁紧螺母。

4. 离合器故障分析

(1) 离合器打滑　其故障现象是汽车行驶无力。可挂上二挡，拉紧手制动，缓松离合器踏板，加大节气门起步。若车身不动，发动机不熄火，则为打滑。打滑的原因是踏板没有自由行程、离合器摩擦片磨损变薄、弹簧弹力不足、离合器片有油污及烧蚀等。

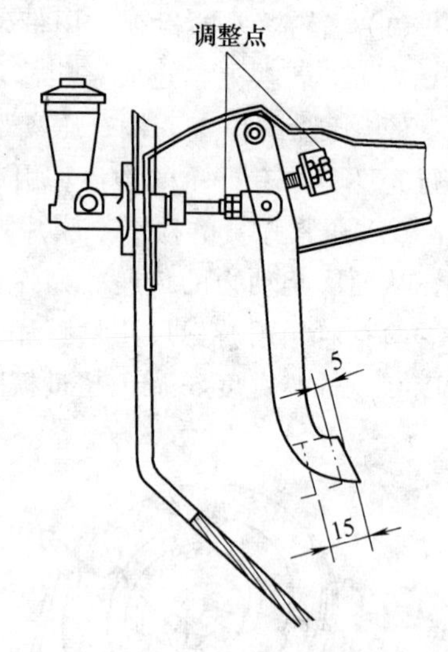

图5-24　检查调整离合器踏板高度

(2) 离合器分离不开　其故障现象是踏下离合器踏板后，挂挡时有齿轮撞击声且挂挡困难。原因大致是：踏板自由行程过大、离合器盘翘曲或铆钉松脱、曲轴后端孔内轴承损坏以及咬住变速箱第一轴等。

(3) 离合器接合发抖　其故障现象是汽车起步时，离合器接合不平稳而使车身振动。原因是压盘起槽或不平、弹簧弹力不均衡、离合器表面不平或盘毂铆钉松动以及分离杠杆的平面度超差。

(4) 离合器发响　若踏下离合器踏板少许使分离轴承与分离杠杆（或膜片弹簧）接触，此时发响即为分离轴承响；若将离合器踏板踏到底时发响，即为离合器传动销与销孔磨损而间隙过大所致。发动机不工作时，若有间断撞击声，则为分离轴承前后滑动响，应查其回位弹簧是否良好。若发动机工作中有响声，抬起离合器踏板后响声消失，则应检查离合器踏板回位弹簧是否良好。

(九) 变速器的检修

变速器工作时，内部零件相互间的相对运动是很频繁的，而零件本身又承受了各种力的作用。随着汽车行驶里程的增加，变速器内各零件的磨损和变形也随之加大，以致造成零件间的配合失常，从而引起故障。

1. 变速器齿轮的检修

齿轮轮齿有裂纹、断齿、齿面剥落、齿端毛刺或剥落等，均可由外观检查发现。齿厚及齿长磨损，可用游标高度尺、游标千分尺、样板等检查。齿面有轻微斑点或边缘有破裂时，在不影响质量的前提下可用油石修磨。当齿厚磨损超过0.2mm，齿长磨损超过原齿长的15%或斑点超过齿面15%以上时，则应更换。

2. 变速器轴的检修

变速器轴的损坏形式有：裂纹、弯曲、前端轴颈磨损、装轴承的轴颈磨损以及键槽磨损等。

1) 用游标高度尺测量输出轴圆盘和内座圈法兰的厚度，如图5-25所示，磨损严重时须更换。

2) 用千分尺测量输出轴的外径（见图5-26），磨损严重时应更换。

3) 用百分表测量输出轴的径向摆差，最大径向摆差不得超过0.05mm，否则应校正或更换输出轴。

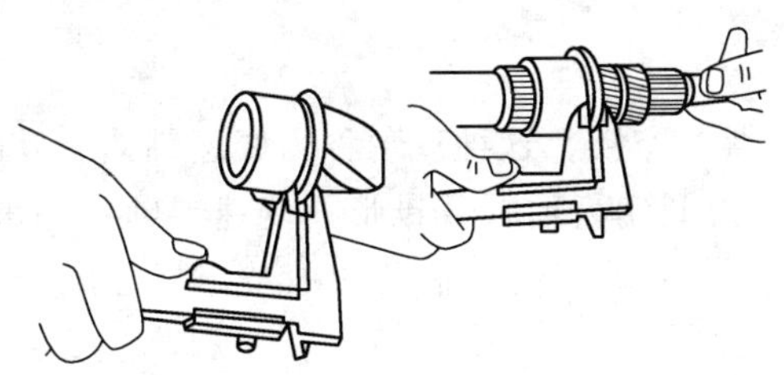

图 5-25　检查输出轴圆盘和法兰盘厚度

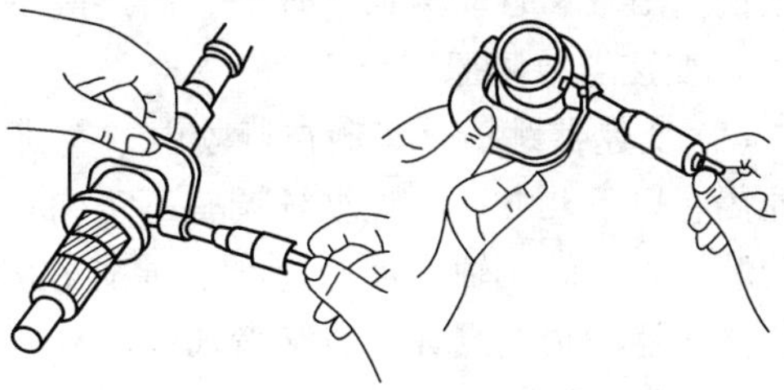

图 5-26　检查输出轴轴颈磨损量

4）对于变速器输入轴，由于其上花键齿是与离合器盘的花键槽配合的，且经常轴向移动，所以易磨损，若轴弯曲及轮齿磨损，则应更换或修复。

3. 同步器检修

（1）同步环内锥面磨损　同步环内锥面上有沿圆周方向的螺纹摩擦沟槽，磨损严重时，此沟槽将磨平，使摩擦作用减弱或消失，造成换挡困难。将同步环放在齿圈的外锥上作配合检查，若两者之间靠近或完全接触而无间隙，说明配合间隙过大，一般应更换同步环，如图 5-27 所示。BJ2020 汽车的正常配合间隙应为 0.80 ~ 1.25mm。

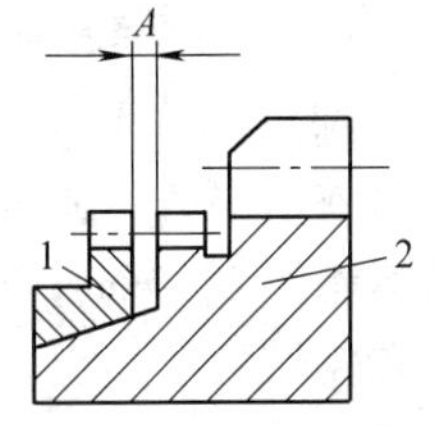

图 5-27　齿环的配合间隙

1—齿环　2—一、二挡齿轮　A—间隙

（2）同步环环齿的磨损和折断　同步环环齿磨损一般是沿轴线方向环齿磨薄，或是环齿尖端角度（锁止角）磨成凸形，角度改变而使其作用降低，换挡时异响增加，此时应更换同步环。

（3）同步环缺口的磨损　滑块与同步环缺口的正常间隙是指当滑块靠近同步环缺口一端时，余下的间隙大小恰好是齿环环齿的宽度。同步环经长期使用，滑块与同步环上的缺口不断摩擦，会使间隙过大，而更换新同步环不当又会使间隙过小。无论是间隙过大或过小，都会给换挡带来困难，即使在同步时也不易换挡，如图 5-28 所示。间隙过大可用电镀的方法予以修复，间隙过小则应重新加工至间隙适中。

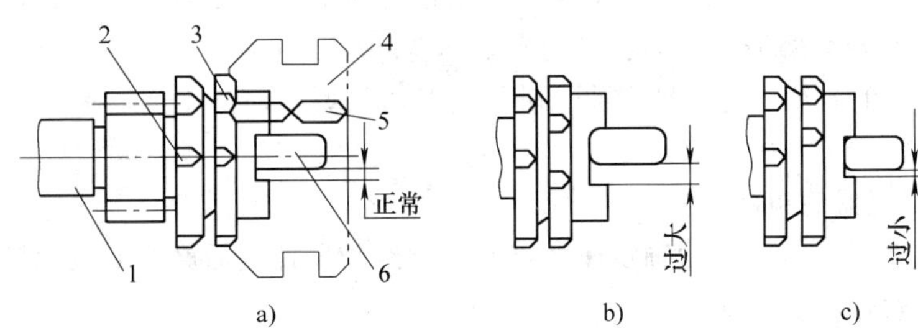

图 5-28　滑块间隙与啮合的关系

1—第一轴　2—一、三挡齿轮　3—齿环　4—啮合套　5—啮合套内齿　6—滑块

4. 变速器操纵部分零件的检修

变速器操纵部分零件的损坏有：选速挡齿轮弯曲变形且衬套磨损，拨叉轴弯曲变形，变

速叉弯曲和扭曲，定位钢球及凹槽磨损以及定位弹簧变软、折断等。出现上述故障时，均会产生换挡困难和自动掉挡等现象，因此应予以更换。

5. 变速器故障原因分析

(1) 变速器跳挡　车辆在行驶中，变速器自动跳回空挡，这种现象称为变速跳挡。其故障原因有以下几方面：操纵杆调整不正确；齿轮或齿圈轮齿磨损成锥形；变速器轴或轴承、齿轮磨损后松旷，轴向间隙过大，使轴在转动时发生窜动；拨叉轴及凹槽及定位球磨损严重；同步器磨损或损坏，拨叉弯曲等。

(2) 变速器乱挡　变速器挂不上所需挡位，驾驶员无法操纵车辆。其故障原因是：变速杆下端拨头的工作面磨损过甚，不能正确拨动换挡导块。

(3) 变速器异响　故障原因是：齿轮响，包括轮齿磨损过甚变薄，间隙过大；由于间隙过大，运动中出现冲击；齿面啮合不良，修理时没有成对更换齿轮；个别轮齿损坏折断；轴弯曲或轴承松旷引起齿轮啮合间隙改变。轴承响，包括轴承磨损严重，烧蚀散架，内、外圈配合松动；因掉下异物而发响；因无润滑油或润滑油变质而发响。

(十) 万向传动装置检修

1. 传动轴的检修

传动轴中部的弯曲度不应大于1mm；花键齿磨损后，宽度减少量不得大于0.25mm，配合间隙不能超0.50mm；传动轴管上的凹陷应不多于四处，总面积不应大于5cm^2；传动轴上下不能有任何裂纹。出现以上损坏时，应更换传动轴。

2. 万向节的检修

对于外等角速万向节，六颗钢球要求一定的配合公差，并与球毂一起成为一组配合件。若球笼、球毂、钢球有缺陷，万向节游隙过大，则需更换万向节。

对于内等角速万向节，要检查球笼壳、球毂及钢球有无凹陷与磨损，若磨损严重则需更换。内等角速万向节只能整体更换，不允许单个更换。

对十字轴式万向节，要检查十字轴颈表面是否有金属剥落，是否有凹痕及磨损量，是否超过0.04mm。若出现上述损坏，可以用镀铬方法修复，亦可更换十字轴。对于滚针轴承，如有磨损、破裂、凹陷等，均应更换。

3. 传动轴故障原因分析

(1) 传动轴异响　故障原因是装配不当，轴颈与轴承、花键轴与花键套管磨损严重，配合间隙过大；滚针轴承磨损、损坏、中间支承不良等。

(2) 传动轴产生振动　传动轴弯曲，轴转动时质量偏移而产生离心力；装配不当，使轴失去平衡。

(十一) 主减速器的检修

主减速器主要损伤是：前后轴承座磨损，花键经长期使用后磨损，主动锥齿轮和从动锥齿轮齿面磨损、烧蚀、剥落。

1. 主、从动锥齿轮的检查和修理

其轮齿齿面磨损或剥落部分不能超过齿高的1/3和齿长的1/10，否则应更换。装轴承的轴径磨损量不超过0.04mm时，可镀铬修复。不相邻的轮齿裂损，容许焊修。

2. 主、从动锥齿轮轴承轴向间隙的检查调整

单级主减速器主动锥齿轮轴承的轴向间隙不能超过0.05mm，从动锥齿轮轴承的轴向间

隙不能超过0.10mm，若超过则应调整。

调整主、从动锥齿轮轴承的轴向间隙，是用增减适当厚度和数量的垫片来进行的。间隙调整正确后，旋转主动锥齿轮轴时，须具有一定的阻力，可用弹簧秤钩在主动轴凸缘的螺栓孔中测试，扭矩应符合原厂规定。如BJ1040型汽车为122.6N·m。

3. 主、从动锥齿轮啮合印迹和间隙的调整

主、从动锥齿轮啮合印痕的检查，是用油质颜料（如红丹）均匀地涂在主动齿轮的齿面上，来回转动主动齿轮，根据从动齿轮上的印痕判断接触情况。正确的接触印痕应达到全齿长度的2/3，印痕边缘距离小端边缘为2～4mm，印痕高度边缘距齿面边缘应为0.8～1.6mm，如图5-29所示。

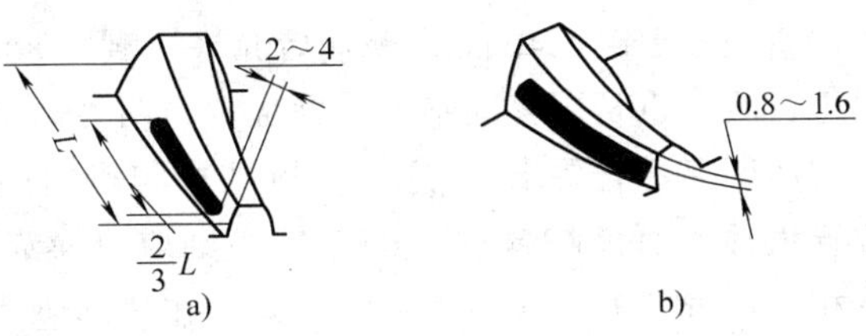

图5-29　从动锥齿轮正确的接触印痕

a) 装配时　b) 有负荷时

若啮合印迹不符合要求，则需进行调整。可以用移动主、从动齿轮两侧垫片的方法进行，具体调整方法如表5-3所示。

表5-3　主、从动齿轮的调整方法

前进时从动齿轮齿面上印痕位置	主、从动齿轮的调整方法
印痕偏大端（图5-30a）	从动齿轮向主动齿轮靠拢。若因此而使间隙过小时，将主动齿轮向外移动（图5-31a）
印痕偏小端（图5-30b）	从动齿轮移离主动齿轮。若因此而使间隙过大时，把主动齿轮向内移动（图5-31b）
印痕偏齿顶（图5-30c）	把主动齿轮向从动齿轮靠拢。若因此而使间隙过小时，将从动齿轮向外移动（图5-31c）
印痕偏齿根（图5-30d）	把主动齿轮移离从动齿轮。若因此而使间隙过大时，将从动齿轮向内移动（图5-31d）

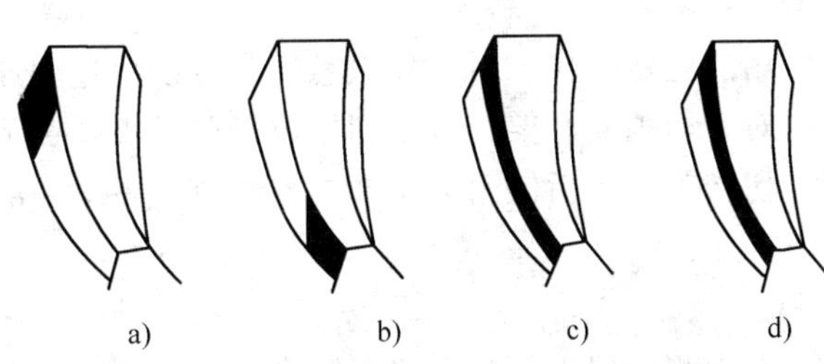

图5-30　从动齿轮齿面上印痕的位置

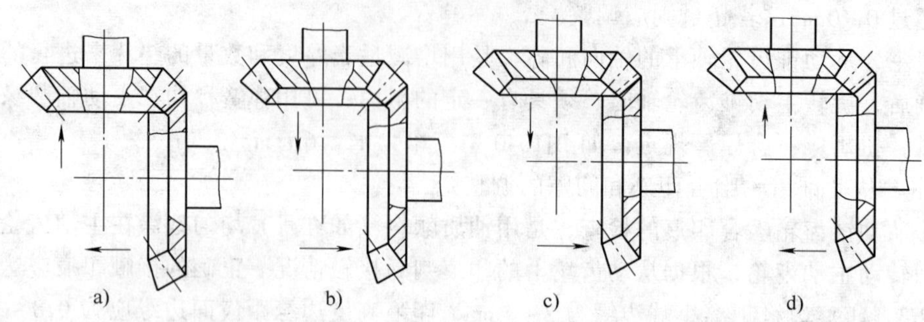

图 5-31 主、从动齿轮的调整方法

对于啮合间隙，正常值为 0.15 ~ 0.40mm，磨损后允许达到 0.80mm。啮合间隙的调整是和啮合印痕的调整同时进行的，也是用移动垫片的办法。当两种调整互相矛盾时（即印痕正常而间隙不当或间隙正常而印痕不合要求），应主要以啮合印痕的调整为主，首先满足印迹位置的要求。当啮合位置正常，而齿隙超过 1.0mm 时，则应更换齿轮。不允许在啮合正常的情况下，用改变齿轮相对位置的方法减少齿隙。此外，在移动垫片调整时，要保证总垫片厚度不变，以保持轴承预紧力不变。

（十二）前轮定位的检查和调整

前轮定位是指前轮、悬架装置以及转向装置，它们安装在车身上的几何角度与尺寸必须符合一定的要求。前轮定位包括车轮外倾角、主销后倾角、主销内倾角和前轮前束。若前轮定位符合设计要求，则转向操纵性好，轮胎磨损小。

1. 前轮前束的检验和调整

前轮前束即两前轮前端的距离小于后端距离的差值。前束不正常，会引起前轮摇摆、转向沉重、轮胎磨损等。测量前束值时，将汽车停在水平地面上，把前束尺安放在轮胎前方的胎面上，测出数值；再将汽车向前推动（或支起汽车转动前轮）使量尺转至车轮后方相同高度处测量，前后两次测得值之差即为前束值。切诺基型汽车两个前轮前束值允许范围是 - 0.79 ~ + 0.79mm，标致型汽车前束值为 3 ± 1mm。前束值的调整是用调整转向横拉杆长度的方法进行，如图 5-32 所示。

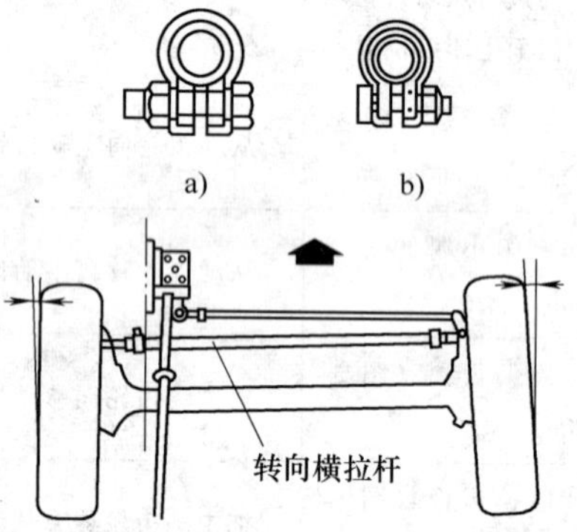

图 5-32 切诺基前束的调整

2. 主销后倾角的调整

检查主销后倾角应使用前轮定位仪。对于独立悬架，可以通过增加或减少位于下控制臂后部的垫片来进行调整；对于非独立悬架，可以利用位于前钢板弹簧下与弹簧座之间加入楔形垫块的方法进行调整。切诺基主销后倾角为 7.5°，容许范围为 7° ~ 8°，BJ2020 主销后倾角为 3°。

3. 车轮外倾角的调整

检查前轮外倾角可用专用测量仪进行。有些车辆可以进行调整，如桑塔纳型汽车可以通过球形接头在下悬架臂长孔中的位移来调整。有些车辆则不能调整，如切诺基型汽车等。若外倾角不正确，可以更换其不正确的零部件。奥迪 100 型轿车车轮外倾角为 -0°30′±30′。

（十三）转向装置的检查和调整

1. 转向器主要零件的检验和修理

转向器壳有细小裂纹时允许焊补，有较大裂纹时则应更换。将转向器轴放在 V 形块上用百分表检验弯曲度，如超过 0.5mm，应进行冷压校正。

2. 转向装置的检验与调整

目前许多车辆均采用齿轮齿条式转向器，如图 5-33 所示。如零件磨损出现间隙时，通过补偿弹簧的预紧力压紧压板以保证齿轮齿条始终处于最佳啮合状态。

桑塔纳轿车即采用此种结构转向器，其零件分解如图 5-34 所示。

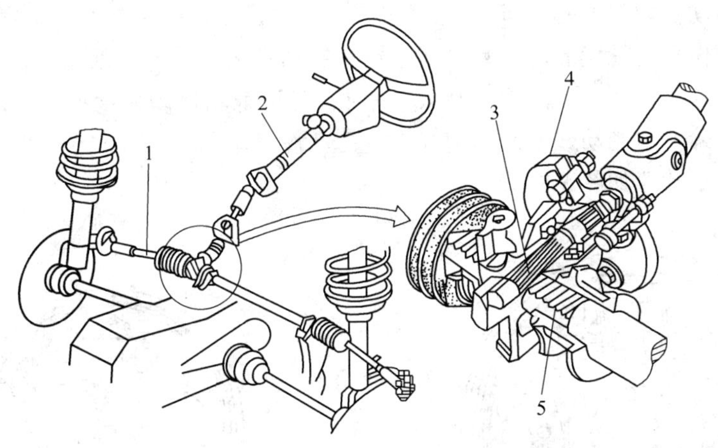

图 5-33　齿轮齿条式转向器示意图

1—转向横拉杆　2—转向管柱　3—齿轮　4—转向法兰盘　5—齿条

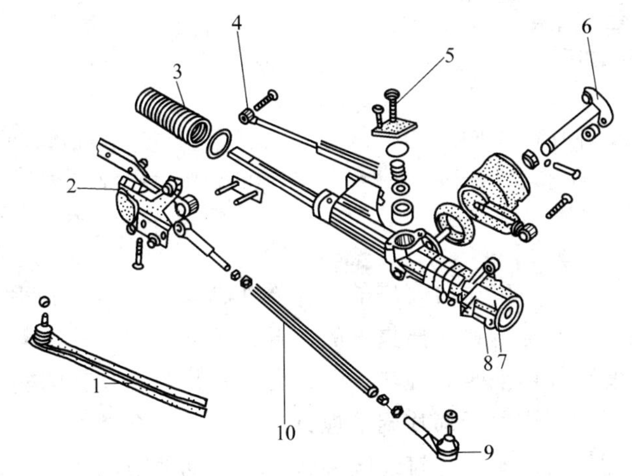

图 5-34　桑塔纳汽车转向器的分解

1—横拉杆　2—支架　3—波纹管　4—转向减振器　5—调整螺栓　6—凸缘管

7—转向器壳　8—自锁螺母　9—横拉杆球头　10—左转向横拉杆

在转向器装配后，必须检查调整齿轮齿条的间隙。调整时，将车辆处于直线行驶位置，松开锁紧螺母，转动调整螺栓至接触止推垫圈挡块为止。拧紧锁止螺母时，应防止调整螺栓转动。

（十四）制动装置的检查、调整及维修

1. 液压系统的检查、调整及维修

（1）制动总泵与分泵的检修　制动总泵和分泵的活塞与缸筒之间的间隙超过0.15mm时，应更换新件或镶套修理。总泵、分泵的皮碗、皮圈发胀失去弹性、拉出槽痕、工作面磨损等情况出现时，应更换新件；弹簧的自由长度及弹力不符合标准时应更换。同一车桥上的两个分泵，内径必须相同。进油管接头和螺栓必须清洁，螺纹应完好。

（2）液压制动系统的调整　目前，一些车辆（如奥迪、桑塔纳、捷达、标致等）采用了较先进的间隙自调装置。

标致汽车制动器如图5-35所示。

棘轮机构可作自动补偿。扇形棘轮通过销与制动蹄相连并与棘爪啮合，限制了制动蹄的位置。当制动蹄片与制动鼓间隙超过0.40mm时，扇形棘轮摆动幅度增大，棘爪便越过一个齿距，保持制动蹄片与制动鼓原有的间隙。

切诺基后轮制动器如图5-36所示。

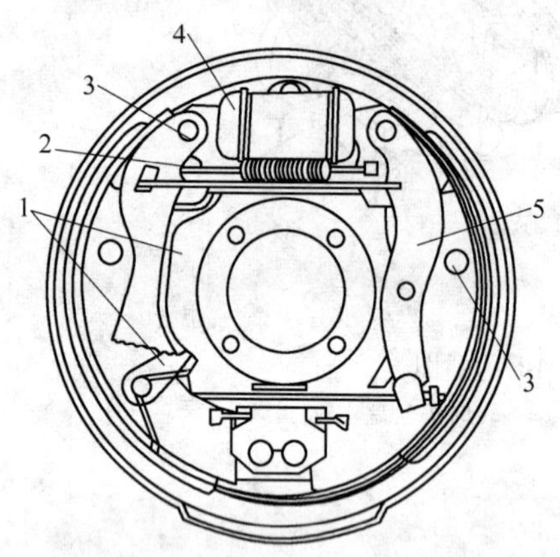

图5-35　标致汽车后轮制动器
1—棘爪和扇形棘轮　2—弹簧　3—销
4—制动分泵　5—拉臂

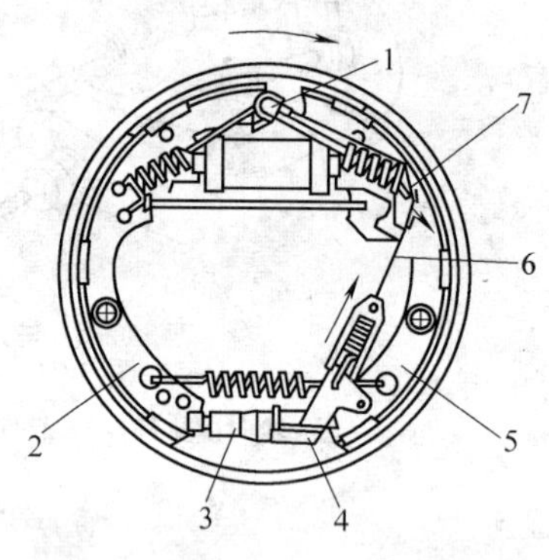

图5-36　切诺基后轮制动器
1—铆钉　2—左制动蹄　3—调整螺钉　4—拨板　5—右制动蹄　6—拉索　7—导向板

该制动器的间隙自调是在倒车时完成的。在倒车制动时，第二蹄片被拉动而离开铆钉，因而自动钢索导向板也移到与铆钉距离更大的位置，拉动自动调整拉索，使其克服弹簧张力把拨板拉上来，从而使蹄片调整螺钉旋转，调整自动蹄片与制动鼓的间隙。当进一步踏下制动踏板时，蹄片压力变大，作用于蹄片调整螺钉上的压力也会随之增大。因此，自动调节拉索弹簧的张力再也不能使蹄片调节螺钉继续旋转，故自动调节动作停止。

制动器另一项调整是制动踏板自由行程的调整。制动踏板自由行程实际上是总泵推杆与总泵活塞间的间隙在制动踏板上的反映。此间隙是彻底解除制动和迅速产生制动力的必备条件。无间隙，则活塞不能退回最终位置，皮碗会将回油孔堵塞，因此，制动不能迅速解除。但间隙过大，又会增大制动踏板自由行程，使制动力产生过迟，甚至不能产生最大制动力。NJ1060汽车制动踏板自由行程的调整，是用改变推杆的长度方法，如图5-37所示。将推杆锁紧螺母2放松，旋转推杆3，使其伸长，自由行程将减小；反之增大。推杆与总泵活塞之间的间隙约为1.5～2.5mm，反映到制动踏板的自由行程为8～14mm。

2. 汽车制动器的检查与修理

(1) 制动鼓的检查和修理　制动鼓在使用中常见的损伤有摩擦面磨损、起槽、失圆及变形等。为保证其具有良好的制动性能，制动鼓的工作面应平整光滑，不允许有较严重的擦伤、沟痕等，且其半径误差超过0.13mm时，应对制动鼓进行镗削加工。但不能超过其最大修理尺寸，否则应镶套修理。

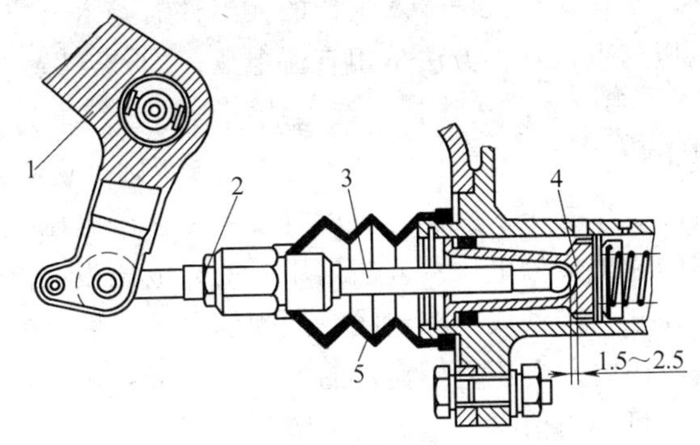

图5-37　制动踏板自由行程的调整
1—踏板　2—锁紧螺母　3—推杆　4—总泵活塞　5—橡胶护罩

(2) 摩擦片的检查与修理　当摩擦片磨损到距铆钉头0.50mm时，应换新片铆接。在铆接前，应检查摩擦片弧度，即将制动蹄和摩擦片放入鼓中，使摩擦片紧靠制动鼓，用塞尺检查摩擦片与制动鼓在两端及中间的接触情况，摩擦片两端必须接触紧密。

(3) 制动底板的检修　底板平面如有翘曲，应进行校正。支承销孔磨损超过0.15mm，应更换或镶套修理。轴颈磨损超过0.15mm时，可镀铬修复。

(十五) 无触点电子点火系的检修

无触点电子点火装置只要安装、使用得当，通常无须进行维护和修理，故障率很低。

1. 故障检查

若发动机不能起动，怀疑电子点火装置有问题时，可从分电器盖上拔下中央高压线，并使其端部距离气缸体5～7mm，然后起动发动机，观察线端是否跳火，如无火花，则说明电子点火装置有故障，应予检查。

检查时，应首先对点火装置的连接导线、搭铁线、电源线及工作电压等进行检查，因为这些部位的故障率远比点火信号发生器和电子组件的故障率要高。如连接导线、搭铁线、电源线及电源电压正常，则可进一步对点火线圈、点火信号发生器以及点火电子组件进行检查。

2. 点火线圈的检修

点火线圈的故障有断路、短路、绝缘盖裂纹、跳火能力低及线圈发热等。

(1) 检查线圈的电阻　用欧姆表测量点火线圈初级、次级线圈的电阻值。一般初级线圈电阻值为2Ω左右；次级线圈为5kΩ之多；附加电阻为1.2～1.5Ω左右，如测得阻值不符，应更换点火线圈。

(2) 点火线圈的绝缘性　使用试灯法，检查初级线圈与次级线圈是否出现搭铁现象。将任一极引出线串接灯泡，把点火线圈外壳与另一极电源线相联，如果灯亮为搭铁，可进行重新安装。

(3) 检查发火强度　发火强度是点火线圈的主要性能指标。检查发火强度一般都是在万能电器试验台上进行。其简便方法是，在发动机上进行跳火法检查，观察火花颜色，蓝色为强，红火为弱，后者需更换点火线圈。

3. 霍耳式点火信号发生器的检查

一般轿车都使用霍耳式点火信号发生器，现以桑塔纳轿车为例来说明检查过程。

霍耳式点火信号发生器的元器件需输入一定电源电压才能工作。因此，应先测量其输入电压是否正常。方法是用直流电压表的“+”、“-”表笔分别接与分电器相连接的插接器的“+”与“-”接线柱（红黑线端与棕白线端），如图5-38所示。接通点火开关，电压表应显示接近蓄电池电压，约11~12V，否则，说明点火电子组件没有给霍耳信号发生器提供正常的工作电压，应检查点火电子组件。若电压表显示电压正常，可进一步测量点火信号发生器的输出信号电压。方法是用同一只电压表在点火开关接通时测量分电器的信号输出线（绿白线）与搭铁线（棕白线）之间的电压，约为9V；而当触发叶轮的叶片不在霍耳传感器的气隙中时，电压表所显示的电压应接近于零，约0.3~0.4V。如经上述测量，电压表读数正常，可认为信号发生器无故障。

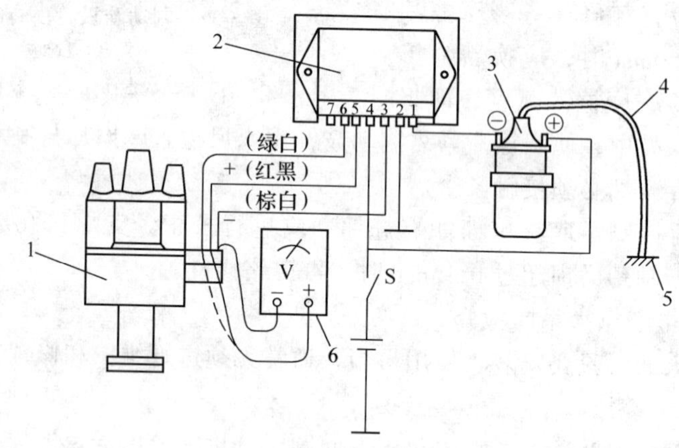

图5-38 霍耳信号发生器的检查

1—分电器 2—点火电子组件 3—点火线圈 4—高压导线 5—气缸盖 6—电压表

对于其他车型的霍耳信号发生器的检查，可参考上述方法进行。

4. 点火电子组件（点火器）的检查

对于桑塔纳、奥迪等轿车装用的霍耳式电子点火装置，可打开分电器盖，拆下分火头和防尘罩，转动曲轴，使触发叶轮的叶片不在霍耳传感器的气隙中，拔出分电器盖上的中央高压线，使其端部距离气缸体5~10mm，然后接通点火开关，用小旋具或钢锯条在霍尔传感器的气隙中插入后迅速拔出，同时在拔出时查看高压线端部是否跳火。如跳火，说明点火电子组件良好;否则，应更换点火电子组件。另外，也可甩开霍耳式点火信号发生器对点火电子组件做跳火试验。方法是：断开点火开关，拔下分电器盖上的中央高压线并使其端部距离缸体5~10mm，再拔下分电器上霍耳信号发生器的插接器，用跨接导线一端接在信号线插头上，然后接通点火开关，将跨接线的另一端反复搭铁，如图5-39，同时观察中央高压线端是否跳火。如跳火，说明电子组件完好；否则说明电子组件有故障，应予更换。

也可用替换法，就是用同规格的点火电子组件替换怀疑有故障的点火电子组件，如故障排除，则说明点火电子组件损坏。该方法是判断点火电子组件故障最简单、最有效的方法，但必须备有相同规格的新的点火电子组件。

（十六）发电机与调节器的检修

发电机在使用中常见故障是整流子和电刷沾污、磨损、电刷弹簧变弱，以及线圈绝缘破损，连接线中断、传动带松弛等。

若传动带松弛，可松开发电机固定螺钉。移动发电机的位置，检查传动带挠度量到规定值为止，然后紧固发电机固定螺钉。整流子和电刷沾污可以去污，而其磨损和电刷弹簧变软就得更换新的元件。

对于线路断路和短路，可用试灯法或电压表测量法进行检测。用试灯或电压表的一端搭铁，另一端点接线路，若灯亮（电压表指针移动），则说明该段线路正常；若灯不亮（电压表指针不动），则说明该段线路间断路。

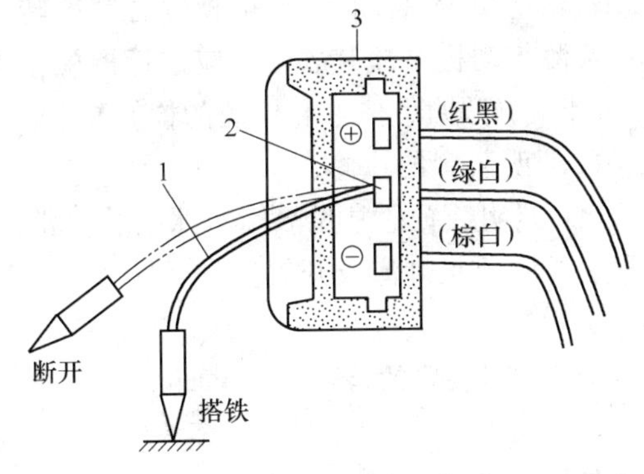

图 5-39　用跨接线代替霍耳信号发生器的跳火试验
1—跨接线　2—信号线接头　3—插接器

交流发电机使用中易出现硅二极管短路（损坏），磁场绕组或定子绕组有断路，短路和搭铁等问题，可用试灯法或电压表测量法检测后进行修理。

电压调节器常见故障是调整不良，当触点弹簧拉力过大时，会使触点工作缓慢，使充电电压过高；当触点弹簧拉力过小或铁心与触点臂间隙太小时，将使调节器的调节电压过低。如出现上述问题，可对调节器进行调节或更换。

（十七）蓄电池的检修

蓄电池充电不足时，可能引起点火线圈中次级电压降低，致使火花塞火花微弱，甚至点火中断，行车照明变弱，以及起动机起动性能下降。

蓄电池在使用中常见故障有：电解液液面降低，易于自行放电，极板硫化、挠曲、活性物质脱落以及机械损伤等。

蓄电池电解液液面过低，多是因周围气温过高、发电机充电电流过大或电池外壳有裂纹所致；蓄电池自行放电是由于电解液内有杂质；蓄电池极板硫化是由于电池长期处于半充电状态；蓄电池极板挠曲、活性物质脱落是因放电电流过大，极板工作温度过高而引起的。

在蓄电池使用时，大电流放电时间不宜过长，使用起动机，每次的时间不超过 5s，相邻两次起动之间应相隔 15s。冬季使用铅蓄电池，要特别注意保持充足电状态，以免电解液相对密度降低而结冰。

（十八）起动机的检修

起动机在使用中常见故障分为两类：电器故障和机械故障。属于电器故障的有：起动机线圈短路和断路；整流子和电刷沾污；起动开关接触不良或不闭合。属于机械故障的有：电枢轴弯曲；自由轮磨损；回位弹簧和杠杆折断，小齿轮磨损或断齿。

起动机全制动检测是通过测量起动机在完全制动时的电流和转矩，与标准值比较，判断起动机的电器和机械故障。其检测方法如下：

将起动机牢固地安装在检测台上，使杠杆的一端夹住起动机起动小齿轮，另一端挂在弹簧秤上。接通起动机电路（每次试验时间不超过 5s，以免损坏起动机及蓄电池），测量制动电流和制动转矩，与标准值比较。若转矩小于标准值，而电流大于标准值，则可能是励磁绕组或电枢绕组短路和搭铁故障。若转矩和电流都小于标准值，表明连接线路中接触电阻过大。若驱动小齿轮锁止，而电枢轴有缓慢转动，则说明单向离合器有打滑现象。

检测起动机内部有故障，应进行拆检，更换或修复损坏的元件。

（十九）照明、信号和仪表的检修

1. 照明装置的检修

(1) 照明装置的常见故障 照明装置常见故障有：灯光不亮、闪烁、灯光照射方向不正等。主要原因是灯泡或开关损伤、导线接线柱与灯座松动、继电器损坏、安装不正和调整不良等。

(2) 照明装置的检修

1) 灯具的检修。照明灯具多为组合型，通常只要检查灯的玻璃、灯罩及灯泡是否损坏，灯座与灯泡接脚的接触是否良好，如有损坏，应予修理或更换。

2) 灯光继电器的检修。汽车上的灯光继电器一般均是一只电磁线圈与一对触点。它们的故障一般是触点烧蚀或线圈损坏。可用万用表电阻档进行检查。当测量继电器连接线圈的二端子的电阻值过小或为0Ω，说明电磁线圈短路；若电阻为无穷大，说明线圈断路。线圈损坏可用同样漆包线按原匝数重绕或更换。再用万用表测量连接触点的二端子，其阻值应为无限大，否则说明触点失效；然后用手使两触点闭合，其阻值应接近0Ω，若接触值过大，可用“00”号砂纸擦拭干净。

3) 灯光控制开关的检修。灯光控制开关是否有故障，一般通过测量各档位相应接线柱或线路连接器的连接端子的通断情况来判断，常用万用表电阻档或试灯法检查。若与要求不符，应分解检修或更换。

4) 线路检查。照明系统各连接导线断路、短路或搭铁，可用万用表电阻档或试灯法检查。

5) 前照灯光束的检查与调整。前照灯光束调整正确与否，将极大地影响行车安全、运输效率和驾驶员的疲劳程度。国内外对前照灯检查和调整均十分重视。

前照灯光束检查可采用屏幕检验和仪器检验法。下面介绍屏幕检验法：

a. 将汽车停在水平地面上，并且按规定充足轮胎气压，从汽车上卸下所有负载（只允许一名驾驶员乘坐）。

b. 距汽车前照灯 S（m）处竖一屏幕（或利用白墙），在屏幕上面画两条垂线（各线通过各前照灯的中心）和一条水平线（与前照灯的离地高度 H 等高），如图5-40所示。再画一条比 H 低 D（mm）的水平线与两条前照灯的垂直中心线分别相交于 a、b 两点。

c. 起动发动机，使之以2000r/min左右的速度（约为发动机最高转速的60%）旋转，即在蓄电池不放电情况下点亮前照灯远光（有些车按近光调整）。

d. 调整时，应把一只灯遮住，然后检查另一只前照灯的光束是否对准 a 或 b 点（同一侧的光照中心）。若不符合要求，则拆下前照灯罩圈，用旋具旋出侧面的调整螺钉，可使光束作水平方向上的调整。用旋具旋入或旋出上面的调整螺钉，可作高低方向的调整，如图5-41所示。

待一只前照灯调好后，再按同样的方法调另一只，使其光束中心对准 a 和 b 点。

e. 当远光调好后，应打开近光灯，检查屏幕上是否有明显的明、暗截止线，其高度是否符合规定。一般规定是：前照灯上边缘距地面不大于1350mm的车，在距灯10m远处的屏幕上的明、暗截止线水平部分应比前照灯基准中心低 $H/3$ 左右，如图5-40右下角所示。

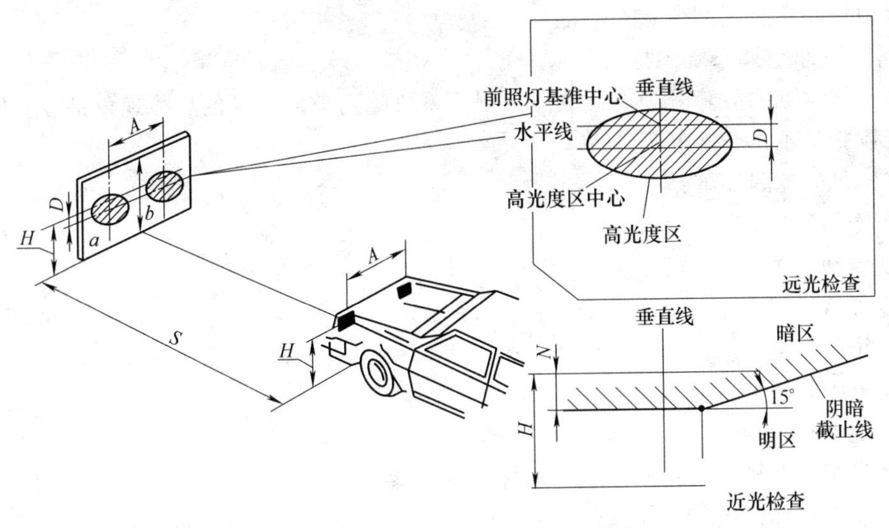

图 5-40 前照灯光束的检查

对于按近光调整的四灯式前照灯，当调好外侧两只前照灯的近光后，还应打开远光束，分别调整内侧两只前照灯（仅有远光），使其光形的最亮点落在近光切断面的上方。

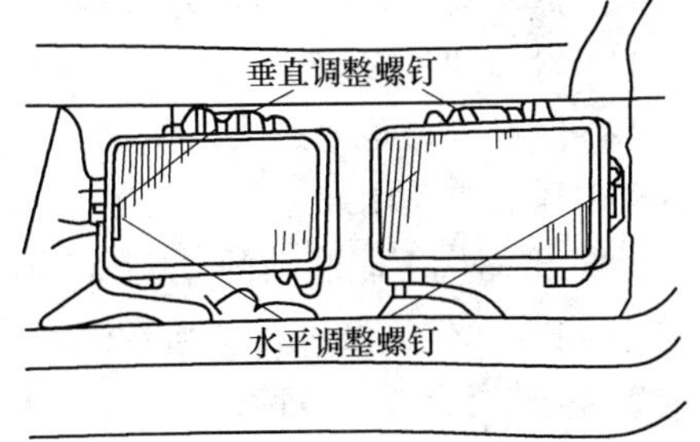

图 5-41 汽车前照灯光光束的调整

当前照灯光束调好后，还应对其照度进行测量。可采用屏幕式测试器（将其置于距前照灯 3m 处）或聚焦式测试器（从灯到受射距离 1m）进行测试。具体测试步骤是：在发动机高怠速（约 2000r/min）运转和蓄电池在充足电条件下，将前照灯光打开，前照灯的亮度应符合规定，若照度低于规定值，应更换前照灯。

2. 电喇叭的检修

电喇叭的主要故障为触点氧化、线圈内电流减弱、电容器或导线绝缘损坏、振动膜片破裂、膜片与磁轭间隙不均匀等。上述故障将导致喇叭声音变弱、变哑甚至不发声。

(1) 触点的检修　触点如有烧蚀，可用细砂纸修磨并吹净，接触面积不应小于 80%，白金厚度小于 0.7mm 时应换触点。

(2) 喇叭线圈检修　可用 220V 试灯检查其断路或搭铁。短路可用万用表测量其阻值，若低于标准值，说明有短路，应重绕线圈或更换。

(3) 喇叭音调调整　喇叭音调取决于膜片的振动频率，而后者又取决于上下铁心间的间隙。松开锁紧螺母，将下铁心顺时针旋入，减少上下铁心间气隙，音调则提高；反之，音调降低。

(4) 喇叭音量调整　喇叭音量的大小决定于线圈电流的大小，可通过调整喇叭触点的接触压力来调整。将调整螺钉顺时针方向转动，触点接触压力减小，线圈电流也减少，喇叭音量也随之减弱；反之音量增强。

3. 仪表的检修

车速里程表的故障大多是因为传动挠性轴折断而失效。其他仪表故障大多是由于接触不良、绝缘破坏和接头断裂所致。

（二十）汽车空调系统的检修

空调系统常见的故障分为电气故障和制冷系故障两类。常见的故障现象是冷气压缩机不能起动及制冷量不足，冷气不冷。

冷气不足的原因如下：

1）制冷剂不足。

2）制冷剂过多。

3）冷凝器冷却不良。

4）系统中有空气。

5）系统中有水分。

6）系统中有脏物。

7）膨胀阀开度过大，感温包包扎不好，有泄漏。

8）压缩机损坏，内部有泄漏。

9）压缩机传动带过松或万向节联接松动。

10）蒸发器风机不转或转速不够。

11）冷冻油过多。

12）冷风管道阻力过大。

13）风门未关闭。

冷气压缩机不能起动的原因如下：

1）电器元件接触不良，熔丝熔断，继电器内线圈脱焊。

2）电磁离合器有故障。

3）外界气温过低。

4）温度控制开关调定温度值太高，而室温又很低。

5）制冷剂几乎漏光，由于低压保护开关作用，使压缩机不能起动。

6）检查各热敏电阻是否正常。

7）若电器部分都正常，无制冷剂漏光问题，则可能是压缩机轴承烧坏或缺油。

汽车电器设备的许多故障已完全可以通过仪器诊断来发现，为此，我国研制了从单次到综合的各种结构的电器设备检测仪器。

参考文献

[1] 蒲永峰.汽车诊断与维修[M].北京：机械工业出版社，2003.
[2] 张之强.汽车驾驶员培训教材[M].北京：人民交通出版社，2001.
[3] 韩德恩.奥迪轿车构造[M].北京：机械工业出版社，1992.
[4] 陈家瑞.汽车构造[M].北京：人民交通出版社，2002.
[5] 李春明.汽车车身电子技术[M].北京：北京理工大学出版社，2003.
[6] 李春明.现代汽车底盘技术[M].北京：北京理工大学出版社，2002.